エッセンシャルズ

KABC-Ⅱによる心理アセスメントの要点

Essentials of KABC-Ⅱ Assessment

Alan S. Kaufman, Elizabeth O. Lichtenberger,
Elaine Fletcher-Janzen, Nadeen L. Kaufman

監修

藤田　和弘
石隈　利紀
青山　真二
服部　　環
熊谷　恵子
小野　純平

丸善出版

Essentials of KABC-II Assessment

(Essentials of Psychological Assessment Series)

by

Alan S. Kaufman, Elizabeth O. Lichtenberger,
Elaine Fletcher-Janzen, Nadeen L. Kaufman

Copyright © 2005 by John Wiley & Sons, Inc. All rights reserved.

Japanese translation © 2014 by Maruzen Publishing Co., Ltd., Tokyo, Japan.
Japanese translation rights arranged with John Wiley & Sons, International Rights, Inc. through Japan UNI Agency, Inc., Tokyo.

目　　次

原著シリーズ序文　　v
日本版へのメッセージ　　vii
まえがき　　ix
監修者・翻訳者・事例執筆者　　xi
読者の皆様へ　　xiii

第1章　概説――米国版KABC-IIについて　　*1*

1.1　はじめに　　*1*
1.2　歴史と開発　　*3*
1.3　KABC-IIの理論的基盤　　*7*
1.4　KABC-IIの目的と利用　　*12*
1.5　KABC-IIの説明　　*13*
1.6　K-ABCからKABC-IIへの変更点　　*21*
1.7　KABC-IIの標準化と心理測定的特性　　*23*

第2章　KABC-II解釈の基本　　*35*

2.1　尺度が測定する概念　　*36*
2.2　KABC-IIの段階的解釈方法の概要　　*36*
2.3　記述的カテゴリー　　*40*
2.4　段階的解釈方法の指針　　*41*
2.5　選択ステップ3～6　　*53*

第3章　KABC-IIの結果の解釈――質的指標に基づいて　　*99*

3.1　はじめに　　*99*
3.2　検査中に見られる行動のフォーマル・インフォーマルなアセスメントに関する歴史　　*100*

3.3 KABC-Ⅱの質的データの解釈　　102
3.4 質的指標の機能　　105
3.5 結果に影響を及ぼす質的指標　　110
3.6 18の各下位検査の質的・プロセス分析　　118

第4章　KABC-Ⅱの長所と短所 ────────── 129

4.1 はじめに　　129
4.2 長所と短所の概要　　131

第5章　臨床での応用 ──────────────── 137

5.1 非言語尺度の適用　　137
5.2 知的障害児のアセスメント　　156
5.3 注意欠陥多動性障害児（ADHD児）へのKABC-Ⅱの利用　　161
5.4 学習障害児の判断　　168
5.5 民族グループのアセスメント　　181
5.6 社会経済レベルのノルム（集団基準）　　192
5.7 KABC-ⅡとKTEA-Ⅱの統合　　196
5.8 ドーン・フラナガンによるクロスバッテリー法を用いたKABC-Ⅱの補足　　230
5.9 まとめ　　244

第6章　事　例 ─────────────────── 247

6.1 コミュニケーションにつまずきがある年長児の支援　　248
6.2 知的レベルが境界域にあり教科学習に困難を示す小学校4年生男児の事例　　263
6.3 文字や文章を書くことが苦手な中学校1年生男子　　276
6.4 ADHDの診断のある高校生男子の進路の模索　　291

付　録　　305
索　引　　329

# 原著シリーズ序文

"Essentials of Psychological Assessment"（心理アセスメントのエッセンシャルズ）シリーズでは，読者に，重要で実用的な情報を，最も効果的で利用しやすい形で提供することを目ざしている。このシリーズでは，認知，人格，教育，神経心理学など，さまざまな領域の検査を取り上げている。経験豊富な臨床家は，このシリーズの本により，絶えず進展する新しい検査や改訂される検査について，その使用法を簡潔にしかも詳細に知ることができ，また，容易に，信頼性の高い検査の最新情報を入手することができる。初心者は，それぞれの検査における心理学的診断に関する複雑な過程を始めるさいに重要な一連の情報や技術を，このシリーズの本の中に見いだすであろう。

このシリーズでは，体系的に順を追って説明するのと合わせて，重要な点を強調するために，可能な限り図表を用いた。各章では焦点を絞って簡潔に説明してある。また，検査の実施，採点，解釈，臨床的適用の要点を簡単に理解できるように書かれている。エッセンシャルシリーズのどの本にも理論と研究の話題が常に織り込まれているが，これは，わき道にそれたり，読者を圧倒するためではなく，臨床的な仮説を確たるものにするためである。われわれは長年，いわゆる知能検査の賢い使用法を提唱してきた。すなわち，検査結果の解釈は，それが，知識豊富な検査者による臨床的観察と洞察力をもった探究的な作業によって，息を吹き込まれない限り，意味がないということである。検査結果は，検査を受けた子どもや大人の人生をよりよいものに変えるために用いられるべきであり，それができないなら，わざわざ検査をする必要はない。このシリーズが，読者を素晴らしく賢い検査者に導く手助けとなれば幸いである。

本書『エッセンシャルズ　KABC-Ⅱによる心理アセスメントの要点』のねらいは，著者が1983年に開発したK-ABCの改訂版であるKABC-Ⅱについての十分な臨床的解釈と適用のために，簡潔でわかりやすく理論に立脚したアプローチを読者に提供することにある。KABC-Ⅱは，その前身であるK-ABC（適用年齢2

歳半から12歳半）と違い，3歳から18歳までの子どもと青年を対象に基準が作られている。本書は，長らくK-ABCを使用していた検査者のKABC-IIへの移行を容易にするとともに，認知アセスメントにおけるカウフマンアプローチに初めて触れる検査者にもしっかりした基本的事柄が学べるようになっている。KABC-IIは，K-ABCの作成以降20年にわたる蓄積と最新の神経心理学的および心理教育的理論が一体化されたものである。KABC-IIでは，K-ABCにはない新しい下位検査が設けられており，検査者が子ども一人ひとりのニーズに最もよく適合する理論モデルを選択できるようになっている。本書では，理論面，研究面，臨床面の要点を関連づけながら一連の指針（ガイドライン）を読者に提供しており，読者はこれをマスターすることによって体系的解釈と適用が可能となるであろう。

シリーズ編集責任　A. S. カウフマン，N. L. カウフマン（エール大学医学部）

日本版へのメッセージ

A. S. カウフマン,N. L. カウフマン

『エッセンシャルズ　KABC-Ⅱによる心理アセスメントの要点』の著者として,本書を日本の心理職,教師,学生のために,日本語に翻訳し日本の文化に合わせて翻案してくださった著者チームに,温かい感謝のメッセージを送ることができるのは大変幸せです。私たちは,日本と日本に住む仲間との,すばらしい思い出があります。1993 年,K-ABC が最初に刊行されたとき,私たち二人は日本を訪れました。上野で開かれた K-ABC の刊行記念式とパーティ,そしてそれに続く熱海,静岡,大阪,京都,日光への旅は私たちにとって忘れられないものになりました。私たちは,K-ABC 刊行記念式,静岡の日本 LD 学会の大会,大阪のアセスメント研究会で,K-ABC について講演をしました。そしてさらに幸いなことに,アランは 2008 年の日本教育心理学会,2011 年の日本 LD 学会の大会での記念講演でまた訪日することができました。ですから,私たちは日本版の K-ABC と KABC-Ⅱ がいかに「心を込めて開発され」,日本の専門家が子どもの学校と社会での生活を変えるためどれほど「賢く解釈されて」いるかについて,直接知っているのです。

　KABC-Ⅱ は,ルリアの情報処理に関する神経心理学理論とキャッテル-ホーン-キャロル(CHC)の広範的能力と限定的能力の心理測定モデルの二つの理論モデルから構築されています。したがって,検査結果を解釈するにはテスターに特別の努力が必要です。とくに,従来のルリアモデル(継次処理-同時処理)に立脚して作成された K-ABC で訓練を積み,豊かな経験を積んできた日本のテスターでも,KABC-Ⅱ の解釈は大変だと思います。そこで,本書は,CHC モデルはもちろん,新しい,拡大したカウフマンモデルについて取り上げており,さらに,KABC-Ⅱ の解釈,質的指標の使い方,臨床的なケースでの応用,そして日本でのケースレポートについて記されています。したがって,この貴重な本は,日本のテスターが「賢いやり方」で,KABC-Ⅱ を実施し,採点し,その結果を解釈することを援助します。

本書の翻訳チームは，日本版 KABC-II 制作委員の先生方と学校心理学や特別支援教育の領域の優れた研究者や実践家から構成されていると理解しています。日本版 KABC-II を使った日本の子どものケースレポートが取り上げられている本書が，日本版 KABC-II 刊行のたった 1 年後に出版されることに感銘を受けております。私たちは，著者チームのみなさんの卓越した仕事に感謝するとともに，専門的な能力に限りない敬意を表したいと思います。そして以下の方々の名前をあげさせていただきます。

- 監修者――すばらしい仕事とリーダーシップに感謝します。
  藤田和弘先生，石隈利紀先生，青山真二先生，服部環先生，熊谷恵子先生，小野純平先生
- 翻訳者――注意深く，入念な仕事に感謝します。
  木原美妃先生，池田真依子先生，飯田順子先生，村瀬忍先生，今田里佳先生
- 事例執筆者――良質の実践とできたての，的確な表現に感謝します。
  吉村亜紀先生，東原文子先生，星井純子先生，熊谷恵子先生
- 出版編集者――卓越した，創造的な仕事に感謝します。
  池田和博氏，佐久間弘子氏

『エッセンシャルズ　KABC-II による心理アセスメントの要点』の翻訳は，精力的に行われ，賢く，洞察力に富んだ見事なものとなりました。本書をこうして手にするのは，本当に私たちの誇りです。

June, 2014

        Alan S. Kaufman, PhD
         Clinical Professor of Psychology,
         Yale University Child Study Center,
         School of Medicine, New Haven, CT

        Nadeen L. Kaufman, EdD
         Lecturer, Clinical Faculty,
         Yale University Child Study Center,
         School of Medicine, New Haven, CT

まえがき

　カウフマン博士夫妻によって開発されたK-ABCは，1983年に日本版が刊行され，多くの利用者によって育てられました。そしてKABC-Ⅱが2004年に刊行され，その日本版が2013年夏に刊行され，おかげさまで好評を得ております。本書『エッセンシャルズ　KABC-Ⅱによる心理アセスメントの要点』は，カウフマン博士夫妻編集による"Essentials of Psychological Assessment"シリーズの1冊である"Essentials of the KABC-Ⅱ Assessment"の翻訳です。本書の準備はKABC-Ⅱ開発・標準化と並行して進め，日本版KABC-Ⅱの構造・内容や記録用紙を検討するのに多くの示唆を得ました。

　米国版KABC-Ⅱはルリアの神経心理学理論とCHC理論の二つの理論を基盤にして開発されました。日本版KABC-Ⅱは，米国版の枠組みを守りながら，習得度の検査を拡大しました。そして日本版の検査結果は，カウフマンモデル（認知〔継次，同時，学習，計画〕；習得〔語彙，読み，書き，算数〕）とCHCモデル（長期記憶と検索，短期記憶，視覚処理，流動性推理，結晶性能力，読み書き，量的知識）の二つの理論モデルから解釈できるようになっています。また習得度の検査は，基礎学力の測定にも有用です。このようにKABC-Ⅱは，子どもの指導方針に豊かな示唆を提供します。だからこそ，日本版KABC-Ⅱの結果の解釈と活用には，心理検査についての学習が今まで以上に求められます。

　本書は，KABC-Ⅱの活用について学ぶ参考図書として役立つように作成しました。原版は7章から構成されています。そのうちの5章，「概説──KABC-Ⅱについて」「KABC-Ⅱ解釈の基本」「KABC-Ⅱの結果の解釈──質的指標に基づいて」「KABC-Ⅱの長所と短所」「臨床での応用」の章を翻訳しました。そのさい，下位検査については米国版に関する記述を残してあります。一方「KABC-Ⅱの実施と採点」の章は，米国版と日本版では異なる下位検査もあるので割愛し，検査の実施と採点については『日本版KABC-Ⅱマニュアル』を活用していただくこととしました。またケースレポートの章は，米国版ではKTEA-Ⅱなど日本にない検

査とのバッテリーが使われていることがしばしばありわかりにくいことと，実践のレポートは日本版に基づくものがすぐに活用できるという理由から，日本版のレポートに代えました。

　日本版 KABC-II の開発・標準化と並行した本書の作成は，日本版 KABC-II 制作委員だけでできる作業ではありません。学校心理学や特別支援教育の専門家に翻訳をお願いしました。翻訳を担当された木原美妃，池田真依子，飯田順子，村瀬忍，今田里佳の5人の先生方のご尽力とていねいな仕事にこころから感謝します。そして日本版 KABC-II の刊行と同時に検査を実施し，結果を解釈し，ケースレポートにまとめるという大変な課題を達成された吉村亜紀，東原文子，星井純子，熊谷恵子の4人の先生方に深くお礼を申し上げます。さらに本書の刊行は，丸善出版の池田和博氏，佐久間弘子氏なしでは，実現しませんでした。本書が学術的なレベルを保ちながら，現場の実践家にわかりやすい本になったのは，お二人のおかげです。深謝します。

　2014年6月に「公認心理師法案」が衆議院に提出されました。子どものアセスメントに関わる者の専門性がさらに問われる時代になります。KABC-II をはじめとする心理検査の適切な活用と子どもや関係者の支援の質をさらに上げるよう，みなさんと共に学び続けていきたいと思います。

　2014年7月

監修者を代表して

石　隈　利　紀

監修者・翻訳者・事例執筆者

監 修 者

藤田 和弘	九州保健福祉大学，筑波大学名誉教授
石隈 利紀	筑波大学副学長
青山 真二	北海道教育大学札幌校
服部 環	法政大学現代福祉学部
熊谷 恵子	筑波大学人間系
小野 純平	法政大学現代福祉学部

翻 訳 者

木原 美妃	International Education and Networking	[1章]
池田 真依子	全米・カリフォルニア州認定スクールサイコロジスト	[2章]
飯田 順子	筑波大学人間系	[3章，4章]
村瀬 忍	岐阜大学教育学部	[5章5.1～5.6節]
今田 里佳	ノッティンガム大学マレーシア校	[5章5.7節，付録]

事例執筆者

吉村 亜紀	公益財団法人かわさき市民活動センター	[6.1節]
東原 文子	聖徳大学児童学部	[6.2節]
星井 純子	東京都立中野特別支援学校	[6.3節]
熊谷 恵子	筑波大学人間系	[6.4節]

（敬称略，[ ]内は担当箇所，所属は2014年6月末日現在）

読者の皆様へ

　本書は6章から構成されている。第1章から第5章までは，"Essentials of the KABC-II Assessment"の翻訳である。これに加えて，第6章では，日本のユーザーに役立つように，日本版KABC-IIの事例を取り上げている。このような章立てにした理由は，日本版KABC-IIが米国版KABC-IIと異なる点があるからである。もちろん，日本版の標準化は，米国版を踏まえて行われているので，基本的な点に何ら変わりはないが，日本の子どもや我が国における心理教育アセスメントの状況に適合するように変更がなされている。以下に，KABC-IIの日本版と米国版の比較を示すので，第1章から第5章までは両者の共通点と相違点を念頭において，読みとっていただきたい。

　第1章は，米国版KABC-IIについての概説である。この章の内容として，米国版KABC-II開発の経緯，理論的基盤，尺度構成，K-ABCからKABC-IIの変更点，標準化と心理測定学的特性が取り上げられている。これらの内容は，日本版KABC-IIマニュアルでいえば，序章，第1章，第2章，第3章，第4章で説明されている内容に関係している。

　第2章では，米国版KABC-IIにおける解釈の基本原則と基本的な解釈手順が説明されている。日本版KABC-IIマニュアルの第5章検査結果の解釈で取り上げられている内容と関係している。米国版も日本版も解釈の基本原則は変わらないが，具体的な解釈手順に相違がある。米国版の解釈ステップには基本ステップと選択ステップがあり，後者のステップでは詳細な解釈手順が示されているが，日本版KABC-IIでは基本ステップのみである。一般のユーザーの方々には，この基本ステップで示された解釈方法が十分に役立つに違いない。選択ステップで示された解釈方法は，熟練したキャリアーのあるユーザーの方々に，多くの示唆を与えるであろう。

　第3章「KABC-IIの結果の解釈――質的指標に基づいて」では，検査中の子ど

もの行動観察から得られる質的情報の解釈について取り上げている。検査結果の解釈は，第2章で述べた量的指標（測定値）のみによるのではなく，検査中に見られる子どもの行動観察から得られる質的情報を考慮して行わなければならない。ところが，既存の検査には行動観察の視点が具体的に示されていないため，質的指標に基づく解釈をどのように進めたらよいかについて具体的な言及はなされていない。KABC-Ⅱには，下位検査ごとに行動観察チェックリストが設けられ，さらに認知検査と習得検査全体の子どもの行動の様子がマイナス要因とプラス要因に分けて示されるように工夫されているので，検査中の子どものどのような行動が，検査結果に影響を及ぼすのかについての解釈が行いやすくなっている。第3章の内容は，日本のユーザーの方々にも十分に役立つはずである。

第4章は，米国版 KABC-Ⅱ の検査開発，実施と採点，信頼性と妥当性，標準化，解釈における長所と短所について記されている。日本のユーザーが KABC-Ⅱ の長所のみでなく限界を知るうえで重要である。

第5章「臨床での応用」では，ろう，難聴，自閉症，言語障害，知的障害，ADHD，学習障害などの子どもに適用した K-ABC および KABC-Ⅱ の検査結果がデータとして示されている。

第3章から第5章までの内容は，日本版 KABC-Ⅱ には掲載されていないので，日本のユーザーの方々にもおおいに役立つであろう。なお，第1章から第5章の最終ページには，理解度をチェックする簡単なテストが設けられているのでトライしていただきたい。

第6章では，米国の事例の翻訳ではなく，あえて我が国の事例を4ケース取り上げることにした。前述したように，KABC-Ⅱ の日本版と米国版には習得尺度の位置づけや下位検査の構成に相違があるため，検査結果の処理や解釈の手順などにおいて，日本版独自の進め方が必要とされたからである。米国の事例の単なる翻訳では，日本のユーザーの方々には得心がいかない点があろう。そこで，第6章の冒頭に，日本版と米国版の解釈ステップの違いについて，簡単な説明を附してある。なお，本書で取り上げた日本の4事例は，比較的初歩的な解釈事例であることを付記しておく。

本書は以上のような構成になっているので，必ずしも第1章から順に読み進めなくとも，目次から各章の内容を大まかに把握したうえで，興味・関心のある章から読み始めるとよい。初心者は，まず日本版 KABC-Ⅱ の事例（第6章）から

入っていくのがよいかもしれない。

〈米国版 KABC-II と日本版 KABC-II の比較〉

　KABC-II の米国版と日本版の比較を，表1に示す。表中の①と③に関しては，米国版 KABC-II と基本的には変わらないが，②④⑥⑦に示すような相違がある。特に，米国版とは④の習得尺度の位置づけ方に著しい差異が見られる。すなわち，米国版では習得度を測定する検査は KABC-II から除外され KTEA-II（カウフマン式アチーブメント尺度改訂版）に吸収される方向に，日本版 KABC-II では K-ABC 習得度尺度の充実・発展という形になっている。その最大の理由は，日米間における心理教育アセスメントの状況に大きな隔たりが存在するからである。端的にいえば，米国では優れた個別式学力（アチーブメント）検査が複数標準化されている一方，日本の学力検査は集団式のみで個別式尺度は開発されておらず，一刻も早い個別式アチーブメント検査の誕生が待望されている状況にある。米国版 KABC-II とは異なる方向にあえて舵をきり，日本版 KABC-II に習得尺度を加えて標準化した背景はこうした事情によっている。

　④以外の両者の相違は，以下の通りである。②の適用年齢については，日本版の下限が2歳6ヵ月で，米国に比べて半年早くから実施可能となっている。⑤の

表1　KABC-II の米国版と日本版の比較

	米国版（2004年標準化）	日本版（2011年標準化）
①依拠する理論	ルリア理論　　CHC 理論	同左
②適用年齢	3:0～18:11	2:6～18:11
③認知尺度	継次処理，同時処理，学習能力，計画能力の4尺度	同左
④習得尺度	なし	語彙，読み，書き，算数の4尺度
⑤非言語尺度	仲間さがし，顔さがし，物語の完成，模様の構成，パターン推理，手の動作の6つから構成	仲間さがしを除く5つから構成
⑥CHC 尺度	短期記憶，視覚処理，長期記憶と検索，流動性推理，結晶性能力の5つの広範的能力	短期記憶，視覚処理，長期記憶と検索，流動性推理，結晶性能力，読み書き，算数の7つの広範的能力
⑦下位検査	年齢に対応した基本検査に加えて補助検査が設けられ，18の下位検査からなる	全年齢すべて基本検査のみで20の下位検査からなる 内訳は認知尺度が11，習得尺度が9である

非言語尺度を構成する下位検査については，日本版の方が1検査（仲間さがし）少ない。⑦の下位検査についてみると，日本版では米国版に含まれている4つの下位検査（文の学習，文の学習遅延，仲間さがし，積木さがし）が除外されている。また，米国版では基本検査と補助検査に分類されているが，日本版では基本検査のみとなっている。その主な理由は，日本版では習得尺度の充実・拡大を図るために下位検査を増やす必要があり，実施時間を考慮すると，米国版から上記の4下位検査を削除せざるを得なかったことにある。削除の対象となった下位検査は，統計的特性，検査内容の特性，適用年齢範囲から総合的に判断した。⑥のCHC尺度については，10の広範的能力からなるCHCモデルへの適合性という点からみると，日本版は7つの広範的能力を測定しており，米国版に比べ適合度が高いといえる。

第 1 章
概説──米国版 KABC-II について

1.1 はじめに

　従来の K-ABC 心理・教育アセスメントバッテリー（Kaufman Assessment Battery for Children; Kaufman & Kaufman, 1983a, 1983b）は，開発当初，理論と実証に基づいた臨床検査であった。しかし，K-ABC が使われはじめてから，ウッドコック-ジョンソン第 3 版（Woodcock-Jonson III; Woodcock, McGrew, and Mather, 2001）や DN-CAS（Cognitive Assessment System; Naglieri & Das, 1997）など多種多様な検査がこの分野に参入し，理論と実証に基づいたさまざまな検査が臨床専門家に提供されてきた。K-ABC 心理・教育アセスメントバッテリー第 2 版（Kaufman Assessment Battery for Children — Second Edition; Kaufman & Kaufman, 2004a; KABC-II）は，検査が 2 つの理論モデルに基づいていることと，特定の子どもがもつ背景や照会理由に合わせて臨床家が子どもたち一人一人のためにモデルを選択できることにより，新たなレベルからアセスメントをすることが可能になった。また，KABC-II は，広範的・全体的ではなく，より具体的な構成となっており，それによって子どもたちの学習能力と問題解決方略に重要な情報が得られるようになっている。KABC-II は，従来の K-ABC（Kaufman Assessment Battery for Children）の改訂版であり，K-ABC の 16 の下位検査のうち 8 つの下位検査のみを KABC-II に残し，新しく 10 の下位検査が加えられている。

　本書は，3 歳から 18 歳までの年齢層の子どもを検査対象とする，KABC-II に関する重要事項を直接的かつ実用的に，また体系的に学びたい人たちのために作成された。本書で取り扱う主な内容は，実施，採点，結果の解釈，および検査の臨床的適用についてである。重要な点に関しては，本書内に「確認ポイント」「チェックポイント」「キーポイント」という欄を設けてわかりやすくしている。各章には読者の内容理解を補完するために理解度チェックが設定してある。本書を読み終

えたとき，読者は有能な KABC-II の検査者や臨床専門家と同じくらいの詳細な情報を得るまでに精通していることだろう。

しかしながら，KABC-II のこうした詳細について取り上げる前に，この検査についての重要事項に触れておく必要がある。KABC-II は 2 つの理論に基づいている。それは，脳機能の 3 つのブロックで有名なルリア（Luria's, 1966, 1970, 1973）の神経心理学モデル（neuropsychological model）と特定の認知能力を分類できるキャッテル-ホーン-キャロルアプローチ（Cattell-Horn-Carroll approach; CHC approach）である（Carroll, 1997; Flanagan, McGrew, &Ortiz, 2000）。KABC-II は，これら 2 つの理論の総合指標，すなわち，ルリアの視点から一般的な知的処理能力を測定する認知過程指標（Mental Processing Index; MPI）と，CHC の視点から一般的な認知能力を測定する流動性-結晶性指標（Fluid-Crystallized Index; FCI）をそれぞれ得ることができる。これら 2 つの総合指標の決定的な違いは，ルリア理論（Luria's theory）に基づく MPI では習得知識の測定を含まず，一方，CHC 理論（Cattell-Horn-Carroll theory）に基づく FCI では，習得知識の測定を含む点である。どの受検者に対しても，これら 2 つの総合指標のうち 1 つのみが算出される。子どもを検査する前に，検査者は，ルリアモデルか CHC モデルか検査者個人の方向性と照会理由の両方に最も合致する解釈モデルを選択する。どの解釈体系を採用するかの判断によって，どちらの総合指標を求めるか，また習得知識の測定を基本検査に含むかどうかが決定づけられる（**確認ポイント 1.1 を見よ**）。

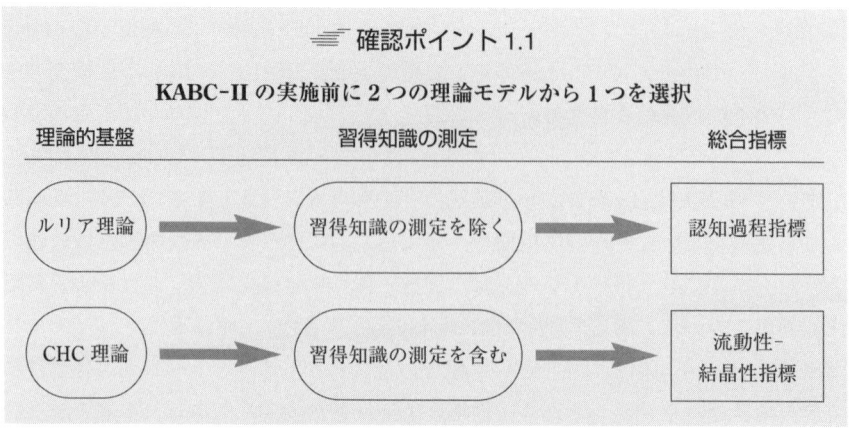

🔑 キーポイント 1.1
FCI または MPI を選択するとき

CHC モデルが好適（FCI）	ルリアモデルが好適（MPI）
・たいていの場合	・バイリンガル環境での生い立ちがある子ども
・読み，書き，表現，算数障害がある（またはあると疑われる）子ども	・英語圏外文化での生い立ちが知識習得や言語発達に影響があるかもしれない子ども
・知的障害がある子ども	・言語障害があるとわかっている，またはあると疑われる子ども（表出，受容，または混合）
・ADHD がある子ども	・自閉症があるとわかっている，またはあると疑われる子ども
・気分障害または行動障害がある子ども	・耳が聞こえない，または耳が不自由な子ども
・特別な才能があるかもしれない子ども	・検査者がルリアの認知処理モデルに強く傾倒しており，認知指標から獲得された知識を除外すべきだと考える場合

注：子どもまたは青年を検査する前に，検査者はルリアモデルまたは CHC モデルを選択しなくてはならない。検査者が解釈すると決めた総合指標は，照会理由およびその背景にある要因に基づいているべきである。ルリア理論および CHC 理論は，いずれも KABC-II の基盤として重要である。どちらか一方のモデルが理論的に優位であるとされることはない。

KABC-II の著者は，米国版マニュアルの中（Kaufman & Kaufman, 2004a, p.4～5）で，「検査者が，習得知識/結晶性能力の測定を含むことで流動性-結晶性指標の妥当性を危うくすると考えた場合を除いて，CHC モデルが一般的な選択モデルであるべきだ」と明確に述べている。FCI の妥当性を危うくすると考えられるケースでは，ルリアの MPI が選択される。キーポイント 1.1 には，FCI や MPI を選択するさいに役立つ内容が示されている。

1.2 歴史と開発

K-ABC は，1970 年代後半から 1980 年代はじめにかけて開発され，1983 年に発行された。その間，少数民族の子どもの知能指数（Intelligence quotient; IQ）を低評価するという理由から，ウェクスラー（Wechsler）とビネー（Binet）がもっぱら使用していた IQ に対する反対意見が激しくなり，知能理論と知能測定の間には深い溝が生じた。従来からあるビネー式検査の伝統とウェクスラーという人

物およびウェクスラー式検査開発者によって生み出された臨床的な伝統とは異なる，認知心理学，神経心理学，知能，学習といった分野における理論の台頭に対して，口先だけの好意は示したものの，ほとんど対処しようとしなかった。

後の改訂版が知能理論の実践への応用という点で注目された初版ウッドコック-ジョンソン心理教育バッテリー（Woodcock-Johnson Psycho-Educational Battery; Woodcock & Johnson, 1977）でさえ，明らかに臨床実践的なもので理論的基盤のないままに開発されたのであった。また，それまでの古い検査が改訂されたとき（Wechsler, 1974, 1981），または，新しい検査が開発されたとき（McCarthy, 1972）には，1900年代はじめに開発された既存の検査課題を補完するものとして，ほんのわずかな新しい検査課題を追加するにすぎなかった。1978年のWJ（Woodcock-Johnson Psycho-Educational Battery）は，たしかに新しい下位検査によって充実したが，この検査器具の認知面の測定は，何年もの間，心理学者ではなく，特別支援教育の専門家たちが主として使う検査課題によっていた。

半世紀以上にわたる重要な脳や思考に関連する理論は，明らかに知能測定と関係があったが，それらの理論は，1983年にK-ABCが発行されるまでは知能指数をアセスメントする領域では取り上げられなかった。神経心理学の理論に根ざしたK-ABCこそが，これまでの伝統を実際に打ち破ったのである。その神経心理学の理論とは，スペリー（Sperry, 1968）の脳の特殊化アプローチ（cerebral specialization approach）とルリア-ダスの継次-同時処理2分法（Luria-Das successive-simultaneous processing dichotomy）である。スペリーとルリア-ダスモデルは，いずれも認知心理学と神経心理学について大規模に行った研究に基づいた右脳-左脳，または継次処理-同時処理という2分法的な認知過程アプローチ（dual-processing approach）によって特徴づけられている（Das *et al*., 1979; Neisser, 1967）。

K-ABCの発行後すぐに，理論的基盤に基づいたスタンフォード-ビネー第4版（Stanford-Binet IV; Thorndike, Hagen, & Sattler, 1986）やウッドコック-ジョンソン改訂版（Woodcock-Johnson-Revised; Woodcock & Johnson, 1989）など他の検査が開発された。1990年代および2000年代はじめには，カウフマン式青年・成人知能テスト（Kaufman Adolescent and Adult Intelligence Test; Kaufman & Kaufman, 1993），ウッドコック-ジョンソン第3版，DN-CASなど，さらに説得力のある統計データに基づく理論的基盤に立脚した臨床検査が開発された。

K-ABCは，その理論的基盤に加えて，さまざまな少数民族の子どもたちを公平に評価するという点で，ビネー式やウェクスラー式といった伝統的な検査をはじめとする他の検査より秀でたものといえる。認知能力検査において，多数の白人の子どもたちと少数文化の子どもたちの間にある集団サイズの違いは，検査の文化的公平性に影響する要因の1つと考えられる。ウェクスラー尺度のような検査では，白人の子どもとアフリカ系アメリカ人の子どもではおよそ15～16点の差があったが，K-ABCではその差は半分にとどまった（Kaufman & Kaufman, 1983b）。ラテン系の子どもや生粋の米国生まれ以外の子どものK-ABCによる得点が既存の検査による得点よりも高くなる傾向があり，その結果として白人と少数派の子どもの間の得点差が小さくなったことを多くの研究が報告している（例：Campbell, Bell, & Keith, 2001; Davidson, 1992; Fourqurean, 1987; Valencia, Rankin, & Livingston, 1995; Vincent, 1991; Whitworth & Chrisman, 1987）。

多くの心理学者や教育者によりK-ABCについて肯定的および否定的なコメントがなされたが，K-ABCの革新的な特徴について完全な理解が得られるまでには至らなかった。専門家のさまざまな反応や声は，「特殊教育研究」（Journal of Special Education）のK-ABC特集号となった（Miller & Reynolds, 1984）。

カンファウス（Kamphaus, 1993, 2003）は，K-ABCに対するさまざまな見解をレビューし要約している。K-ABCにおける心理測定の質は，ティーチングアイテムの設定や新しい下位検査の導入など明らかな長所として認められた（Kamphaus, 2003）。しかしながら，最も幼い子どもに合った一番低いレベルの簡単な課題と最も年齢の高い子どもに合った一番高いレベルの難しい課題の設定という点で，不十分な下位検査があるのがK-ABCの欠点であるとした。さらに，K-ABCの尺度がその意図する認知処理過程（継次処理，同時処理）を測定しているかどうかについて疑問を示す専門家もいた（Keith & Dunbar, 1984）。

K-ABCを改訂し，KABC-IIを開発するにあたり，カウフマン夫妻（Kaufmans）は，K-ABCへの心理学者や教育者の見解，K-ABCに関する膨大な数の研究，そして政治的，社会的，経済的，教育的な懸念に影響される臨床専門家たちの現在のニーズなどについて検討した結果を踏まえ，KABC-II米国版マニュアル（Kaufman & Kaufman, 2004a）の第2章において，K-ABCの改訂目的について詳細に記述している。**確認ポイント1.2**に示すように，K-ABCの改訂目的は説得力のある理論的基盤に依拠すること，測定される構成概念の数を増やすこと，検査

確認ポイント 1.2
KABC-II 改訂目的

1. 理論的基盤の強化
- KABC-II の尺度で測定される概念を説明するのに，複数の理論が必要であることを認識
- K-ABC で用いたルリア理論に基づいた尺度の解釈を継承する
- CHC に基づいた尺度の解釈を追加
- 2 つの理論的基盤として神経心理学理論および心理測定学的理論を結びつける
- 尺度の解釈方法が選択でき，子どもの能力を多面的に測定する下位検査を開発

2. 測定構成数の増加
- 間近にせまった IDEA ガイドラインの変更について考慮
- 障害判定をする過程や介入に着手するさいに総合的能力よりもいくつかの特定の能力の方が役立つと認識
- 継次処理および同時処理に加えて，学習能力，計画能力を測定可能にする

3. 臨床的実用性の向上
- 適用年齢を 3〜18 歳まで延長
- 年齢の低い子どもには十分簡単な課題を，年齢の高い青年には十分難しい課題を補う
- 学力（Achievement）（Gc）を一般的な認知能力とは区別された構成とし，子どもたちへの知識（Knowledge）/Gc の下位検査の実施時期の決定は，臨床専門家に委ねる
- 質的指標（Qualitative Indicator; QI）を各下位検査に導入し，検査中に検査者が解釈に関連するような臨床的観察を記録可能にする
- 神経心理学アセスメントバッテリーに含められるように適切なものにする

4. 少数派集団に属する子どもたちの公正なアセスメント
- 適切と判断した場合には，検査者は，言語能力と事実上の知識の測定を除外できる
- 子どもの成績が，検査教示の不十分な理解に起因しないことを確かめるためにティーチングアイテムを用意する
- 教示を単純化する
- 非言語尺度を設ける

5. 就学前幼児のアセスメント公正性の向上
- ティーチングアイテムの保持
- 教示と採点法を単純化する
- 就学前の子どもには最低限の言語化のみを要求する
- 子ども中心の，ゲーム的な検査項目で構成する
- 知的に低い就学前幼児のために最もレベルが低い簡単な課題を設ける

の臨床的実用性を高めること，少数集団の子どもたちを公正にアセスメントできる検査を開発すること，そして就学前の子どもたちをアセスメントするさいの公正性を高めることである。**確認ポイント 1.2** に，これらの目的がそれぞれどのように達成されたのかについて記してある。第2版の目的を満たすために，K-ABC から手直しされた各下位検査，または KABC-II 用に新しく開発された下位検査が追加された（**キーポイント 1.2** に KABC-II の各下位検査の着想について記載した）。

1.3　KABC-II の理論的基盤

以下の項では，KABC-II の開発に用いられた理論について述べる。

1.3.1　ルリアの神経心理学理論（Luria's neuropsychological theory）

ルリア（1970）は，脳の基本機能は，3つのブロックまたは機能システムによって代表されると考えた。3つのブロックとは，覚醒と注意をつかさどるブロック1（block 1），情報を分析し符号化し記憶することに関する感覚の使い方をつかさどるブロック2（block 2），そして，プランを立てるあるいは行動を計画し組織化するといった実行機能の適用をつかさどるブロック3（block 3）である。**確認ポイント 1.3** にはこれらのブロックが特定の脳部位にどのように対応しているのかが記されている。実証研究は，3つの機能単位を示すルリアの臨床的記録を強く支持している（例えば次の文献を参照：Das, Naglieri, & Kirby, 1994; Naglieri, 1999; Naglieri & Das, 1997）。

自身の理論において，ルリアは，これら3つのブロックが統合的かつ相互依存的な機能体系であることが複雑な行動を可能にするために不可欠であると力説し，この統合こそが脳機能へのルリアのアプローチの鍵であるとした（Naglieri, 1999; Reitan, 1988）。子どもたちが新しい教材を効率的に学ぶのに複数の脳システムを共同して操作することは，きわめて重要である。カウフマンは，KABC-II を構成するにあたり，各ブロックの特定な機能よりもルリアの理論のブロックの統合に焦点を当てた。

実際に，KABC-II は，ハイレベルで複雑な知的行動を主として測定するように構成された。概念的には，ルリアのブロックの統合は，こうした複雑性を前提としているのである。

🔑 キーポイント 1.2
KABC-II 下位検査への着想

下位検査	着想
語の学習（Atlantis）	ウッドコック-ジョンソン改訂版 名前の記憶（Memory for Names of WJ-R）（Woodcock & Johnson, 1989）
語の学習遅延（Atlantis-Delayed）	タランド（Talland）（1965）
積木さがし（Block Counting）	立体分析（Cube Analysis）（Yoakum & Yerkes, 1920）
仲間さがし（Conceptual Thinking）	コロンビア知的能力尺度（Columbia Mental Maturity Scale）（Burgemeister, Blum, & Lorge, 1954, 1972）
表現語彙（Expressive Vocabulary）	スタンフォード-ビネー 絵画語彙課題（Stanford-Binet Picture Vocabulary task）（Terman, 1916）
顔さがし（Face Recognition）	ケイガンとクレイン（Kagan and Klein）（1973）
絵の統合（Gestalt Closure）	ゲシュタルト絵画完成検査（Gestalt Completion Test）（Street, 1931）
手の動作（Hand Movements）	ルリア（Luria）（1966）
数唱（Number Recall）	ビネーとシモン（Binet and Simon）（1905）
パターン推理（Pattern Reasoning）	X-O検査（X-O Test）（Yoakum & Yerkes, 1920）
文の学習（Rebus Learning）	ウッドコック読み熟達検査の視聴覚学習（Visual-Auditory Learning of Woodcock Reading Mastery Tests）（Woodcock, 1973）
文の学習遅延（Rebus Learning-Delayed）	タランド（Talland）（1965）
なぞなぞ（Riddles）	概念的推理（Conceptual Inference）（Kagan & Klein, 1973）
近道さがし（Rover）	ハノイの塔（Tower of Hanoi）（Cook, 1937）
物語の完成（Story Completion）	ドクロリー（DeCroly）（1914）
模様の構成（Triangles）	コース（Kohs）（1927）
理解語彙（Verbal Knowledge）	スタンフォード-ビネー絵画識別課題（Stanford-Binet Pictorial Identification task）（Terman, 1916）
語の配列（Word Order）	マッカーシー（McCarthy）（1972）と，ダス，カービー，&ジャーマン（Das, Kirby, & Jarman）（1979）

1.3 KABC-II の理論的基盤

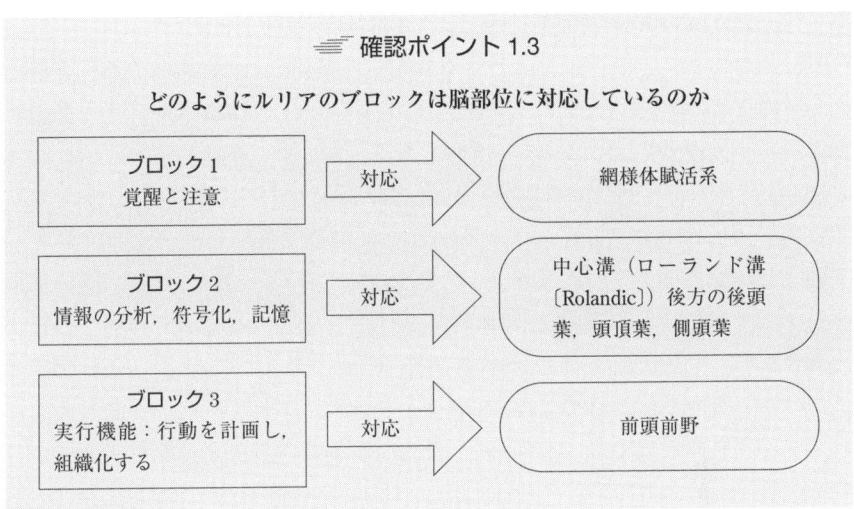

ルリアの理論は、入力刺激を統合し、ブロック2がブロック3との接続を確立することを強調する。したがって、KABC-IIには、[語の配列]、[語の学習]、[近道さがし]、[文の学習]など、聴覚刺激と視覚刺激の統合を要求する下位検査が設けられている。ブロック2と3の接続に関しては、KABC-IIには同時処理でありながら単に入ってきた刺激の分析、符号化、記憶だけでなく、正答するために実行機能や問題解決を要求する下位検査が含まれている（例えば、[近道さがし]、[仲間さがし]）。

1.3.2　キャッテル-ホーン-キャロル理論（Cattell-Horn-Carroll [CHC] Theory）

臨床的および神経心理的研究や他の研究者の業績によって発展してきたルリアの理論とは対照的に、CHCモデルは心理測定学的理論であり、大規模な研究に基づいている。そのため、CHC理論はきわめて臨床的な起源をもつルリアモデルとは異なり、データに基づいた理論として代表されるものである（ルリアの理論も臨床的、質的に妥当なものとして認められてきたが）。

カウフマン夫妻（Kaufman and Kaufman, 2004a）が述べたように、1990年代終わりに2つの理論が融合してCHC理論となった。すなわち、(1) レイモンド・キャッテル（Raymond Cattell, 1941）の従来の2分法であるGf-Cf理論およびこれを発展させGfやGcのみならず多数の能力を追加して拡張、精密化したジョ

ン・ホーン（John Horn, 1965, 1989）による理論と（2）ジョン・キャロル（John Carroll, 1943, 1993）の半世紀にわたる徹底した調査によって得られた「現場のニーズのための徹底した調査と認知能力に関する因子分析的研究の莫大な数の結果の批評」（Carroll, 1993, p.vii）の2つである。

　キャッテル-ホーンとキャロル（Cattell-Horn and Carroll）の理論は，いずれも本質的にスピアマン（Spearman, 1904）の一般因子（g-factor）理論から始まっており，広範的能力（Broad Abilities）の領域について一貫した結論を導いた。ホーンとキャロルは，詳細な点では異なるものの共通する点に関して彼らの理論を統合して，キャッテル-ホーン-キャロル（Cattle-Horn-Carroll; CHC）理論と名づけた。CHC理論の詳細については，ドーン・フラナガン（Dawn Flanagan），ケビン・マグロー（Kevin McGrew），そしてサミュエル・オーティス（Samuel Ortiz）が明確に述べている（Flanagan, McGrew, & Ortiz, 2000; Flanagan & Ortiz, 2001; McGrew, Woodcock, & Ford, 2002）。

　キャッテル（1963）の体系では，1つではなく2つのg能力，すなわち，流動性知能（Gf）と結晶性知能（Gc）が存在すると仮定され，一般知能（g）の概念を中心に展開された。流動性知能は，推理を使って新規な問題を解決する能力であり，キャッテルは，おおむね生物学的および神経学的機能であり加齢の影響を受けやすいものとした。一方，結晶性知能（Gc）は，教育や文化的適応に大きく依存している知識に基づく能力であるとし，加齢によって低下するものではないとした。

　ホーンは，キャッテルと共同してg（Cattell & Horn, 1978; Horn & Cattell, 1966, 1967）の2つの層を明らかにするため一連の研究を行った。しかし，ホーンは心理測定的データのみならず神経認知的および発達的データは，これら2つの一般能力以上のものを示唆していると考えた。キャッテルとの共同研究の初期に，ホーン（Horn, 1965, 1968）は，短期記憶と検索（Short-Term Acquisition and Retrieval）（Gsm），長期記憶と検索（Long-Term Storage and Retrieval）（Glr），視覚処理（Visual Processing）（Gv），および処理速度（Speed of Processing）（Gs）というさらに4つの能力を見いだした。ホーンは，引き続きこれらの因子の定義や測定法を精緻化して付加的因子を追加していき，1980年代後半から1990年代半ばには9〜10の広範的能力（Broad Abilities）を含むまでになった（Horn, 1989; Horn & Hofer, 1992; Horn & Noll, 1997）。複数の広範的能力が加えられてもなお，この理

1.3 KABC-IIの理論的基盤

確認ポイント1.4
キャロルの3段階の能力の層

階層レベル	能力の数	説明
第III階層 (一般能力)	1	スピアマンが提唱したようなg因子と類似、これは、キャロル (Carroll, 1993, 1997) が因子分析によるたしかな証拠をもとに妥当な構成概念であるとした
第II階層 (広範的能力)	8	十分かつ合理的にホーン (Horn, 1989) の広範的能力と一致し、「ガードナー (Gardner, 1993) の7つの "知能 (intelligences)" とおおむねの一致を認める」(Carroll, 1997, p.127)
第I階層 (限定的能力)	70	最も密接に関連している各広範的能力によって分類され、その多くは、個人の「難易度尺度に沿った熟達レベル」「個々のパフォーマンス課題速度」あるいは「学習や記憶課題での学習率」であることを示唆する (Carroll, 1997, p.124)

論はGf-Gc理論とよばれ続け、それらの能力は平等に扱われて階層性はなかった。

キャロル (Carroll, 1993, 1997) は、因子分析的研究に関する徹底した調査をもとに、3段階の能力の層 (stratum) からなる階層理論をつくり上げた。この理論については、確認ポイント1.4で詳述する。ホーンのGf-Gc理論は一貫して広範的能力に焦点を当てながら、より具体的で限定的な能力についても検討したが、g因子については彼のGf-Gc理論に入り込む余地はなかった。そうではあったが、キャロルとキャッテル-ホーン理論は新規のCHC理論として合意するのに十分一致する点が認められた。相違点については、いくつかの文献で詳細に述べられている (Flanagan et al., 2000; Flanagan & Ortiz, 2001; McGrew et al., 2002)。

CHC理論がKABC-IIで採用される場合、gレベルは理論的構成としてではなく、総合指標 (summary score) を算出するための実践的なものとして扱われる。KABC-IIでは、CHC理論の第2層の10の広範的能力のうち、Glr, Gsm, Gv, Gf, およびGcの5つが測定される[1] (KABC-IIの5つのCHC尺度に対応)。

KABC-IIでは広範的能力として、GqとGrwを測定することを意図していない。

---

[1] 付加的な6番目の広範的能力である量的知識 (Quantitative Knowledge) (Gq) は、KABC-IIによって間接的に測定される。なぜなら、限定的能力である数学的能力 (Mathematical Achievement) は、補助的な能力として2つの下位検査で測定されるからである ([近道さがし] と [積木さがし] は両者とも子どもに数えることを要求する)。4つの広範的能力、すなわち、読み書き (Reading and Writing) (Grw)、聴覚処理 (Auditory Processing) (Ga)、処理速度 (Processing Speed) (Gs)、判断/反応時間/速度 (Decision/Reaction Time/Speed) (Gt) は、KABC-IIでは測定されない。

なぜなら，著者は，読み，書き，算数を認知能力検査というよりも学力検査としてとらえる方が適切であると考えたからである（これらの能力は「カウフマン式アチーブメント尺度改訂版の短縮版と包括版」〔Brief and Comprehensive Forms of the Kaufman Test of Educational Achievement—Second Edition; KTEA-II; Kaufman & Kaufman, 2004b〕の両者で測定される）。KABC-II 検査バッテリーに含めるのに必要不可欠な複雑性を欠いているため，聴覚処理（Ga），処理速度（Gs），判断/反応速度（Gt）についても除外された。KABC-II が KTEA-II 総合版と並行して実施された場合，一連の下位検査を組み合わせて測定される広範的能力の数は 5 から 8 にまで増え，測定される CHC モデルの限定的能力の数は 2 倍以上にもなる（第 5 章 5.7 節「KABC-II と KTEA-II の統合」〔Integration the KABC-II and KTEA-II〕を参照）。

1.4 KABC-II の目的と利用

　KABC-II によるアセスメントの対象としては，幼児，児童，青年が挙げられる。また，アセスメントのタイプとしては，心理学的，臨床的，心理教育的，神経心理学的アセスメントとして用いられるだろう。これらのアセスメントで得た結果は，心理学的ならびに臨床的診断を下すとき，教育措置を行うとき，教育計画や治療計画を作成するとき，そして評価の変更を下すときに利用される。従来のK-ABC と同様に，KABC-II はさまざまな状況において，アフリカ系アメリカ人，ヒスパニック系アメリカ人，生粋のアメリカ人，アジア系アメリカ人の子どもや青年などにかなり有用である。

　個別障害者教育法（Individuals with Disabilities Education Act）の第 1 章教育の総合と改善に関する法律 2000 〜 2001（Education and Consolidation and Improvement Act in 2000—2001）のもと，支援サービスを受けている未就学児から 12 年生までの子どもの数は，約 630 万人（U.S. Department of Education, 2002）である。すなわち，公的な教育機関に在籍する子どものおおよそ 13％の子どもに障害があり，何らかの特別支援を受けていると考えられる。つまり，効果的な教育および心理学的介入を行うために，非常に多くの子どもたちがアセスメントを必要としているのである。

　検査バッテリーの 1 つとして KABC-II が実施される場合，KABC-II は非常に役に立つ。例えば，知的障害があるか否かを確定するために，KABC-II は適応行

動の測定と併用して利用できる。また，創造力や才能を測定する検査とKABC-IIを併用して使えば，知的に優れた才能があるかを確定できる。脳機能不全や脳障害のある人の脳と行動の関係をより深く理解するために，特定の神経心理学的機能の測定に加えてKABC-IIを実施することも可能である。学習障害があるとわかっているまたはその疑いのある子どもをアセスメントするために，学力検査とともに実施することができる。

認知能力に問題のある子どものために，KABC-IIは一人一人の子どもの認知能力と認知処理過程における強み（得意なところ）と弱み（不得手なところ）を特定するのに役立つ。それは，学習障害の定義の重要な側面である基本的な心理学的機能の障害を明らかにするのに役立つ。教育的介入方法や治療計画は，KABC-IIの検査結果の解釈を基に作成することができる。

1.5　KABC-IIの説明

KABC-IIは，3歳0ヵ月から18歳11ヵ月までの子どもおよび青年の認知処理過程および処理能力を測る検査である。KABC-IIは3つの年齢レベルに分けて構成されている（3歳，4～6歳，7～18歳）。KABC-IIは，子どもの年齢および臨床専門家が選択する解釈アプローチによって，1つから5つの尺度が用意されている。

3歳児群には一般知能の測度（global measure of ability）1つのみがあり，5つの下位検査（ルリアモデル）または7つの下位検査（CHCモデル）で構成される。4～6歳児群には，ルリアモデルでは下位検査が3つの尺度，CHCモデルでは4つの尺度で構成されている。継次/短期記憶（Sequential/Gsm），同時/視覚処理（Simultaneous/Gv），および学習/長期記憶と検索（Learning/Glr）という4つの尺度はどちらのモデルにも含まれ，知識（Knowledge/Gc）尺度はCHCモデルにのみ含まれる。7～18歳群の子どもには，ルリアモデルでは4つの尺度，CHCモデルでは5つの尺度から構成され，前述したKABC-IIの尺度に計画/流動性推理（Planning/Gf）尺度が加えられる。各年齢群のKABC-IIの尺度については，**確認ポイント**1.5に示す。**キーポイント**1.3にはKABC-IIに関する補足情報が示されている。

ルリアの視点からすると，KABC-IIの尺度は，学習能力（learning ability），継次処理（sequential processing），同時処理（simultaneous processing），計画能力

(planning ability) から構成されている。KABC-II で採用された CHC モデルの観点から見れば，尺度は以下の広範的能力を測定している（**確認ポイント 1.6** に各理論の視点から見て各尺度がどのように概念化されているかが示されている）。

KABC-II の尺度名は，測定可能と考えられているルリアモデルと**確認ポイント 1.6** に示されている CHC の広範的能力（学習/長期記憶と検索，継次/短期記憶，同時/視覚処理，および計画/流動性推理）の両方を反映している。しかし，結晶性能力を測定する知識尺度は，CHC モデルにのみ含まれルリアモデルからは明確に除外されている。

前述したように，KABC-II により各尺度を総合する 2 つの総合指標（MPI：認

確認ポイント 1.5

年齢レベル別 KABC-II 尺度数

3 歳群	4～6 歳群	7～18 歳群
MPI, FCI または NVI（3 歳児群には総合尺度のみ）	MPI, FCI または NVI　学習，継次，同時，知識	MPI, FCI または NVI　学習，継次，同時，計画，知識

注：ルリアモデルの MPI からは，知識の下位検査（3 歳群）と尺度（4～18 歳群）を排除する。CHC モデルの FCI には，知識の下位検査（3 歳群）と尺度（4～18 歳群）を含む。

🔑 キーポイント 1.3

KABC-II に関する基本情報

著　者：アラン・S・カウフマン（Alan S. Kaufman），ネイディーン・L・カウフマン（Nadeen L. Kaufman）
発行年：2004 年
検査測定内容：学習能力（長期記憶と検索），継次処理（短期記憶），同時処理（視覚処理），計画能力（流動性推理），および理解語彙（結晶性能力）
対象年齢：3～18 歳
実施時間：基本検査：3 歳児群では 25～35 分，13～18 歳群では 50～70 分
補助検査：3 歳児群では 35～55 分，13～18 歳群では 75～100 分
検査者の資格：心理学的アセスメントについて，大学院または専門家レベルの訓練を受けた者
発行者：NSC Pearson, Inc.

知過程指標と FCI：流動性-結晶性指標）を算出することができる。MPI はルリアモデルにおける KABC-II 尺度の総合指標を，FCI は CHC モデルにおける KABC-II 尺度の総合指標を意味する。MPI と FCI の主な違いは，知識尺度が FCI には含まれ MPI からは除外されている点である（**キーポイント 1.4 参照**）。

CHC モデルによって算出された総合指標（FCI）には結晶性能力が含まれているので，子どもたちの認知能力をルリアモデルとは別の角度から分析することが

確認ポイント 1.6
ルリアと CHC 用語の定義

KABC-II 尺度	ルリアの用語	CHC の用語
学習/Glr	学習能力	長期記憶と検索（Glr）
	3つの全ブロックに関連する処理能力の統合を反映する。ブロック1の領域にある注意の焦点化を重視するだけでなく，ブロック2の符号処理能力も必要とするし，またブロック3の学習や効率よく新規情報を覚えるための方略づくりも含む。継次処理および同時処理は，主としてルリアのブロック2と関連し，段階的（継次的）か全体的（同時的）な情報処理のいずれかに関係する。	新規に学習したことや以前学習した情報を覚えたり，効率的に思い出したりする
継次/Gsm	継次処理	短期記憶（Gsm）
	ルリアがラベル化した「一連の」符号化機能の種類を測定し，それぞれの考えが先行のものと直線的かつ時間的に関係がある問題を解決するために，入ってきた情報を生起した順や番号順に並び替える。	情報を取り入れ保持し，数秒のうちにその情報を使う。
同時/Gv	同時処理	視覚処理（Gv）
	2番目のタイプまたはブロック2に関連する同時的な符号化機能を測定する。その課題を遂行するために入ってきた情報は統合され，同時に（全体的に）通常は空間的に適切な解決策を生み出すために合成されなくてはならない。前述したように，KABC-II の同時処理の測定は必要不可欠である同時的合成の複雑化を高めるために意図的にルリアのブロック2とブロック3を包含している。	視覚的なパターンを知覚し，記憶し，操作し，そして考える。

計画/Gf	計画能力	流動性推理/Gf
	ブロック3に関連した高レベルの意思決定，実行のプロセスを測定する。ただし，レイタン（Reitan, 1988）が述べるように，「ブロック3は，感覚，運動，知覚，スピーチ機能とは関係がなく，行動に関わるプログラムを分析，計画，組織化することにのみ関わる」（p.335）。どんな認知課題も感覚情報の知覚や運動，言語反応のいずれかに関係するため，KABC-IIにおける計画能力の測定は必ず他の2つのブロックと関連した機能を必須とする。	演繹や帰納などの推理能力を用いて，新規な問題を解決する。
知識/Gc	（この尺度はルリアモデルには含まれない）	結晶性能力/Gc
		その個人が属する文化によって得られた知識の幅や深さを示す。

注：知識（Knowledge/Gc）尺度はFCIを計算するのにCHCモデルには含まれるが，MPIを計算するのにルリアモデルからは除外される。計画（Planning/Gf）尺度は7～18歳群限定で使用される。他の尺度はすべて4～18歳群で用いられる。MPIとFCIのみが3歳群に用いられる。

🔑 キーポイント1.4

KABC-IIの総合指標間の違い

- 認知過程指標（MPI）はルリアの視点からKABC-IIにおいて一般認知過程能力（general mental processing ability）を測定し，習得知識の測定は除外する。
- 流動性-結晶性指標（FCI）は，キャッテル-ホーン-キャロル（CHC）の視点からKABC-IIにおいて一般認知能力（general cognitive ability）を測定し，習得知識も測定する（結晶性能力 crystallized ability）。

できる。これは，アセスメント中心の心理学者たちの間でもてはやされた考え方に基礎をおいており（Flanagan et al., 2000; McGrew & Flanagan, 1998），カウフマンの他の検査（Kaufman & Kaufman, 1990, 1993, 2004a）とも一貫性をもち，ウェクスラーやビネーなどの伝統的な認知能力観とも整合性がある。

KABC-IIは，MPI，FCI，そして5つの尺度に加えて，非言語尺度を提供する。非言語尺度は，身振りで実施して動作で答えるような下位検査で構成されている。

非言語尺度は，聴覚障害のある子ども，英語がおぼつかない子ども，軽度から重度の発話ないし言語障害のある子ども，他の障害により基本検査の使用が不適切とされる場合などに妥当なアセスメントを可能にする。**確認ポイント1.7**に非言語尺度を構成する下位検査を示してある。非言語尺度は全年齢層を対象に，基本検査と補助検査を混合して構成されている。KABC-IIには，基本検査と補助検査の2つのバッテリーがある。補助検査は，基本検査で測定された能力をさらに詳しく調べたり，仮説を追究したり，子どもの新たな学習と遅延再生の成績とを比較したりするために設けられている。補助検査で得られた得点は，どのKABC-II尺度においてもその子の標準得点に加えてはならない（ただし，特定の非言語尺度は例外である）。**確認ポイント1.8**には年齢層別に基本検査と補助検査について説明されている。

KABC-IIにおける尺度の構成は，3歳群，4〜6歳群，7〜18歳群とで異なっており，下位検査の構成もまた，5歳ごろに認知において急速な発達変化があるために，4歳群，5歳群，6歳群で多少異なっている。また，7〜12歳群と13〜18歳群の間にも実施する下位検査に多少の違いがある。いずれの場合においても，同時尺度には年齢により異なる下位検査が設けられているために，注意を払わなくてはならない。18ある下位検査の内容については，**確認ポイント1.9**に要約してある。

確認ポイント1.7

KABC-II　非言語尺度を構成する下位検査

	3〜4歳群	5歳群	6歳群	7〜18歳群
手の動作	○	○	○	○
模様の構成	○	○	○	○
仲間さがし	○	○	○	
顔さがし	○	○		
パターン推理		○	○	○
物語の完成			○	○
積木さがし				○
下位検査数合計	4	5	5	5

注：非言語下位検査は，基本および補助下位検査の両方を含む。

確認ポイント 1.8

KABC-II の基本・補助下位検査分類（C は基本，S は補助）

尺度/下位検査	3歳 C	3歳 S	4歳 C	4歳 S	5歳 C	5歳 S	6歳 C	6歳 S	7～12歳 C	7～12歳 S	13～18歳 C	13～18歳 S
継次/Gsm												
語の配列	WO		WO		WO		WO		WO		WO	
数唱		NR	NR		NR		NR		NR		NR	
手の動作				HM		HM		HM		HM		HM
同時/Gv												
近道さがし							Ro		Ro		Ro	
模様の構成	T		T		T		T		T			T
仲間さがし	CT		CT		CT		CT					
顔さがし	FR		FR		FR							
絵の統合		GC		GC		GC		GC		GC		GC
積木さがし					BC		BC		BC		BC	
計画/Gf												
パターン推理[a]					PR		PR		PR		PR	
物語の完成[a]							SC		SC		SC	
学習/Glr												
語の学習	A		A		A		A		A		A	
語の学習遅延					AD		AD		AD		AD	
文の学習			R		R		R		R		R	
文の学習遅延							RD		RD		RD	
知識/Gc												
なぞなぞ	Ri		Ri		Ri		Ri		Ri		Ri	
表現語彙	EV		EV		EV		EV		EV		EV	
理解語彙		VK		VK		VK		VK		VK		VK

注：C 欄の下位検査の省略名は，特定の年齢群の基本下位検査であることを示す。また，S 欄の下位検査の省略名は，特定の年齢の補助下位検査であることを示す。
[a] 5～6 歳児において，［パターン推理］と［物語の完成］は，同時下位検査に分類される。

1.5.1　KABC-II 標準得点（Standard Scores）と評価点（Scaled Scores）

　KABC-II の 2 つの総合指標である MPI と FCI は，両方とも 100 を平均とする標準得点であり，標準偏差（SD）は 15 である。ただし，評価される子どもまたは青年に対して，検査者が選択したルリアモデルまたは CHC モデルをもとに，2 つの総合指標のうち，どちらか 1 つのみが計算され解釈される。MPI および FCI

確認ポイント1.9
KABC-Ⅱ　下位検査の概要

尺度/下位検査	概　要
継次/Gsm	
語の配列	検査者が言った名称をその順番通りに，子どもが一連のシルエットの中から選んで指さす課題である。検査者が刺激を提示した後に妨害刺激（色の名前を言う）をはさんでシルエットを指さす難しい課題が含まれる。
数唱	2個から9個までの一連の数字を検査者が言った通りの順序で子どもが復唱する課題である。数字は1桁の数であるが，すべての数が1音節で発音できるように7の代わりに10が用いられる。
手の動作	検査者がテーブル上に示すげんこつ，手のひら，手がたなの3つの形からなる一連の手の動作を子どもが正確にまねる課題である。
同時/Gv	
近道さがし	子どもが，チェッカー盤のような図版上で，おもちゃの犬を動かして，妨害物（やぶや岩）を避けて骨まで「最も速く」移動させる（最も少ない動きで行ける）経路を見つける課題である。
模様の構成	ゴム製三角形（片面が青，片面が黄）の積木をいくつか組み合わせて，提示された抽象的な図形の絵と同じ形を作る課題がほとんどである。より簡単な形の課題では，検査者が作った見本と合うように子どもが，色とりどりのプラスチック製の形を組み合わせる。
仲間さがし	子どもが4～5枚の絵のセットを見て，その中から仲間はずれの絵を見つける課題である。意味刺激を示す課題も，抽象刺激を用いる課題もある。
顔さがし	子どもは，5秒だけ提示される1人または2人の顔写真を注意して見る。そして次に提示される異なるポーズの写真や集合写真の中から，直前に見せられた顔の人（たち）を正しく選んで指さす課題である。
絵の統合	子どもは，部分的に欠けたインクのしみで描かれた絵を見て，描かれたものまたは事柄の名前を答えたり，その状態を説明したりする課題である。
積木さがし	子どもが，1つかそれ以上の数の積木が一部見えなかったり，完全に隠れていたりして積み重なったさまざまな絵を見て，積木の数を正確に数える課題である。
計画/Gf	
パターン推理[a]	こどもは，ある規則に従って一直線に並べられた一部空欄となっている一連の刺激パターンを見て，空欄となっている部分に入る正しい絵を，

	ページの下部に提示された4～6つの選択肢の中から選ぶ課題である（ほとんどの刺激は，抽象的で幾何学的な形であるが，簡単な項目には有意味刺激も用いている）。
物語の完成[a]	子どもは，物語になっている一部空欄のある一連の絵あるいは写真を見る。子どもに絵あるいは写真のセットを渡し，物語を完成させるのに必要な絵あるいは写真を各欄1枚だけ選ばせ，正しい場所に入れさせる課題である。
学習/Glr	
語の学習	検査者は，子どもに架空の魚，植物，貝殻の絵を見せて，無意味な名前を教える。子どもは，それらが複数並んだ絵の中から，検査者が言う名前に相当する絵を1つずつ指さす課題である。
語の学習遅延	子どもは，検査者が言う名前に相当する架空の魚，植物，貝殻の絵を指さした［語の学習］課題を終えてから15～25分後に，［語の学習］課題で学習した対連合の遅延想起を行う課題である。
文の学習	検査者は，子どもに特定の一連の記号それぞれの概念とそれらで構成される文を教える。子どもは，一連の記号で作られた文を声を出して「読む」課題である。
文の学習遅延	子どもは，［文の学習］課題を終えてから15～25分後に，［文の学習］課題で学習した対連合の遅延想起を行う課題である。
知識/Gc	
なぞなぞ	検査者は，複数の具体的・抽象的な言語概念の特徴を提示する。子どもは，それを表す絵を指さしたり（前半），その名称を答える（後半）課題である。
表現語彙	子どもは，描かれた絵を見てその正しい名称を答える課題である。
理解語彙	子どもは，並べられた6枚の絵の中から単語を説明している，または，一般知識についての質問の回答と一致する絵を1枚選ぶ課題である。

注：概要はKABC-II米国版マニュアル（Kaufman & Kaufman, 2004a）より引用。
[a] 5～6歳群において，［パターン推理］と［物語の完成］は同時下位検査に分類される。

と同じく，KABC-IIの非言語指標も平均を100，SDを15とする標準得点である。

4～18歳群にはさらに5つのKABC-II尺度が用いられ，各尺度ともに平均が100，SDは15である（ただし3歳児群は，MPIとFCIのみしか算出できない）。KABC-IIの全下位検査の評価点は平均が10，SDは3である。基本検査の評価点は各尺度に加えられるが，補助検査の評価点は加えられない（特定の非言語尺度においては例外である）。

1.6 K-ABC から KABC-II への変更点

　K-ABC は構成的にも概念的にも次のように改訂された。K-ABC の理論的基盤であったルリア（1966）の継次-同時処理理論やスペリー（Sperry）の脳の特殊化理論を第 2 版では修正し補完した。K-ABC とは異なり，KABC-II はルリア理論の 3 つのブロックを基盤とし，2 つ目の理論である CHC 理論をその基盤に追加し，検査者に柔軟性のある解釈を可能とした。二重の理論的基盤に合致するように，10 の新しい下位検査が設けられ，8 つの古い下位検査を削除した。一方で，

表 1.1　**KABC-II の上限値**

年齢	Gsm	Gv	Glr	Gf	Gc	FCI and MPI	NVI
13〜18	158	160	160	160	160	160	160
10〜12	158	160	160	160	160	160	160
7〜9	158	157	160	160	160	160	160
6	158	158	160		154	160	159
5	158	159	160		154	160	160
4	158	160	160		154	160	160
3						160	160

注：データは KABC-II 米国版マニュアルから引用（Kaufman & Kaufman, 2004a），表 D.2。

確認ポイント 1.10

K-ABC から KABC-II へ　下位検査変更点

K-ABC から引き継がれた下位検査	KABC-II に新しく加わった下位検査	K-ABC から除かれた下位検査
語の配列	語の学習	魔法の窓（Magic Window）
数唱	文の学習	位置さがし（Spatial Memory）
模様の構成	語の学習遅延	視覚類推（Matrix Analogies）
顔さがし	文の学習遅延	写真ならべ（Photo Series）
なぞなぞ	パターン推理	人物と名所（Faces and Places）
手の動作	物語の完成	算数（Arithmetic）
絵の統合	積木さがし	ことばの読み（Reading/Decoding）
表現語彙	近道さがし	文の理解（Reading/Understanding）
	仲間さがし	
	理解語彙	

注：KABC-II 米国版マニュアル（表 1.1）（Kaufman & Kaufman, 2004a）より引用。

> 🔑 **キーポイント 1.5**
>
> **K-ABC から KABC-II への変更点**
>
> - KABC-II は，ルリア理論と CHC 理論を含む二重の理論基盤を特徴とする。
> - 年齢幅は，3～18 歳に延ばされた。
> - 残した下位検査の教示をより明確になるよう改良した。
> - 年齢の低い子どものために，［模様の構成］課題の最もやさしい課題を改良し，新規の具体的刺激と簡単な問題を追加した。
> - 年齢の低い子どものために，［なぞなぞ］課題の最もやさしい課題を改良し，新規の簡単な絵の課題を追加した。
> - 新規の［顔さがし］課題がたくさん追加され，子どもが気をそらすような細かい背景は，従来の課題から削除した。これは，顔をさがすことにのみ集中させることを重視するためである。
> - ［手の動作］と［絵の統合］は KABC-II の補助下位検査として K-ABC から残された。
> - ［表現語彙］は，K-ABC では就学前レベルの下位検査であったが，KABC-II では 3～18 歳すべての年齢層に広げられた。
> - ［語の配列］における色の妨害課題の説明を改良した。また，妨害課題への気づきに時間がかかる子どもが不利益をこうむらないように例題を追加した。

　K-ABC の 8 つの下位検査を残した。KABC-II の年齢幅を 18 歳 11 ヵ月に延長したため，事実上，継承された 8 つの下位検査に新規の難しい問題を加え，知的に優れた青年たちに対しても難しい課題を導入している。全年齢層に対して十分に対応できるだけの高いレベルの難しい課題が用意され，MPI，FCI，非言語尺度（NVI）のすべてが上限値の 160（標準平均 100 を 4 SD 上回る）を算出することができる。5 つの尺度にも難しい課題が取り入れられ，全年齢層にわたって 154 から 160 までの高い得点を算出することができる。表 1.1 に KABC-II 尺度の上限値を示す。**確認ポイント 1.10** には，K-ABC から KABC-II への変更点が要約されており，**確認ポイント 1.11** には，K-ABC と KABC-II の同じ下位検査間の相関係数が示されている。**キーポイント 1.5** には，K-ABC の改訂によって変更した点が具体的に記されている。

≡ 確認ポイント1.11

K-ABCとKABC-IIの同じ名前の下位検査の相関

下位検査	修正されたr	
	3〜5歳	8〜12歳
語の配列	.65	.70
数唱	.69	.85
模様の構成[a]	.55	.73
顔さがし[b]	.45	
なぞなぞ[c]	.80	.85
手の動作[d]	.58	.52
絵の統合	.69	.66
表現語彙[e]	.78	

注：新規に10の下位検査がKABC-IIに追加され，従来のK-ABCの8下位検査を削除した。すべての値は，基準集団 (norm group) のばらつきに対してKABC-IIで得られた標準偏差に基づいてコーエン，コーエン，ウェスト，エーケンのばらつき補正 (Cohen, Cohen, West, Aiken, 2003, p.58) を用いて補正した。サンプル数は個々の下位検査によって異なり，3〜5歳群では55〜74，8〜12歳群では48である。相関係数は，KABC-II米国版マニュアル (表8.15, 8.16) より引用。
[a] 年齢の低い子どものために，[模様の構成] の最もやさしい課題を改良し，新規の具象課題と簡単な問題を追加した。
[b] KABC-IIとK-ABCでは [顔さがし] は，5歳までの子どもにのみ実施する。
[c] 年齢の低い子どものために，[なぞなぞ] の最もやさしい課題を改良し，新規の簡単な絵の課題を追加した。
[d] [手の動作] と [絵の統合] はKABC-IIの補助下位検査としてK-ABCから残した。
[e] [表現語彙] は，K-ABCでは就学前レベルの下位検査だったが，KABC-IIでは3〜18歳すべての年齢層に広げられた。

1.7 KABC-IIの標準化と心理測定的特性

以下にKABC-IIの標準化，信頼性，妥当性について述べる。

1.7.1 標準化

KABC-IIは，2001年の米国国勢調査 (U.S. Census) における年齢層，性別，地理的領域，民族性，親の学歴のデータと近くなるように，3,025人の子どもたちをサンプルとして選び，標準化された。標準化サンプルは，1グループ (年齢群) 100〜200人の子どもからなる18の年齢群に分けられた。男女がおおむね同数になるようにサンプリングされた。

1.7.2 信頼性

　信頼性と妥当性については，KABC-II 米国版マニュアル（Kaufman & Kaufman）で述べられており，確認ポイント 1.12 に要点が記されている。平均内的一貫性係数は，3～6 歳群および 7～18 歳群において MPI で .95，FCI では 3～6 歳群で .96，7～18 歳群で .97 であった。

　各下位検査の内的一貫性の値は .69（手の動作）から .92（近道さがし；3～6 歳群）の範囲で，7～18 歳群の内的一貫性の値は .74（絵の統合）から .93（近道さがし）の範囲であった。各下位検査の内的一貫性の値の中央値は，3～6 歳群で .84，7～18 歳群で .86 であった。

　KABC-II はかなり安定した検査であり，MPI の再検査信頼性係数の平均は，3～5 歳群，7～12 歳群，13～18 歳群でそれぞれ .86，.89，.91 である。FCI の再検査信頼性係数の平均は，3～5 歳群，7～12 歳群，13～18 歳群でそれぞれ .90，.91，.94 であった（内的一貫性と再検査の信頼性についてまとめた確認ポイント 1.12 参照。3 つの年齢群にわたり，学習/Glr（.76～.81），継次/Gsm（.79～.80），同時/Gv（.74～.78），計画/Gf（.80～.82），知識/Gc（.88～.95）の再検査信頼性係数の範囲は，十分な安定性をもっていることを示している。同時/Gv がすべての尺度得点の中で最も弱い安定性を示した。

　練習効果（得点が 1 回目から 2 回目でどのくらい高くなるか）が最も顕著なのは学習/Glr 尺度であり，7～18 歳の群では 14～15 点高くなった。この尺度における得点の伸びは，子どもが新しい題材を学習することを求めるという課題の性質を考えれば驚くことではない。もし子どもがその題材を習得したとしたら，1 回目の検査よりも 2 回目が明らかに有利になるわけである。実際，約 1 SD の練習効果があるとされ，子どもは題材を最初の段階で習得し，時間とともにある程度記憶したことが 2 回目の検査に反映されるので，1 ヵ月は時間をおいて再検査することを強く勧める。この種の長期記憶は，初版のウッドコック-ジョンソン学力検査（Woodcock & Johnson, 1977）でも紹介されたように，遅延想起の考えと一致する。子どもも成人もゆっくり時間をかけて対連合学習によって記憶することが期待され，初版のウッドコック-ジョンソン検査では遅延想起を測定するために，検査者は 1～8 日後に補助検査を実施するよう求められた（ウッドコック-ジョンソン第 3 版では，検査者は 30 分～8 日後に実施するよう指示される）。

　7～18 歳群では，計画/Gf がかなり大きな練習効果による伸びを示した（10～

11点)。一方，同時/Gv ではやや効果が見られ (7〜9点)，継次/Gsm (−1〜1点) および知識/Gc (3〜3.5点) では練習効果による伸びは少ししか見られなかった。これらの結果は，何十年もの間使用されてきたウェクスラー式検査における

確認ポイント 1.12

KABC-II 信頼性

尺度/下位検査	内的信頼性		再検査信頼性	
	3〜6歳	7〜18歳	3〜6歳	7〜18歳
継次/Gsm	**.91**	**.89**	**.79**	**.80**
数唱	.85	.79	.69	.82
語の配列	.87	.87	.72	.72
手の動作	.69	.78	.50	.60
同時/Gv	**.92**	**.88**	**.74**	**.77**
積木さがし	.90	.87		.63
仲間さがし	.80		.55	
顔さがし	.75		.56	
近道さがし	.83	.80		.64
模様の構成	.86	.87	.79	.83
絵の統合	.74	.74	.70	.81
学習/Glr	**.91**	**.93**	**.79**	**.79**
語の学習	.83	.86	.73	.70
文の学習	.92	.93	.70	.79
語および文の学習遅延	.82	.90		.80
計画/Gf		**.88**		**.81**
パターン推理[c]	.89	.90		.74
物語の完成[c]	.82	.77		.72
知識/Gc	**.91**	**.92**	**.93**	**.92**
表現語彙	.84	.86	.86	.89
なぞなぞ	.85	.86	.80	.89
理解語彙	.85	.89	.81	.83
MPI	**.95**	**.95**	**.86**	**.90**
FCI	**.96**	**.97**	**.90**	**.93**
NVI	**.90**	**.92**	**.72**	**.87**

注：尺度の信頼性は太字で示す。
[a] 尺度と総合尺度の信頼性はナナリー（Nunnally; 1978, p. 248）が提示した公式を用いて算出された。
[b] フィッシャーの z 変換（Fisher's z transformation）を用いる。
[c] 5〜6歳群では同時/Gv 尺度である。

動作性 IQ と言語性 IQ では練習効果が異なるという結果と一致する（Kaufman, 1994b）。具体的に述べると，WISC-III では，練習効果による伸びが言語性 IQ では 2.5 点であるのに対して，動作性 IQ では平均 12.5 点であった。KABC-II の計画/Gf および同時/Gv 課題は，ウェクスラー式検査の動作性下位検査と同様に新しい課題である。しかしながら，その新規性は初回だけのものであり，数ヵ月後にはその課題は新規性を失い，子どもたちは飛躍的に得点を伸ばすと予測される。

3～5 歳群では，全尺度において練習効果による伸びは少しからややある程度（2～6 点）になる傾向があるが，KABC-II で大きい子どもたちに見られたのと同じ傾向（子ども用および成人用におけるウェクスラーの尺度でも見られた）が就学前の子どものサンプルでも確認された。就学前のサンプルについて見ると，練習効果による伸びが最も大きかったのは学習/Glr と同時/Gv（5～6 点）で，最も小さかったのは継次/Gsm と知識/Gc（2～4 点）であった。

FCI と MPI における全体的な練習効果による伸びは，7～18 歳群では 10～11 点，3～5 歳群では 5～6 点であった。検査者は，特に 7 歳より大きい子どもを検査するさいには練習効果による得点の伸びがかなりあるとしており，これらの効果による影響を斟酌して検査結果の解釈を行う必要がある。ウェクスラー尺度に対してカウフマン（1994a, p.31）が示した以下のような助言が KABC-II にも当てはまる。すなわち，「ロバート・デニーロ（Robert DeNiro）は，映画『ディア・

確認ポイント 1.13

KABC-II 尺度得点別練習効果：検査・再検査で比較的大きい得点の伸びがあった下位検査

下位検査	3～5 歳群	7～12 歳群	13～18 歳群
顔さがし	1.0	—	—
近道さがし	—	1.8	1.6
模様の構成	0.8	1.2	1.1
絵の統合	1.1	1.6	1.5
語の学習	1.2	3.4	3.3
文の学習	0.8	1.7	1.4
物語の完成	—	2.6	2.8

注：比較的大きな得点の伸びとは，少なくとも .3 SD と定義する（検査・再検査で少なくとも .9 得点が高くなることを意味する）。データは KABC-II 米国版マニュアル（表 8.3）から引用。初回検査と再検査の間隔は 12～56 日で，平均 27 日である。

確認ポイント 1.14
KABC-II 総合尺度における練習効果

尺度	3〜5歳群	7〜12歳群	13〜18歳群
継次/Gsm[a]	2.2	−0.8	1.1
同時/Gv[a]	5.0	9.2	6.6
学習/Glr[a]	5.9	14.6	13.9
計画/Gf	—	10.4	10.8
知識/Gc[a]	3.9	3.3	3.4
MPI	5.9	11.9	11.3
FCI	5.3	10.3	10.3
NVI	4.8	7.9	7.8

注:データはKABC-II米国版マニュアル（表8.3）から引用，初回検査と再検査の間隔は12〜56日で，平均27日である。
[a] 4〜18歳群のみ。

ハンター（The Deer Hunter)』の中でクリストファー・ウォーケン（Christopher Walken）に，チャンスは『1度きり』と言ったが，鹿狩りに使われたこの表現はウェクスラーのプロフィールにも当てはまる。つまり，チャンスは1度だけなのである」。

確認ポイント1.13には比較的大きい得点の伸びがあった下位検査について説明してある（少なくとも大きな得点の伸びとは.3 SDに相当する.9評価点が高くなることである）。

1.7.3 妥当性

KABC-IIの構成概念妥当性は，KABC-II米国版マニュアル（Kaufman & Kaufman, 2004a）で述べた因子分析を用いた研究によって支持されている。年齢層ごとに行った確認的因子分析（CFA）の結果は，各年齢群によって異なるバッテリーを支持した。3歳群においては，単一因子モデルがKABC-IIの基盤となっている（CFAの結果は継次/Gsm下位検査とバッテリーの他の下位検査との差異を示したけれども）。4歳群においては，［仲間さがし］が知識/Gcと同時/Gvの両方に実質的に負荷した。この2つの負荷により知識/Gcと同時/Gvの間を有意に区別することができなかった。CFAの結果にかかわらず，最終的なバッテリー

では，知識/Gc および同時/Gv は各尺度の特徴的な内容に基づいて，別個の尺度として区別されている。4歳群で測定される他の2つの因子である同時/Gsm と学習/Glr は十分に支持され，明確に区別された。

　7～18歳群では，同時/Gv と計画/Gf の区別が重要な意味をもつ。したがって，CFA の結果は因子間で最もわかりやすく区別するうえでどの下位検査を同時/Gv と計画/Gf におくかを決める根拠となった。7～12歳群における［近道さがし］と［模様の構成］の組み合わせ，そして13～18歳群における［近道さがし］と［積木さがし］の組み合わせは，計画/Gf からはっきりと区別される同時/Gv 因子への負荷を明確にした。KABC-II マニュアルには，7～12歳群における［積木さがし］はより認知的で複雑な課題であり，13～18歳群においてはより純粋に視覚的な課題であることが記されている。

　また，最も難しい［模様の構成］課題を実施された年長の子どもはこの課題を解決するさい，視覚化する力よりも，むしろ推理能力を要求された。

　心理統計的データと理論的モデルとの適合性を評価するための主な CFA 統計量は，CFI（comparative fit index）と RMSEA（root mean square error of approximation）である。フーとベントラー（Hu & Bentler, 1999）は，良い適合性の証拠となるには CFI 値は .95 より大きくあるべきで，RMSEA 値は .06 より小さくなくてはならないとしている。KABC-II においては，CFI の値はカットオフ値の .95 を大きく上回り，すべて .99 を超えた。こうした結果は，4歳群，5～6歳群，7～12歳群，13～18歳群のどの年齢群においても得られた。基本検査のみを含んだ分析においても，また基本検査と補助検査を含む KABC-II のすべての下位検査についての分析においても .99 を超える値が得られた。同様に，RMSEA 値は，どの年齢群においても切り捨て .06 と同じかまたはそれより低く，平均は約 .04～.05 であった（Kaufman & Kaufman, 2004a, 図 8.1 & 8.2）。CFA の全体的な結果は，理論を基盤とする KABC-II の尺度構造を強く支持している。

　因子分析に加えて，KABC-II の妥当性は，WISC-III および WISC-IV，WPPSI-III，KAIT，そして WJ III など他の検査との相関によってさらに強固なものとなっている（Kaufman & Kaufman, 2004）。これらの検査の総合尺度は，それぞれ KABC-II，MPI，そして FCI と強い相関があり，相関係数の範囲は .71～.91 である（**確認ポイント 1.15** を見よ）。**確認ポイント 1.16** では，KABC-II の知識尺度/Gc が WJ III と WISC-IV の推理，視空間，記憶の尺度よりも言語尺度と実質上強い相関

をもつことを示す。

これらの相関パターンは、KABC-II の収束的/弁別的妥当性（convergent and discriminant validity）を支持する。第4章には妥当性に関する問題についてより詳細に記されており、第5章では特定の集団における KABC-II の妥当性について取り上げている。

確認ポイント 1.15

KABC-II の全尺度（Full Scale）IQ と他の知能検査との相関

知能検査	KABC-II MPI	KABC-II FCI
WISC-III 全尺度（Full Scale）IQ	.71	.77
WISC-IV 全尺度 IQ	.88	.89
WPPSI-III 全尺度 IQ	.76	.81
KAIT 合成得点（Composite）	.85	.91
WJ III GIA	.77	.78

注：すべての値は標準化サンプルの変動性を補正している。係数は、KABC-II 米国版マニュアル（表 8.17, 8.18, 8.19, 8.21, 8.22）より引用。

確認ポイント 1.16

KABC-II の収束的/弁別的妥当性：他の認知尺度との相関

	継次/Gsm	同時/Gv	学習/Glr	計画/Gf	知識/Gc
WJ III					
理解・知識（Gc）	.46	.53	.53	.57	(.84)
視覚的空間（Gv）	.35	(.51)	.46	.43	.46
流動性推理（Gf）	.45	.59	.50	(.64)	.60
処理速度（Gs）	.15	.28	.21	.35	.25
ワーキングメモリー（Gsm）	(.55)	.39	.51	.44	.56
WISC-IV					
言語理解指標（VCI）	.44	.53	.63	.57	.85
知覚推理指標（PRI）	.22	(.66)	.56	(.69)	.60
ワーキングメモリー指標（WMI）	(.71)	.49	.46	.50	.65
処理速度指標（PSI）	.16	.46	.58	.56	.53

注：すべての値は標準化サンプルの変動性を補正している。大部分の値は、KABC-II 米国版マニュアル（表 8.17, 8.22）より引用。収束的妥当性の相関には◯印あり。

KABC-II の得点と主要な学力の基準との関係を評価するために,就学前から 12 年生までの 2,475 人の子どもを対象に実施した KTEA-II (Kaufman & Kaufman, 2004b),合計 401 名の子どもに実施したウッドコック-ジョンソン第 3 版アチーブメントバッテリー(WJ III Achievement battery),ウェクスラー個別アチーブメント第 2 版(the Wechsler Individual Achievement Test—Second Edition; WIAT-II),ピーボディ個別式アチーブメント検査改訂版(Peabody Individual Achievement Test—Revised; PIAT-R; Kaufman & Kaufman, 2004a)との相関を算出した。確認ポイント 1.17 では,FCI, MPI,およびすべての学力標準得点の総合点に注目し,学年レベル別にこれらの結果を要約して示している。KTEA-II にお

確認ポイント 1.17

年齢別 KABC-II 総合標準得点(FCI と MPI)と 4 つの主要な学力検査の総合点との相関

学力検査　総合標準得点	N	FCI	MPI
KTEA-II			
就園前〜幼稚園	370	.74	.72
Grade 1	198	.78	.77
Grade 2	202	.79	.77
Grades 3〜4	361	.82	.78
Grades 5〜6	381	.77	.71
Grades 7〜8	397	.82	.75
Grades 9〜12	566	.80	.73
WJ III			
Grades 2〜5	79	.70	.63
Grades 6〜10	88	.79	.77
WIAT-II			
Grades 2〜5	82	.72	.65
Grades 7〜10	84	.87	.83
PIAT-R			
Grades 1〜4	32	.67	.69
Grades 5〜9	36	.73	.67
KTEA-II における平均 r	**2,475**	**.79**	**.75**
WJ III, WIAT-II, および PIAT-R における平均 r	**401**	**.75**	**.71**

注:KTEA-II の相関は Kaufman & Kaufman, 2004b, 表 7.18 より引用。WJ III, WIAT-II, PIAT-R の相関は Kaufman & Kaufman, 2004a, 表 8.23, 8.24, 8.26, 8.28, 8.29, 8.30 より引用。全相関は,標準化サンプルの変動性(SD = 15)を補正している。

いては，FCI との相関は平均 .79 で，KTEA-II の学力合計得点と相関があり，MPI との相関は .75 と少し下回った。KABC-II とともに標準化したときの KTEA-II でも類似した傾向を示し，平均値は .75（FCI）と .71（MPI）である。.70 台の値は，さまざまな認知および学力検査間における膨大な相関研究をまとめたナグリエリとボーンスタイン（Naglieri & Bornstein, 2003）において報告された最も高い相関係数と類似している。つまり，「大規模な研究により K-ABC における認知-学力合成得点の相関係数（.74）は最上位にランクされ，CAS と WJ-III の相関係数（両者とも .70）はそれに続く」のである（Naglieri & Bornstein, p.244）。その研究では，WISC-III との相関係数は低かった（.63）が，WISC-IV 全検査 IQ と WIAT-II 総合学力（Total Achievement）間における最近報告された相関係数はかなり大きく，.87 であった（The Psychological Corporation, 2003，表 5.15）。

確認ポイント 1.18 には，KABC-II の総合指標（NVI を含む）と 4.5～6 歳群と 7～18 歳群を対象とした KTEA-II 総合版で得られた主要な合成得点（composite）

確認ポイント1.18

KTEA-II の尺度と KABC-II の総合尺度（NVI）との相関

KTEA-II の尺度	FCI	MPI	NVI
読み			
4.5～6 歳	.67	.68	.57
7～18 歳	.74	.68	.61
算数			
4.5～6 歳	.70	.71	.65
7～18 歳	.71	.68	.67
書き			
4.5～6 歳	.67	.70	.56
7～18 歳	.66	.62	.56
話す			
4.5～6 歳	.62	.57	.52
7～18 歳	.67	.61	.56
言語理解力			
4.5～6 歳	.75	.73	.65
7～18 歳	.80	.74	.70

注：すべての相関係数は，コーエンら（Cohen et al., 2003, p.38）の数式を使って，KTEA-II で得られた標準偏差に基づき，基準グループの変数に対して修正された。

との相関係数が示されている。年齢が低い子どもの群では，MPI は FCI と同程度 KTEA-II 学力合成得点との相関が認められた。4.5〜6 歳群では，MPI は「書きことば（Written Language）」と，FCI は「話しことば（Oral Language）」とやや高い相関があり，この 2 つの合成得点は，「読み（Reading）」，「算数（Math）」，［総合学力］合成得点ではほぼ同程度の相関となった。7〜18 歳群では，総合学力との相関係数に反映されているように，FCI は各学力領域において MPI よりも一貫して高い相関があった（.80 vs. .74）。

両年齢群において，FCI および MPI と「話しことば」との相関が最も低く（.57〜.67），「読み」および「算数」との相関が最も高かった（.67〜.74）。NVI と算数との相関は，MPI および FCI との相関とほぼ同程度（.65〜.67 vs. .68〜.71）だったが，他の学業領域では MPI および FCI の相関よりも明らかに低い相関であった。例えば，NVI と「読み」との相関は約 .60 であったが，他の 2 つの総合点と読みとの相関は，約 .70 であった。したがって，KABC-II で非言語尺度を選択することが多い検査者は，子どもの学力の予測は外れる可能性があることに注意する必要がある（ただし「算数」に関する予測は例外である）。とはいえ，MPI と FCI と比べて NVI と学力との相関は低く，「話しことば」で .50 台および .60 台の相関であるが，**確認ポイント** 1.7 と 1.8 に示されている KABC-II 総合指標におけるすべての相関は，他の検査の総合点によって得られるものと比べても遜色はなく（Naglieri & Bornstein, 2003），KABC-II の基準関連妥当性を強く支持している。

KABC-II と KTEA-II との関連性については，KABC-II 総合尺度と KTEA-II の合成得点との相関も含めて，第 5 章の「KABC-II と KTEA-II の統合」の項でさらに詳しく取り上げる。

1.7 KABC-Ⅱの標準化と心理測定的特性

☑ **理解度チェック**

1. KABC-Ⅱの2つの総合点の決定的な違いは，MPI（ルリア理論）は獲得した知識の測定を除き，一方FCI（CHC理論）は獲得した知識の測定を含む点である。（正か誤か）
2. KABC-Ⅱに含まれない尺度は，＿＿＿＿＿。
   (a) 継次/Gsm　　(d) 知識/Gc
   (b) 同時/Gv　　(e) 処理速度/Gs
   (c) 学習/Glr　　(f) 計画/Gf
3. 7～18歳群ではKABC-Ⅱは，CHCモデルにおいて5つの広範的能力尺度を算出し，4～6歳群では4つの広範的能力尺度を算出する。3歳群ではいくつの広範的能力尺度を算出するか？
4. 補助下位検査で得られた得点は，すべてのKABC-Ⅱ尺度において子どもの標準得点に加算されない。（正か誤か）
5. 7～18歳群で，練習効果（得点が1回目から2回目で伸びること）による最大の伸びが約14～15点となるのはどの尺度か？
   (a) 同時/Gv　　(c) 学習/Glr
   (b) 知識/Gc　　(d) 継次/Gsm
6. 7～18歳群でMPI（知識/Gcを除く）は，各KTEA-Ⅱの学業領域とFCI（知識/Gcを含む）よりも一貫して高い相関があった。（正か誤か）
7. KABC-Ⅱの知識尺度/Gcと最も高い相関を示したのは，WJ ⅢとWISC-Ⅳのどの尺度か。
   (a) 推理尺度（Reasoning Scales）
   (b) 視覚的空間尺度（Visual spatial scales）
   (c) 記憶尺度（Memory scales）
   (d) 言語尺度（Verbal scales）

答え：1. 正；2. (e)；3. 無い-総合尺度（FCI,MPI,NVI）のみ；4. 正；5. (c)；6. 誤；7. (d)

第 2 章

KABC-II 解釈の基本

　　KABC-II の解釈は，2 つの別々の理論に根ざした尺度プロフィールに焦点を合わせており，認知能力に関するキャッテル-ホーン-キャロル（Cattell-Horn-Carroll; CHC）理論とルリア（Luria）の神経心理学理論の 2 つの理論から解釈される。最初の解釈ステップでは，総合指標（ルリアモデルにおける MPI，CHC モデルにおける FCI）の解釈がなされるが，総合指標や各尺度指標自体の解釈はそれほど重要ではない。総合指標は，標準化されたノルムに基づく子どもの能力を概観するものであり，子どもの相対的な強い能力と弱い能力をアセスメントするための，KABC-II の尺度上のおおよその中間点を示すものである。しかし総合指標そのものが，子どもの強い能力と弱い能力を示しているわけではない。子どもの認知機能の具体像を得るには，尺度プロフィールを解釈する必要がある。同様に，各下位検査から導かれた点数そのものにもほとんど価値はない。下位検査の主な役割は，各検査が互いに補足しあうことで，各尺度が測定しようとしている理論的構成概念を綿密に測定することである。もしある下位検査の評価点が同じ尺度上の他の下位検査と著しく異なる場合，その偏差が検査者にとって仮説を立てる有効な情報となる。もちろん，他の検査や臨床的行動観察，関連背景情報の統合などの付加的なデータを用いて，その仮説を検証することが重要となる。本章で提供する KABC-II の解釈ステップの主な目的は，個人間差（年齢別）と個人内差（個人別）の両面から，子どもの認知機能や情報処理様式における強い領域と弱い領域を特定し，子どもの知的機能に関する理解を深めることにある。本章では，KABC-II 米国版マニュアル（Kaufman & Kaufman, 2004a, 第 5 章）にある 4 つのステップに，さらに 2 つのステップを加えた解釈方法について述べる。まず，KABC-II の尺度を基盤としている 2 つの理論の共通のポイントから解釈する。次に，6 つの解釈ステップを示し，実際に読み能力に問題のある子どもに実施した KABC-II の検査結果から得たデータを用いて解説する。

2.1 尺度が測定する概念

KABC-IIの5つの各尺度は，CHCモデルとルリアモデルの両方から解釈できる。知識尺度/Gcでさえも，ルリアモデルからは除外されているにもかかわらず，ルリアの神経心理学的理論からの解釈が可能である。KABC-IIの基盤である2つの理論モデルに基づく5つの尺度の解釈は，KABC-II米国版マニュアル(Kaufman & Kaufman, 2004a, pp.43～45)に記載されている。前述したように，3歳児の検査結果は総合指標のみの算出であるが，4～18歳の子どもには尺度プロフィールを作成することができる。計画尺度/Gfだけは，7～18歳の子どものプロフィールにのみ含まれる。

2.2 KABC-IIの段階的解釈方法の概要

この本で紹介する解釈体系は，KABC-II米国版マニュアル（Kaufman &

確認ポイント2.1
KABC-II 解釈ステップ

基本ステップ
ステップ1　総合指標の解釈～FCI（CHCモデル）またはMPI（ルリアモデル），またはNVI（非言語指標）〈3～18歳〉
ステップ2　尺度指標の解釈～強い能力と弱い能力を明らかにするために，個人内差と個人間差を調べる〈4～18歳〉

選択ステップ
ステップ3　尺度比較
　　　　　ステップ3A　初期学習と学習遅延〈5～18歳〉
　　　　　ステップ3B　学習能力と既存知識〈4～18歳〉
ステップ4　補助下位検査の分析
ステップ5　臨床的比較
　　　　　ステップ5A　言語能力と非言語能力〈3～18歳〉
　　　　　ステップ5B　記憶・学習能力と問題解決能力〈3～18歳〉
　　　　　ステップ5C　有意味刺激と抽象刺激の視知覚〈4～18歳〉
　　　　　ステップ5D　言語反応と指さし反応〈4～18歳〉
　　　　　ステップ5E　小さな動作と大きな動作〈4～18歳〉
ステップ6　ばらつきを説明するための仮説生成
　　　　　ステップ6A　解釈不能な尺度がある場合〈4～18歳〉
　　　　　ステップ6B　基本下位検査と一貫性のない補助検査がある場合〈3～18歳〉

Kaufman, 2004a，第5章）に含まれる手順より2つ多い，6つのステップから構成されている。最初の4つのステップはマニュアルに示されている4ステップと同じである。新しいステップ5とステップ6は，論理的にステップ1～4の延長線上にある。**確認ポイント2.1**に6つの解釈ステップが要約されており，付録AのKABC-Ⅱ解釈ワークシートを用いて，実際のクライアントのプロフィールを個々のステップを通してまとめることができる。解釈の基本は，総合指標（ステップ1）と尺度指標のプロフィール（ステップ2）に焦点を当てた最初の2つのステップである。また，これらのステップは3～18歳の子どもに利用できるが，基本検査のみの実施で解釈可能であり，CHCとルリアの両モデルを適用できる（**キーポイント2.1**参照）。

選択ステップ3～6は，補助検査を解釈に組み込み，KABC-Ⅱの下位検査を臨

🔑 キーポイント2.1
解釈を進めるための必要な検査

解釈ステップ	必要な検査	必要な補助検査
1	基本検査	なし
2	基本検査	なし
3A	基本検査と補助検査	［文の学習遅延］と［語の学習遅延］〈5～18歳〉
3B	基本検査	なし
4	基本検査と補助検査	複数の補助検査
5A	基本検査と補助検査	［手の動作］〈3～18歳〉 ［表現語彙］〈7～18歳〉 ［理解語彙］〈4～6歳〉
5B	基本検査	なし
5C	基本検査	なし
5D	基本検査と補助検査	［理解語彙］〈4歳〉
5E	基本検査と補助検査	［積木さがし］〈7～12歳〉 ［手の動作］〈4歳〉
6A	基本検査と補助検査	ステップ5と同様
6B	基本検査と補助検査	複数の補助検査

床的に関連のあるクラスターに分けて解釈するものである。これらの選択ステップの主な目的は，他のデータ（背景情報，臨床的行動観察，他の検査結果）で検証すべき仮説を生成することにある。この検証により，ステップ2で行われる尺度指標の分析に基づく仮説は，教育計画を立てるさいに役立つことが証明されるだろう。6つのうちどのステップも，各下位検査それぞれが個別に測定する能力を解釈するものではない。

　プロフィール分析に基づく認知能力の仮説については批判もあり，カウフマン（Kaufman, 1994b）は，プロフィール分析やIQ検査全般についての批判の概要をまとめている。また，カウフマンとリヒテンバーガー（Kaufman & Lichtenberger, 2002; Lichtenberger & Kaufman, 2004）は，こうしたプロフィール分析に対する批判についても対処している。例えば，マクダーモット，ファンツッゾ，グラッティング（McDermott, Fantuzzo, & Glutting, 1990）は，どのタイプのプロフィール分析に対しても厳しい批判を突きつけており，批判の矛先は特にウェクスラー検査（Wechsler）のプロフィール分析に向けられている。またシェーファー（Schaefer, 2002）は，"Essentials of WISC-III（Wechsler Intelligence Scale for Children — Third Edition）and WPPSI-R（Wechsler Preschool and Primary Scale of Intelligence — Revised）Assessment"（Kaufman & Lichtenberger, 2000）の書評の中で，この体系について「この本の読者がその内容にどっぷりと浸かってしまうと，プロフィール分析への過信から『思い込みの落とし穴』にはまるだろう」（p. 395）と述べている。

　マクダーモットやグラッティングとその同僚らの厳しい批判とは対照的に，フラナガンとアルフォンソ（Flanagan & Alfonso, 2000）は，カウフマンとリヒテンバーガー（Kaufman & Lichtenberger, 1999; 2002; Lichtenberger & Kaufman, 2004）が提唱するプロフィール分析の方法について，やや控えめな批判となっている。その主な批判は，カウフマン-リヒテンバーガーのプロフィール分析の方法には，実験的根拠をもたない下位検査の臨床的分類と理論的分類が含まれているという点である。したがって，フラナガンとアルフォンソは，プロフィール分析の概念自体を批判しているわけではないが，下位検査の選択的分類が構成的に妥当である場合のみ，それらの分類の解釈を支持できるとしている。例えば，CHC理論の視点ならば，広範的能力と限定的能力がそれに当たる（例えば，Flanagan, McGrew, & Ortiz, 2000）。本書で説明されるすべてのプロフィール分析の方法が価値あるも

のであると著者らは考えているが，KABC-Ⅱで示される具体的な指標（例えば，総合指標や尺度指標）のみを解釈すべきだと考える検査者もいる。このため，最初の2つの解釈ステップを基本ステップとし，KABC-Ⅱの下位検査の選択的組み合わせや仮説生成を含む残りのステップは，選択ステップとした。

さらに，KABC-Ⅱ米国版マニュアルに紹介され，この本で拡大展開されている解釈システムは，カウフマン（Kaufman, 1979）と彼の同僚（例えば，Kaufman & Kaufman, 1983b; Kaufman & Lichtenberger, 2002; Lichtenberger & Kaufman, 2004）が作ってきたこれまでの解釈システムを大きく変更している。新しいKABC-Ⅱでは，以下の点でWISC-Ⅳの新しい解釈の方法（Flanagan & Kaufman, 2004）と類似している。① 下位検査の選択的組み合わせを注意深く限定したいくつかのクラスターに制限していること，② どんな場合でも下位検査固有の能力のみの解釈をしないこと，③ 個人内の比較にのみ焦点を当てるのではなく，個人内アセスメント（個人内のレベルと比較した強い能力と弱い能力を見ること）と個人間アセスメント（同年齢グループと比較した強い能力と弱い能力を見ること）の融合を試みていること，である。

KABC-ⅡとWISC-Ⅳの両解釈システムに見られる概念的変更は，従来の解釈システムへの批判に対応し，これまで指摘された点を慎重に検証した結果が反映されている。いずれにしろ，過去のものでも現在のものでも，われわれの解釈システムにおいては，KABC-Ⅱのプロフィールやその他のいかなる認知検査プロフィールも独立して解釈することはない。実際，そのような解釈は妥当性に問題があるばかりか，倫理的にも問題がある。われわれの解釈方法では，指標パターンや臨床的合成得点をもとに生成された仮説を裏づけるために，複数の情報源をもつデータを集めることが重要であり，これがわれわれがとってきた方針である。マクダーモットとグラッティング（McDermott-Glutting）の研究に対するアナスタシとアービナ（Anastasi & Urbina, 1997）のコメントほど，われわれの解釈システムをよく理解し支持するものはおそらく見当たらない。そのコメントには,「カウフマンの方法に対するいくつかの否定的な論評に共通する問題は，臨床家が得点の高さや得点の差異だけに注目して解釈しようとする点である。プロフィール分析のテクニックを機械的に適用することが，非常に誤解を招きやすいのは事実であり，この想定がカウフマンの推奨する理念や妥当なアセスメントの実施原則と対極をなすことを指摘したい」（p.513）と記されている。

2.3 記述的カテゴリー

表2.1は,検査製作者がKABC-IIの総合指標と尺度指標のために採用した記述的カテゴリーである。これらの言語的説明は,一般的に利用されている標準得点の範囲に合わせてある。この表に示されるカテゴリーは,それぞれのカテゴリーの平均値から広がる得点範囲内のおおよその距離をことばで表したもの,すなわち正規曲線をことばに言い換えたものである。この分類は,元来のK-ABCやその他多くの検査,例えばウェクスラー検査(Wechsler, 2002, 2003)で利用されている分類とは異なる。

表2.1 標準得点の記述的分類

標準得点の範囲	記述的分類	平均からの距離
131〜160	非常に高い	+2 SD 〜 +4 SD
116〜130	平均より高い	+1 SD 〜 +2 SD
85〜115	平均	−1 SD 〜 +1 SD
70〜84	平均より低い	−1 SD 〜 −2 SD
40〜69	非常に低い	−2 SD 〜 −4 SD

KABC-IIの記述的分類は,平均から±1標準偏差(100±15)を〈平均〉カテゴリー(85〜115),平均から1〜2標準偏差下を〈平均より低い〉カテゴリー(70〜84)というように,平均から15点ずつの標準偏差ごとにカテゴリーを区切っており,総合指標や尺度指標の標準得点の意味を表すのにこれらのカテゴリーを利用する。この分類方法は,従来のK-ABCや他の検査で用いられている10点ごとに区切る分類(例えば70〜79,110〜119など)とは異なる。10点ごとに区切るカテゴリーの問題点は,信頼区間を妥当な誤差範囲として示す場合,その信頼区間が3つの異なるカテゴリーにまたがってしまうことが多々あることにある。子どもの検査結果を保護者に説明する場合,3つの異なるカテゴリーにまたがった結果は,子どもの能力を説明するのに混乱をきたしやすい。

各標準得点に記述的カテゴリーを表示することで,ケースレポートの読み手を困惑させるのは不適切である。これらの分類は,個々人が出した全尺度の結果を総合指標として表示するとき,または尺度間の有意差を強調するときに利用するのがよい。一般的に,尺度指標における記述的分類は,その標準得点が子ども自身の平均値から上下に非常に開きがあるときや,同年齢グループと比較して標準

得点に高低の差があるときには用いるべきではない。

2.4 段階的解釈方法の指針

本節では，KABC-II 解釈システムの6つのステップについて述べる。子どもの KABC-II の検査結果に対し，基本ステップ1や2を実施するための具体的な表や事務的な処理は，KABC-II 米国版マニュアル（Kaufman & Kaufman, 2004a）と記録用紙に詳細が載っている。全6ステップを実施するガイドラインは本節を参照し，付録Aにある KABC-II の解釈ワークシートと併せて利用するとよい（このワークシートは各自複製して利用できる）。

以下に，父親から検査の依頼があった11歳のヴァネッサ・J の検査データをもとに，解釈ステップを説明する。ヴァネッサの父親であるJ氏は，彼女の学校での苦戦，特に「読み」のつまずきを心配していた。検査依頼の理由や背景情報，および検査の様子等は以下の通りである。

- 年齢11歳2ヵ月，小学校4年生。
- 検査依頼の理由は，「読み」のつまずきである。父親はアフリカ系アメリカ人で，母親はドミニカ共和国で生まれ，16歳のときにアメリカ合衆国に移住してきている。
- 父親はニューヨーク市ブルックリンのアパートのドアマンをしている。
- 母親は地元のドライクリーニング店で中堅の職人として仕事をしている。
- 父親は高校を卒業しており，母親は10年生を修了している。
- 14歳になる優等生の姉がいる。
- アフリカ系アメリカ人が多く住むブルックリンに居住している。

ヴァネッサの検査の様子は，以下の通りである。

- 欲求不満耐性が高い。
- 人を喜ばせることに意欲的である。
- 粘り強さがある。
- 言語化の乏しさを補足するため，身振り手振りや非言語的コミュニケーション方法を多く利用する。

・言語障害に関連した問題がある（発音，聴覚弁別，名辞性失語※）。
・視覚認知処理に問題がある。

ステップ1（3〜18歳に適用の基本ステップ）：FCI（CHCモデル），MPI（ルリアモデル）または非言語指標（NVI）のいずれかを総合指標として解釈する。

　KABC-II検査結果の解釈は，どの総合指標であれ，ステップ1では，パーセンタイル順位（KABC-II米国版マニュアルにある表D.4参照），信頼区間（KABC-II米国版マニュアルにある表D.2に総合指標ごとに90％または95％の誤差範囲を算出してある），記述的カテゴリー（表2.1参照）を得ることから始めなければならない。非言語指標（NVI）を用いた場合，後のステップには進まない。

　FCIもMPIも理論的基盤をもった総合指標であるが，NVIはそうではない。その代わり，NVIはCHCやルリアモデルで妥当に評価することができない子どもたち（例えば，聴覚障害や中等度から重度の言語障害をもった子ども。第5章参照）を評価することができる実践的な機能を果たす。KABC-II米国版マニュアル（Kaufman & Kaufman, 2004a, p.45）に，FCIとMPIの解釈が述べられている。

　ヴァネッサは，「読み障害」の可能性があるという理由から，CHCモデルの適用が適当とされた。しかし，家庭の事情（バイリンガルの家庭であること，主流ではない環境にいること）により，ルリアモデルの選択も適切である。ヴァネッサの母親はドミニカ共和国出身であり，ヴァネッサはスペイン語にも触れてきているが，彼女の第一言語は英語であると父親（J氏）は述べている。ニューヨーク市ブルックリンにあるアパートのドアマンを仕事とするJ氏は，娘たちができる限りさまざまなアメリカ社会や文化に触れられるよう努力してきたと述べている。また，ヴァネッサとの何気ない会話からも，ヴァネッサの第一言語が英語であり，アメリカ社会に同化しているというJ氏の見立てに検査者も同意している。その結果，ヴァネッサには一般的知的能力の総合指標としてFCIが算出されるCHCモデルが適用された。

　FCIかMPIのどちらを適用するにしても，総合指標を評価する前に，その標準得点が解釈可能かどうかを見極めなければならない。まず，子ども（4〜18歳）の得点から最高指標と最低指標の差異を計算する。この差異が1.5 SD（23点）以

※（訳注）　名辞性失語：固有の概念を言葉として用いることができない症状（2002年版『LD用語集』より）

上ある場合，総合指標を解釈すべきではない。この原則は単純かつ簡単なので覚えやすく，WISC-IV の総合尺度（FSIQ）を解釈するさいにも同様の原則が当てはまる（Flanagan & Kaufman, 2004）。KABC-II の指標間のばらつきが 23 点以上ある場合，総合点の有意味性は薄れてしまう。したがって，この場合は，検査者は尺度指標のプロフィールを解釈することに集中し，総合指標は解釈しないでおくのがよい。

　3 歳の子どもの結果については，4〜18 歳の子どもと異なり，ステップ 1 では FCI または MPI の解釈可能性を調べない方がよい。尺度指標のプロフィール作成も 4 歳まではすべきではなく，3 歳児にとって総合指標が唯一の解釈可能な標準得点である。いずれにしろ，形式ばらない検査を通して得た 3 歳児の下位検査の評価点群に，著しいばらつきが見られた場合，総合成績としての FCI または MPI 自体にあまり利用価値がなくなる。検査者は常に，多様にばらついた強い認知能力と弱い認知能力との中間点として 3 歳児の総合点が算出されている場合は，KABC-II だけでなく他の検査方法をもって評価を補足すべきである。

　説明例として利用した 11 歳のヴァネッサの場合，最高指標は継次/Gsm 標準得点の 127 点で，最低指標は同時/Gv の 80 点である。したがって，この 2 つの指標の差異は実質的に 47 点で，明らかにこの差は 23 点基準を満たしており，3 SD（標準偏差）以上の差である。この大きな差が意味するところは，FCI の解釈に注意を向けるべきではなく，その代わりにヴァネッサの他の 5 つの指標が最も有用な解釈情報となることを示している。

　ヴァネッサの継次指標と同時指標の差がこれほど大きくなければ，この検査の総合的な結果は FCI（表 2.2）によって十分に要約されていただろう。ヴァネッサの検査者は，検査者の判断で信頼区間を 90％の誤差範囲のものを選んだが，もちろん 95％のものを選んでもよい。90％と 95％の両方の信頼区間が基準表（KABC-

表 2.2　KABC-II の CHC モデルにおけるバネッサの総合指標（FCI）

	標準得点	90％信頼区間	パーセンタイル順位	記述的分類
総合指標（FCI）		88〜98	32	平均

注：ヴァネッサの継次尺度/Gsm（127）と同時尺度/Gv（80）のばらつきが 47 点と著しいため，総合指標（FCI）は有意性のある総合能力の概要を提供するものではない。したがって，5 つある指標得点に解釈の重点をおくものとする。

II 米国版マニュアルの表 D.2）に記載されており，いずれも個人が取得した検査得点の誤差範囲を示すのに適切なものである。

ヴァネッサの FCI は，KABC-II の記述的カテゴリー体系（表 2.1）によれば，概して彼女の総合能力が平均範囲にあることを示している。高い可能性で（90％），彼女の実際の FCI が 88 〜 98 点の間のどこかにあるといえる。ヴァネッサは 32％の他の 11 歳の子どもと比べて高い得点をとったということになる。しかし，これらの FCI についての総合的な説明は，継次処理と同時処理という 2 つの KABC-II 指標上に 47 点もの差異が存在するために，彼女の認知能力を厳密に反映するものではない。したがって，より有意性のある解釈情報を得るため，次のステップに移る。

ステップ 2（4〜18 歳に適用の基本ステップ）：子どもの個人内差（子ども自身の総合的な能力と比較）と個人間差（同年齢グループと比較）における強い能力と弱い能力を見極めるため，尺度指標プロフィールを解釈する。

前述した通り，KABC-II の尺度指標プロフィールの解釈は，個人内差の分析（自身の平均得点と比較した強い能力と弱い能力）と，個人間差の分析（85 〜 115 の平均範囲と比較した強い能力と弱い能力）の両方を重要視する。ステップ 2 では，これら 2 つの分析を適用して，子どもの尺度指標プロフィールを解釈する。

キーポイント 2.2 に示すこれらの基本原則に従い，子どもの尺度指標プロフィールにおける強い能力と弱い能力を見極めるため，以下の手順に沿って解釈を進める。具体的には，ヴァネッサの KABC-II プロフィール（図 2.1 参照）を利用して，分析の各段階を説明していく。

🔑 **キーポイント 2.2**

FCI または MPI を解釈する前に指標の幅を計算する

・一番高い標準得点から一番低い標準得点を引く。
・その差が 23 点（1.5 SD）以上ならば，FCI や MPI を解釈しない。
・むしろ，4 〜 5 つの指標に基づく総合指標の解釈が大切である。

🔑 キーポイント2.3
ステップ2の解釈における基本原則（4〜18歳）

　ステップ2の尺度指標プロフィールの解釈では，以下に示すいくつかの基本原則に則っている。ただし，このステップでは，尺度指標プロフィールを作成しない3歳児には適用されない。

1. 尺度を構成する下位検査において，それらに<u>一貫性が見られる場合にのみ</u>，尺度指標を解釈する。一貫性があるかどうかの決定には，まれなばらつきの判断基準となる「10％未満基準率」を適用する。尺度を構成する下位検査の評価点のばらつき（一番高い下位検査と一番低い下位検査の差）が大きく，その差が10％未満の確率でしか生じないような大きな差の場合，その子どもの標準得点は解釈しない。
2. 子どもの尺度プロフィールにおいて，個人内での強い能力と弱い能力を見極めるときは，.05の統計的有意差を利用する。
3. 有意な差が見つかるたびに「10％未満基準率」を適用して，その差が統計的に有意であるだけではなく，まれな差であるかどうかを確認する。
4. その差が診断上または教育上の目的で潜在的に価値があると見なすには，統計的に有意であり，まれな差でなければならない。
5. 統計的に有意ではあるが，まれな差ではない場合，尺度指標と指標平均との差は，他のデータと照らし合わせて，その妥当性を確認する。
6. 尺度上の個人内差としての強い能力と弱い能力に加え，同年齢の子どもと比較した強い能力（指標が115よりも大きい）と弱い能力（指標が85より小さい）も，診断や教育に役立てることができる。
7. ステップ1〜5の分析で有意な結果を見いださない場合でも，個々の下位検査の評価点を解釈すべきではない。下位検査の評価点が非常に高い場合や低い場合でも，その評価点は他のデータと照らし合わせて，仮説の妥当性を確認する（ステップ6）ためだけに利用すべきである。

ステップ2A：各尺度が解釈可能かどうか「10％未満基準率」を用いて見極める。

　尺度を構成する基本下位検査において，子どもが一貫性のある結果を出している場合のみ，その指標を解釈する。一貫性のある成績かどうかは，「10％未満基準率」を適用して，下位検査得点のばらつきを確認する。KABC-Ⅱ米国版記録用紙の尺度指標分析ワークシートを用い，尺度内の最高評価点から最低評価点を引く。その評価点の差の範囲が，同年齢グループの標準的な子どもと比較し10％より低

い頻度で起こりうるほどの大きさかどうか，KABC-II 米国版マニュアルの表 D.6 と記録用紙に記載されている表で確認する（これらの数値はこの本の付録 A にある KABC-II 解釈ワークシートにも示されている）。子どもが取得した関連下位検査の最高と最低評価点の差が標準グループと比較し，臨界値よりも大きい場合は，その尺度の標準得点は解釈しない。

Scale Indexes				
	標準得点	信頼区間 90%（丸をつける） 95%		パーセンタイル順位
継次/Gsm	127	(117	— 133)	96
同時/Gv	80	(73	— 89)	9
学習/Glr	94	(87	— 101)	34
計画/Gf	90	(82	— 100)	25
知識/Gc	87	(81	— 93)	19

図 2.1 CHC モデルを適用した KABC-II におけるヴァネッサの尺度指標プロフィール

🔑 キーポイント 2.4
解釈不能な指標をどう利用すればよいか

　解釈不能な指標は，単にその領域で，子どもの能力が十分に測定されていないことを示しているにすぎない。つまり，その指標がまったく価値をもたないというものではない。解釈不能な指標は，一部の検査の得点が他の下位検査と大きく異なっていたために生じたものである。この結果，その指標を認めるような下位検査の構成理由が存在しなくなってしまったのである。本来，その指標は構成されている下位検査のさまざまな能力の中間点を示すものであり，それ以外の何ものでもない。子どもの検査結果から解釈不能な指標を見つけ出すことは，子どもの得点がなぜ他の子どもたちと大きく異なっているのかを検査者に理解させようとするものである。子どもの得点で，予期もしない得点が見られたときに，その得点の説明を助けるための探偵のような仕事を楽しめる検査者は，解釈の選択ステップに進むべきである。選択ステップ 6 では，子どもたちの指標がなぜ意味のあるものにならないのかという仮説を立てるガイドラインを提供してくれるであろう。

2.4 段階的解釈方法の指針　47

　図2.2に，ヴァネッサの取得した5つのCHC尺度に含まれる基本下位検査の評価点が示されている。図2.3には，ヴァネッサの各尺度指標の解釈可能性を計算した数値を示す。

　記録用紙の7〜12歳の子どもに使う臨界値の表を見て，検査者は5つすべての尺度が解釈可能であることを確認できる（記録用紙には，尺度が解釈可能かどうかを決定する4〜6歳用の臨界値が記載されている。KABC-II米国版マニュアル

7〜18歳用の尺度指標計算結果

継次/Gsm
評価点
- 15　5. 数唱
- 14　14. 語の配列
- 合計 29

計画/Gf
評価点
- 7　4. 物語の完成
- 10　15. パターン推理
- 合計 17

学習/Glr
評価点
- 8　1. 語の学習
- 10　11. 文の学習
- 合計 18

同時/Gv
評価点
7〜12　13〜18
- 7　　　　　7. 近道さがし
- 6　　　　　12. 模様の構成
- 　　　　　　13. 積木さがし
- 合計 13

知識/Gc
評価点
- 8　10. 理解語彙
- 7　18. なぞなぞ
- 合計 15

図2.2　各尺度が解釈可能かどうかを決定するため尺度ごとにまとめたヴァネッサの下位検査評価点

尺度	尺度指標(標準得点)	下位検査評価点					差の頻度(まれな差)<10%[a]
		高	低	差	解釈可能か		
継次/Gsm	127	15	14	1	Y	N	5
同時/Gv	80	7	6	1	Y	N	6
学習/Glr	94	10	8	2	Y	N	6
計画/Gf	90	10	7	3	Y	N	6
知識/Gc	87	8	7	1	Y	N	5

[a] 7〜12歳の子どものうち，10%未満の頻度で起こる下位検査評価点の最小差．

図2.3　ヴァネッサの尺度指標の解釈可能性の分析

の表 D.6 には，4〜18 歳用の臨界値が示されている）。ヴァネッサの 1 ポイントという継次尺度/Gsm 間の得点差は，7〜12 歳の子どもが示す継次尺度の解釈不能を意味する 5 点以上という臨界値を下回っている。ヴァネッサが示した最大の評価点差は，計画尺度/Gf の 3 ポイントであるが，その尺度に必要な 6 ポイントという臨界値よりも低い（解釈不能であるという判断は，尺度内のばらつき，すなわち評価点範囲が臨界値よりも大きい場合に下される）。

5 つすべての尺度がまとまったものであるため（各尺度の基本下位検査のばらつきが小さい），次に述べるステップ 2 のプロフィール分析を行うさい，各尺度の測定値を有意味なものとして解釈できる。もしヴァネッサの 5 つの尺度において 1 つでも，尺度内の基本下位検査得点に大きなばらつきが見られたならば，その尺度は解釈されない（**チェックポイント** 2.1 参照）。たとえスコアがきわめて高くても低くても，そのような尺度上では強い能力と弱い能力を解釈できない。解釈の選択ステップ 6 では，解釈不能な尺度の基本下位検査のばらつきを説明する仮説のガイドラインを提供している。

> ① **チェックポイント** 2.1
>
> 下位検査の評価点の差が著しく大きい場合，すなわち，10％未満の低い頻度でその差が現れた場合，その尺度指標は解釈しない。

ステップ 2B：尺度プロフィールにおける個人間差として強い能力（標準得点が 115 より高い）と弱い能力（標準得点が 85 より低い）を見極める。

図 2.4 は，各尺度におけるヴァネッサの個人間差と個人内差における強い能力と弱い能力を確認するための表である。個人間差において，ヴァネッサの 2 つの指標が，平均範囲 85〜115 を超えている。

継次尺度/Gsm（127，96 パーセンタイル）は平均より高い範囲であり，ヴァネッサにとって標準と比べて強い能力（NS）であるといえる。同時尺度/Gv（80，9 パーセンタイル）は平均より低い範囲であり，標準と比べて弱い能力（NW）といえる。ヴァネッサの知識尺度/Gc（87）は，85〜115（100±1 SD）の平均範囲にあり，標準と比べて弱い能力とはいえないことをチェックする。

ヴァネッサの継次尺度/Gsm が NS で，同時尺度/Gv が NW というのは，診断や教育に活用するのに価値がある。しかし，どの得点または検査も決して独立し

2.4 段階的解釈方法の指針　49

尺度	尺度指標(標準得点)	下位検査評価点			解釈可能か	個人間差（NS or NW）		個人内差（PS or PW）		
		高	低	差		<85	>115	平均からの差	PW or PS (p<.05)	まれな差 (<10%)
継次/Gsm	127	15	14	1	Ⓨ N	NW	㊟	+31	PW ㊟	✓
同時/Gv	80	7	6	1	Ⓨ N	㊟	NS	−16	㊟ PS	✓
学習/Glr	94	10	8	2	Ⓨ N	NW	NS	−2	PW PS	
計画/Gf	90	10	7	3	Ⓨ N	NW	NS	−6	PW PS	
知識/Gc	87	8	7	1	Ⓨ N	NW	NS	−9	㊟ PS	
平均（おおよそ）	96	☒ CHC モデル（知識/Gcを含む） □ ルリアモデル（知識/Gcを除く）								

図 2.4　個人内差における強い能力と弱い能力を計算したヴァネッサの尺度指標分析

て臨床診断や個別教育計画（Individual Educational Plans; IEP）を立てるのに利用されるべきではない。

　ルリアモデルを使用する場合，知識尺度/Gc は MPI から除かれるが，補足的な尺度として実施可能である。知識尺度/Gc の評価点が 85 より下回る，または 115 より上回る場合，NS または NW（解釈可能である限り）となるが，補助尺度であることも明記すべきである。

ステップ 2C：尺度指標プロフィールにおける個人内差としての強い能力（PS）と弱い能力（PW）を見極める。

　ステップ 2 のこの部分の主な目的は，子どもの認知機能における相対的な強い分野と弱い分野についての仮説を生成することである。

　まず，子ども自身の尺度指標の平均をもとに，尺度プロフィールにおける PS と PW を見極める。CHC モデルでは，全指標の平均を利用する（4〜6 歳であれば 4 つ，7〜18 歳であれば 5 つの指標がある）。ルリアモデルを用いる場合，すべての年齢（4〜18 歳）において，知識尺度/Gc を補足的に実施してあったとしても，それを除いて計算した平均を使う。しかしこの場合，PS か PW の条件を満たすかどうかを見るのに，ルリアモデルで知識尺度/Gc と他尺度の平均を比較するのは適切である。

　解釈不能な指標も含めて平均を出すが，いくら平均から著しく離れていても，解釈不能な指標は PS または PW として解釈しない（解釈不能な指標を平均計算に含めるのには理由がある。もしそれらが除かれた場合，それぞれの子どもの結

果が，異なる数の指標の平均をもとに解釈されることになる。例えば，ある子どもは2指標，別の子どもは3指標の平均というようにである。その結果，統計的有意性を決定するための表をいくつも作成しなければならなくなる）。

　計算を簡単にするため，指標の平均値は四捨五入し，整数で表す。PSやPWを検知する主な目的は，子どもの認知機能の特性を明らかにすることであるから，.05の統計的有意差を適用することで十分である。したがって，多様な比較を説明するための補正措置（例えば，ボンフェローニ手順〔Bonferroni Procedure〕）はとらない。KABC-II 米国版マニュアルにある表 D.7（米国版記録用紙に4～6歳用，7～18歳用の表が複製してある）には，有意差を示すのに必要な，子ども自身の平均指標との差の大きさが示してある。これらの数値はCHCモデルとルリアモデルで別々に算出されており，それぞれのモデル内で各年齢グループのための数値を計算している。

　図2.4に，ヴァネッサのCHCモデルを構成する5つの尺度の平均指標95.6を示した。この数値は96に四捨五入できる。ヴァネッサの取得した指標中3つが彼女の平均値96より有意な差（$p<.05$）をつけている。継次/Gsm指標の127は31点上回っており，彼女な認知検査プロフィールにおけるPSであるといえる。同時/Gv指標の80と知識/Gc指標の87の両方とも，彼女自身の平均より有意に下回っており，これら認知機能の2分野が彼女のPWであるといえる。ステップ2Bでは，ヴァネッサにとって継次/GsmはNS，同時/GvはNWであることが示されている。

　もしヴァネッサの指標が（ステップ2Aにおいて）すべて解釈不能とされた場合，それらの指標の「平均との差」欄は空欄となる（Kaufman & Kaufman, 2004aの図5.4「解釈不能な指標の説明」参照）。

ステップ2D：PSまたはPWとされた尺度が，子どもの平均尺度指標とのまれな差を示すかどうかを，10%未満基準率を適用して確認する

　統計的に有意な差であるということは，それが，偶然に起こる得点のばらつきではないことを意味している。しかし，子どものPSやPWの重要性を理解するのには，統計的有意差だけでは十分ではない。同年齢の子どもと比較して，その差異がいかにまれであるかを考察することが重要となる。診断や教育に活用できるような意味をもたせるには，子どもの示した平均からの差が，統計的に有意で

2.4 段階的解釈方法の指針

あり，かつまれな差でなければならない。

ある指標が子ども自身の平均から何ポイント差があればまれな差であるか，KABC-II 米国版マニュアルまたは記録用紙を参照する。米国版マニュアルにある表 D.7a（CHC モデル）と表 D.7b（ルリアモデル）に，または記録用紙に，各指標の数値が掲載されている。

KABC-II の解釈では，発生頻度を表すのに一貫して「10%未満基準率」を使っている。表 D.7a と表 D.7b には，厳密を期する臨床家のために，より厳しい基準率（5%未満と 1%未満）に準拠した数値が記されている。

図 2.4 には，ヴァネッサの継次尺度/Gsm が PS で，統計的に有意であるだけでなく，10〜12 歳の子どもの中でも 10%より低い割合で発生するほどまれな高い得点であることが示されている。同様に，彼女の同時尺度/Gv の PW も，統計的に有意であり，低頻度の発生率である。同時尺度の得点が，彼女の平均から 16 ポイント下回っており，ちょうど同時尺度/Gv における 10〜12 歳の境界値と等しいことから，この PW がまれな値であるといえる。一方，知識尺度/Gc の PW は，統計的に有意であっても，まれな差を示すほど大きな差とはいえない（7 ポイントという平均からの差は，10%未満基準率を満たす 14 ポイントという臨界値には及ばない）。ヴァネッサの継次尺度/Gsm が平均より 31 ポイント上回っているという点は，10〜12 歳の子どもたちの中では，1%未満のまれな差であり，特筆すべきことである（Kaufman & Kaufman, 2004a の表 D.7a 参照）。

また，個人内・個人間両方の強い能力と弱い能力を見極めることにより，診断や教育に活用できる有用な情報を得ることができる。NS または NW については，それら自体が注目すべき情報であり，それらの目的で利用するのに大変有用である。しかし，PS や PW については，診断や教育に活用するためには，統計的に有意であると同時に低頻度である必要がある。もしそうでない場合は，PS や PW は，他のデータと照らし合わせて検証すべき仮説に組み込んで扱うべきである。

この原則には例外もある。特に，NS や NW は，PS や PW としての条件を満たさずとも注目すべき観点であり，診断や教育に活用できる価値がある情報といえる（ステップ 2B 参照）。

ヴァネッサの継次尺度/Gsm の PS と同時尺度/Gv の PW は，有意かつ低頻度であることから，読み障害の可能性を示唆する情報や，科学的基盤をもつ介入計画を立てるための価値ある情報を提供している。ヴァネッサの強い能力である継次

尺度/Gsm は，弱い能力である同時尺度/Gv と同様に，適切な介入方法を選択するさいに利用されるべき情報である。

KABC-II を作成した著者は，解釈のステップ2に示された3つすべての基準，すなわち NS，PS，低頻度発生率（＜10％）を満たす指標を，「自助資源」(Key Asset) という言葉で表すことを勧めている。一方，NW，PW，低頻度発生率（＜10％）を満たす指標は「優先配慮事項」(High-Priority Concern) ということばで表現することも勧めている（**キーポイント2.5**参照）。ヴァネッサの継次尺度/Gsm の127 は「自助資源」(Key Asset) といえるが（表2.3参照），この指標は，検査者が教師に対して科学的基盤をもった最も適切な介入方法についての有力情報を提供している。

一方，彼女の同時尺度/Gv の 80 は「優先配慮事項」としての条件を満たしているため（表2.5参照），指標プロフィールを診断的または教育的に考察するさい，特に注意を払う必要がある。この指標は，読み障害の可能性を考える場合，基礎的な情報処理過程の障害を示しているかもしれない（基礎的な情報処理過程において1つ以上の障害があることは，特異的学習障害の診断をするうえでの必要条件となる）。ヴァネッサの情報処理過程の障害は，視覚処理（Gv）または同時処理に関連すると考えられる。

ヴァネッサには CHC モデルが適用されたが，指標プロフィールの解釈は検査者の理論的基盤によって多少異なる。ルリアモデルからの解釈を選択する場合，ヴァネッサが同時処理能力に障害をもつという観点から考察するであろうし，CHC モデルをとるならば，視覚処理の障害に焦点を絞るであろう。

🔑 キーポイント2.5

「自助資源」と「優先配慮事項」となる指標の定義

「自助資源」となる3つの条件	「優先配慮事項」となる3つの条件
1. 個人間比較における強い能力（NS）	1. 個人間比較における弱い能力（NW）
2. 個人内比較における強い能力（PS）	2. 個人内比較における弱い能力（PW）
3. 低頻度の発生率・まれな差（＜10％）	3. 低頻度の発生率・まれな差（＜10％）

表2.3 ヴァネッサのKABC-IIにおける強い能力と弱い能力

指標	標準得点	個人間差 (NS or NW)	個人内差 (PS or PW)	まれな差 (＜10%)	分類（Label）
学習/Glr	94				
継次/Gsm	127	NS	PS	Yes	自助資源
同時/Gv	80	NW	PW	Yes	優先配慮事項
計画/Gf	90				
知識/Gc	87		PW	No	

注：NS＝個人間比較の強い能力，NW＝個人間比較の弱い能力，PS＝個人内比較の強い能力，PW＝個人内比較の弱い能力

「自助資源」と「優先配慮事項」は，最初の確認すべき事項である。統計的な有意差があっても，標準人口と比較してもまれではないPSやPWは，他のデータと照らし合わせて確認されるべきであり，それ以上のものではない。すべての検査得点は，いかに信頼性があろうとも，また極端な値であったとしても，他のデータと照らし合わせて解釈することにより，意味を深められるものである。他のデータとは，アセスメントの過程で得られた他の検査得点（KABC-IIの補助検査の得点を含む），前回の評価結果，学校の記録，健康に関する記録，家庭環境や主訴，保護者や教師が記録した行動観察チェックリスト，アセスメント中の行動観察，他の環境（例えば，教室，体育館，家庭など）で実施された行動観察である。どのような検査であれ，それを解釈する場合には，多方面からのデータを統合して解釈することが必要である。

2.5 選択ステップ3～6

2つの解釈基本ステップによって，総合指標（ステップ1）と尺度指標プロフィール（ステップ2）を解釈することができる。各尺度の標準得点は，KABC-IIから得られる最も重要な得点群である。したがって，これらを体系的に解釈することはきわめて重要である。選択ステップの3～6は，総合指標や尺度指標プロフィールの解釈だけではなく，子どもの認知機能についてさらに有意味な仮説を見いだすために用意されている。

ステップ3で実施する2つの比較では，既存の尺度指標（学習/Glrと知識/Gcおよび補助検査の学習遅延の標準得点）を利用するため，KABC-II下位検査を再分類したカテゴリーの比較よりも，このステップを重要視しており，通常の解釈ステップとして組み込むことを勧める。学習遅延尺度はわずかな時間の実施で，

豊富な情報を提供してくれる。初期学習と学習遅延（ステップ3A）間の比較からは，子どもが新しく学習した情報を20分後に，どれほど記憶・保存できているかの判断材料が得られる。ステップ3Bで実施される比較は，子どもの新情報を学習する能力（学習/Glr）と，事実やことば，概念についての子どもがもつ既存知識（知識/Gc）とを比較するものである。すなわち，新しい学習対古い知識の比較である。

ステップ3の比較は，すぐに教室で活用できる情報や教育的な介入方法を作成するための関連データを提供してくれる。もしCHCモデルを選択した場合，KABC-IIの知識尺度/Gcを実施する。一方，ルリアモデルを選択した場合でも，ステップ3Bの新しい学習と古い学習（知識）についての比較をするために，知識尺度/Gcを補助尺度（子どもの総合点には反映されない）として実施することを強く勧める。

ステップ4では，補助検査と関連する基本検査の評価点とを比較する。1つ以上のKABC-IIの補助検査を実施した場合に，このステップに進む。このステップでは，補助検査が同じ尺度内の基本検査と一貫性のある評価点を取得しているかどうかを見ることができる。例えば，［手の動作］をある子どもに実施した場合，この補助検査の評価点が，継次尺度/Gsmの2つの基本検査［語の配列］と［数唱］の平均評価点に近い値かどうかで，その一貫性を判断することができる。このステップは，3～18歳のすべての年齢の子どもに適用できる。3歳児には尺度群を提供していないが，実施された補助検査の評価点と基本検査の評価点平均と比較できる。

ステップ3と同様，ステップ5でも標準得点間の比較が求められる。しかし，KABC-IIの尺度標準得点を利用したステップ3の比較とは異なり，ステップ5では5つの比較がなされるが，そのうち4つの比較では，新たに分類された臨床的に関連のあるクラスターを利用する（例外は非言語能力〔NVI〕と言語能力の比較で，この場合，NVIと知識尺度/Gcの全3下位検査とを比較する）。ステップ5の比較では臨床的知見で分類したクラスターを利用するが，この分類は理論的基盤をもたないため，詳細なプロフィール分析を好むテスターや，子どもの検査得点プロフィールに見られるばらつきを説明するさまざまな仮説を検討する場合のみ，このステップを利用するとよい。下位検査のプロフィール分析に反対する研究者の指摘を支持する場合（例：McDermott, Fantuzzo, & Glutting, 1990: Schaefer,

2002),ステップ5は実施しない。

　ステップ5の比較は,下位検査内のばらつきが著しいために,子どもの取得した1つ以上の尺度指標が解釈できないときに,特に有効である。そのような場合,尺度内のばらつきを説明するための別の解釈が役立つ。しかし,いくら解釈不能指標が認められたケースであっても,検査者が仮説生成からアプローチする検査解釈を得意とする場合にのみ,ステップ5を実施すべきであることを再度記しておく。

　ステップ6は,解釈不能な尺度指標の解釈(ステップ6A)や関連する基本検査と一貫性が見られない補助検査(ステップ6B)について説明するさまざまな仮説のガイドラインを提供する。ステップ5の比較を行う検査者とそうではない検査者についての原則は,ステップ6にも当てはまる。

　<u>一般的にすべての選択ステップは,他のデータと照らし合わせて新たな仮説を立てることが主な目的である。</u>もし解釈の選択ステップに強い関心があったとしても,すべての比較を行う必要はない。対象の子どもに臨床的に関連するのは,そのうちのいくつかだけかもしれない。ステップ4とステップ6Bは,少なくとも1つは補助検査を実施していないと該当しない。ステップ5における比較の大部分は,補助検査の実施を必要とし,しかも適切な補助検査が使われないと比較ができない。選択ステップ3～6を最大限に利用する秘訣は,柔軟性と仮説生成である。どのような場合においても,基本ステップ1と2が最も重要である。なぜなら,ここで用いられる指標は,CFA(検証的因子分析)からの強力な実証的裏づけが得られており,理論的基盤がしっかりした尺度の標準得点を用いて解釈するからである(Kaufman & Kaufman, 2004aの第8章参照)。

　キーポイント2.6に,選択ステップ3とステップ5の比較を実施するための基本原則,ならびに補助検査と関連基本検査の評価点を比較する(ステップ4)ための基本原則を載せる。ステップ2のガイドラインと似ているが,重要な異なる点が1つある。それは,<u>いかなる比較結果においても,例えばある統計的差異がまれな差であると確認できても,診断や教育上に活用できるよう価値をもたせるには,他のデータと照らし合わせた妥当性の確認が不可欠</u>という点である。**チェックポイント**2.2に,読者に注意を喚起するための重点を示す。

🔑 キーポイント2.6

解釈ステップ3, 4, 5の基本原則

ステップ3で行われる比較の分析（実際の基本尺度と補助尺度を利用），ステップ4（補助尺度の評価点を利用），ステップ5（臨床的に分類したクラスターを利用）は，以下の基本原則に立脚している。

1. 子どもが尺度（ステップ3）やクラスター（ステップ5）を構成する下位検査において一貫性のある能力を示している場合にのみ，尺度やクラスターの標準得点を解釈する。一貫性の有無は，10％未満基準率を適用した場合のまれなばらつきの有無から決定する。もし子どもが示す下位検査の最高評価点と最低評価点の差が標準人口と比較し10％未満の低頻度でしか発生しないような大差であれば，その尺度やクラスターの標準得点は解釈しない。比較に使う標準得点が解釈可能である場合にのみ，比較を実施する。ステップ4においても同様の原則を適用する。すなわち，ある尺度が解釈可能である場合（ステップ2Aで決定される）にのみ，補助検査の評価点と関連基本検査の平均とを比較できる。
2. 尺度やクラスターを比較するさい，.05レベルの統計的有意差を利用する。ステップ4の補助検査間の比較においても同レベルの統計的有意差を利用する。
3. ステップ3〜5で統計的有意差が認められる場合は，10％未満基準率を適用して，その差が統計的に有意であるばかりでなく，標準人口と比較しまれな大きさであることを確かめる。

標準得点間の差が統計的に有意であっても，まれな差ではない場合，他のデータで検証されない限り，その差に診断や教育に活用できるような意味があるとは見なさない。補助検査と関連する基本検査の評価点比較においても同様の原則を適用する。

⚠ チェックポイント2.2

統計的差異がまれに大きいと確認できても，ステップ3と5のすべての比較結果は，診断や教育に活用できるような価値をもたせるため，他のデータと照らし合わせて妥当性を確認すべきである。

選択ステップ3：尺度比較

このステップには，2つの比較が含まれる。① 初期学習と学習遅延および ② 学習能力と既存知識である。最初の比較（ステップ3A）では，学習指標/Glrと補

助学習遅延尺度の標準得点を比較し，2番目の比較（ステップ3B）では，子どもの学習尺度/Glrと知識尺度/Gcの指標を比較する。学習尺度/GlrはCHCとルリアの両モデルに含まれるが，知識尺度/GcはCHCモデルにのみ含まれる。ルリアモデルを適用しかつステップ3Bの比較を実施したい場合は，補助尺度として知識尺度/Gcを実施する。ステップ3Aの比較でも，補助学習遅延尺度を実施しなければならない（すなわち，［語の学習遅延］と［文の学習遅延］下位検査）。

ステップ3A：初期学習と学習遅延の比較（5～18歳）

　ステップ3Aの比較をするために，補助尺度の学習遅延（［語の学習遅延］と［文の学習遅延］下位検査）を実施する。学習遅延尺度から取得したデータによって，新しい情報に対する子どもの初期学習と，20分後の同じ情報の記憶・保存能力とを比較できる。学習遅延尺度の実施は，途中にいくつかの下位検査をはさんで実施するため，子どもは一定期間情報を保持しなければならい。初期学習/Glrと学習遅延尺度の両方を実施することにより，子どもが新しく学んだ内容を保存し取り出す能力についてより広範にアセスメントすることができる。

　初期学習に対して遅延記憶課題の成績が著しく低い場合，以前に学んだ情報を保持する能力に障害の可能性がある。そのような障害のある子どもは，以前に学習した内容を記憶することが不得意である。また，記憶したことを思い出すのにも苦労するため，他の子どもと比べて繰り返し学習する必要があるだろう。逆に，遅延再生に対して初期学習が低い場合は（または同等に低い得点）では，初期学習は不得意だがすぐに忘れてしまうわけではないことを示している（Lichtenberger, Kaufman, & Lai, 2002）。

　［語の学習］，［語の学習遅延］，［文の学習］，［文の学習遅延］における課題が要求する能力は，それぞれの成績に反映されている。また，上記の尺度間において，初期学習＞学習遅延または初期学習＜学習遅延という得点差の高低パターンにも影響する。例えば，［語の学習］では，子どもがそれぞれの絵（魚，植物，貝）の無意味な名前を視覚刺激と組み合わせて記憶し，後でそれを取り出すといった作業が要求される。したがって，［語の学習］では，学習する内容の聴覚・視覚情報の関連づけが問題となる。また，子どもの視覚刺激を認識する能力が影響するかもしれない。同様に，［文の学習］では，子どもに抽象的な絵記号をそれぞれ視覚処理させ，その絵記号を意味することばと組み合わせ，後でそれを記憶から取

り出すといった作業が要求される。ここでも学習する内容（ことばと記号）の聴覚・視覚情報の関連づけが問題になると同時に，課題で要求される事項を自由に再生・検索する能力に困難が見つかる可能性もある。

ステップ3Aの比較をヴァネッサに通用するためには，検査者はまず，学習遅延尺度と初期学習尺度/Glrが解釈可能かどうかを見極める必要がある（図2.5参照）。はじめに学習遅延尺度の標準得点を計算しなければならない（KABC-II米国版マニュアルの表D.3, 得点換算表を参照）。また，下位検査評価点間のまれな差を示す表もいくつかある（例えば，KABC-II米国版マニュアルの表D.8および，本書の付録のKABC-IIの解釈ワークシートにある"ステップ2Aと3Aの臨界値"がそれにあたる）。確認の結果，ヴァネッサの学習尺度/Glrは解釈可能であり，彼女の学習遅延補助尺度も同様であるとわかった（学習遅延標準得点が解釈不能であるためには，［語の学習遅延］と［文の学習遅延］の差が6ポイント以上必要）。

KABC-IIマニュアルの表D.9は，学習尺度/Glrと学習遅延尺度の差が統計的に有意か，また有意な場合，その差がまれな差かどうかについてのデータを提供している。これらの比較を行う場合の基準は，**確認ポイント2.2**およびKABC-IIの解釈ワークシートにも掲載されている。上述したように，尺度間の比較をするに

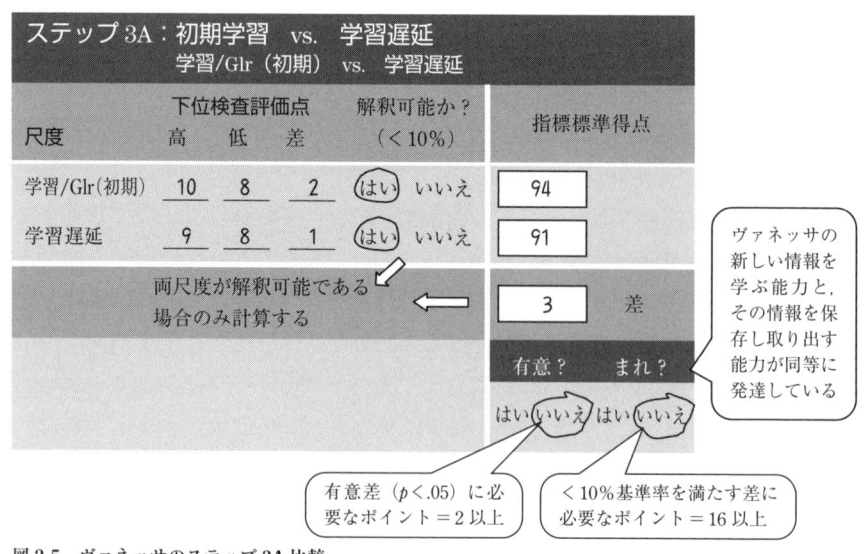

図2.5　ヴァネッサのステップ3A比較

は，それぞれの尺度が解釈可能（10％未満基準率を利用）でなければならず，もしそうでない場合は比較をしてはいけない。また，すべての結果は他のデータと照らし合わせて妥当性を確認しなければならず（まれに大きな差を示していても），確認なしにはどの比較も診断や教育に利用すべきではない。

図2.5は，ヴァネッサの学習尺度/Glrの標準得点が94で，学習遅延の標準得点が92であり，両群に有意差がないことを示している。これは，彼女の新しい情報を学ぶ能力と，その情報を保存し取り出す能力が同等に発達していることを表している。

学習尺度/Glrや学習遅延の標準得点（または両方）が解釈不能であるために，検査者はステップ3Aを実施できないことがある。例えば，語の学習（初期と遅延）課題は両方とも比較的よい成績であるが，文の学習の両下位検査であまりよくない成績を示す子どももいる（または逆のパターンを示す場合もある）。また，［語の学習］と［語の学習遅延］は，子どもに正しい視覚刺激の選択を認識させ，それを指さす能力が要求されるが，［文の学習］と［文の学習遅延］では，子どもに記憶をよび起こさせ，それぞれの視覚刺激（記号）と対応する言葉を正しく声に出す能力が要求される。ステップ5の比較パターンの1つに，指でさす反応とことばでの反応の違いを比較するものがある。反応の違いによる両群において，子どもが良い成績を残す方はどちらかという判断を下すものであり，学習課題における子どもの得点のばらつきを臨床的に観察できるものである。同様に，抽象的視覚刺激（［文の学習］の記号）と有意味な視覚刺激（［語の学習］の絵）の比較もステップ5に含まれている。

ステップ3B：学習/Glrと知識/Gcの比較（4～18歳）

この比較には2つの尺度指標が利用される。上述したように，ルリアモデルでこの比較をする場合は，知識/Gcを補助尺度として実施する必要がある。このペアの指標を比較することで，検査中に新しい内容を学習する能力と，これまで家庭や学校で長期間にわたって蓄積されてきた物の名称やことばの概念などに関する知識についての重要な情報が得られる。子どもの学習/Glrにおける子どもの得点が知識/Gcよりも著しく高い場合，彼ら自身の学習能力に見合った知識を家庭や学校などの環境ではあまり身につけてきていないという仮説が立てられる。この場合，得点差の背景にある理由や結果の妥当性についての確認が必要となる。

📋 確認ポイント 2.2

ステップ 3A と 3B の臨界値：統計的有意差または はまれな差を示すクラスター得点差

クラスター	4歳 統計的有意差	10%	5歳 統計的有意差	10%	6歳 統計的有意差	10%	7〜9歳 統計的有意差	10%	10〜12歳 統計的有意差	10%	13〜18歳 統計的有意差	10%
学習/Glr（初期）vs. 学習遅延			15	16	14	16	13	16	12	16	12	16
学習/Glr（初期）vs. 知識/Gc	13	25	12	25	12	25	12	24	11	24	11	24

学習尺度/Glr における異人種間の平均得点は，標準平均 100 に近い値を示している。性差と社会的・経済的地位の差（母親の学歴）を調整した後の，4～6 歳群におけるアフリカ系アメリカ人の子どもの学習尺度/Glr 平均は 99.3 であり，7～18 歳群における調整後の指標は 98.3 である（Kaufman & Kaufman, 2004a の表 8.7 と 8.8）。ラテン系アメリカ人の子どもでは同群同尺度で調整後 98.9（4～6 歳）と 97.0（7～18 歳）を示した。アメリカンインディアンやアジア系の学習尺度/Glr 平均に関して，4～6 歳群では，サンプル人数が小さすぎるため解釈できないが，7～18 歳群の調整後の平均はそれぞれ 96.7 と 102.8 であった（Kaufman & Kaufman, 2004a の表 8.8）。それぞれの人種ごとの学習尺度/Glr の結果は，子どもたちの学習能力を公平に評価したものであるといえる。

学習/Glr が知識/Gc より高い子どもとは対照的に，逆のパターンを示す子どももいる。結晶性能力（既存知識）が学習能力よりも高いパターンである。そのようなパターンが現れる理由はいくつか考えられる。例えば，学習/Glr 下位検査である［文の学習］と［語の学習］は両方とも注意力と記憶力を必要とする。注意力に困難がある子どもや記憶力に障害がある子どもでは，これらの下位検査であまり良くない成績をとる可能性があり，結果として学習/Glr 得点も下がる。また，知識/Gc が他の尺度より高い現象は，成績優秀であることに高い価値を置き，子どもに能力以上の成績を収めることを強いる文化や家庭背景をもつ子どもに現れやすいかもしれない。また，保護者の圧力の有無にかかわらず，年齢相応の読書をたくさんする子どもや環境に敏感な子どもも，多くのことがらを習得し強い語彙力を発達させている場合が多い。この結果，知識/Gc 下位検査に著しく高い成績が現れることがある。

図 2.6 は，ヴァネッサの学習尺度/Glr 94 が知識尺度/Gc 87 と比べ著しい差はないことを示しており，ヴァネッサの新しい内容を学習する能力が，彼女がこれまで習得してきたことがらや言語概念の知識とは著しくは異ならないことを示唆している。

選択ステップ 4：補助下位検査の分析（3～18 歳）

この選択的ステップでは，ある尺度が解釈可能であれば（表 2.4 参照），その尺度の基本下位検査の平均評価点と，実施した各補助下位検査とを比較することができる。尺度が解釈不能であれば（ステップ 2A で決定），その尺度に関わる補助

ステップ3B：学習 vs. 既存知識
学習/Glr（初期）vs. 知識/Gc

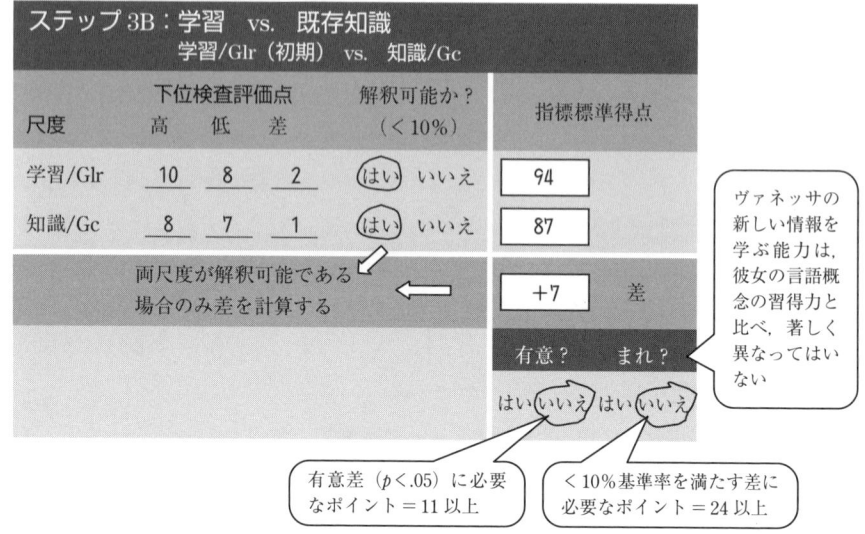

尺度	下位検査評価点 高 低 差	解釈可能か？（<10%）	指標標準得点
学習/Glr	10　8　2	はい　いいえ	94
知識/Gc	8　7　1	はい　いいえ	87

両尺度が解釈可能である場合のみ差を計算する

差　+7

有意？　まれ？

はい　いいえ　　はい　いいえ

有意差（$p<.05$）に必要なポイント＝11以上

<10％基準率を満たす差に必要なポイント＝24以上

ヴァネッサの新しい情報を学ぶ能力は，彼女の言語概念の習得力と比べ，著しく異なってはいない

図2.6　ヴァネッサのステップ3Bにおける比較

表2.4　年齢別補助下位検査

補助下位検査	3歳	4歳	5歳	6歳	7〜12歳	13〜18歳
数唱	○					
絵の統合	○	○	○	○	○	○
手の動作		○	○	○	○	○
理解語彙	○	○	○			
顔さがし			○			
積木さがし			○	○	○	
物語の完成			○			
表現語彙					○	○
模様の構成						○

下位検査との比較は実施しない。

　学習尺度/Glrと計画尺度/Gfには補助下位検査はない。［手の動作］は4〜18歳の子どもにとって継次尺度/Gsmの補助検査であり，同様に［理解語彙］や［表現語彙］は知識尺度/Gcの補助検査である（子どもの年齢による）。また，同時尺度/Gvにおいても，4〜18歳の子どもには補助下位検査がいくつかある。

　3歳台では，補助下位検査得点と，総合尺度指標（FCIかMPI）に含められるすべての下位検査の評価点平均（四捨五入して，小数第1位まで求める）とを比

2.5 選択ステップ3～6

較する。補助下位検査評価点と評価点平均の差を計算し,その差が統計的に有意であるかどうか ($p<.05$),またまれな差であるかどうか (<10%) を見極めるため表2.5に示す値と比較する。

表2.5には10%未満基準率(サンプル人口のうち10%より低い割合で発生するまれに大きい差)の得点差が掲載されている。しかし,これらの比較よりもさらに厳しい基準率を適用したい場合は,KABC-II米版マニュアルの表D.10を参照する。この表には5%未満と1%未満レベルの基準率が載っている。

ヴァネッサの基本下位検査における評価点は図2.2に,彼女の補助下位検査と基本下位検査の平均との比較は図2.7に示す通りである(KABC-II解釈ワークシートからの抜粋)。ヴァネッサの[手の動作]における評価点10点と,2つの基本継次/Gsm下位検査の評価点平均(14.5)との差は4.5ポイントである。表3.7にあるように,この値は5%水準で統計的に有意であるが,まれな差(<10%)であるのに必要な5.0ポイントという値にはわずかに満たない。したがって,ヴァネッサは,[手の動作]において基本継次/Gsm下位検査よりも著しく低い成績を示したが,この差はまれな差であると判断できるほど大きくはない。いずれにしろ,すべての有意な差は,他のデータと照らし合わせて妥当性の確認が必要な仮説として扱うべきである。ステップ6Bで,生成可能な仮説を検討する。

ヴァネッサは2つの同時/Gv補助下位検査において,[積木さがし]の評価点が10点,[絵の統合]の評価点が5点であった。この2つの評価点平均は6.5点である。表2.5にあるように,[積木さがし]の評価点とこの評価点平均との差3.5ポイントは,統計的には有意であるがまれな差ではない。7～12歳台では,統計的な有意差となるには3.2ポイントが必要であり,まれな差を決定する臨界値は5.5ポイントである。対照的に,[絵の統合]と平均値の差は1.5ポイントであり,有意であるためには差が小さすぎる。したがって,ヴァネッサは,[積木さがし]において基本同時/Gv下位検査よりも著しく良い成績を残したが,この仮説は妥当性の確認と検討が必要である(ステップ6B)。

知識尺度/Gc上で,ヴァネッサは補助検査である[表現語彙]の評価点が4点で,これは2つの基本下位検査の平均7.5よりも3.5ポイント低い。この差は統計的に有意かつまれな差である(10%未満基準率での臨界値はちょうど3.5ポイントである)。しかし,選択ステップの中で明らかとなるすべての有意な結果は,その差が標準人口と比べどんなにまれに大きくても,他のデータと照らし合わせて

表2.5 補助下位検査の評価点と評価点平均の統計的に有意である差

補助下位検査	3歳 有意差<.05	3歳 <10%	4歳 有意差<.05	4歳 <10%	5歳 有意差<.05	5歳 <10%	6歳 有意差<.05	6歳 <10%	7～12歳 有意差<.05	7～12歳 <10%	13～18歳 有意差<.05	13～18歳 <10%
絵の統合 vs. 同時/Gv			3.8	5.0	3.6	5.0	3.9	5.3	3.7	5.5	3.7	6.0
手の動作 vs. 継次/Gsm			3.5	5.0	3.5	5.0	3.5	5.0	3.5	5.0	3.5	5.0
理解語彙 vs. 知識/Gc			3.1	4.0	3.1	4.0	3.1	4.0				
顔さがし vs. 同時/Gv					4.0	6.0						
積木さがし vs. 同時/Gv					2.7	5.0	2.9	5.0	3.2	5.5		
物語の完成 vs. 同時/Gv							3.1	7.0				
表現語彙 vs. 知識/Gc									3.1	3.5	3.1	3.5
模様の構成 vs. 同時/Gv											3.1	5.0
数唱 vs. MPI	3.2	5.8										
数唱 vs. FCI	3.1	4.9										
絵の統合 vs. MPI	3.8	4.6										
絵の統合 vs. FCI	3.7	4.4										

出典：KABC-II米国版マニュアルの表 D.10 からのデータ (Kaufman & Kaufman, 2004a)。
注：有意差＝統計的に有意な差。<10%＝標準人口中10%より低い割合で発生する差を示した値。

2.5 選択ステップ 3〜6

尺度	尺度はステップ2で解釈可能か？	評価点の合計	評価点の平均	補助下位検査	評価点	平均との差	補助下位検査と評価点平均との差が有意かまれか				
							有意差(P<.05)	有意？	まれ(<10%)	まれな差？	
継次/Gsm	Ⓨ N	29 /2=	14.5	手の動作	10	4.5	3.5	Ⓨ N	5.0	Y Ⓝ	
同時/Gv	Ⓨ N	13 /2=	6.5	絵の統合	5	1.5	3.7	Y Ⓝ	5.5	Y Ⓝ	
				積木さがし	10	3.5	3.2	Ⓨ N	5.5	Y Ⓝ	
知識/Gc	Ⓨ N	15 /2=	7.5	表現語彙	4	3.5	3.1	Ⓨ N	3.5	Ⓨ N	

ステップ 4：7〜12 歳の補助下位検査分析

> ステップ 6B を通して，知識/Gc の基本と補助下位検査の違いを説明する仮説を立てて検証する

図 2.7　ステップ 4 におけるヴァネッサの補助下位検査と基本下位検査の平均の比較

妥当性の確認をとる必要がある。このことについては，ステップ 6B で確認すべき仮説を検討する。

選択ステップ 5：臨床的比較

ステップ 5 を構成する臨床的比較は以下の 5 つである。

　　ステップ 5A：非言語能力（NVI）vs. 言語能力（3〜18 歳）
　　ステップ 5B：問題解決能力 vs. 記憶・学習（3〜18 歳）
　　ステップ 5C：有意味刺激の視覚認知 vs. 抽象刺激の視覚認知（4〜18 歳）
　　ステップ 5D：言語反応 vs. 指さし反応（4〜18 歳）
　　ステップ 5E：小さな動作 vs. 大きな動作（4〜18 歳）

　これらの臨床的比較は，2 つの異なる情報処理領域を取り出している。ステップ 5A と 5B では統合と保存について，ステップ 5C, 5D, 5E では入力と出力についてを検討する。まず，統合と保存についての 2 つの比較を行うことにより，子どもの言語対非言語能力（ステップ 5A）と問題解決能力対記憶・学習（ステップ 5B）についての仮説を立て分析を進めることができる。情報の入力と出力に関連する仮説は，有意味刺激または抽象的視覚刺激を処理する能力（ステップ 5C），言語反応または指さし反応で質問に答えること（ステップ 5D），課題に反応するさいにほとんど動作を伴わない場合（小さな動作）といくつかの動作を用いる場

合（大きな動作）について（ステップ5E）を検討したうえで生成する。

これらの比較を行うさい，前述の選択ステップで適用された基本原則がステップ5にも同様に当てはまる。この原則については，**キーポイント**2.5 にも掲載されている。KABC-IIの解釈ワークシート（付録A）には，解釈基本原則を適用しながらステップ5の各比較を段階的に説明するフォーマットが用意されている。学習遅延，言語能力，有意味刺激，抽象刺激といったクラスター内の下位検査評価点の合計から標準得点を計算する表を付録Bに掲載している。付録Cには，問題解決と記憶・学習クラスターで利用する標準得点を計算するために必要なデータを掲載している。付録Dは，言語反応，指さし反応，小さな動作，大きな動作に関するクラスターでの標準得点を計算するさいに必要なデータを掲載している。

ステップ5の臨床的比較で利用する各クラスターの下位検査は，年齢別に図2.8に示されている。このステップの比較では，補助下位検査の実施はほとんど必要ない。原則的な例外は，ステップ5A（非言語能力 vs. 言語能力）とステップ5D（言語反応 vs. 指さし反応）であり，ルリアモデルを利用している検査者は知識尺度/Gcを補助検査として実施する必要がある（［理解語彙］は4～6歳台ではCHCモデルにおいて補助下位検査である）。ステップ5E（小さな動作 vs. 大きな動作）についても，7～12歳台では［積木さがし］を実施しなければならない（13～18歳のみ基本下位検査となる）。さらに，ステップ5Cと5Eを実施するにあたり，5歳台の子は対象となっていない検査（C：［物語の完成］，E：［近道さがし］）にも挑戦しなければならない。同様に3歳児では，ステップ3Aを行うのに［手の動作］が必要となる。表2.6に，臨床的比較のための臨界値が示されている。ヴァネッサのKABC-II検査結果を例として，それぞれの比較が具体的に説明されている（図2.9～2.13参照）。

ステップ5A：非言語能力（NVI）と言語能力の比較（3～18歳）

この比較には，非言語尺度のすべての下位検査と知識尺度/Gcの3つの下位検査の実施が必要である。NVIは非言語能力の評価基準となり，各年齢グループで1つ以上の補助下位検査の実施が必要となる。例えば，［手の動作］は，すべての年齢グループ（適用対象外の3歳も含む）で実施されなければならない。また，言語能力は，3つの知識尺度/Gcの下位検査（すなわち2つの基本下位検査と各

2.5 選択ステップ 3〜6　　67

年齢における1つの補助検査）の評価点から得られた標準得点で示される。
　非言語能力と言語能力の比較は，ウェクスラー（Wechsler）のさまざまな検査バッテリーのうち，動作性尺度と言語性尺度の相違と類似している。WPPSI-IIIでは，動作性IQと言語性IQの比較であるが，WISC-IVには動作性IQと言語性IQはなく，知覚推理指標（Perceptual Reasoning Index; PRI）と言語理解指標

ステップ 5A：臨床的比較

言語能力	vs.	非言語能力
評価点 3〜18歳 ___　なぞなぞ ___　表現語彙 ___　理解語彙		評価点 3〜4歳　5歳　6歳　7〜18歳 ___　___　___　___　仲間さがし ___　___　___　___　顔さがし 　　　　　　　　___　物語の完成 　　　　　　　　___　模様の構成 　　　　　　　　___　パターン推理 　　　　　　　　___　手の動作 　　　　　　　　___　積木さがし

ステップ 5B：臨床的比較

記憶・学習	vs.	問題解決能力
評価点 3歳　4歳　5〜18歳 ___　___　___　語の配列 ___　___　___　顔さがし ___　___　___　語の学習 ___　___　___　数唱 　　　　　___　文の学習		評価点 3〜4歳　5歳　6歳　7〜12歳　13〜18歳 ___　___　___　___　___　仲間さがし ___　___　___　___　___　模様の構成 ___　___　___　___　___　パターン推理 　　　　　　　　　　　　___　近道さがし 　　　　　　　　　　　　___　物語の完成 　　　　　　　　　　　　___　積木さがし

ステップ 5C：臨床的比較

有意味刺激の視覚認知	vs.	抽象刺激の視覚認知
評価点 4歳　5〜18歳 ___　___　語の学習 ___　___　顔さがし ___　___　物語の完成		評価点 4歳　5〜12歳　13〜18歳 ___　___　___　模様の構成 ___　___　___　文の学習 ___　___　___　パターン推理

ステップ 5D：臨床的比較

言語反応	vs.	指さし反応
評価点 4〜6歳　7〜18歳 ___　___　数唱 ___　___　文の学習 ___　___　表現語彙 ___　___　なぞなぞ		評価点 4歳　5〜18歳 ___　___　語の配列 ___　___　顔さがし ___　___　語の学習 ___　___　理解語彙

ステップ 5E：臨床的比較

小さな動作	vs.	大きな動作
評価点 4歳　5〜6歳　7〜18歳 ___　___　___　仲間さがし ___　___　___　顔さがし 　　　　　___　パターン推理 　　　　　___　積木さがし		評価点 4歳　5〜6歳　7〜12歳　13〜18歳 ___　___　___　___　手の動作 ___　___　___　___　模様の構成 　　　　　　　　___　近道さがし 　　　　　　　　___　物語の完成

図 2.8　ステップ5の臨床的比較で利用する各クラスターを構成する下位検査

表 2.6 統計的に有意でまれなクラスター得点間の差 [a]

クラスター	3歳 有意差 .05	3歳 頻度 <10%	4歳 有意差 .05	4歳 頻度 <10%	5歳 有意差 .05	5歳 頻度 <10%	6歳 有意差 .05	6歳 頻度 <10%	7〜9歳 有意差 .05	7〜9歳 頻度 <10%	10〜12歳 有意差 .05	10〜12歳 頻度 <10%	13〜18歳 有意差 .05	13〜18歳 頻度 <10%
学習/Glr(初期) vs. 学習遅延							14	16	13	16	12	16	12	16
学習/Glr(初期) vs. 知識/Gc			13	25	15	16	12	25	12	24	11	24	11	24
非言語能力(NVI) vs. 言語能力	12	24	12	24	12	25	9	21	9	23	9	23	9	21
問題解決能力 vs. 記憶・学習	16	26	14	28	11	21	10	24	11	25	11	23	11	24
有意味刺激 vs. 抽象刺激			15	27	11	22	12	24	12	22	13	22	14	22
言語反応 vs. 指さし反応			12	20	12	24	12	20	12	18	12	18	11	18
小さい動作 vs. 大きい動作			17	29	13	25	13	25	12	22	13	22	15	25

[a] 絶対値（±に関係ない）

(Verbal Comprehension Index; VCI) がそれにあたる。また，WAIS-III では，言語性 IQ と動作性 IQ，または関連した指標のどちらかを利用できる。したがって，非言語と言語能力クラスターの比較から立てられる仮説は，例えばウェクスラー検査にある IQ や指標得点などの他検査からのデータを利用して，裏づけたり反証したりできるだろう。

　知的機能についての文献には，言語と非言語の比較に関する豊富なデータが示されている。カウフマンとリヒテンバーガー（Kaufman & Lichtenberger, 1999, 2000, 2002）は，それらの文献のほとんどを再検討し，さまざまな認知パターンについての可能な説明を多く提示している。例えば，言語より非言語の成績が著しく高い人は，短期記憶より視覚処理や流動性推理能力に強いことが推察される。このパターンにはさらに，分析的・継次処理能力よりも全体的・同時処理能力がより発達しているという説明も可能である。知能検査で言語性よりも非言語性検査の成績の方が良い臨床グループも存在する。例えば，学習障害をもつ児童や生徒は学校での成績があまり良くないため，言語性よりも非言語性の方に良い成績を残す傾向がある（Kaufman & Lichtenberger, 2002）。当然のことながら，バイリンガルの子どもも「非言語＞言語」のパターンを示すことが多い。こうした点からも，KABC-II の著者はルリアモデル（知識/Gc が総合得点から除いてある）の実施を勧めるのである。自閉症の子どもも同様に「非言語＞言語」のパターンを示すことが多いが，このパターンは高機能自閉症やアスペルガー障害の子どもには当てはまらない。

　言語能力が非言語能力と比べ高い成績という逆のパターンは，例えばうつ病患者の臨床例などがいくつか示されている（Kaufman & Lichtenberger, 2002）。この疾患の特徴である集中力の欠如，精神運動遅滞，不安，低いモチベーションなどの要因がうつ病患者の非言語性課題の成績を低くする可能性がある（Gregory, 1987; Pernicano, 1986）。脳性麻痺など運動協調性に問題がある子どもも，「言語＞非言語」のパターンを示すかもしれない。明らかに，KABC-II の非言語性課題のいくつかは動作を必要とするので（すべての課題で動作の反応を必要とするわけではないが），運動協調性に問題がある子どもにとっては得点を下げる潜在的な要因となるだろう。

　ヴァネッサのステップ 5A の臨床的比較は，図 2.9 に示してある。まずはじめに，言語性能力クラスターの最高評価点と最低評価点の差を検討する。評価点間

ステップ5A：臨床的比較

言語能力	vs.	非言語能力

言語能力側：
評価点 3～18歳
- 7　なぞなぞ
- 4　表現語彙
- 8　理解語彙

↓

評価点間の差　4
まれな大きさ　Y / N
STOP
評価点合計　19
標準得点　81

非言語能力側：
評価点
3～4歳　5歳　6歳　7～18歳
- ―　仲間さがし
- ―　顔さがし
- 7　物語の完成
- 6　模様の構成
- 10　パターン推理
- 10　手の動作
- 10　積木さがし

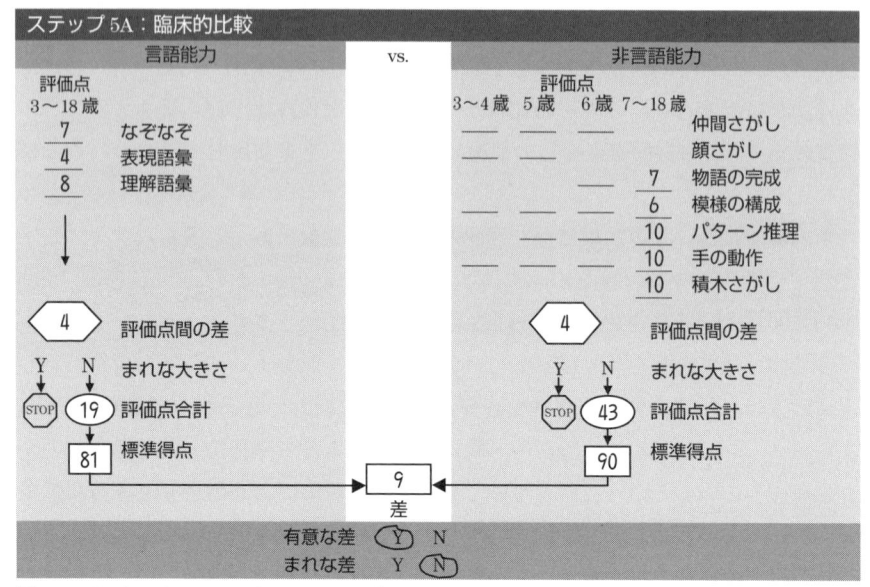

評価点間の差　4
まれな大きさ　Y / N
STOP
評価点合計　43
標準得点　90

差　9

有意な差　Y / N
まれな差　Y / N

図2.9　ヴァネッサのステップ5Aにおける言語と非言語能力の比較

の差は4ポイントであり，これはまれな差ではない。したがって，言語能力クラスターは解釈可能である。同様に非言語能力クラスターの評価点間の差を検討する。このクラスターの評価点間の差も4ポイントであり，これもまれな差ではなく解釈可能なクラスターである。両方のクラスターが解釈可能なので，次にそれぞれのクラスターの標準得点を計算する。付録Bに，言語能力クラスターの評価点合計から標準得点に変換する表が示されている（KABC-II米国版マニュアルにNVIの得点を掲載する）。ヴァネッサの非言語（NVI）の標準得点は90点であり，彼女の言語能力の標準得点は81点である。この両クラスター間の9ポイントの差は5％水準で有意であるが，まれな差というわけではない（10％未満基準率では23ポイントを必要とする）。<u>ヴァネッサの非言語能力は，言語能力（事柄や言語概念を習得する力）と比較して著しく発達している。しかし，この差は統計的に有意ではあるが，まれな差ではない。</u>

ステップ5B：課題解決能力と記憶・学習の比較（3～18歳）

同時/Gvと計画/Gfの両尺度は子どもの課題解決能力を測定している。同時/Gv下位検査は，課題解決において視覚化を重要な要素として強調する傾向にあり，

一方で計画/Gf 下位検査は，言語を媒介として課題解決を図る傾向にある。しかし，両タイプのこの組み合わせが概念化を図るうえで有用である。継次/Gsm と学習/Glr の両尺度は，ともに短期または長期の記憶と関係がある。さらに，キャロル（Carroll, 1993）の理論上では，両タイプの能力を記憶・学習という広範性クラスターとして一緒にしている。すべての年齢において，この比較は基本下位検査のみで実施可能である。5～6 歳群では，同時/Gv 下位検査と継次/Gsm＋学習/Glr の組み合わせを比較し，7～18 歳では，同時/Gv＋計画/Gf の組み合わせと，継次/Gsm＋学習/Glr の組み合わせを比較する。

　4 歳では，この比較で使うクラスターが尺度と十分対応していない。［顔さがし］は同時尺度/Gv に含まれるが，ほとんど課題解決的要素がなく，視覚記憶を必要としているため，記憶・学習クラスターに分類される。3 歳では，［仲間さがし］や［模様の構成］の両検査とも，小さい子どもの課題解決能力を測定するので，［語の学習］，［語の配列］，［顔さがし］のクラスターと比較される。

　多くの臨床グループが，記憶・学習クラスター（Gsm と Glr の下位検査を含む）と課題解決クラスター（Gv と Gf の下位検査を含む）上の成績にさまざまな相違を示している。注意力に問題のある子ども（例えば注意欠陥多動性障害〔ADHD〕）が，ワーキングメモリー（作業記憶）に弱さが見られる点については多くの論文が指摘している（Seidman, Biederman, Faraone, & Milberger, 1995; Seidman, Biederman, Faraone, Weber, & Oullette, 1997）。不安症状やうつ症状を示す子どもも，短期記憶を必要とする課題に弱い傾向がある（Hong, 1999; Kellogg, Hopko, & Ashcraft, 1999）。したがって，これらの臨床グループは，記憶・学習クラスターにおける低い得点の可能性を十分予測できる。

　しかし，ADHD をもつ子どもには注意力の問題に加えて，判断力，事前の考察力，そして計画力にも弱さがあることが示唆されている（Pennington, Grossier, & Welsh, 1993; Weyandt & Willis, 1994）。したがって，このタイプの弱さが問題解決能力クラスターにある流動性能力/Gf を必要とする課題の成績を落とす可能性もある。実行機能をつかさどる前頭野に損傷のある子どもも（Perugini, Harvery, Lovejoy, Sandstrom, & Webb, 2000），問題解決クラスターの流動性課題で点数を落とすかもしれない。注意力を発揮する機能と実行認知処理の機能（例えば Gf）は結びついているため，アセスメントにおいてそれらを分離するのは難しいことを念頭におくべきである（Barkley, 2003）。この 2 つの機能の神経学的説明を検討し

た文献のほとんどは，両方とも脳の前頭前（前頭葉前部）皮質における損傷や障害に注目している（Boliek & Obrzut, 1997; Zelazo, Carter, Reznick, & Frye, 1997）。したがって，ADHD や関連する障害をもつ子どもたちにおいて，記憶・学習と課題解決能力クラスターの比較から得られる結果に，具体的なパターンが存在するかどうかを予測することは難しい。

上述した臨床グループに加えて，読み方に困難を抱えた子どもも記憶・学習と課題解決能力クラスターの比較に関連した認知検査で，特徴的な成績パターンを示してきている。読み方に困難を抱えた子どもは，K-ABC の同時処理尺度と比べて継次処理尺度で低い得点を示す傾向にある（Hooper & Hynd, 1982, 1985; Kamphaus & Reynolds, 1987; Lichtenberger, 2001）。また，左脳の情報処理機能に関連した欠陥を示す傾向もある（James & Selz, 1997; Lyon, Fletcher, & Barnes, 2003; Reynolds, Kamphaus, Rosenthal, & Hiemenz, 1997）。したがって，「記憶・学習＜課題解決能力」のパターンは，読み方に困難を抱えた子どもに存在するのかもしれない。

ヴァネッサのステップ 5B の臨床的比較を図 2.10 に示す。まず，記憶・学習クラスターの評価点間の差を計算する。評価点間の差は 7 ポイントであり，これはまれな差ほど大きくはないため，記憶・学習クラスターは解釈可能である。次に，

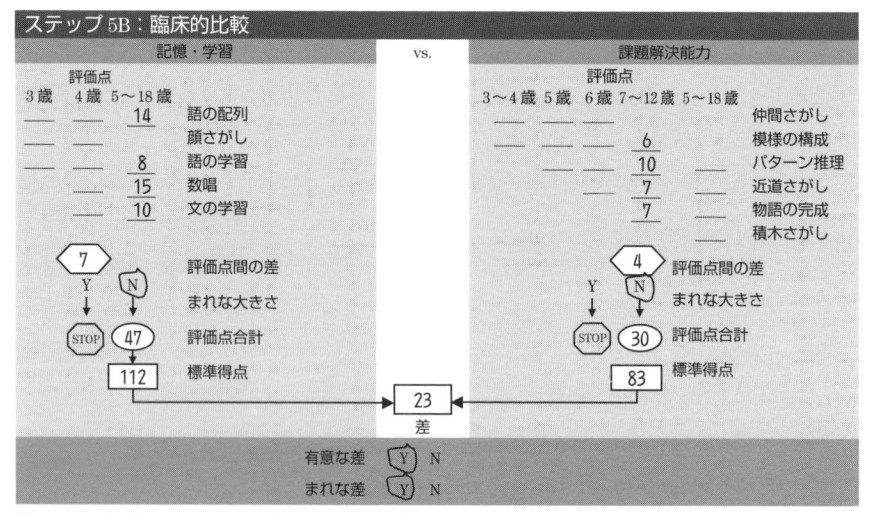

図 2.10　ヴァネッサのステップ 5B における記憶・学習と課題解決能力間の比較

課題解決能力クラスターの評価点間の差を検討する。評価点間の差は4ポイントのみであり,まれな差ほど大きくはなく,課題解決能力クラスターも解釈可能である。両クラスターが解釈可能なので,それぞれのクラスターの標準得点を計算する。付録Cには,記憶・学習クラスターと課題解決能力クラスターに関する評価点合計から標準得点への換算表が掲載されている。ヴァネッサの記憶・学習クラスターの標準得点は112点であり,課題解決能力クラスターのそれは83点である。両クラスターの差23ポイントは5%水準で有意であり,まれな差である(<10%基準率では23ポイント以上を必要とする)。<u>ヴァネッサの記憶・学習能力は課題解決能力よりも著しく発達しており,同年齢群の標準人口と比べても,その能力間の差はまれな差といえる。</u>

　ヴァネッサの記憶・学習と課題解決能力クラスター上の得点差はまれな差であるが,この差をさらに検討し,他のデータで裏づける必要がある(前掲の**キーポイント2.3**参照)。臨床的視点からこれらのクラスターをより綿密に分析すると,彼女は継次処理能力が強く,また同時処理能力が弱いことが理解できるが,これはおそらく重要な所見となる。ヴァネッサの計画/Gfと学習/Glrにはあまり違いは示されなかった。したがって,課題解決能力(同時/Gv+計画/Gf下位検査からなる)と記憶・学習(継次/Gsm+学習/Glr下位検査からなる)クラスターの差はおそらく,ステップ2の分析で明らかにされたGv<Gsmが反映された結果であり,彼女のプロフィールにおける最も重要な差といえる。これは,KABC-IIプロフィールを分析評価するさい,単なる統計の専門家ではなく,臨床の専門家としての知見・力量を必要とする重要な解釈である。しかし,ステップ5Bでヴァネッサにとってまれな差を示す結果が出たにもかかわらず,この比較結果は診断や教育上に役立てられるような臨床的価値を欠いているため,ヴァネッサの事例報告レポートに含まれていない。

ステップ5C:有意味刺激の視覚認知と抽象刺激の視覚認知の比較(4〜18歳)

　有意味刺激と抽象刺激の両クラスターは,学習/Glrと同時/Gv,計画/Gfの3つの指標からの視覚的下位検査で構成される。学習/Glrからは,魚や貝,植物など有意味で具体的な刺激が出てくる[語の学習]は有意味刺激クラスターに含まれる。一方で,刺激が記号である[文の学習]は抽象刺激クラスターに含まれる(ただし,多くの抽象刺激には子どもが連想で覚えやすいように故意にヒントが与

えられている。例えば、2つのひし形が重なっている記号を「～と（and）」としたり、雨雲の形を「雨」とするなどである）。同時/Gvからは、人の顔の写真に明らかに意味があることから、［顔さがし］が有意味刺激クラスターに含まれる。一方、［模様の構成］には抽象的なデザインが含まれる。計画/Gfでは、［物語の完成］が日常生活場面を描いていることから有意味刺激グループに入り、ほとんどの刺激が記号であるパターン推理が抽象刺激クラスターのグループに入る。

したがって、有意味刺激と抽象刺激の両クラスターはうまくバランスがとれている。有意味刺激グループで測定される認知能力は、抽象刺激グループによって測定される能力と基本的に同じである。各クラスターがうまくまとまっていて、下位検査間の大きなばらつきがない限り、このよく練られた両群のバランスによって、子どもの視覚処理における有意味刺激と抽象刺激の有用な比較が可能となっている。

臨床研究の文献には、脳に損傷のある患者は、抽象刺激を扱う課題に困難を感じる可能性があるという指摘がある。例えば、抽象的な模様を刺激とするウェクスラーの「積木模様」（KABC-IIの［模様の構成］と類似）を利用した研究が積み重ねられており、「積木模様」はさまざまな脳損傷患者に影響が出やすく、特に右脳の後部病変に対する影響が顕著であることが指摘されている（Lezak, 1995）。［模様の構成］に限らず、KABC-IIにおける他の抽象刺激クラスターの下位検査は、抽象的課題で必要とされる能力の研究と関連づけられてきた。例えば、［パターン推理］と類似した検査（例えば、WAIS-IIIの「行列推理」）の成績が低い場合は、非言語抽象推理課題における低い成績と関連していることが示唆されている（Groth-Marnat, Gallagher, Hale, & Kaplan, 2000）。

ヴァネッサのステップ5Cの臨床的比較を図2.11に示す。まず最初に、有意味刺激クラスターの評価点間の差を計算する。評価点間の差は1ポイントで、まれな差ではなく、このクラスターは解釈可能である。次に、抽象刺激クラスターの評価点間の差を検討する。評価点間の差は4ポイントであり、これもまれな差ではなく、このクラスターも解釈可能である。両クラスターが解釈可能なので、それぞれのクラスターの標準得点を計算する。付録Bに、両クラスターの評価点の合計から標準得点を出す換算表が示されている。ヴァネッサの有意味クラスターの標準得点は85点であり、抽象刺激クラスターのそれは91点である。両クラスターの差6ポイントは、有意でもなければまれな差でもない（有意であるために

2.5 選択ステップ3～6 75

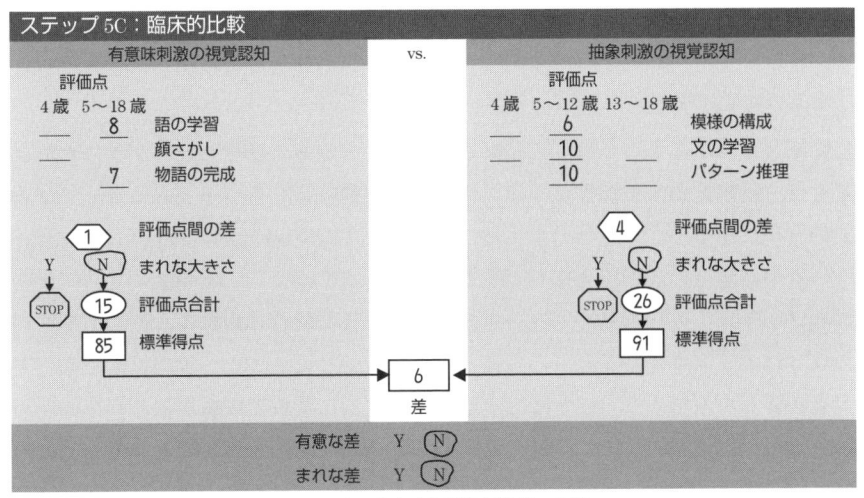

```
┌─────────────────────────────────────────────────────────────┐
│ ステップ5C：臨床的比較                                        │
│      有意味刺激の視覚認知        vs.    抽象刺激の視覚認知     │
│      評価点                              評価点               │
│   4歳  5～18歳                       4歳  5～12歳 13～18歳    │
│   ___   8    語の学習                ___    6         模様の構成│
│   ___        顔さがし                ___   10         文の学習 │
│   ___   7    物語の完成              ___   10         パターン推理│
│                                                              │
│         ┌1┐ 評価点間の差                   ┌4┐ 評価点間の差  │
│      Y ／N＼ まれな大きさ              Y ／N＼ まれな大きさ   │
│     STOP 15  評価点合計              STOP 26  評価点合計     │
│         85  標準得点                       91  標準得点      │
│                         ┌───┐                                │
│                    ────→│ 6 │←────                           │
│                         └───┘                                │
│                          差                                  │
│                有意な差    Y ／N＼                            │
│                まれな差    Y ／N＼                            │
└─────────────────────────────────────────────────────────────┘
```

図2.11 ヴァネッサのステップ5Cにおける有意味と抽象刺激間の比較

は13ポイントを必要とし，10%基準率を満たすには23ポイント必要である）。ヴァネッサの抽象的視覚刺激を処理する能力は，有意味な視覚刺激を処理する能力と比較しても著しい差はない。

ステップ5D：言語反応と指さし反応の比較（4～18歳）

　ステップ5Cで実施した比較と類似して，言語反応クラスターと指さし反応クラスターは5～18歳で測定する認知能力に合致している。つまり，学習/Glr下位検査は1つずつ各クラスターに分類される（[文の学習]は言語反応を必要とし，[語の学習]は指さし反応を要求する）。同様に，継次尺度/Gsmと知識尺度/Gcからそれぞれ1下位検査ずつ，言語反応グループと指さし反応グループに振り分けられる。実際には，継次尺度/Gsmでは[数唱]が言語反応，[語の配列]が指さし反応グループに分類される。7～18歳においては，知識（Gc）下位検査にそれぞれ言語反応（[なぞなぞ]）と指さし反応（[理解語彙]）がある。7歳以下の子どもでは，[なぞなぞ]の最初の課題が，正しい絵を指さすという反応を要求しているため，[表現語彙]が言語反応グループとして[なぞなぞ]とおき換わる。
　4歳児にとっても，下位検査が測定する認知能力とほぼ合致しているが，指さし反応クラスターに分類される同時/Gv下位検査（＝[顔さがし]）が1つ余計に存在する。さらに，子どもが正しい答えを指さしで示すか正しい答えに匹敵する

文字（アルファベット）を言うか，どちらの反応を示してもよい下位検査（＝［パターン推理］や［仲間さがし］）は，言語と指さしの比較では用いないことに留意する。

　臨床グループによっては，言語反応クラスターの方が指さし反応クラスターよりも良い成績を出す可能性がある。例えば，運動障害をもつ子どもにとっては言語の方が反応しやすいだろう。しかし，指さし反応の身体的負荷は小さいため，この効果は重度の運動障害をもつ子どもにのみ当てはまる。対照的に，「言語反応＜指さし反応」という逆のパターンは，さまざまな場合に現れるようである。例えば，バイリンガルの子どもたちにとって，指さし反応と比べ言語反応はより努力を必要とするだろう。学習障害をもつ子どもも，学校の成績が振るわないために言語反応を必要とする課題で低い成績を示すことがよくある（Kaufman & Lichtenberger, 2002）。また，表出性言語障害をもつ子どもが，指さし反応と比べ言語反応を要求する課題で著しく低い成績を示すことがある。一般的に，自閉症などコミュニケーションに困難を抱えた子どもが，言語表現を必要とする課題で成績の落ち込みを見せることが多い（第5章参照）。

　ヴァネッサのステップ5Dにおける臨床的比較を図2.12に示す。まず，言語反応刺激クラスターの評価点間の差を計算する。評価点間の差は8ポイントでまれ

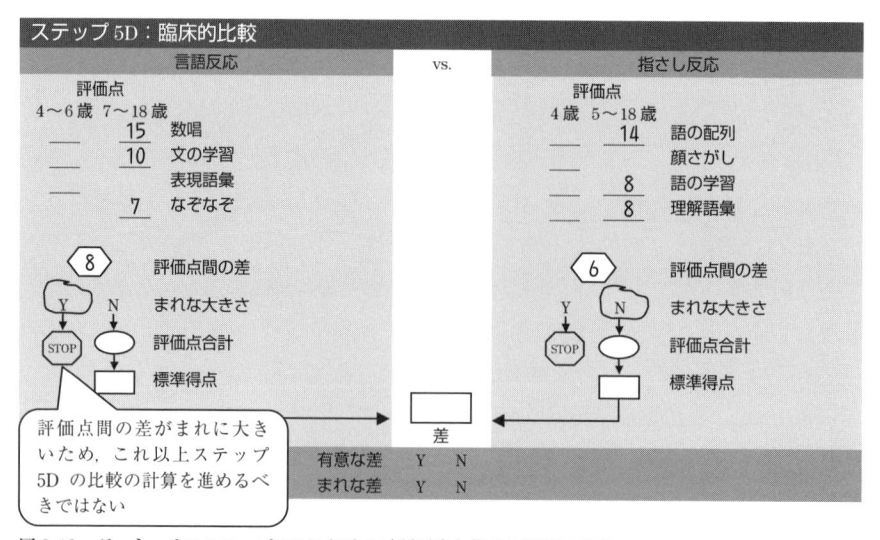

図2.12　ヴァネッサのステップ5Dにおける言語反応と指さし反応の比較

な差であり，このクラスターは解釈不能である。したがって，この比較はできないことになる。双方のクラスターの差を計算するためには，両方とも解釈可能でなければならない。指さしクラスターの評価点間の差（6 ポイント）はまれな差ではなく解釈可能であっても，いずれのクラスターの標準得点を計算する必要はない。言語反応と指さし反応の臨床的比較は，両方のグループが解釈可能でなければならないため，ヴァネッサの場合は比較できない。

ステップ 5E：小さな動作と大きな動作の比較（4～18歳）

　小さな動作クラスターは，単純な指さし反応（例えば［顔さがし］）や単純な言語反応（［積木さがし］）を必要とする下位検査，単純な指さしまたは単純な言語反応のどちらかで行う下位検査（［パターン推理］）から構成される。つまり，小さな動作クラスターとは，「わずかな動作（単純な言語反応を含む）」で行う下位検査のクラスターをさすものである。一方，それとは対照的に，大きな動作クラスターは，物（［手の動作］の場合は子ども自身の手）の操作を要求する下位検査から構成されるものであり，単純な指さし以上のいくつかの動作を必要とする下位検査のクラスターをさしている。

　この 2 つのクラスターの差を検証するには，検査者は検査中に関連する KABC-II 下位検査の子どもの様子，特に運動協調性について観察し，他の課題における動作・行動（例えば普段の鉛筆の持ち方や標準化された描画検査での鉛筆の持ち方など）の観察結果を統合して判断するべきである。動作の要求レベルは，大きな動作クラスターの各下位検査でも異なり，このことも考慮するべきである。例えば，［手の動作］や［模様の構成］では，複雑で大きな動作による操作スキルを要求するが，［近道さがし］のスキル要求レベルは低い。目と手の協調性に問題がある子どもは，高い協調性を必要とする下位検査では低い得点をとる可能性がある。

　運動に関わる部位の脳機能不全が疑われるために，アセスメントが必要な子どもにおいては，大きな動作クラスターの成績と比べて，小さな動作クラスターの成績が良いことが予想される。少ない数ではあるが運動障害と診断された子どもの事例では，運動協調性をほとんど必要としない WISC-IV の視覚課題，例えば「行列推理」や「絵画完成」（23 パーセンタイル）は，複雑で大きな動作を必要とする下位検査，例えば「積木模様」や「符号」（10 パーセンタイル）より良い成績を挙げている。同様の結果が，閉鎖性頭部損傷（39 パーセンタイル対 22 パー

センタイル),開放性頭部損傷(38 パーセンタイル対 20 パーセンタイル)と診断された子どもたちにも見られた(The Psychological Corporation, 2003 の表 5.33,5.34, 5.37)。

運動障害や脳損傷をもつ子どもにとって,KABC-II の大きな動作クラスターの下位検査で測定される認知能力が著しく過小評価される可能性がある。7～18 歳の運動障害や脳損傷のある子どもやその疑いがある子どもには,[パターン推理]や[模様の構成],[物語の完成]で,速やかに完璧な答えを出すことで得られる割増得点を用いずに,正しい反応にのみ点数が加算される特別な下位検査基準を用いるのがよい。

ヴァネッサのステップ 5E の臨床的比較を図 2.13 に示す。まず最初に,小さな動作クラスターの評価点間の差を計算する。評価点間の差は 0 ポイントで明らかに差はなく,このクラスターは解釈可能である。次に,大きな動作クラスターの評価点間の差を検討する。評価点間の差は 1 ポイントで大きな差はなく,このクラスターも解釈可能である。両クラスターが解釈可能なので,それぞれのクラスターの標準得点を計算する。付録 D に,両クラスターの評価点の合計から標準得点を出す換算表が示されている。ヴァネッサの小さな動作クラスターの標準得点は 100 点であり,大きな動作クラスターのそれは 78 点である。両クラスターの差 22 ポイントは,有意でありまれな差である(有意であるためには 13 ポイントを

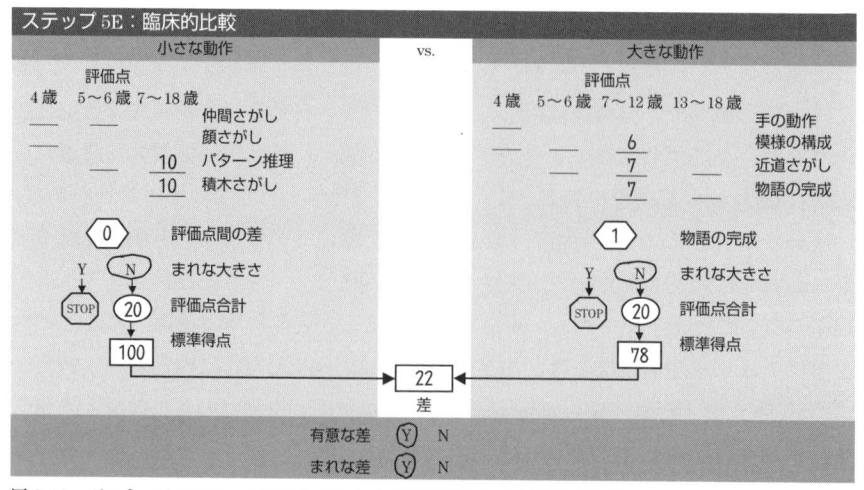

図 2.13　ヴァネッサのステップ 5E における小さな動作と大きな動作の比較

必要とし，10％基準率を満たすには22ポイント必要である）。ヴァネッサの動作・運動反応をほとんどまたはまったく必要としないで問題を解決する能力は，複雑な協調性運動を必要とする問題解決能力よりも著しく高い。また，その差は標準人口と比べてもまれな割合で起こる大きさである。

ステップ6：2つの状況におけるばらつきを説明するための仮説生成

ステップ6は，2つの具体的な状況を検証する。

・ステップ6A：解釈不能な尺度がある場合（4～18歳）
・ステップ6B：関連の基本下位検査と一貫性がない補助下位検査がある場合（3～18歳）

ステップ6では2つの状況が並行して説明される。1つは解釈不能な尺度を検証すること，もう1つは関連基本下位検査と一貫性がない補助下位検査を検証することである。解釈不能な尺度指標を説明し，またなぜ補助下位検査が関連基本下位検査と著しく異なるのかを説明する仮説を立てようとするさいは，その仮説を検証するためにデータや観察で裏づけをとる必要がある。このステップのプロフィール分析を実施するために，解釈不能な指標やつじつまの合わない補助下位検査を説明する仮説をいくつか立てなければならない。別の検査を追加して実施しないと，有効な仮説を見つけだすことができない場合もある。基本原則は柔軟であること，できる限りさまざまな補強証拠を探し集めること，全課題を通して常に慎重な臨床家であること，そして関連する理論や研究に精通していることである。

ステップ6A：解釈不能な尺度内のばらつきを説明する仮説の生成（4～18歳）

ステップ6Aを実施するかどうかは，各尺度が解釈可能かどうかをチェックしたステップ2Aの結果による。全尺度が解釈可能であれば，ステップ6Bに直接進んでよい。しかし，1つ以上の尺度指標がステップ2Aで解釈不能と判明した場合（すなわち，その尺度内の下位検査間のばらつきがまれに大きい場合）は，ステップ6Aを実施する。このステップでは，尺度間の著しいばらつきを説明するための3つのアプローチを紹介する。

・第一の取り組み：可能な仮説を見つけだすため，ステップ5の臨床的比較の結果を検証する。
・第二の取り組み：各尺度の基本下位検査がどのように補助しあっているかを検証する（例えば，それらの下位検査がCHCの異なる限定的能力を測定しているならば，なぜその子どもが異なる得点を出したのかを説明する一助となるかもしれない）。
・第三の取り組み：可能な仮説を生成するため，質的指標（Qualitative Indicators; QI），一般場面での行動観察，関連する背景情報などを検証する。

第一の取り組み――臨床的比較：この最初の取り組みでは，ステップ5の関連する臨床的比較の結果を検証する。例えば，4〜18歳用の［語の配列］や［数唱］で構成された継次尺度/Gsmを検討する。この指標が解釈不能と判明した場合，この下位検査のばらつきを説明するための比較が1つある。それは言語反応と指さし反応の比較である。［数唱］と比べ，［語の配列］で著しく（継次/Gsmを解釈不能にするほど）良い成績をとった子どもは，おそらく言語化して（［数唱］で，検査者によって唱えられた数字を復唱すること）応えるより，一般的に指さしで（［語の配列］で，検査者によって示された絵を触ること）応える方が得意だったのだろう。この比較を検証してみよう。実際の検査場面で，言語反応と指さし反応で著しい差があっただろうか。その子が示した［語の配列］と［数唱］間の差が前述のような差（［語の配列］＞［数唱］）だったと仮定すると，この差を説明できる（したがって，継次/Gsmが解釈不能である説明となる）。すなわち，子どもの指さしまたは言語化による課題への反応能力について，1つの仮説が生まれる。ここでは，二者の比較結果の有意な差は仮説を生成するのに十分であり，まれな差である必要はない。しかし，有意だがまれではない差であるより，有意かつまれな差であることに基づいた仮説の方がより説得力があることはいうまでもない。

言語反応と指さし反応の比較はまた，①4〜18歳用の学習/Glr（［語の学習］＝指さし，［文の学習］＝言語）が解釈不能である場合や，②7〜18歳用の知識/Gc（［理解語彙］＝指さし，［なぞなぞ］＝言語）が解釈不能である場合を説明するに

同様に，抽象刺激と有意味刺激の視覚認知の比較も，① 4～18歳用の学習/Glr（[語の学習]＝有意味，[文の学習]＝抽象）が解釈不能である場合，② 7～18歳用の計画/Gf（[物語の完成]＝有意味，[パターン推理]＝抽象）が解釈不能である場合，③ 4歳児用の同時/Gv（[顔さがし]＝有意味，[模様の構成]＝抽象）が解釈不能である場合を説明するのに役立つ。記憶・学習と課題解決の比較も，[顔さがし]（記憶・学習）対[模様の構成]と[仲間さがし]（課題解決）として，同時/Gvが解釈不能である説明に役立つが，この方法は幼い子ども（3歳児と4歳児）にのみ適用できる。

最後に，良い成績を得るのに運動協調性がどの程度の役割を果たすかを見る比較（小さな動作と大きな動作）は，解釈不能な計画/Gfと継次/Gsmの説明をする仮説の生成に役立つ。7～18歳用の計画/Gfは，[パターン推理]ではほとんどまたはまったく運動協調性を必要としないが，[物語の完成]に粗大運動協調性を必要とする。この比較では，継次/Gsmについてあらゆる年齢を対象に仮説を生成することができる。これらの仮説は，ステップ6Aで検討したすべての仮説と照らし合わせて，図2.14にまとめてある（解釈ワークシートからの抜粋）。

ヴァネッサの例では5つすべての指標が解釈可能であったため，ステップ6Aには進まない。ここでは解説目的で，学習/Glrにおいて，[文の学習]（12）と[語の学習]（6）間の差が非常に大きいため解釈不能とされた13歳のエイデンの例を紹介する。したがって，ステップ6Aへの進み方をKABC-II解釈ワークシートで確認する（図2.14も参照）。学習/Glrを含む列を見てみると，[語の学習]と[文の学習]間のばらつきについては，2つの臨床的比較によって仮説を検証できることがわかる。① 有意味刺激対抽象刺激と② 言語反応対指さし反応である。有意味刺激クラスターは[語の学習]と[物語の完成]，抽象刺激クラスターは[文の学習]と[パターン推理]からなる。エイデンのこの比較結果からは，抽象刺激の方が有意味刺激と比べ著しく良い成績を得ていることが明らかになった（まれな差でもある）。そこで，さらにエイデンの[文の学習]と[語の学習]間のばらつきについての仮説を立てるため，2つ目の言語反応と指さし反応の臨床的比較を実施する。具体的には，[文の学習]，[数唱]，[なぞなぞ]で構成される言語反応クラスターと，[語の学習]，[語の配列]，[理解語彙]からなる指さし反応クラスターを使う。しかし，エイデンの例では，クラスター内の下位検査にまれな

82　第2章　KABC-Ⅱ解釈の基本

ステップ6A：解釈不能な尺度内のばらつきを説明する仮説を立てる			
第一の取り組み：ステップ5の計画的臨床的比較を検証し可能な仮説を立てる			
ステップ2で指標か解釈不能か？（不能ならばチェック）	指標内の下位検査の臨床的比較を検証し可能な仮説を提供するクラスター	年齢	クラスターに関連する基本下位検査
継次/Gsm ☐	言語反応 vs. 指さし反応	4〜18	数唱（言語） vs. 語の配列（指さし）
同時/Gv ☐	抽象刺激 vs. 有意味刺激	4	顔さがし（有意味） vs. 模様の構成（抽象）
	記憶・学習 vs. 問題解決	3〜4	顔さがし（記憶・学習） vs. 模様の構成 & 仲間さがし（問題解決）
	小さな動作 vs. 大きな動作	4	顔さがし & 仲間さがし（小・動作） vs. 模様の構成（大・動作）
	小さな動作 vs. 大きな動作	5	仲間さがし & パターン推理（小・動作） vs. 模様の構成（大・動作）
	小さな動作 vs. 大きな動作	6	仲間さがし & パターン推理（小・動作） vs. 模様の構成（大・動作）
	小さな動作 vs. 大きな動作	13〜18	積木さがし（小・動作） vs. 近道さがし（大・動作）
学習/Glr ☐	言語反応 vs. 指さし反応	4〜18	文の学習（言語） vs. 語の学習（指さし）
計画/Gf ☐	抽象刺激 vs. 有意味刺激	4〜18	記号（抽象） vs. 話（有意味）
	抽象刺激 vs. 有意味刺激	7〜18	パターン推理（抽象） vs. 物語の完成（有意味）
	小さな動作 vs. 大きな動作	7〜18	パターン推理（小・動作） vs. 物語の完成（大・動作）
知識/Gc ☐	言語反応 vs. 指さし反応	7〜18	なぞなぞ（言語） vs. 理解語彙（指さし）
第二の取り組み：各尺度内で基本下位検査がどのように補助しあっているかを検証する			
仮説を立てるため確認ポイント2.3〜2.7を参照せよ。			
第三の取り組み：質的指標，行動観察，背景情報を検証する			
必要に応じ補助データ（例えば，追加の下位検査を実施する。付随する情報を得るためにさらに問い合わせをするなど）を収集し，質的指標，行動観察，背景情報をもとにして仮説を裏づける。			

図2.14　ステップ6AのためのKABC-Ⅱ解釈ワークシートからの抜粋

ばらつきが見られるために，この比較は実施できない。したがって，エイデンは抽象刺激の方が有意味刺激よりも良い成績を出すという仮説を残しておき，これを裏づけるさらなるデータを探すことにする。

　第二の取り組み――どのように基本下位検査が各尺度内で補助しあっているか：KABC-II の各尺度を構成する下位検査がどのように補助しあうのかを検討するため，各尺度内の下位検査を特徴づける重要な特性について分析し，それらを簡単に利用できるように，**確認ポイント 2.3〜2.7** に掲載した。これらの特徴的な特性には，例えば入力，出力，統合，保存といった総合分野（広範的能力）と，各下位検査の根底にある CHC 理論の限定的能力（**表 2.7** 参照）がある。

　KABC-II の各尺度を構成する下位検査の補助的な側面を，**確認ポイント 2.3** に学習/Glr，2.4 に継次/Gsm，2.5 に同時/Gv，2.6 に計画/Gf，2.7 に知識/Gc についてまとめてある。

　エイデンの解釈不能な学習尺度/Glr についての仮説を立てるには，**確認ポイント 2.3** を参照する。2 つの学習/Glr 評価点のうち低い方の［語の学習］では，誤りのフィードバックをしているが，［文の学習］にはない。ステップ 5C の臨床的比較（有意味刺激 vs. 抽象刺激）の検証から，エイデンは有意味より抽象視覚刺激の検査で良い成績をとっていることが明らかになった。しかし，［文の学習］では有意味な聴覚刺激が出てくるが，［語の学習］では出てこない。［文の学習］（エイデンの良い成績の方）では文脈が正解に重要な役割を果たすが，［語の学習］に

≡ 確認ポイント 2.3

学習/Glr 下位検査がどうお互いに補助しあっているか

	語の学習	文の学習
誤答に対するフィードバックはあるか	はい	いいえ
有意味な聴覚刺激があるか	いいえ	はい
正解を出すのに文脈は重要か	いいえ	はい
刺激の順番は重要か	いいえ	はい
CHC 限定的能力		
連合記憶（Glr）	✓	✓

注：4〜18 歳用の学習/Glr 基本下位検査は［語の学習］と［文の学習］である。5〜18 歳用の補助検査として，［語の学習遅延］と［文の学習遅延］という下位検査がある。これらは，連合記憶と学習能力の両方を測定している。

> **確認ポイント2.4**
>
> **継次/Gsm 下位検査（基本＋補助）がどうお互いに補助しあっているか**
>
> | | 語の配列 | 数唱 | 手の動作 |
> |---|---|---|---|
> | 内容の性質 | 言葉 | 数 | 手の位置・動作 |
> | 難度の上がり方 | 干渉課題 | 数列の長さ | 手の動作の長さ |
> | 聴覚刺激と視覚刺激の統合 | はい | いいえ | いいえ |
> | コミュニケーション手段 | 聴覚運動 | 聴覚・口頭 | 視覚運動 |
> | 次の課題に移る柔軟性の必要性 | はい | いいえ | いいえ |
> | **CHC 限定的能力** | | | |
> | 　記憶範囲/Gsm | ✓ | ✓ | ✓ |
> | 　ワーキングメモリー/Gsm | ✓ | | |
> | 　視覚記憶/Gv | | | ✓ |
>
> 注：4～18歳用の継次/Gsm 基本下位検査は，［語の配列］と［数唱］である。［手の動作］は，4～18歳用の継次/Gsm 補助検査である。

は文脈がない。また，［文の学習］では刺激が出てくる順番に意味があるが，［語の学習］にはない。したがって，**確認ポイント2.3** で紹介された多くの点を踏まえて，彼の学習尺度/Glr におけるばらつき（他のデータで裏づける必要はある）を説明する仮説が立つかもしれない。しかし，CHC の限定的能力の分類では，［語の学習］と［文の学習］は同じであり，連合記憶の測定をする検査である。すなわち，CHC 理論では，エイデンの解釈不能な学習尺度/Glr を説明する有効な仮説は立てられない。

しかし，CHC の限定的能力は，KABC-II における学習/Glr 以外の尺度で，子どもが解釈不能な指標を示した理由を提供してくれることも多い。継次尺度/Gsm で，［語の配列］（色彩干渉課題に基づく）はワーキングメモリー（作業記憶）という限定的能力を測定するが，［数唱］はそうではない（**確認ポイント2.4** 参照）。［数唱］より［語の配列］で著しく低い点数をとった子どもは，ワーキングメモリーを利用する課題に困難を見いだす可能性がある。この仮説は，ワーキングメモリーを必要とする KABC-II 上の下位検査の実施中に，臨床観察を行って裏づけをとることができる（例えば，［物語の完成］の課題を解く間，ある情報を保存して関連情報を"操作"できるということは，判断力や仮説を立てる能力を発揮する実行機能が働いている）。

確認ポイント2.5から，同時尺度/Gvが多くのCHC限定的能力群で構成されており，その群は年齢によって変化していく具体的な下位検査の機能として構成されている。例えば，［近道さがし］は，CHC限定的能力の空間走査（Gv），一般的系列推理/Gf，数学的学力/Gqを測定する。一方，［模様の構成］は，視覚化（Gv）と空間関係/Gvという2つの異なるCHC限定的能力を測定する。すなわち，両下位検査が7～12歳用の基本同時/Gv下位検査であることから，CHC広範的能力である視覚処理/Gvに組み込まれるが，別々の（最低1つの）限定的能力を測定している。7～12歳の子どもが「［近道さがし］＞［模様の構成］」という結果から，尺度指標を解釈不能とした場合，その子どもは視覚処理（Gv）における空間走査能力が比較的優れており，［模様の構成］で測定される視覚化（Gv）と空間関係（Gv）という2つの限定的能力のうち1つまたは両方の能力において弱さが見られるのかもしれない。また，その子どもは［近道さがし］で測定される流動性推理（Gf）の限定的能力（一般的系列推理能力または演繹推理）が比較的強いのかもしれない。

これらの仮説は，KABC-IIで同じ限定的能力を測定する下位検査の結果を考察することですぐに検証できる（表2.7参照）。例えば，一般的系列推理能力は，［近道さがし］だけでなく，［物語の完成］や［なぞなぞ］でも測定される。KABC-IIの基本・補助下位検査が関連する限定的能力を測定していない場合は，検査者は考察したい具体的な限定的能力を測定する他の課題を追加して実施するとよい（Flanagan & Ortiz, 2000の70ほどの限定的能力の多くを測定する下位検査リスト参照）。

7～12歳用の解釈不能な同時尺度/Gvに対して適用されるこのCHC分析方法は，他の年齢群にもあてはまり，7～18歳用の計画尺度/Gfや（確認ポイント2.6参照），4～18歳用の知識尺度/Gcにもあてはまる（確認ポイント2.7）。

第二の取り組みにおける確認ポイント2.3～2.7の利用に関し，あえて具体的なルールは定めていない。ステップ4と5では，有意差やまれな差を検証する分析を段階的に進めた。前述したように，比較結果に見られた有意でありまれな差によって，生成されたさまざまな仮説は説得力をもつ。しかし，ステップ6（6Aと6Bの両方を含む）は，検査者の探究心や観察スキル，また尺度に対する理論的理解に依拠することを忘れてはならない。したがって，仮説の生成やさまざまな情報源から仮説を裏づける過程は，必然的に実証的であるよりは臨床的であるとい

確認ポイント 2.5

同時/Gv下位検査がどうお互いに補助しあっているか

CHC限定的能力	模様の構成	仲間さがし	顔さがし	パターン推理	近道さがし	積木さがし	絵の統合
視覚化 (Gv)	✓	✓					
空間関係 (Gv)	✓						
視覚記憶 (Gv)			✓				
空間走査 (Gv)					✓		
閉合の速さ (Gv)						✓	✓
帰納 (Gf)		✓		✓			
一般的系列推理 (Gf)					✓		
数学的学力 (Gq)						✓	

注：4歳用の基本同時/Gv下位検査は，[模様の構成]，[仲間さがし]，[顔さがし] である。[絵の統合] は，4歳用の補助同時/Gv下位検査である。5歳用の基本同時/Gv下位検査は，[模様の構成]，[仲間さがし]，[パターン推理]，[顔さがし] である。[絵の統合] は，5歳用の補助同時/Gv下位検査である。6歳用の基本同時/Gv下位検査は，[模様の構成]，[仲間さがし]，[パターン推理]，[顔さがし] である。[パターン推理]，[近道さがし]，[絵の統合] である。[顔さがし]，[物語の完成] は，6歳用の補助同時/Gv下位検査である。7〜12歳用の基本同時/Gv下位検査は，[模様の構成]，[積木さがし] と [絵の統合] である。[積木さがし] は，7〜12歳用の補助同時/Gv下位検査である。[近道さがし]，[模様さがし] は，[積木さがし] と [絵の統合] である。[絵の統合] と [模様の構成] は，13〜18歳用の基本同時/Gv下位検査である。[積木さがし] と [模様の構成]，[絵の統合] である。[模様さがし] は，13〜18歳用の補助同時/Gv下位検査である。

確認ポイント2.6

計画（Gf）下位検査がどうお互いに補助しあっているか

CHC限定的能力	パターン推理	物語の完成
視覚化（Gv）	✓	✓
帰納法（Gf）	✓	✓
一般的系列推理（Gf）		✓
一般的知識（Gc）		✓

注：計画/Gf下位検査は7～18歳にのみ実施される。補助計画/Gf下位検査はない。

確認ポイント2.7

知識（Gc）下位検査がどうお互いに補助しあっているか

	なぞなぞ	理解語彙	表現語彙
刺激の種類	聴覚	視覚＋聴覚	視覚
聴視覚統合の測定	いいえ	はい	はい
CHC限定的能力			
語彙の知識（Gc）	✓	✓	✓
言語発達（Gc）	✓		
一般的知識（Gc）		✓	
一般的系列推理（Gf）	✓		

注：[なぞなぞ] の最初の簡単な課題には，聴覚と視覚の両刺激が使われる。[なぞなぞ] と [表現語彙] は，4～6歳用の基本知識/Gc下位検査で，[理解語彙] は補助知識/Gc下位検査である。7～18歳用には，[なぞなぞ] と [理解語彙] が基本知識/Gc下位検査であり，[表現語彙] は補助知識/Gc下位検査である。

える。次の第三の取り組みにおける臨床家のスキルはさらに必須条件となる。

第三の取り組み──質的指標（Qualitative Indicator; QI），行動観察，背景情報：第一・第二の2つの取り組みで解釈不能な指標を説明する仮説が得られなかった場合に備え，さまざまな付加的方法を第三の取り組みとして紹介する。ある子どもが [物語の完成] より [パターン推理] で著しく良い成績を出し，解釈不能な計画尺度/Gfを示したと仮定する。この事例では，3つすべての取り組み

表 2.7 KABC-II で測定される限定的 CHC 能力

CHC 限定能力	能力を測定する KABC-II 下位検査
Gf	
帰納法	仲間さがし，パターン推理，物語の完成
一般的系列推理	物語の完成，近道さがし，なぞなぞ
Gc	
一般的知識	理解語彙，物語の完成
言語発達	なぞなぞ
語彙の知識	なぞなぞ，理解語彙，表現語彙
Gsm	
記憶範囲	語の配列（色彩妨害なし），数唱，手の動作
ワーキングメモリー	語の配列（色彩妨害あり）
Gv	
視覚記憶	顔さがし，手の動作
空間関係	模様の構成
視覚化	模様の構成，仲間さがし，積木さがし，パターン推理，物語の完成
空間走査	近道さがし
閉合の速さ	絵の統合
Glr	
連合記憶	語の学習，学習遅延
学習能力	学習遅延
Gq	
数学的学力	近道さがし，積木さがし

注：Gf ＝流動性推理，Gc ＝結晶性能力，Gsm ＝短期記憶，Gv ＝視覚処理，Glr ＝長期記憶と検索，Gq ＝量的知識。CHC 限定的能力の分類方法はフラナガン博士からの提供である（D.P. Flanagan, 私信，2003 年 10 月 2 日；2004 年 2 月 19 日）。

で，下位検査のばらつきを説明する仮説を生成することができる。

　第一の取り組みからは，［パターン推理］は抽象視覚刺激を含むが，ほとんど運動の協調性を必要としない。一方，［物語の完成］は有意味視覚刺激を使い，回答には運動の協調性を必要とすることがわかる（図 2.14 参照）。子どもが解釈不能な計画/Gf を示したのは，有意味刺激より抽象視覚刺激に対する反応能力が高いためかもしれない。または，運動の協調性を必要とする課題に困難があるからという可能性も考えられる（したがって「［パターン推理］＞［物語の完成］」）。この両仮説は，ステップ 5 で実施された関連する比較の結果から，簡単に裏づけたり反証したりすることができる。

　第二の取り組みでは，2 つの基本検査である計画/Gf 下位検査によって測定される CHC 限定的能力の確認ポイント 2.6 を参照する。両方とも流動性推理（Gf）の限定的能力である帰納法と視覚処理（Gv）の限定的能力である視覚化を測定している。もし限定的能力が両基本下位検査に共通する場合は，子どもがこれらの

検査で異なる結果を出した理由を説明する仮説は立てられない。しかし，[物語の完成] は 2 つの付加的な CHC 限定的能力を測定していることに留意しなければならない。測定している能力とは，一般的系列推理/Gf と一般的知識/Gc である。[パターン推理] の評価点と比較して，[物語の完成] が低得点なのは，その子どもの流動性推理 (Gf) の限定的能力である演繹推理能力の弱さが反映しているかもしれない ([近道さがし] や [なぞなぞ] でその子の点数を検証して確認できる)。あるいは，その子どもは各課題の社会的文脈の理解に必要な，一般的知識の獲得に困難があるのかもしれない (Gc 限定的能力の一般的知識を測定する [理解語彙] の評価点を検証して確認できる)。

　第三の取り組みでは，検査者は，家庭背景や主訴，またはアセスメント中のていねいな観察等から得られる，関連するすべての情報を用いて検証する必要がある。例えば，2 つの計画/Gf 下位検査は両方とも衝動性の影響を受けやすい。このため，KABC-II 記録用紙の [パターン推理] と [物語の完成] の欄には "衝動性" が質的指標 (QI) として挙げられている。ここで検査対象の子どもに衝動性の問題があり，この子どもの解釈不能な計画/Gf が「[パターン推理] > [物語の完成]」である場合を考えてみよう。仮に [物語の完成] では，QI として衝動性の欄がチェックされたが，[パターン推理] ではチェックされなかったとする。この場合，子どもはおそらく，各物語を完成するのによく考えずに絵のカードを置いたが，[パターン推理] の課題では正しい回答を選ぶのにもう少し慎重だったのだろう。このように，この衝動性の QI は，「計画/Gf が解釈不能なのは，どちらか一方の基本下位検査にチェックされた衝動性が主因である」という仮説を立てることができる。

　しかし，こうした仮説は QI 以外の情報からも可能である。[物語の完成] の実施中に検査者が気づいた (しかし [パターン推理] の実施中には見られなかった) どんな妨害的な行動でも，解釈不能な計画/Gf を説明する説得力のある仮説となりうる。例えば，子どもが [物語の完成] 実施中は，特に注意散漫だったとか，不安を示していたとか，失敗に我慢ができない様子を見せたとか，課題に飽きていたなどの行動がそれにあたる。

　同様に，背景情報が解釈不能指標を説明する有用な仮説を導くことがよくある。例えば，主訴に他の子どもとうまくつき合えないなど社会的に未成熟な面が含まれている子どもであれば，課題に社会的文脈を読みとるものも含まれるため，[物

語の完成］で比較的低い成績をとる可能性がある。また，この第三の取り組みは，第一，第二の２つの取り組みから得られたデータをさらに裏づけるデータを提供することも多い。例えば，検査の実施中，子どもの運動協調性が困難である様子が観察された場合（または運動障害の有無の確認が主訴の場合），この観察（照会理由の一部も）が，協調性に関して著しい差を露呈したステップ５の比較結果（小さな動作＞大きな動作）を独自に裏づけるものとなる。

　一般的に，解釈不能指標の説明で第三の取り組みを実施する場合は，尺度内で最高と最低の成績を出した下位検査の質的指標（QI）を再検討する。これは，非認知的行動または検査内容とは無関係な行動が，その２つの下位検査の成績に影響を及ぼしたという証拠の有無を見るためである。また，記録用紙の空きスペースに残したメモ書きをていねいに見直し，最低評価点を出した下位検査で見られた妨害的な行動はもちろんのこと，良い得点を出した下位検査実施中のポジティブな行動（例えば粘り強さや非常に集中した様子）も見落とさないようにする。しかし，３つの取り組みすべてにおいて，解釈不能指標を説明する仮説をできるだけ多く生成することが目的である。数多くの仮説を生成した後は，さまざまな裏づけデータを基に最も適切な仮説を見極めなければならない。必要であれば，別の検査や下位検査を追加実施する。

　引き続き，エイデンの事例（解釈不能な学習/Glrをもつ）を検討すると，彼のQIを検証しても，［文の学習］と［語の学習］の差を効果的に説明する事象は見当たらなかった。エイデンのQIからは，両下位検査とも非常に集中しており，よくわからなくても戸惑いを見せずに返答していることがわかった。両検査中，彼に衝動的な行動はなく，注意力を持続させていたようである。しかしながら，他の行動観察結果から他の仮説を導くことができた。エイデンは［文の学習］下位検査を実施中，楽しんでいる様子で，「これおもしろいな，暗号を解いているみたい」とコメントしている。彼のコメントから，検査者は彼が［文の学習］の課題にある文脈を，問題を解く方略の一部として利用していることに気づいた。彼は，「もしぼくが言葉を覚えられなかったら，他の言葉から想像していいんだよね？」と言ったのである。興味深いことに，エイデンの背景情報からも，［文の学習］と［語の学習］間の差に関するさらなる仮説を導くことができた。最近，家族旅行で中国に行ったエイデンは，文字そのものに意味のある漢字を使う中国語に強い興味を示したというのである。このことから，漢字に対する興味がおそらく，［文の

学習]の難しい課題にも粘り強さを見せる彼のモチベーションとなったと同時に，この下位検査の成績も上げたのかもしれない。

ステップ6B：関連する基本下位検査と一貫性のない補助下位検査を説明する仮説の生成（3～18歳）

　ステップ6Bを実施する過程は，ステップ6Aのそれと似ている。ステップ6Bを実施する必要性があるかどうかを決定するのに，ステップ4で行った各補助下位検査と基本下位検査の平均との著しい差の有無に関する結果を再検討する。このステップに関連する補助下位検査をまとめるため，KABC-Ⅱ解釈ワークシートのステップ6B部分にあるチェック項目に印をつけるとよい（確認ポイント2.7参照）。どの補助下位検査も基本下位検査からの差がない場合は，ステップ6Bは行わない。しかし，補助下位検査が基本下位検査から差がある場合（すなわちステップ4で補助下位検査の評価点と基本下位検査の平均に有意差があるとわかった場合であり，必ずしもまれな差である必要はない），補助下位検査がなぜ著しく高いのか，または著しく低いのかについての可能な仮説を見極めることになる。

　前項で述べたステップ6Aの第一の取り組みは，ステップ6Bで生成する仮説にはあまり有効ではない。たしかに，補助下位検査は解釈ステップの大部分の比較から排除されている。ごくまれに，検査者はステップ5のクラスターから洞察を得ることもある。例えば，補助下位検査である［絵の統合］について考察してみよう。ステップ5の比較ではどのクラスターにも属さないが，［絵の統合］は概念的にはいくつかのクラスターに属する。具体的には，言語反応（指さし反応に対する）や小さな動作（大きな動作に対する），そして有意味視覚刺激（抽象に対する）である。したがって，これらの比較の結果が，解釈不能な結果を説明する仮説を生成するのにときどきは有効であることがわかる。

　しかし一般的には，第二と第三の取り組みが，基本下位検査から著しい差を示す補助下位検査について説明する仮説の生成には最適である。確認ポイント2.4，2.5と2.7は第二の取り組みを実施するのに特に有効である（学習/Glrと計画/Gfには補助下位検査がないため，確認ポイント2.3と2.6はこのステップには必要ない）。第二の検証中生成された仮説はしばしば，ステップ5の比較によって裏づけられることがある。第二の取り組みで立てられた仮説を裏づける比較結果が信頼に足るものであるという説明を，次に挙げる例で示す。

4〜18歳用の補助継次/Gsm 下位検査である［手の動作］について考察する。ある子どもが，基本継次/Gsm 下位検査よりも［手の動作］で著しく高い得点をとったと仮定する。確認ポイント 2.4 から，［手の動作］は基本下位検査と次の点で異なることがわかる。すなわち，① 言語刺激（検査者によることばや数字の復唱）の代わりに視覚刺激（手の形）を使っている，② 視覚運動のコミュニケーション手段を必要とする，そして ③ 視覚処理（Gv）の視覚記憶という CHC 限定的能力を測定している点である。基本継次/Gsm 下位検査と比較した，子どもの［手の動作］における好成績は，確認ポイント 2.4 に示されているこれらの仮説によるものかもしれない。これらの仮説は他のプロフィール結果によって裏づけられたり反証できたりする。実際には，［手の動作］は非言語刺激を利用しているが，言語的な下位検査と比べ，非言語的な下位検査の方が良い成績を上げているのだろうか（具体的には非言語能力対言語能力の比較において，前者に著しく高い得点が取れているか）。また，視覚運動をコミュニケーション手段とする仮説に関連して，他の視覚運動下位検査（例えば［模様の構成］や［物語の完成］）の成績はどうだったのだろうか。さらに，第三の仮説である視覚処理（Gv）の限定的能力である視覚記憶については，他の視覚処理（Gv）下位検査（特に同時尺度/Gv 上の下位検査）の成績と比べてどうなのだろうか。例えば，視覚記憶を測定する［顔さがし］（幼年齢層のみ）はどうだったのか。また，他の能力を測定することが主な目的であるが，視覚記憶にも頼っている検査（例えば［語の学習］，［文の学習］，補助学習遅延尺度）の成績はどうだったのか，などを確認する必要がある。

　確認ポイント 2.5 と 2.7 はそれぞれ，同時尺度/Gv と知識尺度/Gc の補助下位検査についての類似した仮説を生成するのに利用できる。第三の取り組みでは，ステップ 6A で紹介された方法が 6B に適応できる。［手の動作］の例を挙げると，2 つの基本継次/Gsm 下位検査よりも［手の動作］で良い成績を上げている場合，その子どもは［語の配列］や［数唱］と比べ，［手の動作］の方が，より集中し，注意力もあり，モチベーションも高かったのだろうか。また，［手の動作］の成績に貢献するような非常に特徴的な行動を示したか，などである。

　図 2.15 は，KABC-II ワークシートのステップ 6B の抜粋である。このワークシートにある情報は，この項で議論したことをまとめてある。

　ヴァネッサの事例では，ステップ 4 の結果を見直すと，3 つの補助下位検査が基本下位検査と著しい差を見せていることがわかる。彼女の［手の動作］の評価

2.5 選択ステップ 3〜6　　93

ステップ 6B：基本下位検査の平均と一貫性のない補助下位検査を説明する仮説を立てる

第一の取り組み：基本下位検査の平均と明らかに差のある補助下位検査に印をつける（ステップ 4 の結果を参照）

a. 基本下位検査の平均と著しい差のある補助下位検査を確定する

補助下位検査	年齢					
	3	4	5	6	7〜12	13〜18
数唱						
絵の統合						
手の動作						
理解語彙						
顔さがし						
積木の完成						
物語の完成						
表現語彙						
模様の構成						

b. 多くの補助下位検査は臨床的比較の対象となっていないので、この比較では簡単な説明にとどめる。

以下の補助下位検査はステップ 5 のクラスターに含まれている。
・[表現語彙]（Gc 下位検査）は言語能力クラスターに含まれる
・[理解語彙]（Gc 下位検査）は言語能力クラスターに含まれる
・[手の動作]（Gsm 下位検査）は大きな動作と指さし反応非言語能力クラスターに含まれる
・[積木さがし]（Gv 下位検査）は小さな動作クラスターに含まれる

第二の取り組み：補助下位検査と基本下位検査がそれぞれの尺度内でどのように補助しあっているかを検討する

確認ポイント 2.4、2.5 と 2.7 を参照して仮説を立てる。

第三の取り組み：質的指標（Qualitative Indicators; QI）、行動観察、背景情報を検討する

必要に応じ補助データ（例えば、追加の下位検査を実施する、付随する情報をさらに問い合わせるなど）を収集し、質的指標、行動観察、背景情報をもとにして仮説を要づける。

図 2.15　KABC-II 解釈ワークシートのステップ 6B の抜粋

点は 10 点であり，これは 2 つの基本継次/Gsm 下位検査の平均（14.5）と比較し著しく低い。一方，［積木さがし］（10）は 2 つの基本同時/Gv 下位検査の平均（6.5）と比較し著しく高い。また，［表現語彙］（4）は 2 つの基本知識/Gc 下位検査の平均（7.5）と比較し著しく低い。彼女の同時処理下位検査の［絵の統合］の評価点（5）は，他の 11 歳と比べると比較的弱い分野であるが，彼女の基本同時/Gv 下位検査の平均と比較すると著しく低いわけではない。

　最初に，ヴァネッサの［手の動作］の評価点 10 点を考察する。記述式カテゴリーでは平均範囲内の成績であるが，継次尺度/Gsm 127 点は彼女の自助資源であるため，本人の関連基本下位検査平均より著しく低い結果となってしまう。彼女の優先配慮事項に視覚情報処理能力があることを考慮する（同時尺度/Gv 80 点という結果から根拠を得ている）と，［手の動作］に関する明らかな仮説が導ける。**確認ポイント** 2.4 から，［手の動作］が視覚処理（Gv）の限定的能力である視覚記憶を測定していることがわかる。ヴァネッサはおそらく，彼女の視覚認知処理の弱さが他の短期記憶課題のような高い成績をとることを妨げ，［手の動作］で著しく低い点数をとらせたのだろう。

　ヴァネッサが［積木さがし］で基本同時/Gv 下位検査よりも著しく高い点数をとったことは興味深い。この補助下位検査（7 〜 12 歳用）は視覚処理に大きくよるからである。この課題の実施中，検査者はいくつかの肯定的な質的指標を記している。非常に高い注意力，集中力，特に彼女の粘り強さである。検査者はまた，ヴァネッサが自分の手を使ってすでに数えた積木を隠し（明らかに自己観察をして視覚認知の困難を補っている行為である），納得のいく回答をする前に各課題に何度も挑戦している様子を観察している。これらの観察された行動が，彼女の"弱い分野"の検査得点を引き上げたようである。

　最後に，他の知識/Gc 下位検査と比べ，［表現語彙］の得点が低いというのは，彼女の言葉を取り出す能力に困難があることと一致する。具体的には，［表現語彙］課題で，名前を挙げるさいに見られた，言葉を検索する能力の弱さである。彼女は多くの物を具体的に詳しく述べることができたが，しばしばそれらの名前を思い出すことができなかった。この行動は，［なぞなぞ］ではまったく観察されず，また［理解語彙］とも関連がない（言語表現を必要としない）。言葉の検索能力の弱さは，［絵の統合］実施中にも見られ，この下位検査の評価点にもおそらく影響しているであろう。

ヴァネッサの付加的な認知検査（WISC-IVの下位検査を選択した）と学習到達検査（KTEA-II総合検査）における成績と行動もまた，これらの仮説のいくつかを裏づけている。

☑ 理解度チェック

1. この章で提唱する KABC-II の検査解釈方法では，検査者は＿＿＿に注意を向けなければならない。
   (a) 下位検査固有の能力
   (b) MPI または FCI で示される子どもの総合的な能力
   (c) 4 つまたは 5 つの指標で示される能力（その指標が解釈不能でも）
   (d) 4 つまたは 5 つの指標で示される能力，行動観察，背景情報，他の課題の得点

2. アニーのプロフィールを分析し，FCI が指標間にばらつきがあるため解釈不能であることがわかっている（知識/Gc 135 から学習/Glr 95 の差），どうすべきか？
   (a) 代わりにルリアモデルの MPI を解釈する
   (b) アセスメントを丸投げする
   (c) KABC-II の指標を解釈することに集中する
   (d) 代わりに NVI を解釈する

3. KABC-II の著者は，解釈過程の中でどのステップが基本だと考えているか？
   (a) ステップ 1 と 2
   (b) ステップ 3 と 4
   (c) ステップ 5 と 6
   (d) 6 つすべてのステップ

4. KABC-II 解釈ワークシートのステップ 2C（付録 A）を実施中，ホセ（13 歳）の継次/Gsm と彼の全尺度指標の平均との間に 22 ポイントの差があることがわかった。この差は統計的に有意であるため（$p<.05$），
   (a) その差がまれに大きいかどうかにかかわらず，診断上また教育上の目的で利用する潜在的価値がある差と考えられる
   (b) ホセのプロフィールは非妥当的と考えるべきである
   (c) ホセの継次/Gsm 指標は自助資産であると決定してよい
   (d) ステップ 2D に進んで，その差がホセの属する年齢グループの中で 10% より低い割合で起こるほどまれであるかを判定する

5. 優先配慮事項とは，
   (a) 標準と比べた弱い能力（NW）
   (b) 個人内で比べた弱い能力（PW）
   (c) 低い頻度で起こること（<10%）
   (d) 上述すべて

6. 標準と比べた強い能力とは，1 標準偏差以上平均より上（116 以上）を示した指

標のことである。（正か誤か）
7. ある指標が解釈不能な場合，尺度指標群の平均を計算するのに利用すべきではない。（正か誤か）
8. カリンの同時/Gv は，その指標を構成する下位検査間に大きなばらつきがあるため，解釈できない。この場合，ステップ 5 の比較は，
   (a) 個々のどの下位検査が解釈できるかを検討する
   (b) その尺度間のばらつきを説明する別の方法を見いだす
   (c) 同時/Gv と継次/Gsm とを比較する
   (d) 同時/Gv を有意に解釈できるように，特別な心理測定的変換方法を紹介し導いていく
9. ステップ 5 のどの臨床的比較が情報処理の統合と保存についての分野を扱っているか？
   (a) 非言語能力 vs. 言語能力（ステップ 5A）
   (b) 問題解決能力 vs. 記憶・学習（ステップ 5B）
   (c) 有意味刺激の視覚認知 vs. 抽象刺激の視覚認知（ステップ 5C）
   (d) 言語反応 vs. 指さし反応 （ステップ 5D）
10. ステップ 1～5 のどの分析も有意な結果を見いだせなかったとき，個々の下位検査の評価点を解釈するという誘惑には乗らない。（正か誤か）

答え： 1. (d)；2. (c)；3. (a)；4. (d)；5. (d)；6. ○；7. ×；8. (b)；9. (a) & (b)；10. ○

第3章
KABC-Ⅱ の結果の解釈——質的指標に基づいて

3.1　はじめに

　KABC-Ⅱ の質的指標（Qualitative Indicators; QI）は，テスト結果にマイナスあるいはプラスに作用する可能性のある検査中の行動である。それらは測定される検査の構成概念とは基本的には関係ないが，検査の得点の信頼性や妥当性に影響を与える可能性のある行動的な要素である（Sattler, 2001）。グラッティングとオークランド（Gluting & Oakland, 1989, 1993）は，検査中の行動を観察することは，子どもが認知的な課題にどのようにアプローチし反応するかという個人差を説明することに役立ち，「子どもの態度や行為に関する生態学的に適切な表現である」（p.25）と述べている。

　質的観察に関する多くの研究によると，検査結果は文脈（環境）によって影響を受けるものであり，検査結果は特定の活動との関係で子どもを評価するものであるという（Polkinghorne & Gibbons, 1999）。プロセスや環境の影響に関する研究は，ヴィゴツキー派（Vygotskian）やルリア派（Lurian）によって長期にわたって研究されてきた（Minnick, 2000）。しかしながら，それらは認知能力の検査バッテリーの実施中の特定の活動には結びつかなかった。一方，ルリア派の伝統として，子どもがいかに得点するかというプロセスや文脈を理解することは，得点そのものと同じくらい大切であると強調されてきた。この子ども中心のアプローチは，初期の K-ABC や KABC-Ⅱ，ウェクスラー式の検査，ウッドコック-ジョンソン第3版（WJ Ⅲ）を含む過去25年以上にわたるさまざまな検査道具の出版のさいに，大切にされてきた（Kaufman, 1979, 1994a; Kaufman & Kaufman, 1977, 1983, 1993; Kaufman & Lichtenberger, 1999, 2002; Lichtenberger & Kaufman, 2004; Lichtenberger, Mather, Kaufman, & Kaufman, 2004）。

3.2 検査中に見られる行動のフォーマル・インフォーマルなアセスメントに関する歴史

　検査中の行動の測定に関して，歴史上最初の測度は「検査中の行動観察ガイド」(Watson, 1951) とよばれるものであった。次に登場した測度は，「スタンフォード-ビネー観察スケジュール」であり，1960 年にスタンフォード-ビネー知能検査の記録用紙に登場した。それらの測度に，後に「検査行動チェックリスト」(Aylward & MacGruder, 1996) や「行動・態度チェックリスト」(Sattler, 1988, 2001) が加わった。これらの道具はいずれも，30 あるいはそれ以下の項目からなっており，リッカート法が用いられ，検査やテストバッテリーを終えた直後に記入するようになっている。項目の多くは，動機づけや検査に対する態度，検査者に対する態度などからなっていた。しかし，これらの道具に含まれる構成概念には，具体的な理論的モデルが欠けていた。

　グラッティングとオークランド (Glutting & Oakland, 1993) は，検査中の行動を測定する最初の標準化された道具，「検査時の行動アセスメントガイドライン (Guide to Assessment of Test Session Behavior; GATSB)」を開発した。GATSB は WISC-III と一緒に標準化された (Wechsler, 1991)。グラッティングとオークランドは，「注意，興味，協調性，回避，動機づけ，努力，持続性といった子どもの気質やパーソナリティ，および知覚の構えを変えるあるいは課題の焦点を変え柔軟である能力を反映する」(p. 25) 行動が含まれるようにした。GATSB に関する多くの研究によってさまざまな標準化サンプルで信頼性と妥当性が確認され，検査中の行動に関する問題に新たな光がもたらされた。実際には，GATSB には心理測定的な面で問題があることも指摘されている (Kaufman & Kaufman, 1995) が，検査実施中の子どもの不注意や回避的行動，非協力的行動の相対的な深刻度について情報を得るのに役立つこと，そしてこれらの要因が子どもの認知能力の得点に影響を与えうることが実証されている。(Daleiden, Drabman, & Benson, 2002; Glutting, Oakland, & McDermott, 1989; Glutting, Robins, & de Lancey, 1997; Glutting, Youngstrom, Oakland, & Marley, 1996)。

　近年，マッコーニとアッケンバック (McConaughy & Achenbach, 2004) は，「検査用観察用紙 (Test Observation Form; TOF)」を出版した。TOF は，「2 歳から 18 歳までの子どもの検査中の行動や情緒や検査の受検スタイルを観察し評価す

る標準化された様式である」(p.1)。TOF は，スタンフォード-ビネー知能検査第5版 (Binet-5; Roid, 2003) と同じ標準化サンプルで標準化されており，5つの症候群の尺度 (five syndrome scales)，内在化・外在化尺度，そして DSM-IV-TR (「精神疾患の診断と統計の手引き」と訳される) に基づく注意欠陥多動性尺度の得点が得られるように構成されている。TOF は，保護者や教師が行う子どもの行動観察を測定する「アッケンバック実証的アセスメント法 (Achenbach System of Empirically Based Assessment〔ASEBA; Achenbach & McConaughy, 2004〕)」の一部としても用いることができる。

　TOF の 5 つの尺度は因子分析の結果得られたものであり，「引っ込み思案・抑うつ」,「言語・思考の問題」,「不安」,「反抗」,「注意の問題」と命名されている。著者は，TOF はどんな個別認知能力検査にも学力検査にも用いることができると述べている。TOF と KABC-II がどのような関係にあるのかはまだ研究されていないが，そのような研究は KABC-II の質的指標の妥当性を示すのに役立つものである。

　検査中の行動の質的アセスメントの背景にある構成概念を定義するには，さらに多くの研究が必要とされている。例えば，ここまでに名前を挙げた行動チェックリストの多くが出版された当時は，幼い子どもの実行機能の測定方法については，今日ほど知られていなかった。皮肉にも，今日では実行機能の研究が増え，実行機能に関して一貫して広く受け入れられている定義を探すのが難しいほどである (Zelazo, Carter, Reznick, & Frye, 1997)。簡単な出発地点を示すとしたら，実行機能とは高次の認知能力であり，「注意，言語，知覚といった，個人のより基本的あるいは基礎的な認知スキルから導かれるものであり，創造性や抽象的思考などより高いレベルの思考を生み出すものである」(Delis, Kaplan, & Kramer, 2003, p.1)。

　従来の認知能力検査は実行機能をほとんど測定していなかった (Ardila, 2002)。しかし，この実行機能をアセスメントすることができないということは，KABC-II や CAS (Naglieli & Das, 1997)，WJ III (Woodcock, McGrew, & Mather, 2001)，WISC-IV (Wechsler, 2003) のような最近の検査には当てはまらない。これらの検査は，実行機能または前頭葉機能をかつてない水準で測定可能な新たな下位検査や尺度を提供している。しかしながら，これらの検査の可能性は，検査の出版後の研究によってのみ，証明される。

神経心理学検査の開発者はこれまで通りの広範囲の，鑑別診断（differential diagnosis）を補助するため検査中の質的情報を書きとめておくよう，以前から指摘している。「ルリア-ネブラスカ検査（Luria-Nebraska）」には，記録用紙の中に質的記録用の欄がある（Golden, 1997）。NEPSY の著者（Korkman, Kirk, & Kemp, 1998）は，彼らの検査に特化した質的観察記録の基準値を示している。基準値が示されているのは，「注意・実行機能」，「速度の変化」，「視覚的行動」，「口頭・言語行動」，「えんぴつの握り方」，「視覚運動の正確さ」，「運動」である。

それぞれの子どもの検査結果に影響を与える独自の要因を見ていくには，知識と経験が必要である。繰り返しになるが，検査中の行動の質的アセスメントの本質は，特定の診断を支持する量的結果に背景情報を統合させる，ケーススタディアプローチによるものである。それに加え，質的アセスメントの結果は，複数の場面で当てはまるかどうかも確認しなければならない。検査中に見られた行動が教室のような別の場面でも見られるか確かめることは，どのような診断の場合でも重要である。なぜならば，学習行動は，教師がつける成績の違いの大部分を説明するからである（Schaefer & McDermott, 1999）。

3.3　KABC-II の質的データの解釈

初期の K-ABC では，検査中の行動の質的な観察記録をいかに使うかについての情報が，マニュアルに示されていた。KAIT（Kaufman & Kaufman, 1993）のようなカウフマンによって開発されたその他の検査のマニュアルや関連文献にも，同様の説明が示されている。このことは他の検査にも共通している（Korkman, Kirk, Kemp, 1998; Naglieri, 1999; Schrank, Flanagan, Woodcock, & Mascolo, 2002）。

一方，KABC-II では，質的指標は，特定の下位検査を実施中に観察される可能性のある行動を検査者が覚えておけるよう，また検査者が子どもが検査の実施中にどのように行動したか観察記録をまとめやすいよう，記録用紙上に記載されている。1つの例として，KABC-II の下位検査である［数唱］の質的指標を**確認ポイント 3.1** に示す（記録用紙にマイナスサイン（−）が書かれている質的指標は，結果にマイナスの影響を及ぼすものである。一方，プラスサイン（＋）が書かれている質的指標は，結果にプラスの影響をもたらすものである）。多くの子どもは［数唱］課題で要求されていることはすぐに理解する。しかし，この下位検査は記憶の痕跡が消えるまでに非常に短い反応の空白時間しかない。この短い反応時間

確認ポイント 3.1
数唱の質的指標
+ チャンキングまたはその他の方略を使う
− 注意が維持できない
+ 集中力が高い

は，頭のなかで数字を繰り返す余地を与えないことと相まって，［数唱］を不安やうつ，不注意といった負の影響を受けやすい下位検査にしている。不安が高い子どもは，数字を覚えるときに何か考えが頭に浮かんでしまったり，後半の難しい問題になったときに方略を生み出すのに必要な思考の柔軟性が妨げられるかもしれない（Hong, 1999; Kellogg, Hopko, & Ashcraft, 1999）。さらに，抑うつ尺度の得点が高い子どもは，［数唱］などの下位検査の得点が低いことも示されている（Tramontana & Hopper, 1997）。また，［数唱］のような下位検査では，ADHDの子どもの成績が低いことが多くの研究で示されている（Assesmany, McIntosh, Phelps, & Rizza, 2001; Loge, Staton, & Beatty, 1990; Mayes, Calhoun, & Crowell, 1998）。したがって，［数唱］の結果に負の影響を及ぼすのは，「注意の維持ができない」ことであるといえるかもしれない。

一方，注意の焦点を維持し記憶の痕跡が消えないようにするための方略を使える子どもは，この下位検査の成績が良くなる。そのため，［数唱］の成績を良くするような行動が見られる子どもの記録用紙には，「チャンキングやその他の方略を使う」や「集中力が高い」という指標にチェックが入る。

次に，［語の学習遅延］の行動指標を見てみよう（**確認ポイント 3.2 参照**）。この下位検査では，検査中の 20 分前に学習された情報を想起する子どもの能力を検査する。その結果，［語の学習遅延］の行動指標は，［語の学習］と［語の学習遅延］の差に着目している。これらの検査のうち，特定の子どもは遅延課題よりも

確認ポイント 3.2
語の学習遅延の質的指標
+ 忍耐強さ
− 確信がもてない場面で反応をためらう
+ 関連する知識の言語化

初期の学習課題の方がいくつかの理由から結果が良いことを研究は示している（Grossman, Kaufman, Mednitsky, Scharff, & Dennis, 1994）。

　KABC-II の米国版記録用紙には，行動指標を記録する下位検査のページだけでなく，表紙の裏のページ（日本版では 4 ページ）に要約を記入するページも設けられている（図 3.1 参照）。記録用紙の 2 ページ目の行動指標の表の要約を使って，下位検査から下位検査へと観察される行動指標にチェックをつけることができる。行動指標の箇所には，結果を妨げる行動指標（マイナス要因）と結果を高める行動指標（プラス要因）があることに注意しよう。また，記録用紙の日本版 3 ページ目に，背景情報や行動観察，結果の妥当性について関連するコメントを記入することもできる。

　この表を使うには，各下位検査で観察された行動指標にチェックをつけ，表の欄の合計を出せばよい。要約の表の下に，まれな行動指標を記録するスペースも設けられている。行動指標の表と自分自身の記録を分析した後で，「テスト結果の妥当性に疑問をもたらすような要因があっただろうか」という疑問に答えてみる

下位検査	マイナス要因					プラス要因			
	注意が維持できない	衝動的に誤った反応をしてしまう	固執性が強い	確信がもてない場面で反応をためらう	制限時間を気にする	忍耐強く取り組む	いろいろと試してみる	集中力が高い	方略やアイディアを言語化する
語の学習									
仲間さがし									
顔さがし									
物語の完成									
数唱									
絵の統合									
近道さがし									
語の学習遅延									
表現語彙									
理解語彙									
文の学習									
模様の構成									
積木さがし									
語の配列									
パターン推理									
手の動作									
文の学習遅延									
なぞなぞ									
合計									

図 3.1　**KABC-II の米国版記録用紙の質的指標の概要**
注：各下位検査で観察された行動にチェックをつけ，表の下に行動の合計を記入する。これらの観察された行動は，結果の妥当性を検討するのに役立つと同時に，子どもの結果についての仮説を生成するのにも役立つ。

必要がある。この質問には無数の回答が考えられるため，ここでは挙げない。行動指標の集計をする目的は，検査結果の量的結果を質的な側面から支持するコメントが書けるよう，テスト中の行動の質的観察記録をまとめることである。このプロセスを通して，自分自身の検査者としての能力を，子どものアセスメントのために用いた検査（道具）についての専門的判断と結びつけるのである。

KABC-Ⅱの各下位検査の行動指標の一般的な留意点については，本章3.6節の「18の各下位検査の質的・プロセス分析」で述べる。さらに，いくつかの下位検査の特定の行動指標は，実際の記録用紙に掲載されている。

観察された行動指標が他の場面にも見られる安定した「学習上の性質」かどうかを判断するには，他のデータも参照することが求められる。生徒用観察システム（Student Observation System; SOS），子ども用行動アセスメントシステム第2版（Behavior Assessment System for Children — Second Edition; BASC-2; Reynolds & Kamphaus, 2004）のような道具は，教室の行動観察のみでなく，介入の効果を検討するフォローアップ評価にも用いることができる。TOF（McConaughy & Achenbach, 2004）は仮説検証のための道具にも用いることができる。なぜならば，TOFは臨床的な症状だけでなく，子どもの行動チェックリスト（Child Behavior Checklist; Achenbach & McConaughy, 2004）といったその他のアッケンバックの検査とも関連性があるからである。

3.4 質的指標の機能

質的指標は，KABC-Ⅱの実施と解釈の過程においていくつかの機能を果たしている（これらの機能のまとめについては，**キーポイント3.1**を参照のこと）。

1. <u>質的指標は，テストを通して得られた子どもの成績の信頼性を評価するさいに複数の視点からチェックすることにつながる。</u>したがって，もし初回の検査のときに，検査中の行動の信頼性に疑問がもたれたならば，別の時間や場所を設定し，検査を受ける態度の問題が一貫して見られるか確認したいと思うだろう。もし別の検査場面でも同様の行動が見られるのであれば，同様の行動が場面を超えて見られるかチェックする必要があるだろう（Glutting & McDermott, 1988; 1996; Oakland & McDermott, 1990）。この意味では，信頼性とは，行動指標が検査場面や他の場面を通して一貫して見られるか確認す

キーポイント 3.1
質的指標（QI）の機能の要約

- QIは，検査中に得られた子どもの検査結果の信頼性を評価するのに用いられる。
- QIは，検査中に得られた検査結果の妥当性を評価するのに用いられる。
- QIは，検査者の課題遂行の標準を決定するのに役立つ。
- QIは，検査中に観察された行動がテスト結果にマイナスの影響を与えている場合，検査結果を解釈するのに追加の情報を提供する。
- QIは，検査中に観察された行動のうち，マイナスの影響を及ぼすものだけでなく，プラスの影響を及ぼすものを確認するのにも役立つ。
- QIは，さらに調べる必要がある能力や概念について意思決定するのに役立つ。

チェックポイント 3.1
QIの信頼性に関する質問の例

- 子どもは，検査を受けるとき常にこのような行動をしますか。
- 子どもは，標準化された方法で検査が実施されるときのみこのような行動をとりますか。それとも，すべての検査場面でそうですか。
- 子どもは，教室で試験を受けるときもこのように行動しますか。
- 子どもが示す検査中の行動は，他の検査者の場合でも見られますか。

ることの重要性を表している。**チェックポイント3.1**では，質的指標の信頼性に関連する一連の質問を列挙している。

　検査者が質的指標の信頼性を確かめなければならないよくある例として，検査の様式によって検査中の子どもの行動が異なるときがある。例えば，子どもによっては，聴覚的刺激（例：［数唱］や［なぞなぞ］の問題の大半）のみで実施される下位検査において不注意や気の散りやすさを示し，視覚的手がかりが与えられる下位検査（例：［語の配列］，［パターン推理］）では注意を持続することができほとんど気の散りやすさを示さない子どももいる。これらのKABC-IIの下位検査でこのようなパターンに気づいたならば，他の検査の質的指標の観察や他の援助者に，不注意や気の散りやすさのパターンが見られるか確認するとよい。もしこれらの行動が一貫して見られるのであれば，検査結果に影響を与えるものとして質的指標の妥当性を判断することと

なる。
2. 質的指標は，検査結果の得点の妥当性を再確認するために用いられる。もしある質的指標が常に存在するようであれば，質的指標の影響を考えなければならない。質的指標が妥当であれば，一定の方向で検査結果に中程度あるいは大きな影響をもたらすだろう。認知能力検査の目的の1つは，検査中の子どもの行動に極端に影響を受けることのない結果を得ることである（Glutting & Oakland, 1993）。別の言い方をすると，質的指標は，子どもの得られた（量的）得点が，外的な行動（質的）変数でなく，意図された認知概念を反映しているかどうかを判断するのに役立つのである。

多くの検査者はアセスメントレポートのなかで，検査得点の妥当性や検査中の子どもの行動について記録する。検査中にしばしば観察される子どもの不適切な行動は検査結果の信頼性を損なうことにつながるが，子どもの理解のために重要である。通常，検査結果は，子どもの正しい能力を反映していないかもしれないという警告とともに検査中の行動は記述される。ヘーベンとミルバーグ（Hebben & Milberg, 2002）は，「検査者は自分自身の一般的な経験からはずれる特異な行動やめずらしい行動はすべて記録しておき，この情報が臨床的判断に関連するかどうか決定するべきである」と述べている（p. 77）。この点では，妥当性とは質的指標の「関連性」に関するものであるという。関連性は，検査中に見られたテスト結果を妨げる質的指標の決定と関連する。質的指標の妥当性に関連する具体的な質問について，**チェックポイント3.2**に述べる。

信頼性について考えるとき，聴覚刺激のみの検査において一貫して不注意な行動や気の散りやすさが見られる子どもの場合，この行動指標が検査結果に及ぼす影響が軽いものなのか，中程度のものなのか，重いものなのかを判

---

① チェックポイント3.2
QIの妥当性に関する質問

・検査中の行動は，特定の項目や下位検査の結果を高めるのに役立ちましたか，それとも下げることにつながりましたか。
・検査中の行動の検査結果への影響は，小さいものですか，中くらいですか，それとも大きなものですか。

断する．特に，子どもの［数唱］や［なぞなぞ］の得点が，視覚刺激を伴う下位検査の得点よりかなり低い場合，仮説を立て検証する必要がある．そして，その他の検査バッテリーから聴覚刺激のみの下位検査を実施することを検討するとよい．教室にて聴覚による指示のみの場合と聴覚の指示に視覚刺激が伴う場合の子どもの注意や気の散りやすさのレベルを評価するために，BASC-SOSによる観察を実施することも可能である．これらの情報すべてによって，KABC-IIの下位検査で観察された質的指標が，教室においてもマイナスに影響していることがわかるだろう．

3. 質的指標を尊重するかどうかで，検査者のとらえる「検査結果の標準」がわかる．グラッティングとオークランド（Glutting & Oakland, 1993）は，子どもの典型的な課題遂行に着目する検査者と，子どものベストな能力が発揮された課題遂行に着目することを好む検査者を区別している．子どもの典型的な遂行を標準として尊重する検査者は，ほとんどの検査結果を妥当なものと受け入れる傾向にある．なぜならば，検査中の行動は，一般の検査場面や子どもの日常生活の様子に共通するものであると考えるからである．一方，ベストな課題遂行を標準として尊重する検査者は，検査中の不適切な行動を，子どもの学習能力の明瞭な理解を損なうものと見なす傾向にある．例えば，KABC-IIの継次処理の下位検査を実施している最中に検査室の外からの音で気がそれてしまい，その下位検査で平均以下の得点をとった子どもがいるとしよう．子どもの行動を典型的なものと見なす検査者は，この低い得点を正確なものととらえ日常の継次処理能力を反映しているものと解釈するであろう．一方，子どものベストな行動を標準と見なす検査者はこの得点を見て，この質的指標の影響で子どもの継次処理能力を正確に判断することができないと見なすだろう．ベストを好む検査者は，別の機会に検査を実施すれば子どもの能力は変わるかもしれないと考えるであろう（Gluting & Oakland, 1993）．

4. 成績に系統的にマイナスの影響を与える検査中の行動があるとき，質的指標は，得点の解釈に補助的な情報を提供する．その他の検査結果の子どもの成績が，質的指標に記された妨害要因と一致するとき，特定の下位検査をどう解釈するかという検査者の判断は根拠が十分である．例えば，KABC-IIのマニュアルは，下位尺度間にまとまりがない場合には解釈をしないように述べられている（尺度得点を構成する下位検査間の得点にばらつきが大きい場合．

第 2 章のキーポイント 2.2 を参照のこと）。しかし，いくつかの下位検査を分析し，なぜ得点が異なるのかについて仮説を立て，さらなるデータによって検証することができる（第 3 章で述べられている 6 つのステップを参照のこと）。ときには，検査中の行動がある下位検査に影響し別の下位検査には影響しないということもある。例えば，［語の学習］と［文の学習］は 4～18 歳の学習/Glr 得点を構成している。ある子どもが学習/Glr 得点に大きなばらつきを示したとしよう。すなわち，［文の学習］の得点が［語の学習］の得点よりも著しく高い場合などである。もし［語の学習］の検査中に気の散りやすさの質的指標にしるしがつけられた子どもが，［文の学習］では気の散りやすさが見られなかったならば，子どもの気の散りやすさは，学習/Glr が無意味であることの説明になる。したがって，質的指標は，個人の強い部分や弱い部分について仮説を立て検証したり，子どものテスト得点のプロフィールに予期せぬ変動が見られたときその意味づけを考えるうえで重要な情報を提供する。

5. 質的指標は，検査中の行動のマイナスな側面だけでなく，プラスな側面を確認するのにも役立つ。そして，検査場面の結果のみでなくプロセスを理解するのにも役立つ。KABC-Ⅱ の量的データと質的データを統合的アセスメントにまとめるさいに，何の情報が診断の全体像とは関係ない要因なのか区別する必要がある。それに加え，何の情報が関係あるのか，証明できるのか，そして介入に結びつくのかを決定しなければならない。子どもの弱点を緩和するだけでなく，子どもが最大限力を発揮できるように子どもの長所を強固にする。もしあなたが療育において長所モデルを好むのであれば，得点に寄与した検査中に見られたプラスの行動も，介入計画に役立つだろう。例えば，視空間能力が弱い子どもは，KABC-Ⅱ の［模様の構成］に困難を示すだろう。そして，フラストレーションを感じすぐにあきらめる子どももいれば，検査中の遂行を言語化していく子どももいれば，どれだけ時間がかかっても終わるまで課題に取り組んでいる子どももいる。［模様の構成］に取り組むこれら 3 つの方法は，この子どもにとってどの方法が最終的な成功につながるのかについて貴重な手がかりを与えてくれる。KABC-Ⅱ のようなさまざまな下位検査からなる検査は，良い成績につながる子どもの基本的な長所を観察する多様な機会を提供する。それは，子どもが他の環境でうまくやっていくため

のヒントになる。

6. 質的指標は，KABC-II のような認知能力検査では一般的に測れないがさらに調査すべき能力や概念について判断するのを助ける。例えば以下のような困難を示す子どもは，実行機能に弱さをもっているかもしれない。すなわち，① 場とは独立して注意を方向づけ，維持している場合，② 内省が必要な場面で衝動性を示す場合，③ 静かに座り検査道具の方に注意を向けている場合，④ 早く答えを出すことに夢中になっている場合，⑤ 柔軟性が必要な場面で固執する場合，⑥ 答えの確認を続ける場合，である。もしこれらの行動がKABC-II の得点を妨害している場合，さらに詳細な調査を行い実行機能の領域の検査を行うことが望ましい。一方，同じような行動は，過度の不安や抑うつとも関連し，実行機能の問題を表しているのではない場合もある。これらの状況は，KABC-II では直接測定することはできないが，検査結果に多大な影響を及ぼす可能性があり，別の検査で検討する必要がある。

　KABC-II の記録用紙にある質的指標は，下位検査の成績に最も影響を与えうるものと考えられるが，すべてを網羅するものではない。実際，リストは最小限のもので，検査者が生じうる行動に注意を向けるよう意図されたものである。KABC-II の解釈システムで推奨されているように，検査状況の中で子どもをしっかり観察することが最も大事である。そして検査中に得られた質的な結果の活用は，量的な結果や他の情報による仮説の検証との間の，計画的な比較に留めるべきである。さらに，対象としている子どもに特有の質的な観察結果について意思決定を行うべきである。この情報は，子どもの背景情報や，子どもと日々接している他の専門家の観察や，包括的アセスメントのなかで行われたその他の検査とも照らし合わせて意味をもつものでなければならない。検査結果の妥当性の判断は，子どもの遂行状況の質的信頼性と妥当性に関する巧みな臨床的解釈と検査中の行動についての仮説を立てそれらの仮説を検証する検査者の意思によるところが大きい。

3.5　結果に影響を及ぼす質的指標

　記録用紙に記載された質的指標は，下位検査の実施に影響を与える可能性のある行動の短いリストである。しかしながら，多くの質的指標は認知能力検査では

直接測定することができない臨床的な問題を表しているという証拠が増えつつある（McConaughy & Achenbach, 2004）。検査結果に良い影響を及ぼす行動や悪い影響を及ぼす行動の観察の背景を提供する異なる臨床分類の研究も広がっている。これらの臨床分類は，標準化されたアセスメント中に見られる検査中の行動観察だけで診断がなされるものではないということに注意が必要である。一方，熟達した臨床家は，包括的アセスメントを行っている間，常にどこを観察するかを判断し，最も重要な箇所の質的情報を入手している。アセスメントにおける障害の診断の要素は，常に検証と再検証が繰り返される仮説からなっている。そのため，この節の情報は，さまざまな臨床場面で検査中に見られる行動のタイプ（質的指標）のエビデンスに基づく背景を取り上げている。

3.5.1 不　　安

　フォーマルな検査場面における不安は，検査結果に悪影響を及ぼし，神経心理学的評価に誤った診断を下すことにつながることが知られている（Tramontana & Hooper, 1997）。不安の検査結果への影響で最もよく知られたものには，ウェクスラー検査の「数唱」のような検査の得点を低下させることがある（Ialongo, Edelsohn, Werthamer-Larsson, Crockett, & Sheppard, 1996; Kusche, Cook & Greenberg, 1993; Prins, Groot, & Hanewald, 1994）。近年になって，認知能力検査の得点において不安はワーキングメモリーへの負の影響があることが指摘されている。それは，遂行や正答とは無関係な考えが，ワーキングメモリーや方略の形成，反応を妨害するというものである（Hong, 1999; Kellogg, Hopko, & Ashcraft, 1999）。これらの影響は，［数唱］や［手の動作］，［語の配列］，［語の学習］，［文の学習］といった短期記憶やワーキングメモリーを用いる KABC-II の下位検査に見られると考えられる（**キーポイント 3.2** のなかで，不安の影響について述べている）。

　不安は特に強迫性障害の子どもによく見られる。強迫性障害の子どもの神経心理学的研究によると，視空間能力の欠如とともに前頭葉や基底部のガングリアの機能不全があることが示唆されている（Cox, 1997; Tramontana & Hooper, 1997）。これらの子どもでは，［模様の構成］，［絵の統合］，［近道さがし］の下位検査に注目する必要がある。

キーポイント3.2
不安の影響

影響を受ける認知領域	影響を受ける KABC-II の下位検査
ワーキングメモリー	数唱
短期記憶	手の動作
方略の形成	語の配列
	語の学習
	文の学習

注：不安はこれらのKABC-IIの下位検査に影響を与える可能性があるが，これらの下位検査の得点が低いからといって必ずしも不安の問題が存在するとは限らない。

3.5.2 実行機能と注意

実行機能は，その複雑さと多様性のために，どのような認知的プロセスがそこに含まれているのか一貫した研究成果は得られていない。一般的に，実行機能は複数の高次の認知機能を含んでいるということは受け入れられている（Wecker, Kramer, Winsciewski, Dlis, & Kaplan, 2000）。実行機能は本質的に多様な種類からなり，相乗作用をもつ認知プロセスである。実行機能を測定する検査には，デリス・キャプラン実行機能システム（Delis-Kaplan Executive Function System）とよばれる検査があり，思考の柔軟さ，抑制，問題解決，計画性，衝動性のコントロール，概念形成，抽象的思考，創造性を測定する（Delis, Kaplan, & Kramer, 2003）。一方，その他にも，基準の確立・維持・変化，始動，計画性と組織化，判断力，推論，抽象的思考，自己抑制，視覚的注意，聴覚的注意，課題からそれた行動，ルール違反の行動といった複数の機能を測定する実行機能の検査がある（Hebben & Milberg, 2002; Korkman, Kirk, & Kemp, 1998）。

注意もまた複数の側面からなる概念であり，広い意味では実行機能の定義や検査に織り込まれているものである。なぜなら，それは高次レベルの機能の基盤を提供する中心的かつ一定の変数だからである。注意は，記憶や言語や知覚と同じように基礎的な認知スキルの1つであり，計画や組織化といった高次の大脳皮質の処理スキルの生起を促す（Delis *et al.*, 2003）。注意の定義は，課題にとどまる能力，妨害刺激に耐える，課題を完了させる，辛抱強く課題を行う，課題に視覚的

に注意を向ける，気をそらされても課題に戻る，複数の課題に注意を行き来させるなどが含まれる（Barkley, 2003）。これらの機能は，実行機能のプロセスと絡みあっているため，その一部のみアセスメントすることは非常に難しい。実際，実行機能と注意の多くの研究は，脳の前頭葉部分の欠損や損傷という同じ神経学的説明がなされている（Bolick & Obrzut, 1997; Zelazo, Carter, Reznick, & Frye, 1997）。さらに，実行機能と注意の区別は，一般的によく使用されている DSM-IV-TR の ADHD の診断でもなされていない（アメリカ精神医学会, 2000）。DSM-IV-TR の実行機能の「課題や活動を計画することが苦手である」という症状は，「不注意な行動」というカテゴリーにも分類されるものである。診断をさらに複雑にするのは，実行機能と注意の欠如は，うつ病や不安障害，行為障害にも高い割合で併存することが知られている点である（Tramontana & Hooper, 1997）。注意や実行機能，精神病理の鑑別診断が難しいことには疑いの余地がないが，質的指標から注意と実行機能の問題が疑われる場合には，その区別を試みる必要がある。

　KABC-II のいくつかの下位検査は，注意と実行機能の異なる側面をとらえられるようになっている。例えば，［数唱］課題の実施中の気の散りやすさや，［近道さがし］のルールの教示中に注意の維持ができないことや，［仲間さがし］や［パターン推理］ですべての絵の選択肢を検討することができないことは，すべて成績にマイナスの影響を及ぼす注意の異なる側面である。［物語の完成］や［パターン推理］などプランニングを要求する下位検査は，注意の問題をもつ子どもにとって特に難しい問題となるだろう（Barkley, 2003; Naglieri, Goldstein, Iseman, & Schweback, 2003）。一方，注意の乏しさは，しばしば注意に関連する下位検査のみでなく，すべての WISC-III の指標や全 IQ を低下させることにつながっていた（Konold, Maller, & Glutting, 1998）。この結果が，KABC-II にも当てはまるかどうかは，今後の研究で明らかになっていくであろう。

　バークレー（Barkley, 2003）によると，注意の問題をもつ子どもは，プランニングの欠如の他に，時間感覚の乏しさや，言語・非言語のワーキングメモリーの低さ，間違いに対する感受性の低さ，ゴールに向かう創造性の欠如も示す可能性があるという。これらの認知的弱さは，KABC-II の下位検査の成績にさまざまな形で現れるであろう。処理速度は，KABC-II では特化して測られることはないため，時間感覚の乏しさが下位検査の得点に影響を与えることは少ないと考えられるが，時間による割増得点がある 3 つの下位検査はいくぶん影響を受けることが

考えられる。[なぞなぞ] は，[語の配列] や [文の学習] や [語の学習] と同様に，言語性のワーキングメモリーを必要とする。[パターン推理] や [近道さがし] や [手の動作] は，言語性のワーキングメモリーよりも，非言語性のワーキングメモリーに負荷がかかる検査である（ただし，どちらも必要とされる）。

バークレーの「間違いに対する感受性の低さ」という概念は，厳密にルールを守る必要のある [近道さがし]，ルールの推論や比較を必要とする [パターン推理]，そして出した答えの正しさを確認し続けるためメタ認知の負荷が大きい課題である [文の学習] という KABC-Ⅱ の下位検査に登場する。「ゴールに向かう創造性の欠如」については，ルールに注意しながら答えを比較することで空間的なゴールを達成する [近道さがし] で顕著に見られる。また，この欠如は，受験者が柔軟かつ創造的に目に見えるゴールを達成しなければならない [模様の構成] でも見られる（**キーポイント 3.3** では，実行機能と注意の影響について確認している。）

不安や不注意による困難さを示す行動は，抑うつ状態にある子どもにもしばし

🔑 キーポイント 3.3

実行機能と注意の影響

影響を受ける認知領域	影響を受ける KABC-Ⅱ の下位検査
注意	数唱
実行機能	近道さがし
ワーキングメモリー	仲間さがし
	パターン推理
	物語の完成
	なぞなぞ
	語の配列
	文の学習
	語の学習
	手の動作

注：実行機能と注意の問題はこれらの KABC-Ⅱ の下位検査に影響を与える可能性があるが，これらの下位検査の得点が低いからといって実行機能と注意に関係する障害を必ずしも示しているとは限らない。

ば見られるものである。KABC-II はうつ病の臨床的な診断を行うために用いられるものではないが，うつ病に見られる行動に関する研究は KABC-II の質的指標に関連がある。例えば，トラモンタナとフーパー (Tramontana & Hooper, 1997) は，子ども用抑うつ尺度で高い得点をとる子どもは，KABC-II の［模様の構成］や［数唱］と概念的にも内容的にも類似するウェクスラーの下位検査において低い得点を示す傾向があると述べている。そして抽象的推理の弱さは，KABC-II の下位検査である［パターン推理］に似た検査でも見られている (Staton, Wilson, & Brumbac, 1981)。他方，うつ病の子どもの言語能力は，平均の範囲にとどまる傾向が示されており (Semrud-Clikeman, Kamphaus, Teeter, & Vaughn, 1997)，低下するとしても時間とともにゆるやかな低下を示す程度である (Kovacs & Goldston, 1991)。

　うつ状態にある子どもは，［語の学習遅延］や［文の学習遅延］のような検査は比較的良い結果を示す。実際，彼らの遅延に関する下位検査の成績は，初期学習の下位検査より良いこともある (Reynolds & Bigler, 1997)。この現象は，KAIT (Kaufman & Kaufman, 1993) でも観察されている。抑うつの診断を受けている患者で大半が大うつ病のために入院している患者を対象に行った調査では，KAIT の 3 つの IQ 得点の平均が 102 で，どの下位検査でも統制群と有意な差は見られなかった (Grossman, Kaufman, Mednitsky, Scharff, & Dennis, 1994)。しかし，1 つだけ有意差が見られたのは，直後の記憶と遅延の記憶の比較においてである。この差が統制群と比較して有意にうつ病の人において大きかったのである。うつ病患者は，直後の課題よりも遅延課題の方が断然得点が高かったのである。

　うつ病患者の KAIT の得点が良かったことは，以下の領域においてうつ病の人の得点が低くなることを示す研究と矛盾するものである。それらの領域とは，初期記憶 (Gruzelier, Seymour, Wilson, Jolley, & Hirsch, 1988)，二次的記憶 (Henry, Weingartner, & Murphy, 1973)，計画能力と継次処理能力 (Burgess, 1991)，ウェクスラーの動作性検査のような心理的運動課題 (Blatt & Allison, 1968; Pernicano, 1986)，さらにより全般的な持続と努力を要する反応を求める認知的課題 (Golinkoff & Sweeney, 1989) である。

　KAIT の下位検査と同様に，KABC-II の下位検査も，計画能力と記憶力を要し，かつ努力を要する反応を必要とする。うつ病の子どもが KABC-II の複数の下位検査の課題をこなす力や遅延課題で優れた成績を示すことは，それ以前の研究が

研究計画の問題（例えば，統制群に問題があった）や不適切な統計法の使用（Grossman et al., 1994; Miller, Faustman, Moses, & Csernansky, 1991）といったことにより，これらの患者について時期尚早の結論を出していたとも考えられる。この考えは，ルリア‐ネブラスカ神経心理学検査（Miller et al., 1991）や認知的複雑さの異なるいくつかの課題（Kaufman, Grossman, & Kaufman, 1994）でうつ病患者の成績が低下していないことを示す他の調査からも支持されている。

　覚えておいてほしい興味深い点として，いくつかの研究で子どものうつと認知能力を実際より低くとらえる傾向の関連を示していることである（Hammen & Rudolph, 2003）。この認識がいかに KABC-II の得点に影響するかは現時点ではわからないが，子どもの努力や動機づけ，持続力，どの程度できていると自覚しているかは，検査者がアセスメントを行う重要な要素である。

3.5.3　破壊的行動

　破壊的行動はさまざまな場面で見られる行動であり，行為障害や ADHD を有する子どもにしばしば顕著に見られる。質的指標はそのような障害を診断するために用いられるものではないが，特定の行動（質的指標もまた）が，そのような場合に高頻度で観察されることがある。行為障害の子どもは，全般的に認知能力検査で低い得点を示す傾向があり，そのなかでも特に注意の問題がしばしば見られる（Hinshaw & Lee, 2003）。言語的推理の下位検査や内言や言語的媒介（verbal mediation）を必要とする検査は，行為障害の子どもにとって問題となることが多い（Semrud-Clikeman et al., 1997; Tramontana & Hooper, 1997）。複雑な戦略を形成する必要のある KABC-II の下位検査は，実行機能や言語的媒介に強い負荷をかける。そのため，［物語の完成］，［パターン推理］，［近道さがし］といった下位検査は，同様の研究が示すように（例：Speltz, Deklyen, Calderon, Greenberg, & Fisher, 1999），行為障害をもつ子どもの欲求不満耐性を低下させるものである。こうした子どもたちは，言語的媒介を用いて学習課題を探索する能力や対処スキルをもっていなければ，早い時点で中止条件に達してしまい，困難や欲求不満を経験することになるだろう。

　行為障害の子どもには，受容言語と表出言語ともに，言語性の下位検査に全般的な問題が見られる（Semrud-Clikeman et al., 1997; Tramontana & Hooper, 1997）。検査者は，知識/Gc の下位検査の実施中，行為の問題と明らかに関連する補償的

戦略や行動が見られないか，行動の質的な側面に細心の注意を払いたいものである。

3.5.4 文化的問題

検査結果に影響を与える文化的変数は複雑である。知識/Gc の下位検査のような結晶性能力を直接測定する検査は，子どもの過去の人生経験，質の高い教育，言語的背景，そして全般的に豊かな背景に影響を受ける。グラッティングとオークランド（Glutting & Oakland）は検査者の観察における文化差という観点から，GATSB の文化的妥当性について研究した結果，検査中の観察システムは，大きな文化的なバイアスの影響は受けていないことを示した（Nandakumar, Glutting, & Oakland, 1993; Oakland, & Glutting, 1990）。子どもの背景と教室における学習へのアプローチの詳細な分析を行うことによって，検査中の負の影響のうち文化的なものの影響を決定することができるだろう。

下位検査の分析のところで列挙された質的指標は，KABC-II の解釈システムの一部であり，子どもの検査結果に質的な情報を提供するためのものである。それらはすべてを網羅するというものではない。私たちは，質的指標が子どもの学習上の長所と短所に関する仮説を立てるうえで役に立つことを望んでいる。この仮説は，その他の検査や情報によって検証する必要がある。このような形で，量的情報と質的情報を組み合わせることは，アセスメントの対象である子どもの利益につながる（**キーポイント 3.4** には，文化的問題によって生じる影響について述べられている）。

🔑 **キーポイント3.4**

文化的問題の影響

影響を受ける認知領域	影響を受ける KABC-II の下位検査
結晶性能力	理解語彙
	なぞなぞ
	表現語彙

注：文化的な問題はこれらの KABC-II の下位検査に影響を与える可能性があるが，これらの下位検査の得点が低いからといって文化的な問題が必ずしも得点を低下させているとは限らない。

3.6 18の各下位検査の質的・プロセス分析

　以下に挙げる能力やプロセスは，それだけに限られたものではなく，特定の子どもをアセスメントするときの最初の観察の視点を提供するものである。各下位検査において，K-ABC（Kaufman & Kaufman, 1983b）やウェクスラーの下位検査（Kaufman, 1994a; Kaufman & Lichtenberger, 2002; Lichtenberger & Kaufman, 2004; Sattler, 2001）やその他の認知的課題の概念的・臨床的・実証的分析から，その他の能力を挙げることもできる。しかしながら，各下位検査のリストは，ルリアと CHC，2つの理論に方向づけられたものである。この2つの理論は，KABC-Ⅱ の基礎を形成し，実証的妥当性があり，検査結果に影響を与える行動について貴重な臨床的情報を提供するものである。

　確認ポイント 3.3 ～ 3.20 は，KABC-Ⅱ の基本検査と補助検査について，イーゼルに登場する順序で紹介するものである。また，各下位検査が測定する能力とプロセスについての情報も，検査者が各下位検査の内容とプロセスを併合するための確認表となるように掲載してある。この項で記載した質的指標はすべてを網羅するものではなく，記録表に書かれている質的指標はさらに広げることもできることを覚えておいてほしい。

確認ポイント 3.3

語の学習：プロセスと質的指標

観察全般
　［語の学習］は，子どもに注意を維持させながら，つぎつぎと登場する単語と絵のペアの新たな連合を学習させるものである。さらに，子どもは柔軟に，検査者が正しい反応を教えるたびに間違った反応を変えなければならない。また，［語の学習］はほとんどの年齢の子どもにとって最初の下位検査であり，検査者は新奇場面や検査のはじまりに特有な反応と，検査を通して見られる反応を区別することを意識しなければならない。

結果の影響因：
- 注意の範囲
- 確信がもてない場面で反応する力
- 正答を与えられたときそこから学ぶ力
- 気の散りやすさ
- 欲求不満耐性
- 不安
- 記憶するための方略を言語化する能力
- 衝動的に誤った反応をしてしまう傾向

確認ポイント3.4

仲間さがし：プロセスと質的指標

観察全般

　［仲間さがし］は，子どもに複数の絵を見せ，それらの多くが概念的に関連していることを見分けさせ，分類上のルールに当てはまらない絵を選ばせるものである。子どもは最終的な回答にたどりつく前にすべての絵を考慮しなければならないため，衝動性の高さが成績に影響する可能性がある。反応を決める前に十分な情報を得るために，熟慮する力や注意を維持させることは，幼い子どもにとって負荷の高い実行プロセスである。

結果の影響因：

- 認知スタイル（熟慮的 vs. 衝動的）
- 柔軟性
- 忍耐強さ
- 個々の項目を行っている間の注意の維持と注意の分散（vs. 下位検査全体を通した注意の維持）
- 必要に応じて答えを確認し自己修正する能力
- 衝動的に誤った反応をしてしまう傾向
- 確信がもてないと反応をためらう傾向

確認ポイント3.5

顔さがし：プロセスと質的指標

観察全般

　［顔さがし］の検査では，子どもは刺激に注目し解答ページが提示されるまで注意を維持しなければならない。また，この下位検査は，複数の顔が提示されたとき顔の特徴を区別し記憶する方法を生み出す能力にも影響を受ける。

結果の影響因：

- 各項目において注意を維持する能力
- 気の散りやすさ
- 不安
- 認知スタイル（熟慮的 vs. 衝動的）
- 衝動的に誤った反応をしてしまう傾向
- 確信がもてないと反応をためらう傾向

確認ポイント 3.6

物語の完成：プロセスと質的指標

観察全般

［物語の完成］は，子どもが日常生活場面や環境によく注意を払うことを求める下位検査である。この下位検査は，物語やシナリオの一部を完成させるのに必要なカードを選ぶ間，注意を維持する能力によって強く影響を受ける。心のなかでテーマをまとめることとカードを選ぶことを同時に行うことは，実行機能に高い負荷をかけるものである。関連のないカードが入っていることによって，正しい決断をした後，他の選択肢と自分の選択を比べなければならないため，子どもには高い負荷がかかる。そのため，この下位検査では衝動性の高さが妨害要因となる。

結果の影響因：

- 注意の維持，選択的注意，注意の分散
- より大きな情報にまとめるためのスキルや方略の形成
- 自己修正（メタ認知）
- 認知スタイル（熟慮的 vs. 衝動的）
- 柔軟性（選択肢を試す）
- 欲求不満耐性
- 1つの反応に専念することをためらう
- 時間制限を心配する傾向
- 迅速かつ注意深く取り組む傾向
- 物語のアイデアを言語化する能力

確認ポイント 3.7

数唱：プロセスと質的指標

観察全般

［数唱］課題は，子どもにとって理解がしやすく，課題はすぐに終わるものである。［数唱］は，子どもに聴覚的な順序だった情報に注意を向けることを求める。それは，中止条件に近づくにつれ難しくなっていく。そのため，多くの場合，子どもは記憶が消えてなくなる前に覚える方略を生成しようとする。反応時間が非常に限られていることにより，刺激を繰り返す機会がなく繰り返しの機会が非常に短いため，不安や気の散りやすさといった要因が一般的に結果にマイナスの影響を与える。

結果の影響因：

- 気の散りやすさ
- 不安
- 抑うつ
- 難しい問題における方略形成（例：数字のチャンキング）
- 注意の維持能力
- 集中し続ける能力

確認ポイント3.8

絵の統合：プロセスと質的指標

観察全般

　［絵の統合］は，思考の柔軟性を子どもに求める下位検査である。子どもは刺激の絵を見ながら視覚的にまとめあげ，絵が何に見えるかさまざまな可能性を考慮しなければならない。環境によく注意を払い知覚されたものに対して創造的かつ柔軟に，よく考える子どもは，良い結果となるであろう。反対に，この下位検査は，固執性の強さ（perseveration），確信がもてない場面で反応する能力の欠如，場依存的な認知スタイルに影響を受ける。

結果の影響因：

- 認知的柔軟性
- 固執性の強さ
- 確信がもてない場面で反応する能力
- 場依存
- 抑うつ
- 注意の維持の能力
- アイデアを言語化する能力
- 衝動的に誤った反応をしてしまう傾向

確認ポイント3.9

近道さがし：プロセスと質的指標

観察全般

　［近道さがし］は，各項目に正答するためには，多くのプロセスを同時に検討する必要があり，多大なワーキングメモリーと実行スキルを必要とする。最初に，子どもは注意を維持し課題のルールを学ばなければならない（それには，視覚的，聴覚的，触覚的な様式が含まれる）。また，ルールを破った場合に喚起される注意にも順応しなければならない。次に，子どもはこれらのルールを心にとめながら複数の選択肢を比較し，その中から正しい答えを区別しなければならない。

結果の影響因：

- 注意の維持，選択的注意，注意の分散
- 複雑な課題の要求に対する組織化方略
- ルールを覚え，新しいルールに順応し，ルールを遵守する能力
- 気の散りやすさ
- 不安
- 抑うつ
- 衝動性
- 時間制限を心配する傾向
- 選択肢をためす傾向

確認ポイント3.10

語の学習遅延：プロセスと質的指標

観察全般

［語の学習遅延］は，先に学習された内容を取り出す能力と，初期学習の段階でいかに内容をよく学習したかという側面を測定する。［語の学習］の下位検査のところで述べられた観察の要素（注意の範囲，確信がもてない場面で反応する力，正答を与えられたときそこから学ぶ力，気の散りやすさ，欲求不満耐性，不安）は，初期学習と内容の保持に影響を与える。加えて，脳損傷あるいは気質的な問題をもつ子どもは，遅延課題よりも初期課題の方が成績が良い傾向を示し（問題の保持と検索の特徴のため），抑うつ状態にある子どもは，初期学習の課題と同程度の成績，あるいは驚くべきことにそれ以上の成績を遅延課題で示す傾向がある。

結果の影響因：

- 思い出すという予期せぬ課題からくる負荷へのネガティブな反応
- 脳損傷に関連する保持と検索の問題
- 抑うつ（成績を高める可能性がある）
- 注意の維持の失敗
- 確信がもてない場面で反応をためらう
- 衝動的に誤った反応をしてしまう傾向

確認ポイント3.11

表現語彙：プロセスと質的指標

観察全般

その他の多くの言語あるいは学力検査と同様に，［表現語彙］は環境的な機会や文化的背景に多分に影響を受ける。これらの検査は，言語能力と同様に子どもの経験や子どもの環境との相互作用の影響を受ける。

結果の影響因：

- 環境への注意深さ
- 語彙の表現における文化的志向性（観念的・機能的 vs. 抽象的・辞書的）
- 初期環境の豊かさ
- 家庭における豊かな言語的活動の有無
- バイリンガルに関連する問題（例：語の検索，不正確な翻訳の内的作業）
- 確信がもてない場面で反応をためらう
- 固執性の強さ
- 関連する知識を言語化する能力

3.6　18の各下位検査の質的・プロセス分析　123

確認ポイント3.12
言語知識：プロセスと質的指標

観察全般

　［言語知識］は，絵の選択肢を考慮しつつ注意とワーキングメモリーを維持することを要求する。子どもは単語と対応する絵を一致させなければならない。そのため，子どもは単語や概念を心に浮かべながら，答えの選択肢を丹念に調べなければならない。各項目で子どもが注意を維持することが，この下位検査の重要なプロセスである。同時に，日々の状況や身のまわりのものに関する判断や言語には，文化的・環境的な影響があることを忘れてはならない。

結果の影響因：

- 注意の維持とワーキングメモリーの存在
- 反応する前に複数の絵を吟味する傾向
- 確信がもてない場面で反応をためらう
- 頻繁に教示を繰り返すことを求める傾向
- 衝動的に誤った反応をしてしまう傾向
- 気の散りやすさ
- 環境への敏捷性
- 単語の意味についての文化的理解
- 初期環境の豊かさ
- 学校の学習
- 利用できるメディア環境（本，雑誌，テレビ番組の質）

確認ポイント3.13
文の学習：プロセスと質的指標

観察全般

　この検査では，子どもは学習プロセスにおいて積極的に検査者と関わらなければならない。検査者は，学習の手がかりを与えるが，［語の学習］のように正しい答えをフィードバックすることはしない。そのため，子どもは学習の手がかりに注目し，要求される反応にただちに適応しなければならない。項目が複雑になっていくにつれて，注意や実行機能の負荷も高まっていく。課題の複雑性から，一部の子どもはわからないシンボルを見たとき，不安や欲求不満を体験することもある。その結果，それらのわからないシンボルが理解を妨げ，子どもの成功した感覚や各項目の正答を妨害する。

結果の影響因：

- 持続的注意と分割的注意の存在
- 不安
- 文脈の手がかりの利用（例：文章の意味）
- 課題に従事することの拒否
- 気の散りやすさ
- 欲求不満耐性
- 確信がもてない場面で反応をためらう
- 全体の意味に合わせて個々のシンボルの意味を確認する傾向（メタ認知）
- 記憶方略を生成する能力（記憶術）

確認ポイント3.14
模様の構成：プロセスと質的指標

観察全般

場依存的認知スタイルをもつ子どもや時間制限下で課題を行うことが苦手な子どもは，［模様の構成］の成績が悪くなる傾向がある。正確さを常にチェックすることができる子ども，見本（モデル）のデザインを各要素に分解する系統的な方略を適用できる子ども，問題解決のアプローチが柔軟な子どもは，良い成績を収めることができるであろう。さらに，うつ病の子どもは［模様の構成］のような下位検査では成績が低いことが研究によって示されている。

結果の影響因：

- 場依存性
- 場を無視すること
- 時間制限を心配する傾向
- 無計画にピースを動かす傾向
- 固執性
- 迅速かつ注意深く取り組む傾向
- 自己修正する傾向（チェックして誤りを正す）
- 複雑な情報のセットを調整するための方略を形成する能力
- 難しい問題の間，注意を維持する能力
- 抑うつ

確認ポイント3.15
積木さがし：プロセスと質的指標

観察全般

［積木さがし］は，［模様の構成］の下位検査と非常に似たプロセスの負荷をもっている。問題が難しくなるにつれ，受検者はより柔軟なアプローチを維持しなければならない。場依存的認知スタイルは，この下位検査の新しい課題が求める要素を理解する能力を妨げる。その傾向は，特に難しい問題で顕著である。直感的な解答や衝動的な解答が目立つが多くの場合間違っているので，独自の課題が要求するものを探索しながら，注意を維持する能力が重要である。この下位検査は衝動性にも影響を受けやすい。［模様の構成］と異なり，［積木さがし］は実際のモデルを組み合わせてみることからくる運動感覚を伴うフィードバックがない。子どもは純粋に視覚的に提示されたものに対して言語的に反応しなければならない（必要な場合，指を使うあるいは書くなど非言語的に解答することも可能である）。

結果の影響因：

- 場依存性
- 時間制限を心配する傾向
- 複雑な情報のセットを調整するための方略を形成する能力
- 難しい問題の間，注意を維持する能力
- 確信がもてない場面で衝動的に反応する傾向
- 方略を言語化する能力
- 固執性

3.6　18の各下位検査の質的・プロセス分析

≡ 確認ポイント 3.16
語の配列：プロセスと質的指標

観察全般

　気が散りやすく不安が高く注意の範囲が狭い子どもは，この検査では得点が低くなる。妨害刺激として5秒間色の名前を言う項目で正答するには，高い集中力，課題の要求が変わったらすぐに反応する柔軟性，教示を理解し従う能力，リハーサルすることなく刺激を思い出す方略を生成する能力，妨害刺激に関係なく生産的に取り組む成熟度，欲求不満を耐える能力が求められる。

結果の影響因：

- 気の散りやすさ
- 注意の分散とワーキングメモリー
- 衝動的に誤った回答をする傾向
- 抑うつ
- 不安
- 課題の要求の理解と課題の要求が変化したときに調整する能力
- 欲求不満耐性
- 刺激を言語化する能力
- 色の妨害刺激の心理的負担

≡ 確認ポイント 3.17
パターン推理：プロセスと質的指標

観察全般

　［パターン推理］は実行機能に多大な負荷をかける。なぜならば，子どもは複数の異なる認知プロセスを用いながら注意を維持しなければならないからである。選択肢が複数あることから，衝動的な認知スタイルをもつ子どもの得点は低くなる可能性がある。実際，多くの子どもが衝動的に反応し最後になって答えを自己修正することがある。また，抑うつ状態にある子どもも，［パターン推理］を苦手としている。一般的に，絵の問題から抽象的な推論の問題へ変わるとき，子どもには反応スタイルを変えるという柔軟性が求められている。さらに，抽象的な問題のひとつひとつにおいて，類似の性質について推理する方略をすみやかに生成することができる子どもは，高い得点を得ることができる。

結果の影響因：

- 持続的注意と分割的注意の存在
- 衝動的に誤った回答をする傾向
- 間違ったとき，自己修正する能力
- 項目の傾向が変わった場面での認知的柔軟性
- 抑うつ
- 時間制限を心配する
- 複数の選択肢を見る前に問題を解こうとする傾向

確認ポイント3.18
手の動作：プロセスと質的指標

観察全般

［手の動作］の得点は，気の散りやすさ，固執性，不安によって下がる可能性がある。高い得点を得るには，注意の範囲が広いことや集中力が必要とされる。成績を高めるためには，集中を持続させながらなんらかの媒介方略（例：3つの手の動作に言語的な名前をつける，刺激をパターンに組織化する方法を見つける）を生み出すことが有効である。子どもによっては，どちらの手を使うか決められなかったり，項目によって違う手を使うこともある。このように，利き手がないことは，刺激をスムーズに再生することを妨害する可能性がある。

結果の影響因：
- 注意の範囲
- 気の散りやすさ
- より難しい項目で注意を維持する能力
- 複雑な項目における方略形成
- 方略を言語化する能力
- どちらの手を使うかためらう

確認ポイント3.19
文の学習遅延：プロセスと質的指標

観察全般

［文の学習遅延］の下位検査の成績は，［語の学習遅延］と同様に，最初の下位検査で子どもがいかによく学んだかにかかっている。［文の学習］課題では，子どもが注意とワーキングメモリーを維持し，不安や気の散りやすさから影響を受けることなく，確信がもてない場面でも反応することが要求される。また，［文の学習］は，記憶の保持や検索を助けるための記憶の方略（例：記憶術）を生成する能力を必要とする。［語の学習遅延］と同様に，［文の学習遅延］も，新しい情報の学習の保持と検索が苦手という特徴をもつ脳損傷あるいは質的な問題をもつ子どもは，成績が低くなるであろう。また，うつ病の子どもは，［文の学習］課題と同程度の成績，あるいは驚くべきことにそれ以上の成績を［文の学習遅延］課題で示すことがある。

結果の影響因：
- 確信がもてない場面で反応をためらう
- 予期せぬ課題に対するネガティブな反応
- 脳損傷または脳の器質性に関連する貯蔵と検索の問題
- 抑うつ（成績を高める可能性がある）
- 衝動的に誤った反応をしてしまう傾向
- 文脈の手がかりを利用する能力（例：文章の意味）
- 固執性

確認ポイント 3.20
なぞなぞ：プロセスと質的指標

観察全般

　［なぞなぞ］の成績は，初期環境の豊かさ，環境への敏捷性，家庭での文化的機会，学校外の読書（あるいは読み聞かせをしてもらうこと），興味といったものに影響を受ける。[なぞなぞ]の成績を良くするには注意力や集中力が必要であると同時に，ピアジェの概念である脱中心化（1つの特徴だけに注目するのではなく，関連するすべての要素に注意を向けるスキルを意味する）の能力も必要とされる。気の散りやすさ，固執性，衝動性はすべて成績を低下させるものである。

結果の影響因：

- 注意の維持の失敗
- 豊かな学習環境の欠如
- 聞くスキルを必要とする初期の活動にさらされる機会の欠如
- 環境への敏捷性
- 頻繁に繰り返すことを求める
- 最初の1つあるいは2つ目のヒントで答える傾向
- 刺激を言語化する能力

☑ 理解度チェック

1. 質的指標（QI）とは，検査結果にネガティブな影響を与えるもののみに関する行動である。（正か誤か）
2. 以下の質的指標で，検査結果の妥当性に疑問をもたせるものは？
   (a) 攻撃的・反抗的行動
   (b) 引っ込み思案と反応の拒否
   (c) 不注意と気の散りやすさ
   (d) 上記すべて
3. KABC-Ⅱの質的指標（QI）は，
   (a) KABC-Ⅱにのみ関係し，たまたま見られた行動として見なすべきである。
   (b) 検査場面以外で記された行動と比較がなされるべきである。
   (c) 数量化され，標準化得点とパーセンタイル順位の得点を算出するものである。
   (d) 3〜6歳の子どものみに観察されるものである。
4. 行動の質的側面は，KABC-Ⅱのすべての下位検査で観察することが可能である。（正か誤か）
5. 実行機能に関する質的指標（QI）は，
   (a) 実行機能の欠陥を診断する。
   (b) 実行機能のさらなる調査を提案する。
   (c) 脳の異なる部分の欠陥を区別する。
   (d) 前頭葉の損傷を明確にする。
6. 質的指標（QI）は，臨床的な精神病理を診断する。（正か誤か）
7. KABC-Ⅱの著者は，以下を支持する。
   (a) アセスメントにおける量的データと質的データの使用
   (b) 統合的アセスメントプロセスにおける質的指標（QI）の有効性
   (c) 臨床的判断のための質的指標（QI）の貢献に関する認識
   (d) アセスメントプロセス中の質的指標（QI）の活用
   (e) 上記すべて

答え：1. 誤；2.（d）；3.（b）；4. 正；5.（b）；6. 誤；7.（e）

第 4 章

KABC-II の長所と短所

4.1 はじめに

　すべての認知能力検査には長所と短所がある。いずれの検査も 1 つの検査ですべての臨床家の質問に答えることはできない。認知能力検査は，相談内容に応えるための多くの検査を含む包括的アセスメントの一部にすぎない。臨床家は包括的アセスメントの認知能力の定義と測定をどのようにとらえるかについて意思決定を行い，この定義と測定に役立つ検査を見つけなければならない。相談内容や必要性はさまざまな年齢層で無数に考えられるため，1 つの検査がすべてのケースで正しい選択肢となることは考えにくい。臨床家として，私たちは特定の年齢層や特定のグループを専門とすることが多く，その対象群にいくつかのアセスメント器具を使ってみると，仕事をするうえでどのアセスメント器具が役に立つかわかってくる。臨床家各自が利用可能なアセスメント器具を評価して，それぞれの検査の長所と短所を見極め，アセスメント対象である子どものニーズに合うものを選ばなければならない。その目的を果たすために，本章では，KABC-II の長所と短所を提示する（**確認ポイント** 4.1〜4.5 は，検査開発，実施と採点，信頼性と妥当性，標準化，解釈という 5 つの側面における長所と短所を示す）。

　もちろん，認知能力検査の長所と短所に関するより詳細な情報は，研究者や臨床家が検査を一定期間日常的に使ってみて初めて明らかになるものである。しかし，本章は，KABC-II が世に出るのとほぼ同時期に書かれているので，ここで述べる長所と短所のほとんどは，過去 20 年間にわたる初期の K-ABC の研究から得られた知見や，それを改訂したものがどのような検査になるかという推定によるもの，また心理測定的基準や KABC-II の試作版と標準化版を用いた現場での実践に基づいている。

≡ 確認ポイント 4.1

KABC-II の検査開発における長所と短所

長所	短所
・この検査は,認知能力に関して従来のルリア理論と現在の CHC 理論の 2 つの理論に依拠する。 ・実施と解釈において検査者が理論的枠組みを選べるようになっている。 ・子どもから青年まで幅広く測定できる（3〜18 歳)。 ・KTEA-II とともに標準化されているため,子どもの学習上の強みと弱みにおける認知能力の影響を把握できる。 ・試作段階におけるサンプルのおよそ 66％が少数民族の子どもであり,初期の項目分析によりアングロサクソン系の反応に偏ることなく行われている。 ・ほぼすべての下位検査において,やさしい問題項目と難しい問題項目が十二分に含まれている。 ・回答の仕方にかかわらず正しい応答を正答とできるようになっているため（手話,英語以外の言語,筆記),コミュニケーションの様式にかかわらず認知能力を測定できる。 ・用具がよく構成されており,ラベルがわかりやすくつけられている。 ・イーゼルが丈夫であり,手早く参照できるよう絵も用いられており,すべての必要な情報が掲載されている。 ・新しい興味をそそる挿絵が,検査を通して用いられている。 ・基点ルールも中止ルールもすぐに満たしてしまうような幼い子どもを診断の目的でアセスメントするために,標準域以外の問題も用意されている。 ・実施中の行動観察をサポートするために,記録用紙に行動観察チェックリストが設けられている。	・この検査は 5 つの CHC の広範的能力を測定するが,他の 2 つの重要な認知能力,すなわち聴覚処理（Ga）と処理速度（Gs）を測定していない。結果として,Ga と Gs を測定したい検査者は,CHC モデル全体を測定するためには他の検査をまじえた検査バッテリーを組む必要がある。 ・記録用紙が複雑である。 ・3 つの下位検査で割増得点が使われている。 ・複数のイーゼルと用具があり,もち運ぶのに重い。 ・［物語の完成］と［模様の構成］の割増得点があることによって,推理能力の測定に視覚運動速度の要因が影響を与えている。

確認ポイント 4.2

KABC-II の実施と採点における長所と短所

長所	短所
・例題とティーチングアイテムを子どもの母国語で実施することができる。 ・子どもが例題とティーチングアイテムを理解できなかった場合，検査者はその子どもに適した言語で説明することができる。 ・子どもが課題の内容を理解しやすいよう，検査者の教示は短くシンプルなものになっている。 ・採点に主観が入る余地が少ないため，検査者にとって採点しやすい。 ・イーゼルの形式によって，実施手順が簡単である。 ・多くの下位検査が視覚と聴覚両方の形式で提示されるため，理解しやすい。 ・記録用紙に色がついているため，実施と採点がしやすい。 ・［語の配列］の色の妨害刺激の課題を理解しやすくするために，例題が2問用意されている。 ・KABC-II の ASSIST が利用できるようになると，コンピュータによる採点と解釈が利用できるようになる。	・［語の学習］と［文の学習］およびそれらの遅延の下位検査の採点では，事務的なミスがないよう細心の注意が必要である。 ・下位検査によって中止条件が異なるため，混乱が生じる可能性がある。 ・［文の学習］の文法問題を理解することが，能力の低い子どもにとって難しい。 ・記録用紙に，遅延課題の得点を記録・計算する箇所が設けられていない。ただし，第2版以降の記録用紙ではその点は修正され，遅延課題の標準得点の計算ができる箇所が設けられる予定である（Mark Daniel, 私信, 2004年5月3日）。

4.2 長所と短所の概要

　KABC-II には，いくつかの主要な長所がある。この検査は，35年にわたるマッカーシー検査（McCarthy Scales），WISC-R，K-ABC，その他のカウフマン式検査の経験と分析から得られた知見をもとに開発されている。実際，現場の臨床家からのフィードバックによって，いくつかの大きな変更がなされている（例：幼い子どものための基点ルールの改善，英才児のための中止ルールの改善，推理の下位検査を増やすこと，記憶の下位検査を減らすこと）。また，この検査は，長年受け入れられている実証された理論的視点から開発されている。そのため，KABC-II の再設計における理論的・実証的基盤は非常に強いといえる。

確認ポイント 4.3

KABC-II の信頼性・妥当性における長所と短所

長所	短所
・全体の認知指標の信頼性が非常に高く，FCI と MPI については .90 の半ばあるいは後半，NVI でも .90 の前半である。 ・すべての年齢層で，各下位検査の内的一貫性が高いことが示された。基本検査の下位検査において，3～6歳の平均の信頼性の中央値は .85，7～18歳は .87 である。 ・全体の認知指標の再検査信頼性の範囲が，.80 の半ばから .90 の半ば（FCI と MPI）である。 ・学習尺度/Glr の練習効果が高く，このことはこの下位検査が実際に学習を測定できていることを確認する結果である。 ・認知指標間の相関が適度に独立していると同時に相関係数が十分に高いことは，共通の基盤となる構成概念が確かであることを示している。 ・個々の能力の一般能力への因子負荷量は，個々の能力が一般能力から影響を受けていることを示すのに十分なほど高い傾向にある。 ・確認的因子分析の結果，基本検査の下位検査の分析およびすべての下位検査の分析（基本検査と補助検査）において，非常に良い適合度が示されている（CFI の範囲 .993～.999, RMSEA の範囲 .025～.061）。 ・マニュアルに多様な臨床的妥当性が示されている（読み障害，学習障害，書き障害，算数障害，ADHD，情緒障害，聴覚障害，知的障害，自閉症，英才児）。 ・マニュアルに多様な認知検査や学力検査（K-ABC，WISC-IV，WISC-III，WPPSI-III，KAIT，ウッドコック-ジョンソン認知能力検査第3版，PIAT-R，ウッドコック-ジョンソン学力検査第3版，WIAT-II）との相関の結果が示されている。 ・MPI と FCI は，他の認知能力検査，例えば	・いくつかの補助検査となる下位検査では，低い内的一貫性が示されている（3～6歳の［手の動作］の信頼性係数＝.69，3～18歳の［絵の統合］の信頼性係数＝.74，5歳の［顔さがし］の信頼性係数＝.65）。 ・7～18歳における 15 の下位検査のうち 7 つが調整済再検査信頼性の平均が，.80 以下である。 ・3～5歳における 12 の下位検査のうち 9 つが，調整済再検査信頼性が，.80 以下である。 ・4歳で確認的因子分析を行った結果，［顔さがし］の同時尺度/Gv への因子負荷量が小さい。 ・基本検査に含まれる下位検査の確認的因子分析の結果，7～18歳における Gv と Gf および 4 歳における Gc と Gv の相関が約 .90 である。 ・外傷性脳損傷や発話・言語障害の診断を受けている子どもの妥当性に関する研究がマニュアルに報告されていない。

WISC-III や WISC-IV の全検査 IQ と非常に高い相関関係にある (WISC-IV との調整済相関係数は .88〜.89, WISC-III とは .71〜.77)。
・MPI と FCI は，他の学力検査，例えばウッドコック-ジョンソン学力検査第3版や WIAT-II とも非常に高い相関関係が示されている (ウッドコック-ジョンソン学力検査第3版との調整済相関係数は .63〜.79, WIAT-II とは .65〜.87)。KABC-II の総得点と KTEA-II 総合版の総得点の相関も非常に高い (調整済相関係数は .73〜.80)。

　また，KABC-II は，現場が近年，期待・要求するようになってきた心理測定上の強みももち合わせている。KABC-II は，信頼性・妥当性に優れ，因子分析にも基づいている。また，標準化の規模も大きく，層化抽出法により階層性も担保されている。

　K-ABC の最も優れた特徴の1つは，ウェクスラー検査のような伝統的な IQ 検査で測ったときよりも，総得点の人種間の差が一貫して少ないという点である。この長所は，事前の検査開発と検査の設計デザインによるところが大きい。KABC-II の設計デザインは，以下の点によって維持されている。すなわち意図的に MPI から知識や意味内容に関する下位検査を除くこと，子どもが興味をもつ課題を入れること，ティーチングアイテムを入れること，専門家によるバイアス分析や項目反応分析を行うこと，さらに試作段階から少数民族の子どもを多くとること，標準化において米国の少数民族の比率に合わせてサンプリングを行うこと，文化差的妥当性の検討を行うことである。この点について，標準化サンプルにおける少数民族の尺度，下位検査および合計得点の平均点と標準偏差をマニュアルに参考として記載している。この種の表は，通常，検査マニュアルには載っていないことが多いが，著者は，この情報は検査の利用者にとって重要な情報であり，検査者が異なる文化に属するグループにおける KABC-II の妥当性を考慮する方法の1つであると考え，掲載することとした。K-ABC の再設計においてこのような文化的な情報を含めたことにより，KABC-II もまたこの領域に強く，最も文化的に公平な形で子どもをアセスメントできる心理測定上の強みを提供する。K-ABC と同様に，KABC-II もまた他の従来の知能検査で測定するよりも人種間に

確認ポイント 4.4
KABC-II の標準化における長所と短所

長所	短所
・標準化のためのサンプルは十分に階層化されている。 ・標準化を行ったさいのサンプル数が非常に大きい（3,025人）。 ・検査バイアスを排除するために，厳密な方法論が用いられている。 ・KABC-II と KTEA-II の標準化を同時に行ったため，検査者が能力と学力を比較したいとき，貴重な情報を提供する。 ・標準化の過程において，特別な10グループを対象とした研究を行っているため，臨床的にも尺度の有用性が高い。	・大きな短所は見られない。

よる差は小さい。

　私たちはKABC-IIに大きな弱点があるとは感じていない。しかしながら，いくつか小さな弱点は考えられる。例えば，いくつかの下位検査で処理速度を取り入れているものがあり，年齢の高い優れた子どもに差が生じてしまう。この点については，マニュアルに速度の影響を除いた得点の出し方が記載されており，この小さな弱点を補っている。また，いくつかの下位検査で折半法による内的信頼性と再検査信頼性が低いところが見られたが，全般的にKABC-IIは非常に優れた心理測定的特性をもっている。

確認ポイント 4.5
KABC-II の解釈における長所と短所

長所	短所
・ルリアモデルとCHCモデルを理論的基盤としているため，解釈の枠組みが確立している。 ・CHCモデルに沿ってつくられているため，広範的能力と限定的能力を複数の検査でアセスメントするさい，他の検査とも整合性がある。 ・解釈は，総合指標と尺度指標から行うようになっている（下位尺度のプロフィール分析で生じる負の影響を避けられる）。 ・解釈のシステムが，他のデータも使って仮説を検証するよう常に検査者を促すものになっている。 ・マニュアルには，妥当性を検証するデータとともに，多様な人種のMPIとFCI，さらに尺度指標と下位検査得点の平均値に関するデータが掲載されているので，小数民族の子どものデータを解釈するのに役立つ。 ・記録用紙には，長所や短所を含む指標得点の分析を記録する場所が設けられている。 ・優秀な3歳児や，計画/Gfの下位検査に必要な実行機能をまだ身につけていない低機能の7歳児のために，標準外の基準を利用することができる。その標準外の基準は，6歳水準と5歳水準のものが掲載されている。ただし，どちらも，計画/Gf得点は表示されていない。また，5歳水準では難しいと思われる［近道さがし］も除かれている。 ・即時記憶と遅延記憶の比較ができる。 ・学習能力と結晶性知識の比較ができる。 ・コンピュータ用採点プログラムでは，計画を立てて他との比較を行うことができ，さらに解釈用の説明文を利用することができる。 ・口頭によるコミュニケーションが困難な子ども（例えば，聴覚障害，英語が流暢でない，自閉症，発話・言語障害，その他の障害等をもつ子ども）には，非言語指標を算出し解釈することができる。	・知識/Gcの下位検査では，下位検査の1つが受容言語を測定し，他の2つの下位検査は1単語で回答するものとなっているので，子どもが知識をことばに出して表現する能力を評価することはできない。 ・刺激の解釈と運動を伴う運動機能の解釈をするためには，［物語の完成］と［近道さがし］を実施しなければならないが，これらの下位検査は5歳では標準外の下位検査となっている。

☑ 理解度チェック

1. K-ABC と KABC-II は、ウェクスラーの知能検査よりも、人種間の総合得点の差が一貫して小さい。（正か誤か）
2. KABC-II は CHC の広範的能力のうち 5 つを測定する。それでは、次のどの広範的能力を評価したい場合に、検査者は他の検査を実施する必要があるか。
   (a) 流動性推理（Gf）と短期記憶（Gsm）
   (b) 処理速度（Gs）と聴覚処理（Ga）
   (c) 結晶性能力（Gc）と長期記憶と検索（Glr）
   (d) 視覚処理（Gv）と流動性推理（Gf）
3. KABC-II の標準化には大きな短所がある。（正か誤か）
4. 総合尺度得点の信頼性は高い。（正か誤か）
5. 検査者は、例題とティーチングアイテムにおいて以下の方法を用いることができる。
   (a) 手話
   (b) 英語のみ
   (c) スペイン語
   (d) その場の状況に応じてどんな言語を使用してもよい
6. 7〜18 歳で実施する 15 の下位検査のうち、7 つの下位検査で調整済み再検査信頼性の平均が .80 以下であった。（正か誤か）
7. 以下のグループを除いて、各グループの子どもの妥当性の研究がマニュアルに記載されている。
   (a) 脳損傷および発話・言語障害
   (b) 自閉症と知的障害
   (c) 英才児
   (d) 学習障害と ADHD

答え：1. 正；2. (b)；3. 誤；4. 正；5. (d)；6. 正；7. (a)

第5章
臨床での応用

　この章では，以下のテーマに関してKABC-IIの臨床的適用について説明する。

1. 「非言語尺度」（ろう，難聴，自閉症，言語障害などを含む）
2. 知的障害のアセスメント
3. ADHDのアセスメント
4. 学習障害の見分け
5. 民族差のアセスメント
6. 社会経済的地位（SES）のノルム（基準）
7. KABC-IIとKTEA-IIの統合
8. KABC-IIとのクロスバッテリーアセスメント

　上記のそれぞれのテーマに関しては他にも多くの文献があることから，本章では，特にK-ABCおよびKABC-IIの認知検査に関係のある知見に重点をおいている。本書は，KABC-IIが作成されてまだ間もない時期に出版されたため取り上げた事例はKABC-IIのマニュアルに記載されたものに限られているが，今後，事例研究が蓄積されて，KABC-IIの臨床的応用がさらに豊かになるであろう。

5.1　非言語尺度の適用

　KABC-IIの非言語尺度は，身振りによる問題提示と動作での反応が可能な下位検査から構成されており，3～18歳の年齢で利用できる。この尺度は，流動性・結晶性指標（FCI）にも認知過程指標（MPI）にも適さない，例えば聴覚障害児や英語の能力が低い子ども，また中等度以上の言語障害のある子どもや自閉症児はもちろんのこと，その他の音声言語によるコミュニケーションが困難な子どものアセスメントに適している。

　ここではKABC-IIのもとになったK-ABCの非言語尺度の利用に関する文献

確認ポイント 5.1
K-ABC および KABC-II の非言語尺度の比較

下位検査	K-ABC の非言語尺度	KABC-II の非言語尺度			
		年齢 3～4	年齢 5	年齢 6	年齢 7～18
手の動作	4歳～12歳6ヵ月	○	○	○	○
模様の構成	4歳～12歳6ヵ月	○	○	○	○
顔さがし	4歳	○	○		
仲間さがし	K-ABC には含まれず	○	○	○	
パターン推理	K-ABC には含まれず		○	○	○
物語の完成	K-ABC には含まれず			○	○
積木さがし	K-ABC には含まれず				○
視覚類推	5歳～12歳6ヵ月	KABC-II からは削除			
位置さがし	5歳～12歳6ヵ月	KABC-II からは削除			
写真ならべ	6歳～12歳6ヵ月	KABC-II からは削除			

を考察する。ただし，K-ABC から KABC-II へは大きな変更が加えられていることに注意してもらいたい（確認ポイント 5.1 参照）。KABC-II の非言語尺度の半分は新しい検査項目であるが，音声刺激の理解や口頭での反応が困難な子どもを適切にアセスメントしようとする K-ABC の開発理念が継承されている。

5.1.1 聴覚障害

米国では，聴覚障害者（ろうおよび難聴を含む）は2千万人以上で，ろう者は約50万人である（米国全国保健統計センター白書, 1994）。2002年の時点で，6～21歳の70,767人が障害者教育法（Individuals with Disabilities Education Act; IDEA）で聴覚障害と認定されている（米国教育省, 2002）。聴覚障害児は，コミュニケーションの問題から国語能力の伸び悩み（Bornstein, Wollward, & Tully, 1976；Schmelter-Davis, 1984），さらに学力不振（Lane, 1976; Sherman & Robinson, 1982; Vernon & Andrews, 1990）などのさまざまな問題に直面することが多い。したがって，聴覚障害児は，主たる障害が聴覚障害であっても，他の障害や教育的ニーズを併せもつ子どもがかなりの確率で存在する（Gallaudet Research Institute, 2003）。

サトラーとハーディブラッズ（Sattler & Hardy-Braz, 2002）およびゴードンとスタンプとグレイザー（Gordon, Stump, & Glaser, 1996）は，聴覚障害児をアセスメントするさいの注意点を指摘している。ろう児の場合，英語の能力が制限されていることが多い（Gordon et al, 1996）が，ほとんどの検査は難しい語彙や複雑な構文を使っており，しかも音声言語を用いて検査するように作成されているため，英語の能力が制限されている子どもには不適切なことが多い。検査者もしくは手話通訳者が検査に手話を用いない限り，子どもには多くの検査課題が理解できない（Stewart, 1986）。しかし，手話通訳を用いることにも別の問題が生じる。つまり，検査者は個々の子どもの特性に自分のコミュニケーションスキルを合わせる必要がある。また検査を選択するときには常に測定しようとしている認知能力と，下位検査や検査バッテリーを実施するさいに求められる能力との両方について，コミュニケーション手段と合わせて考えなければならない（Hardy-Braz, 2003）。

標準化検査のなかでも聴覚障害児に適した検査は，K-ABC や KABC-II の「非言語尺度」，「ユニバーサル非言語知能検査（the Universal Nonverbal Intelligent Test: UNIT)」(Bracken & McCallum, 1998)，「ロイター国際動作性尺度改訂版（the Leiter International Performance Scale—Revised)」（Roid & Miller, 1997）など（McCallum, Bracken, & Wasserman, 2001 参照）である。一般的に，これらの検査は聴覚障害児（もしくは英語を話さない子ども）を想定して開発されたものであり，聴覚障害児（もしくは英語を話さない子ども）で標準化されている。したがって，手話や他のコミュニケーション手段を用いた検査を行ってもノルムの修正や結果がノルムから外れることはない。

聴覚障害の子どものすべてが手話を用いているわけではないものの，アメリカ手話（American Sign Language; ASL）は米国で最も一般的に使われている手話である。ASL は英語とは異なった独自の文法や文構造，イディオムをもっている（Valli & Lucas, 1995）。また，ろう児は文法や統語の苦手さだけでなく，読みにかなりの苦手さをもつことが一般的である。したがって，文章を読まなければ課題が実施できない検査はいずれも，聴覚障害児の能力を正確に測定することはできない（Crichfield, 1986）。完全に聞こえないわけではないものの（家庭，学校，社会などで），情報収集の難しいろう児や難聴児は，通常耳で聞いて得られるような社会や文化といった時流の情報や知識を得られないことがある。このため，こうした情報不足がアセスメント結果にかなりの悪影響を及ぼす可能性がある

(Hardy-Braz, 2003) こともも指摘されている。

a. ろう児や難聴児の認知検査に関する研究

ろう児や難聴児は，認知能力の特定な領域で健聴児と異なった特性を示す。非言語的な方法で検査を実施すると，聴覚障害児の認知機能は平均の範囲であるが，一般的に言語機能の標準得点は平均以下である (Braden, 1994)。これは，WISC-R (Wechsler, 1974) や WISC-III (Wechsler, 1991) などの多くのウェクスラー式知能検査で聴覚障害児に見られる典型的なパターンである。

- 聴覚障害児における WISC-R と WISC-III の動作性 IQ の平均値は 95〜110 の間にあるという研究が多い。例えば，ブレイデン (Braden, 1985) の研究では 96.9 であり，この他では 100.6 (Sullivan & Montoya, 1997)，102.3 (Braden, 1984)，105.8 (Wechsler, 1991)，107.7 (Sullivan & Schulte, 1992) といった結果も示されている。
- それに比較して言語性 IQ の平均は 75.4 (Sullivan & Montoya, 1997)，81.1 (Wechsler, 1991)，81.6 (Braden, 1994) と報告されている。

聴覚障害児に，言語発達の遅れや知識不足，あるいはその両方があることを考えると，「動作性＞言語性」という結果は驚くべきことではない。検査は問題提示の方法に変更が加えられて実施されることが多いものの，ウェクスラーの「動作性尺度」の得点は「言語性尺度」の得点よりも，ろう児や難聴児の認知機能をよく表していると考えられてきた（ただし，学業での成功に必要な広範な認知機能はアセスメントできない）。WISC-IV では，「言語理解指標（Verbal Reasoning index）」よりも「知覚推理指標（Perceptual Reasoning index）」の方が，聴覚障害児の能力をより的確にアセスメントできる。

聴覚障害児では，ウェクスラー式知能検査の下位検査の得点において，健聴児との違いが指摘されてきた。例えば，ブレイデン (Braden, 1994) は，聴覚障害児群の WISC-R の「符号（Coding）」と「絵画配列（Picture Arrangement）」の標準得点が有意に低かったと指摘している。これは，聴覚障害児には継次処理の苦手さや，神経学的な疾患を併発することが多いからである (Conrad & Weiskranz, 1981)。WISC-III の「符号」については，聴覚障害児の得点が低いことを示す研

究（例：Slate & Fawcett, 1995; Sullivan & Montoya, 1997）と，聴覚障害児の得点が低いとはいえないという研究（Braden, 1994; Wechsler, 1991）があり，結果は一貫していない。また，WISC-Ⅲで配列の能力が要求されるもう1つの検査の「数唱（Digit Span）」で，聴覚障害児の得点プロフィールに落ち込みが見られることが繰り返し示されている。しかし「数唱」は視覚的に理解できる手段（手話やキューサイン）で実施するとかなり課題が変わってしまう下位検査である。したがって，変わってしまった状態では，得点を解釈するにあたって言語能力を継次処理能力から切り離して考えることは困難である。

因子分析の結果は，聴覚障害児と健聴児との認知機能に類似性と相違性とがあることを示している。例えば，サリバンとシュルツ（Sullivan & Schulte, 1992）は，標準とは異なった方法でWISC-Rの全検査（動作性尺度と言語性尺度）を実施し，検査の出版社が提供している健聴児のノルムと比較したところ，ろう・難聴児群に2つの因子があることを発見した。それらは「言語理解（Language Comprehension）」と「視空間統合（Visual-Spatial Organization）」であった。しかし，健聴児群とは違って，「転導性からの解放（Freedom of Distractibility）」の因子は抽出できなかった。ブレイデン（1985）は，さまざまな方法で実施されているWISC-Rの結果（Anderson & Sisco, 1977）から，動作性検査の結果だけを集めて因子分析を行った結果，知覚統合（Perceptual Organization）の因子を1つだけ抽出している。

WISC-Ⅲでも同じような因子分析が行われている。聴力のよい耳の純音聴力検査の値が45 dB以上の6～16歳（平均11歳）の106人の聴覚障害児に，標準的ではない方法でWISC-Ⅲを実施した（Sullivan & Montoya, 1997）。その結果，WISC-Rと同様，「言語理解」と「知覚統合」の2つの因子を発見した。また健聴児とは異なり，「転導性からの解放」と「処理速度」の因子は抽出できなかった。

臨床的に重要な知見が，サリバンとモントヤ（Sullivan & Montoya, 1997）のWISC-Ⅲの研究に示されている。まず第一に，熟練した検査者が検査を行った場合，子どもが普段用いているコミュニケーション手段は，全体的なIQに影響しなかった。つまり，コミュニケーション手段が口話（読話と音声）でもASLでも英語対応手話でも，言語性IQと動作性IQとに差はなかった。第二に，検査者が手話を用いても，熟練した手話通訳者が介在しても，結果に有意な差はなかった。これらの結果から，サリバンとモントヤ（Sullivan & Montoya, 1997）は，課題が

要求する認知機能は変わるものの，検査者や通訳者が手話や英語対応手話を用いて検査を実施しても，検査の得点を低下させることはないと結論づけている。しかし，健聴児と比較すると，ろう児や難聴児の WISC-III の言語性下位検査の得点は低くなりがちである。WISC-IV では検査バッテリーが言語性と動作性とに分かれていないため，聴覚障害児への実施方法についてのガイドラインがこれまで以上に詳しく示されている（検査マニュアル 12〜18 ページ参照）。

b. 聴覚障害児への K-ABC の利用

　K-ABC における非言語尺度の研究は，K-ABC が聴覚障害児に利用できることを示している。聴覚障害児は K-ABC の非言語尺度の標準得点が 96.2〜100.7 の範囲にあり（Ham, 1985; Porter & Kirby, 1986; Ulissi, Brice, & Gibbons, 1985），比較的正常な知能である。聴覚障害児への K-ABC の実施には身振りを使うことが一般的であるが，ポーターとカービー（Porter & Kirby, 1986）は，身振りか手話のどちらかで検査が実施された場合，標準得点の平均は身振りの場合が 98.8，手話の場合が 96.8 で，有意な差はないことを見いだしている。

　スプラギンズ（Spragins, 1998）は聴覚障害児に K-ABC を用いた研究を概観し，K-ABC には，教示の手がかりを得られる動作によるティーチングアイテムが含まれること，結果に高い再現性があること，アチーブメントと関連が高いこと（Phelps & Branyan, 1988, Ulissi et al., 1989），音声言語の使用を最小限にとどめられること，WISC-R の「動作性尺度」の得点と有意な相関があること，そしてほとんどの下位検査で時間制限がないことなどを，高く評価している。一方，スプラギンズ（Spragins, 1998）は，4 歳児用の検査項目の数が少なすぎること，「位置さがし（Spatial Memory）」の採点が難しいことを悪い点として挙げている。

　スプラギンズは，K-ABC の非言語尺度が聴覚障害児に有効な検査であると結論づけている。KABC-II については，K-ABC からかなり変更されているものの，ティーチングアイテムを含むこと，身振りで検査をする手がかりがマニュアルに書かれていること，言語への依存度がさらに低められていることなど，いくつかの利点があることを指摘している。結果の再現性についても，3〜6 歳で .90，7〜18 歳で .92 と高い値を保っている（Kaufman & Kaufman, 2004a, 表 8.1 参照）。

　KABC-II の非言語指標（Nonverbal Index; NVI）は，アチーブメントと高い相関がある（KTEA-II との相関は .71 である。**確認ポイント 1.17** を参照。そのほか

のアチーブメントとの相関は，Kaufman & Kaufman, 2004a, pp.118～126 を参照）。さらに，ウェクスラー式知能検査の「動作性 IQ」と「知覚推理指標」（平均 .67）(Kaufman & Kaufman, 2004a, pp.111～114）と相関が高い。KABC-II の NVI は，K-ABC の非言語尺度の標準得点とも相関が高く，3～5 歳は .63，8～12 歳は .76(Kaufman & Kaufman, 2004a, 表 8.15 および 8.16 参照）である。しかし，これらの KABC-II の妥当性を調べる研究は健聴児を対照としているため，聴覚障害児を対象とした研究が必要である。

　スプラギンズが K-ABC の「非言語尺度」の利点として挙げていた時間制限がないという特徴は，KABC-II では 3～6 歳までの検査には残っているが，学齢期レベルには残っていない。とはいっても，7～18 歳の検査では，次の 3 つの「非言語尺度」で，反応時間の機能を軽減することが可能である。［模様の構成］，［パターン推理］，［物語の完成］の検査で，応答時間が速い子どもに得点が加算される。しかし，反応速度を得点化することで適切にアセスメントできないと検査者が考えれば，回答の正誤のみで得点を記録することができる。こうした選択は FCIと MPI のみならず NVI でも可能である。

　K-ABC には 4 歳児の検査項目が少なく，3 歳以下に検査ができないことをスプラギンズ（1998）は批判していたが，KABC-II の「非言語尺度」には 3, 4 歳児用に 4 つの検査項目が設けられた。また，評価の難しさから「位置さがし」は削除されている。

c. 聴覚障害児への KABC-II の利用

　KABC-II の開発において，聴覚障害児に対応するための配慮が段階的に実施されている。検査の開発段階では，試行版の KABC-II のすべての検査項目を，聴覚障害児に関わる検査者が確認した。その結果，コミュニケーション手段が変わることによって，測定する認知機能が大きく変わる検査項目があるため，それらは検査から除外した。また聴覚障害児への実施ガイドラインが作成され，どのようなコミュニケーション手段で検査を実施しても，適切な結果の解釈ができるものとなった。

　標準化のプロセスでは，熟練した学校心理士 3 人（ろう児や難聴児に関わる仕事をしており，聴覚障害児と直接コミュニケーションをとれるスキルがある）が，聴覚障害と判定される子ども 27 人に KABC-II を実施した。対象となった聴覚障

害児は，年齢が6歳8ヵ月～17歳7ヵ月（平均12.5歳）で，カリフォルニア州のろう学校もしくはヴァージニア州の小中学校の特別支援学級に所属していた。27人の得点を，年齢，性別，両親の教育レベル，人種もしくは民族をマッチングした健聴児と比較した結果，聴覚障害児の NVI の標準得点は 95.7（SD ＝ 17.1）で，健聴児より 8.7 ポイント低かった。聴覚障害児の「非言語尺度」の下位検査の得点は，8.5（［積木さがし］）から 9.6（［手の動作］，［模様の構成］，［物語の完成］）の範囲であった。聴覚障害児は［手の動作］，［模様の構成］で健聴児と有意な差はなかったが，［積木さがし］と［パターン推理］，［物語の完成］で，有意に得点が低かった（下位検査の得点については図 5.1 を参照）。

聴覚障害児のアセスメントには NVI が最も適切であるが，上記の 27 人には KABC-II の全検査を実施した。熟練した検査者であれば，非言語尺度以外にも聴覚障害児を適切にアセスメントする項目が見つけられるかもしれない。聴覚障害児で最も得点が低かった下位尺度は知識/Gc である（平均標準得点 80.9）。この検査は言語への依存度が高く，言葉の理解と表出，言葉での表現能力が要求されることから，聴覚障害のために，この尺度で得点できる力が獲得できていないと考えられた。なかでも最も低い得点の検査は［表現語彙］であった（対照群と比べて平均評価点が 2 標準偏差以下の 4.5 である）。

K-ABC（Ullssi, 1995）やウェクスラー式知能検査（Braden, 1984; Slate & Fawcett, 1995; Sullivan & Montoya, 1997）で示されているように，聴覚障害児は継次/Gsm

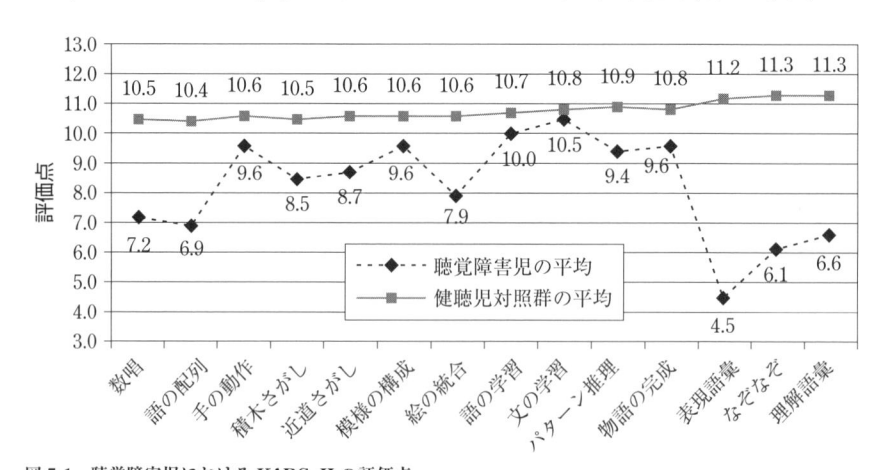

図 5.1　聴覚障害児における KABC-II の評価点
注：［手の動作］，［積木さがし］，［模様の構成］，［パターン推理］，［物語の完成］は非言語尺度に含まれる。

（［手の動作］を除く）の得点が低い。一般的には，聴覚障害児の継次/Gsm の得点は健聴児よりも 20 ポイント低い（平均標準得点は 83.2）。これは明らかに，継次/Gsm に含まれる 2 つの下位検査が聴覚刺激（検査者が口頭で提示する言葉や数字）を利用しているからである。しかし，7 つの基本下位検査の標準得点とは違い，［手の動作］の評価点は 9.6 である。これは，課題から言語を除けば聴覚障害児の継次処理と短期記憶は正常に保たれることを示している。

聴覚障害児は知識/Gc と継次/Gsm の標準得点が低いことに比べ，同時/Gv（94.6），計画/Gf（97.6）および学習/Glr（101.6）は正常の範囲内である。「学習能力/Glr」の下位検査が言葉による指示（視覚刺激と併用して提示される）を理解する必要があることや，［文の学習］が表出言語能力を要求することを考えると，学習/Glr の結果は注目すべきである。言語の負荷が高い学習/Glr の結果は，聴覚障害児が聴覚刺激と視覚刺激の統合が要求される記憶の保持と想起の要求において，健聴児と同様に学習能力を発揮することを示している。

同時/Gv や計画/Gf の下位検査で，表出言語能力を要求するのは［絵の統合］のみである。この下位検査の平均標準点は 7.5 で，これは明らかに子どもの視覚処理能力ではなく表出言語能力が関与している。図 5.2 は聴覚障害児の KABC-II における標準得点の結果である。

聴覚障害のある子どもは，学習/Glr において，健聴児とほとんど同じように得点できている。聴覚障害の子どもは［語の学習］と［文の学習］の 2 つの学習/Glr で対照群の子どもと同じように得点し，この項目の遅延想起で得点できることが示されている。多くの聴覚障害児は（ASL や英語対応手話などの）視覚的言語を使っているので，これが，［語の学習］や［文の学習］のように，言語を視覚的な形式に対応させなければならない課題でも得点できることにつながっている。

ハーディブラッツは 27 人の聴覚障害児のデータを詳しく分析している（Kaufman & Kaufman 2004a, pp.130〜131 参照）。対象児のうちの 21 人は ① 遺伝的な聴覚障害，② 重複障害がない，もしくはあってもわずか，③ 少なくとも両親の一方が手話を用いているという特徴があった。21 人のうち 18 人は原因が特定できる遺伝的な聴覚障害であった。この 21 人のサブグループは，27 人全員のグループより標準得点も評価点も高かった。NVI ではさらに得点が高く，27 人では 95.7 であるが 21 人では 101.5 に上昇した（図 5.3 参照）。遺伝的な聴覚障害であ

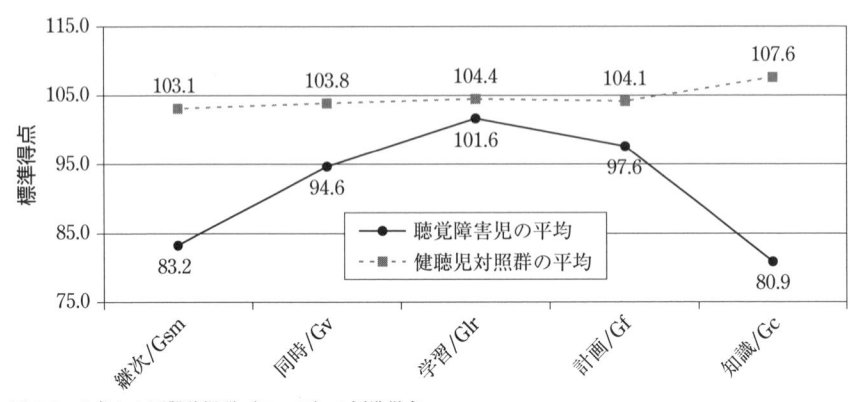

図 5.2 ろうおよび難聴児群（$N = 27$）の標準得点
注：聴覚障害児は学習能力/Glr を除くすべての尺度の得点が健聴児対照群より低い。

継次/Gsm: 83.2 / 103.1
同時/Gv: 94.6 / 103.8
学習/Glr: 101.6 / 104.4
計画/Gf: 97.6 / 104.1
知識/Gc: 80.9 / 107.6

聴覚障害児の MPI, FCI, NVI の標準得点

MPI: 94.3 / 96
FCI: 90.6 / 94
NVI: 95.7 / 101.5

（--◆-- 聴覚障害サブグループの平均　―■― 聴覚障害児の平均）

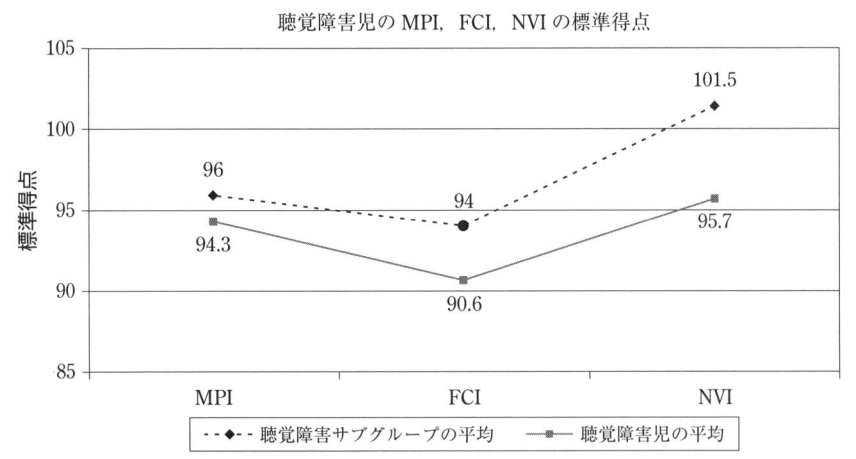

図 5.3　27 人の聴覚障害児と聴覚障害サブグループ 21 人における MPI, FCI, NVI の標準得点
注：2 群の差で最も大きかったのは NVI の 5.8 ポイント差。

り，重複障害をもたない，両親の一方が手話を用いるといった要因が，NVI での高い得点に関与している可能性がある。

　こうした違いが生じる理由には，サブグループの聴覚障害児の特性が関与しているかもしれない。つまり，重複障害の有無や，日常生活の円滑なコミュニケーションや情報収集における制限の程度，また遺伝的な要素や受けてきた教育の違い，周囲の仲間が音声言語を用いることが多いかどうか等が大きく影響すると考えられる。またこれらが複雑に組み合わさって違いが生じているのかもしれない

が，これらの要因の詳しい解明は今後の研究を待たなければならない。KABC-IIは，熟練した検査者が聴覚障害児に合わせて適切なテスト修正をすることにより，ろう児や難聴児のアセスメントとして利用できる検査である。しかし検査者は，検査をどのように修正して実施したか，またそれが検査結果にどのように影響を及ぼしたか等について記録しておく必要がある。

5.1.2 自閉症

自閉症児の認知機能の研究は，これまで言語性と非言語性の比較や得点の高い下位検査と低い下位検査のパターンなどに注目されてきた。また，多くの研究が，アスペルガー症候群から自閉症を鑑別する認知パターンを明らかにしようとしてきた経緯がある。下位検査の結果を述べる前に，アスペルガー症候群と自閉症との鑑別を取り巻く議論やそれがどのように認知検査の研究に影響を与えてきたかを概観する。

a. 自閉症に関する文献上の議論

自閉症とアスペルガー症候群の診断を取り巻く議論は，こうした子どもたちの認知機能の研究に影響を及ぼしてきた。多くの研究が，アスペルガー症候群と高機能自閉症とがはっきりと異なった障害であるのかどうかを問い続けてきた。その結果，アスペルガー症候群は自閉症と障害の程度が異なるだけで，アスペルガー症候群を自閉症スペクトラムの1つとしてとらえる考え方が大勢を占めている（例：Manjiviona & Prior, 1995; Mayes, Calhoun, & Crites, 2001; Miller & Ozonoff, 2000）。しかし，アスペルガー症候群は高機能自閉症とは明らかに異なっているという考えを支持している研究者もいる（例：Klin, Volkmar, Sparrow, Cicchetti, & Rourke, 1995; McLaughlin-Cheng, 1998; Ozonoff, Rogers, & Pennington, 1991）。極論を言う研究者の中には，DSM-IV によるアスペルガー症候群の診断は「ありえない，もしくは不可能」と主張する者もいる（Eisenmajer *et al*., 1996; Manjiviona & Prior, 1995; Mayes *et al*., 2001）。

DSM-IV でのアスペルガー症候群と自閉症の診断基準は同じようでも，両群には鍵となる違いが存在する。DSM-IV-TR（アメリカ精神医学会，2000）によると，アスペルガー症候群の子どもはコミュニケーションの問題（言語発達の遅れ，会話の開始や維持ができない，オウム返しや象徴遊びの繰り返しなど）や認知発

達の遅れはない。また、アスペルガー症候群の子どもには、自閉症の子どもに見られるような物への強い固執性はない。自閉症もしくはアスペルガー症候群の子どもに見られる特徴は次のようなものである。

・社会性の障害（行動の障害、仲間との関係性の構築の障害、興味関心の共有の障害、情緒的相互性の欠如）
・固執的で反復的な行動や興味関心（限定した興味へのとらわれ、常同的な動きの繰り返し、興味関心の狭さ、機能的でない行動への関心）

自閉症スペクトラムの鑑別診断で最も重要なことは、自閉症やその他の広汎性発達障害の診断基準を満たせば、アスペルガー症候群とは診断されないことである（アメリカ精神医学会, 2000）。

アスペルガー症候群と自閉症の議論が続くなかで、多くの研究が行われてきたにもかかわらず、これらの子どもの認知パターンについては統一した見解が得られていない。研究の方法論的問題が数多くあり、それが研究結果の比較を難しくしている。例えば、診断基準が研究によりばらばらであったり、低い認知機能の対象者だけを対象にしている研究もあれば、高機能の子どもを対象にした研究もあったりする。研究対象者の年齢は研究によって違いが大きく、用いている検査もさまざまである（例：K-ABC や WISC-III）。

b. 言語性 vs. 非言語性の得点

近年の研究では、自閉症スペクトラムの子どもは、言語性と非言語性検査の得点の差がさまざまであることが示されてきた。こうした研究は、主に WISC-R や WAIS-R、そのほか WISC-III が数件、さらに、K-ABC、スタンフォード-ビネー第4版（Stanford Binet-4）、ロイター改訂版（Leiter-R）などの検査結果を分析したものである。しかしその一方で、自閉症は、一貫して言語性より非言語性尺度の得点が高いパターンを示しているという文献（例 Lincoln, Courschesne, Kilman, Elmasian, & Allen, 1988; Rumsey, 1992; Yirmiya & Sigman, 1991）も見られる。

研究者は、言語性と非言語性の差を、次の2つの方法で検討している。① グループの得点の平均を比較する。②「言語性＞非言語性」の子どもの割合と「非

言語性 > 言語性」の子どもの割合を算出する。検査マニュアルの基準値に基づいて有意差を検討する研究が多いが，なかには違いが1ポイントであっても差があると報告する研究もある。

最近の研究は，自閉症の子どもの多く（主に高機能自閉症）が，言語性と非言語性の検査に有意な得点差がないことを示している。例えばメイズとキャロン（Mayes & Calhoun, 2003）は，IQの高い自閉症児でも低い自閉症児でも，WISC-IIIの言語性IQと動作性IQに差がないことを見いだした。この結果は，ミラーとオゾノフ（Miller & Ozonoff, 2000）によるWISC-IIIのデータによっても支持されている。

その他の研究でも，半分から3分の1の自閉症児で言語性と非言語性とに差がないことが明らかになっている（Gilchrist *et al.*, 2001; Manjiviona & Prior, 1995; Siegel, Minshew, & Goldstein, 1996）。ウェクスラー式知能検査では「動作性IQ > 言語性IQ」のパターンを示す子どもが2番目に多く，15〜33％を占める。しかし，「言語性IQ > 動作性IQ」の子どもも，8〜22％見られる（Gilchrist *et al.*, 2001; Manjiviona & Prior, 1995; Siegel *et al.*, 1996）。同様の傾向がアスペルガー症候群の子どもにも報告されている（Barnhill, Hagiwara, Myles, & Simpson, 2000; Gilchrist, *et al.*, 2001; Manjiviona & Prior, 1995）。

c. 得点の高い検査と低い検査

これまでの研究では，自閉症とアスペルガー症候群の子どもに「動作性 > 言語性」の一貫したパターンを見いだしていないが，次のウェクスラー式知能検査の2つの下位検査「積木模様」と「理解」は，常に最も得点が高いものと低いものである。自閉症児を対象とした20の研究のうち19の研究で，「積木模様」が高得点であることが示されている（Barnhill *et al.*, 2000）。一方，バーンヒル（Barnhill, 2000）は，同じ20の研究のうち18の研究で，自閉症児は「理解」の得点が低いと報告している。後続の研究でも，「積木模様」で高く「理解」で低い特徴が確認されている（例：Goldstein, Beers, Siegel, & Minshew, 2001; Goldstein, Minshew, Allen, & Seaton, 2002; The Psychological Corporation, 2003）。

自閉症児は，ウェクスラー式知能検査の「積木模様」のように視覚機能を必要とする下位検査に強いことが，他の認知検査バッテリーでも示されている。K-ABCでも［模様の構成］が最も高い得点を示している（Allen, Lincoln, & Kaufman,

1991）。ロイター改訂版では視覚機能を使う下位検査（例：「絵のマッチング」や「絵の脈絡」）で高得点を得ている。(Tsatsanis *et al.*, 2003)。加えて，ビネー検査第4版では，「パターン分析」（「積木模様」に似た課題）や「模写」（ブロックと紙と鉛筆で見本を再生する課題）のような非言語性検査が最も得意である（Mayes & Calhoun, 2003）。

言語性と非言語性の比較以外に，自閉症児の強い力と弱い力は同時処理と継次処理の能力で検討されている。例えば，アレンら（Allen *et al.*, 1991）は，自閉症児は継次処理が比較的弱いと報告している。逆にいえば，この結果は，自閉症児が非言語性で視覚的空間認知を必要とする同時処理課題で高い得点を得ることを示唆している。

d. 自閉症児の KABC-Ⅱ の結果

KABC-Ⅱ の検査マニュアルには，自閉症児 38 人（アスペルガー症候群もしくは高機能自閉症）の検査結果が報告されている。対象児の平均年齢は 13 歳 3 ヵ月（範囲は 4 歳 3 ヵ月～18 歳 10 ヵ月）で，そのうち 84％が男子，全体の 50％が白人であった。自閉症児の認知機能はどの領域でも平均以下から最も低い得点の範囲にあった。KABC-Ⅱ の総合指標の平均標準得点は 66.9（FCI）から 68.6（NVI）の狭い範囲にあった。各尺度の平均は，最も得点の低い知識/Gc 66.1 から，最も得点の高い学習/Glr 76.1 の範囲にあった。「言語性 vs. 非言語性」を示す知識/Gc と NVI には差が見られなかった。ウェクスラー式知能検査の「積木模様」と K-ABC の［模様の構成］で比較的高得点であるという研究結果と同様，自閉症児は KABC-Ⅱ の［模様の構成］の得点（6.1）が，［絵の統合］の 6.6 に次いで高い。自閉症児がこの 2 つの領域で比較的強いことは K-ABC のデータと一致している（Allen *et al.*, 1991）。

確認ポイント 5.2 に，自閉症児の KABC-Ⅱ の最も高い得点と最も低い得点を示す。［理解語彙］と［なぞなぞ］は標準得点の低い 3 つの下位検査のうちの 2 つである。この 2 つは，自閉症児の全体的なコミュニケーションや言語能力および学力の低さを反映している。これは，ウェクスラー式知能検査の「理解」のような，言語による概念化を要求される下位検査で得点できないことを示す研究によっても裏づけられている（Barnhill *et al.*, 2000; Ehlers, Nyden, & Gillberg, 1997）。しかし，［表現語彙］の得点は低くはない。これは，［表現語彙］は単語の呼称の課題

確認ポイント 5.2
自閉症児：KABC-II における最高評価点と最低評価点

	評価点
最低得点	
近道さがし	3.5
理解語彙	3.9
なぞなぞ	4.0
最高得点	
語の学習	5.9
模様の構成	6.1
絵の統合	6.6

出典：流動性-結晶性指標（FCI）および評価点は KABC-II 米国版マニュアル（表 8.35）より引用。
注：FCI = 66.9，認知指標（MPI）= 69.1，$N = 38$。

であって，高次の抽象的な思考や言葉での概念化は要求されないからであろう。

自閉症児は，マス目の上に置かれた犬が一番少ないマスの数で骨にたどり着く道を探す［近道さがし］の検査がかなり苦手である。過去の研究では，自閉症児は，同時処理と空間認知とを要求される課題では，比較的よく得点できることが示されてきた（Allen et al., 1991; Tsatsani et al., 2003）。しかし［近道さがし］は同時処理の下位検査であるが，実行能力や演繹的な推理能力に依存しており，こうした能力が自閉症児ではよく発達していなかったと考えられる。

最も興味深い結果は，自閉症児では「学習能力（標準得点 76.1）」が強い能力であることであろう。確かに，対象児が最も高い得点を示した検査は［語の学習遅延］である（自閉症児の MPI の平均が 68.1 に対し，語の学習遅延の標準得点平均が 82.8 であり，1 標準偏差以上上回っている）。この結果は，自閉症児は検査中に検査者から教えられた新しい情報を記憶することができ，他の課題をやりながらでも，それを 20 分間保持できることを表している。新しい情報を記憶し保持する能力が比較的高いという結果は，次の 4 つの意味をもつ。① 下位検査は言語と視覚刺激を含む。例えば［文の構成］は絵を表す新しい単語の学習とそれを言う能力が必要である。② これまで自閉症に実施されてきた，ウェクスラー式知能検査，ビネー検査第 4 版，K-ABC などの包括的な検査は，学習能力を測定してい

ない。したがって，この結果はこれまで知られていなかった自閉症児の強い認知能力を推察させる。③ 新しい情報を習得することは，学校での学習と密接に結びついている。したがって，この結果は自閉症児の学習支援にアイデアを提供できる可能性がある。④ 例えば聴覚障害児のように，言語性の検査で得点できない子どもでも，語や文の学習（平均標準得点 101.6）とその遅延再生（平均標準得点 101.3）に比較的強い能力を示す。

　これまでの研究では，自閉症児は継次/Gsm より同時/Gv の能力が高いことが示されてきた（Allen et al., 1991）。しかし，このことは KABC-II では確認できなかった。KABC-II では，自閉症児は継次/Gsm と同時/Gv の標準得点が約 70 であり，ほぼ同じ得点であった。結果の違いは次の2つの理由によると考えられる。① K-ABC の自閉症児群の子どもは，KABC-II の自閉症児群の子どもより高機能であった（K-ABC の認知処理過程尺度＝81.3，KABC-II の MPI＝68.1）。② K-ABC の同時処理の下位検査は KABC-II でかなり変更された（［視覚類推］，［位置さがし］，［魔法の窓］が削除され，［近道さがし］と［積木さがし］が追加された）。両者の得点の相関は .62 である。

e. 自閉症児の検査の臨床的意義

　過去の認知研究からわかるように，自閉症児は言語性の下位検査や非言語性下位検査，また同時処理の下位検査や継次処理の下位検査のいずれでも個人差が大きい。自閉症児には WISC-III の「積木模様」と K-ABC の［模様の構成］の両得点が高く，WISC-III の「理解」が低いというパターンが見られる。しかし，このような認知機能のパターンだけでは自閉症スペクトラムの正確な鑑別診断をすることはできない。自閉症スペクトラムと診断されている子どもの中には，他の機能に比べて，他者とのコミュニケーションに困難がある子どもが存在する（従来の自閉症 vs. アスペルガー症候群もしくは高機能自閉症）。こうしたコミュニケーションの領域で困難を示す子どもたちは，言語スキルをさほど要求しない KABC-II の「非言語尺度」が適している。しかし，言語能力が必要とされる尺度であっても，例えば新しく含まれた学習/Glr は，自閉症や自閉症が疑われる子どもたちの隠れた能力を明らかにすることができるかもしれない。

　自閉症児の教育計画を立てるうえで，自閉症児の知的機能を評価することは必要である（Kaufman & Lichtenberger, 2002）。自閉症スペクトラムの子どもに最も

適切な支援を考えるさい，その子どもの「非言語尺度」，学習/Glr，「遅延想起尺度」の情報は，臨床家が活用できる重要なデータである。

5.1.3 言語障害

言語障害のアセスメントに訪れる子どものほとんどが，複雑な言語を習得しつつある年齢の小学生や幼児である。実際に，約3～10％の幼児に何らかの言語障害がある（Ottem, 1999）。したがって，アセスメントに連れてこられる幼児はたいてい，言語発達の遅れが心配されて照会されてくる（Field, 1987）。しかし，学齢期になるころには，言語障害のある子どもの数は少なくなる（3～5％; Aram & Hall, 1989）。

言語障害にはいくつかの名称がある。例えば，特異性言語発達障害（Specific Language Impairment; SLI）は，年齢相当の非言語性認知機能があるものの，表出言語や理解言語の能力が年齢相当ではない子どもを表す用語である（Warner & Nelson, 2000）。表出性言語発達遅滞（Slow Expressive Language Development; SELD）や特異性言語発達障害-表出性（Specific Language Impairment-Expressive; SLI-E）という用語は，認知機能や理解言語能力は年齢相当であるが，語彙や語彙の組み合わせに遅れがある，もしくは特異的である子どもを表すのに用いられる。DSM-IV-TR（アメリカ精神医学会，2000）は，言語障害の診断には次の特徴が必要であるとしている。①言語検査の得点が有意に低いこと（非言語性の知的能力より低い），②低い得点は，知的障害，広汎性発達障害，身体障害，聴覚障害などの他の障害によるものではないこと，③言語機能が学力やコミュニケーション能力を著しく妨げていること，などである。こうした診断基準の運用は州や自治体によって異なっている。研究者や臨床家の間でも，言語障害の診断基準や名称の使用が異なっている。どのような診断基準や名称が使われているとしても，検査者はその子どもの発達を的確に判断できる検査を選択しなければならない。

a. 言語障害児についての研究知見

言語障害のある子どもが言語性尺度より非言語性尺度で有意に得点が高いことは当然であるが，言語障害児は言語と非言語の能力に大きな差があることが普通である。これまで，言語障害と診断された子どもたちは，WISC-R（Allen *et al.*,

1991; Doll & Boren, 1993; Rose *et al.*, 1992），WISC-III（Doll & Boren, 1993; Phelps, Leguori, Nisewaner, & Parker, 1993），WISC-IV（The Psychological Cooperation, 2003）の検査で，かなり大きな（0.5〜1SD），非言語性＞言語性の差があることが示されてきた。一方，ウェクスラー式検査やビネー式検査をさまざまなグループの言語障害児に実施した結果は，言語性と非言語性の差はとても小さい（2〜4ポイント）ことが示されている（Krassowski & Plante, 1997; Lichtenberger & Kaufman, 2004; Roid, 2003; Vig & Jedrysek, 1996）。

　先行研究の結果は大きな非言語性＞言語性の違いを一貫して示してはいないが，臨床家の間では，言語性尺度に比較して非言語性尺度の方が，言語障害児の認知機能をよく評価すると考えられている（Phelps, 1998; Warner & Nelson, 2000）。しかし，非言語性尺度の得点は，個人差や検査による違いが大きい。例えば，ある研究者は，言語障害児は，UNITやロイター改訂版の非言語性検査で平均より2標準偏差以上下回っていると報告している（Farrell & Phelps, 2000）。しかし，他の研究者は，K-ABCの非言語性検査（Allen *et al.*, 1991; Phelps *et al.*, 1993），DAS非言語性検査（Riccio, Ross, Boan, Jemison, & Houston, 1997），ロイター（Cohen, Hall, & Riccio, 1997）などの標準得点は80〜90の範囲内であり，平均より1標準偏差以内の差であることを報告している。研究結果は一貫していないものの，言語障害のある子どもはK-ABCの非言語性検査の得点（標準得点は94〜103）が比較的良好である（Kennedy & Hiltonsmith, 1998; Swisher & Plante, 1993）。

　K-ABCは，言語知識を強調しないで認知処理過程に重点をおいていることから，言語障害児のアセスメントとして一般的になっていた（Allen *et al.*, 1991; Ricciardi, Voelker, Carter, & Shore, 1991）。また，K-ABCの下位検査は速度の加点を最小限にとどめている。一般的に言語障害児は反応時間や処理速度が遅い（Edwards & Lahey, 1996; Johnston & Ellis Weismer, 1983; Lahey, Edwards, & Munson, 2001）ため，このことは言語障害児のアセスメントでは重要である。

　K-ABCが言語障害児のアセスメントに有効であることを示す研究がある。言語発達の遅れが確認されている幼児14人にK-ABCとマッカシー検査（McCarthy, 1972）が実施された（Ricciardi *et al.*, 1991）。K-ABCと違ってマッカシー認知尺度（McCarthy's General Cognitive Index: GCI）は，言語能力と学習に重点をおいている。このため，14人のグループにおけるGCIの得点（平均64.8）

は K-ABC の認知処理過程得点（平均 79.4）より低かった。このような検査による得点の違いには特に注目しなければならない。というのも，フリン効果（Flynn effect）により，K-ABC はノルムが最近のものであるため得点がマッカーシーよりも低くなると予測しているからである。

K-ABC のプロフィールから，言語障害児の継次処理能力と同時処理能力の違いが検討されている。非言語と言語の差と同様，認知処理能力においても結果はさまざまである。アレンら（Allen *et al.*）は，20人の言語障害児の結果から同時処理と継次処理の間には 20 ポイントも差があると指摘している。しかし，リカルディ（Riccardi *et al.*, 1991）は，差は 1.5 ポイントで，無視できる差であるという結果を示している。

b. KABC-II から示唆される言語障害児の特徴

K-ABC により言語障害児をアセスメントした結果から，KABC-II も言語障害児のアセスメントに有効であることを示している。KABC-II のルリアモデルでは言語と知識の負荷を少なくしていることから，カウフマン夫妻は理解言語や表出言語およびその両方に遅れのある言語障害児に適用することを勧めている。もし，ルリアモデルの MPI が中等度から重度の言語障害児に不利であると検査者が感じるのであれば，NVI（非言語指標）がこの子どもたちの全体的な知的機能を評価する優れた測度である。

「知識/Gc」の下位検査（［なぞなぞ］［言語知識］［表現語彙］）の得点は，言語障害児の認知機能を表しているというよりむしろ，子どもの障害を反映している。しかし，この尺度を MPI の補助として用いれば，追加情報を得ることができる。例えば，［表現語彙］のような単純な絵の呼称課題や，検査者が口頭で提示することばにマッチする絵を選択する［言語知識］の課題では，言語障害児は必ずしも得点が低いとはかぎらない（Lichtenberger & Kaufman, 2004）。一方，言語処理やことばでの推理が必要な課題（例：［なぞなぞ］）では言語障害児は得点が伸びない。こうしたさまざまな言語に依存した「知識/Gc」の下位検査での得点の違いは，言語障害児の幅広い能力を理解するのに必要な臨床的な情報となる。

KABC-II のルリアモデルでは，言語知識の重みが最小限になっているだけでなく処理速度にも重点がおかれていない。KABC-II の 3 つの下位検査（［模様の構成］［パターン推理］［物語の完成］）では所要時間の記録を行う。この 3 つの下位

検査では，7歳から18歳までの対象児の場合，速く課題を終了させると1もしくは2ポイント多く得点できる。言語障害児の場合（これまでスピードを要求される課題が苦手であると考えられてきた），検査者は，KABC-II にオプションで設けられているもう1つの採点方法を選択すべきである。この採点方法であれば，（速度の得点を除外して）正答の数だけで採点できる。速さが要求されると不利になる子どもたちには，処理速度を加味しない特別な採点方法で標準得点が算出できるようになっている。

　K-ABCと同様に（Riccardi et al., 1991），言語障害児がKABC-IIでも継次＜同時のパターンを示すかどうかは，今後の研究が必要である。KABC-IIの「同時/Gv」のいくつかは，K-ABCのものとは異なっている（例：[仲間さがし]，[近道さがし]，[積木さがし]は，[視覚類推][位置さがし]に代わって新しく加わった下位検査である）。加えて，言語と非言語の差は，解釈システム（第2章参照）の第5段階である，言語と非言語の比較を実施することによって評価できる。言語障害と診断された子どもや青年を対象にした検査の妥当性が検討されなければならない。

5.2　知的障害児のアセスメント

　さまざまな遺伝的な疾患により症状の1つとして知的障害が現れる。例えば，ダウン症，ウィリアムズ症候群，ターナー症候群，脆弱X症候群，フェニルケトン尿症，自閉症などは，知的障害が関与する疾患である（Durkin & Stein, 1996）。遺伝的な要因に加えて，胎生期，周産期，出生後の感染症によっても知的障害が引き起こされる（風疹，トキソプラズマ症，ヒト免疫不全〔HIV〕，梅毒）。胎生期のアルコールや放射線などの有害物質でも知的障害が生じることがある。また，難産による出生児の脳外傷や酸欠も知的障害の原因となる。しかし，原因がどのようなものであれ，知的障害の診断基準の鍵となるのは，認知機能の低下と適応行動障害の2つである。DSM-IV-TR（アメリカ精神医学会，2000）とアメリカ精神遅滞協会（AAMR; Luckasson et al., 2002）のどちらもが，18歳以前に症状が出現すると定めている。IQで表される知的機能の基準はおよそ70かそれ以下であり，適応の障害は次の領域の2つかそれ以上で見られることが必要である。その領域とは，コミュニケーション，自己管理，家庭での役割の遂行，社会性，学力，仕事，余暇，健康，安全である。

DSM-IV と AAMR の両方が，標準化された検査は診断のさいに誤りを含むことがあるため，注意深い臨床的な判断が必要であると指摘している。いくつかの研究で，原因と症状とに関連性がある知的障害が示されている（Durkin & Stein, 1996）。例えば，ホダップ，レックマン，ダイケンズ，スパロウ（Hodapp, Leckman, Dykens, & Sparrow, 1992）は，ダウン症と脆弱 X 症候群には特異的な認知プロフィールがあることを指摘している。ベルーギら（Bellugi *et al.*）は，ウィリアムズ症候群とダウン症にも特徴的な認知プロフィールがあることを指摘している（Bellugi, Lichtenberger, Jones, Lai, & St. George, 2000）。重度の知的障害は軽度の知的障害より，原因が知られていることが多い（Durkin & Stein, 1996）。多くのケースで知的障害の原因は不明である。こうしたこともあって，知的障害者の認知パターンの研究では，被検児の病因を示さずに，さまざまな子どもを知的障害という診断でひとくくりにしている。

　知的障害の子ども（原因がさまざまか，もしくはわかっていない）の研究は，得点には個人差が少ないことを示している。例えば，ウェクスラー式検査では，動作性の成績も言語性の成績も同程度に低い値を示した（Slate, 1995; The Psychological Corporation, 2002; Spruill, 1998; Wechsler, 1991）。ビネー検査第 4 版では，「言語的推理」と「抽象的／視覚的推理」が両方とも落ち込み（Bower & Hayes, 1995），ビネー検査第 5 版では 3 歳から 25 歳までの知的障害者の言語性 IQ と非言語性 IQ がほとんど同じように低かった（Roid, 2003，表 4.12 参照）。DN-CAS（CAS, Naglieri & Das, 1997）でも得点にはほとんどばらつきが見られなかった。加えて，知的障害のある年少児の言語能力と認知能力の差は，彼らの予後を測定するうえで，一般的認知能力（一般知能）の測定以上に有益な情報を提供するとはいえない（Vig, Kaminer, & Jedrysek, 1987）。

　知的障害のある子ども（原因が同一でない）のウェクスラー式検査のプロフィールの報告は少ない（Spruill, 1998）が，WISC-R を使った 10 件の研究を検討すると，知的障害のある子どもは，「単語」，「知識」，「算数」，「類似」を含む「結晶性知識（Crystallized Knowledge）」の得点が最も低い（Harrison, 1990）。一方，WISC-R で最も得点が高いのは，「絵画完成」と「組合せ」である。しかし，この WISC-R の特徴は，新しい WISC-III や WIPSSI-III にも見られる特性ではない（Bolen, 1998; Canivez & Watkins, 2001; Lichtenberger & Kaufman, 2004）。知的障害児の全検査 IQ（FSIQ）は安定した結果を示してはいるものの，下位検査の得点や言語

性と動作性の差については安定していない（Canivez & Watkins, 2001）。

　原因が特定されている知的障害児の場合では，認知検査の結果にいくつかのパターンがあることが報告されている。例えば，K-ABC では，サンプル数は少ないものの，ダウン症や脆弱 X 症候群の子どもの同時処理の得点は継次処理の得点より高いことが示されている（Hodapp *et al.*, 1992）。[手の動作] はダウン症の子どもでは比較的強い能力であるが，脆弱 X 症候群の子どもでは弱い能力である。しかし，原因不明もしくは原因がさまざまな知的障害児の場合，K-ABC の同時処理と継次処理の得点はほとんど同じである（Kaufman & Kaufman, 1983; Obrzut, Obrzut, & Shaw, 1984）。ナグリエリ（Naglieri, 1985）も，K-ABC における知的障害児の「同時処理-継次処理の差」は正常の子どもと有意差がないことを報告している。

5.2.1　知的障害に関する KABC-II の研究結果

　KABC-II の米国版マニュアル（Kaufman & Kaufman, 2004a）には 42 人の軽度知的障害児の結果が報告されている。子どもの平均年齢は 11 歳 2 ヵ月で，FCI は 64.5（SD = 13.6）であった。この結果の SD（標準偏差）13.6 は，典型的な知的障害児群の SD よりも大きい。一般的にはこうした子どもたちを診断するにあたって厳密な得点のカットオフ（例えば IQ70 未満など）が設けられて，SD の幅が小さくなる。KABC-II マニュアルの子どもは，KABC-II で診断される前にすでに（通常はウェクスラー式検査で）知的障害と診断されていた。このようにすでに知的障害と診断されている子どもをアセスメントすると，特に最初の診断時とは違った検査が用いられた場合，平均得点が下がる傾向がある。したがって，KABC-II の FCI や他の尺度の SD は大きくなっている。

　FCI と同様に，MPI の平均得点（64.8）や NVI の平均得点（65.6）も予想通り 60 点台半ばである（図 5.4 参照）。得点プロフィールを見ると，64.5 から 72.4 のばらつきがある。NVI は 65.6 で知識/Gc の 69.1 よりもわずかに低いが，これは言語性 vs. 非言語性の比較で示されてきた結果と同じである。

　知的障害児に特徴的な下位検査の得点パターンは見つかっていないが，われわれは KABC-II の下位検査のうちで，最も得点の高い検査と最も得点の低い検査を検討した（確認ポイント 5.3 参照）。3 つの最低得点のうち 2 つが [近道さがし] と [模様の構成] によって共通に測定される同時/Gv であった。[近道さがし] も

5.2 知的障害児のアセスメント

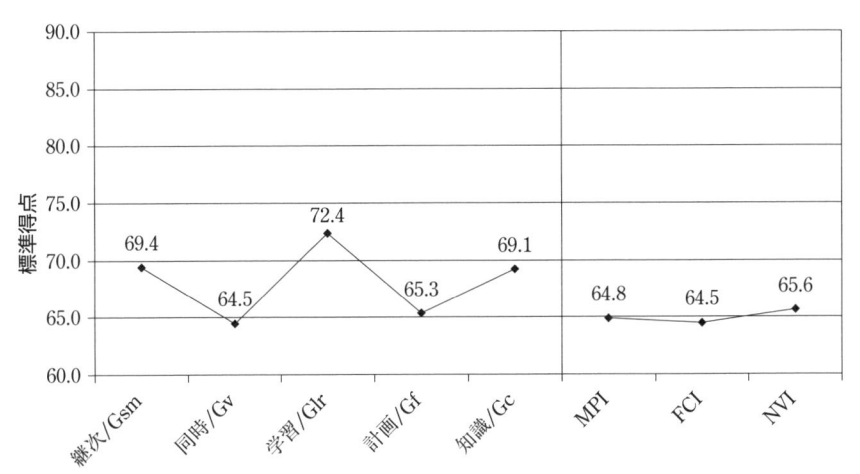

図5.4 軽度知的障害児（$N = 42$）の平均標準得点

データポイント：
- 継次/Gsm: 69.4
- 同時/Gv: 64.5
- 学習/Glr: 72.4
- 計画/Gf: 65.3
- 知識/Gc: 69.1
- MPI: 64.8
- FCI: 64.5
- NVI: 65.6

注：知的障害の子どもは定型発達児に比較して得点がかなり低い。同時と計画が最も低く，学習が一番高い。MPI, FCI, NVI の得点はこの群ではおよそ同じであった。

確認ポイント5.3

軽度知的障害児：KABC-II における最高評価点と最低評価点

	評価点
最低評価点	
近道さがし	3.4
パターン推理	3.9
模様の構成	4.1
最高評価点	
表現語彙	5.6
絵の統合	5.7
語の学習遅延	5.7

出典：流動性・結晶性指標（FCI）および評価点は KABC-II 米国版マニュアル（表8.34）より引用。
注：FCI = 64.5，認知過程指標（MPI）= 64.8，$N = 42$。

［模様の構成］も視覚処理課題であるが，［近道さがし］は実行機能と流動的推理の要素を強くもち，CHC モデルの能力の1つである（一般的な同時処理推理は演繹的推理のことをさす）。3つの最低得点のうちのもう1つは［パターン推理］の得点である。これは計画/Gf の1つで，高い実行機能と流動性推理を測定する CHC

モデルの帰納的推理能力の1つである。

　一方，得点の高い3つの検査は，知識，記憶，速い視覚的統合の能力を要求するもので，［表現語彙］（知識/Gc），［絵の統合］（同時/Gv），［語の学習］（学習/Glr）の3つである。

　知的障害児に使用するさいに生じたK-ABCの問題点は，KABC-Ⅱの開発において検討された。カンファウスとレイノルズ（Kamphaus & Reynolds, 1981）は，K-ABCは簡単な問題が十分に設けられていないため，発達の遅れた子どもたちの点数は底をついてしまうと指摘している。また，K-ABCの認知過程指標には55以下がないため，中等度の知的障害（IQが35〜55）や重度の知的障害（IQが20〜40）を診断することは難しい。KABC-Ⅱでは多くの下位検査で下限の点数が引き下げられ，これまで検査不能であった子どもたちも検査できるようになった（第2章参照）。5つの指標にはすべての年齢で低い最低点が見られ，点数は40〜51である。この得点はK-ABCの得点よりも低い（確認ポイント5.4参照）ため，知的障害の重い子どもたちの診断にも使うことができる。

　知的障害児をKABC-Ⅱによりアセスメントするもう1つのメリットは，例題やティーチングアイテムが多いことと，言語や学校で習得した知識への依存度が少ないことである。ティーチングアイテムは子どもにとって課題が理解できるだけ

確認ポイント5.4

KABC-Ⅱ最低標準得点

考えられる最も低い標準得点

年齢	Gsm	Gv	Glr	Gf	Gc	MPI	FCI	NVI
13〜18歳	49	50	48	51	48	48	47	47
10〜12歳	49	43	48	51	48	43	40	47
7〜9歳	49	48	48	51	44	44	45	40
6歳	49	52	48	—	50	48	49	46
5歳	49	40	48	—	50	40	40	40
4歳	49	40	48	—	50	41	40	40
3歳	—	—	—	—	—	40	40	40

出典：データはKABC-Ⅱ米国版マニュアル（表D.2）より引用。
注：—はデータが得られなかったことを示す。

でなく，検査者にとってもどのように子どもが指示に反応するかを見ることができる。これは，子どもへの教育的措置を提案する上で重要である。検査者のフィードバックに対する子どもの反応も学習/Glrに含まれた観点である。[語の学習]の検査では，子どもは間違った解答をするたびに検査者に訂正を受ける。[文の構成]では誤った解答でも訂正されないが，自分で誤りが訂正できるように絵とことばの関連がもう一度示される。

5.3 注意欠陥多動性障害児（ADHD児）へのKABC-IIの利用

　ここ数十年でADHDの研究は激増した。実際に，心理学情報データベースでADHDを検索したところ，5,500件もの論文が見つかった。しかし，本節の目的はこれらの論文をレビューすることではなく，ADHD児のアセスメントに関する重要な知見を集めることである。

　ADHDのアセスメントについて詳しく調べる前に，ADHDの特性について理解しておくことが大切である。ADHDと他の障害との鑑別に最もよく使われる診断基準がDSM-IV-TR（アメリカ精神医学会，2000）である。それによると，ADHDには，不注意と多動性-衝動性という大きく分けて2つの症状がある（**キーポイント**5.1は2つの症状の特徴である）。不注意とは，努力や注意を維持することが難しいことを意味する。まわりの余計な刺激による注意の散漫さをADHDの問題行動として取り上げている文献は少ない（Barkley, 1998）。保護者や教師は不注意な状態を，「日中にぼうっとしている，集中力がない，話を聞いていない，最後までやりきらない」などと表現する（Barkley, Du-Paul, & McMurray, 1990）。<u>衝動性</u>とは，行動をコントロールしたり，反応や感情を抑えることができなかったりすることを意味する（Barkley, 1997）。<u>多動性</u>とは，年齢不相応に過活動であることを意味する（落ち着きがない，そわそわする，動き回る）。ADHDは症状の数やタイプにより次の3つに分類される：① 不注意優勢タイプ，② 多動性-衝動性優勢タイプ，③ 混合タイプ。

　ADHDの症状は，子どもの年齢により特定な症状が優勢になるなど年齢による変化が見られる（Conners & Jett, 2001）。例えば，通常の3，4歳児でもある程度の不注意や多動性はある。しかし，ADHDの子どもはこの症状がもっと強く，親子の間でのトラブルが平均的なレベルを超えるようになる（症状をリストした**キーポイント**5.2は年齢別になっている）。おそらくADHDの症状は学齢期（幼

🔑 キーポイント 5.1

不注意と多動性-衝動性の症状

不注意の症状

- 学習、仕事、そのほか何らかの課題で詳細を見落としし、ケアレスミスをする
- 課題や活動で注意を持続できない
- 直接話しかけられても、聞いていないような様子である
- 言われたことを最後までやりとげられなかったり、学校での仕事や職場での役割を成し遂げることができない(反抗的な態度や指示が理解できないことによるものではない)
- 課題や活動を整理することができない
- 精神的な努力を続けることが必要な課題を避けたり、嫌ったり、参加をしぶる
- 課題や活動に必要な物を紛失する(おもちゃ、宿題、鉛筆、本、道具など)
- 外的刺激に注意を奪われやすい
- 日常的な活動で忘れっぽい

多動性-衝動性の症状

多動性
- 手や足をそこそこ動かしたり、椅子で体をもじもじさせる
- 座っていることが要求される場面や授業中に離席する
- 不適切に走り回る。高いところによじ登る(青年期や成人期のもので、落ち着かない気持ちの反映)
- 静かにレジャーを楽しんだり、参加したりできない
- いつも忙しそうで、まるでモーターで動いているようである
- よくしゃべる

衝動性
- 質問が終わらないうちに答えを言ってしまう
- 順番を待てない
- ほかの人の邪魔や妨害をする

出典:『精神疾患の診断と統計の手引き 第4版修正版』(DSM-IV-TR:アメリカ精神医学会、2000)。

5.3 注意欠陥多動性障害児（ADHD児）へのKABC-Ⅱの利用

🔑 キーポイント 5.2

幼児期，学齢期と青年期の間，青年期のADHDの特徴

幼児期の特徴	学齢期（幼児期と青年期の間）の特徴	青年期の特徴
・動き回る（登ったり，飛び込んだり，を繰り返す）	・注意がそれやすい	・規則に従わず，家族とのいさかいも多い
・興味が続かない	・取り組むべき課題以外のことにとらわれやすい	・おこりっぽく，感情が変動する
・遊び方が激しかったり，物を壊して遊ぶ	・集中力を持続しにくい	・先生や上司と問題を起こす
・親の注意を引いていたい	・衝動的	・学校の勉強がかなり遅れる
・指示に従いにくい	・攻撃的	・仲間との関係づくりがへた
・かんしゃくを起こしやすい	・ぶざけてしまう	・自己肯定感が低い
・発達的な課題を習得しにくい（トイレトレーニングなど）	・仲間との関係がさらに難しくなる	・絶望感をもつ
・睡眠時間が短い，ぐっすり眠らない		・無気力：やる気がなく，努力をする気がない
・運動や言語発達が遅れる		・運転して事故を起こしたり，暴走や車の破壊が多かったりする
・家族か困る		

出典：コナーズとジェット（Conners & Jett, 2001）より引用。
注：それぞれの年齢で記載した症状は，必ずしも診断基準を満たすわけではない。むしろ，ADHDの症状が発達的にどのように変化するのかを示すものである。

児期と青年期の間の子ども）で最も強い。学校での子どもへの要求が多くなってくると，ADHDの子どもは学習や人間関係で失敗することが多い。青年期になると過活動は減るものの，精神的な落ち着きのなさを経験するようになる（Conners et al., 1997）。衝動的な体の動きは少なくなってくるものの，集中力のなさや認知や言語面での衝動性が問題となるのである。

　ADHDのアセスメントで重要な点は，前述した行動の症状を記録することである。一般的には，面接および親，教師，子どもに記入してもらう行動評価がADHDの症状についての情報収集に利用される。しかし，可能ならば，アセスメントをしながら行動観察を行い，行動や集中力についての客観的なアセスメントができるとよい。このような行動観察では最終的な診断はできないものの，子どもの認知の問題の大きさを理解したり，対処方法を提案したりする参考資料となる（Barkley, 1998）。

　アセスメントは，ADHDの有無を判断したり，他の精神障害からADHDを鑑別したりするのに加えて，子どもの心理的・社会的問題や学習の問題を改善するために必要な支援方法を導き出すことに役立つであろう。子どもの強みや弱みを特定し，それらを支援の中でどのように活用するかを考えなければならない。

　ADHDの評価のために照会されてくる子どもをアセスメントするうえで大切なものは認知検査のデータであり，子どもの強みと弱みを知るのに重要である。しかし，認知検査は，ADHD児の発見や読み障害の子どもとの鑑別を的確にするものではない（Barkley, 1998; Schwean & Saklofske, 1998）。例えば，ウェクスラー式検査の「転導性からの解放因子」に違いがあることが知られているものの，これによりADHDの子どもとそうでない子どもをいつも一貫して区別できるわけではない（Anastopoulos, Spitso, & Maher, 1994; Barkley et al., 1990; Golden, 1996）。認知検査はADHDの特徴を発見するのに役立つわけではない（Barkley, 1998）が，認知検査の結果は子どもの障害の程度を明らかにし，子どもの問題に関わる要因を説明する手助けとなりうる。

　学習障害にはADHDが併発することが多く，認知検査はADHDに学習障害が併存するかどうかを知る手がかりとなる。一般的に，ADHDの子どもは知的発達が遅れる傾向にある。標準化されたIQテストでは定型発達児に比べ平均点が7〜15ポイント下回る（Faraone, Biederman, Lehman, & Spencer, 1993; Fischer, Barkley, Fletcher, & Smallish, 1990）。しかし，ADHDの子どものIQは，知的能力

5.3 注意欠陥多動性障害児（ADHD児）へのKABC-Ⅱの利用

が優れている子どもから平均以下の子どもまで幅広い範囲にある（Barkley, 1998; Kaplan, Crawford, Dewey, & Fisher, 2000）。ADHDの子どもが認知検査で得点が低かった場合，それがどの程度，不注意や衝動性のためであるのかを判断しなければならない。また，ADHDには学習障害が併発することが多いため，低いIQは学習障害による可能性がある（Bohline, 1985; Seidman, Biederman, Monuteaux, Doyle, & Faraone, 2001）。

ADHDのある学習障害児では，8～39%に読み障害が，12～30%に算数障害が，12～27%に書き障害（スペリングの障害）が見られる（Frick et al., 1991; Faraone et al., 1993; Barkley, 1990）。学習障害が合併しないと診断されているADHDの子どもでも，学習不振の傾向がある。教室での不注意，衝動性，落ち着きのなさが，学習上の効率性，正確性，達成度を落ち込ませることになる。ADHDの症状を薬によって治療した研究では，学業上の生産性と正確性をかなり高めることが報告されている（Barkley, 1997; Rapport, DuPaul, Stoner, & Jones, 1986）。薬による治療が行われても，ADHDの子どもの56%が学校での学習に個別的な支援が必要である（Barkley, 1998）。

知能や学業成績に加えて，もっと詳細な認知機能の研究もなされている。ADHDの子どもを対象にする臨床家や研究者が特に注目するのは，ワーキングメモリーとプランニングの2つである。ADHDの子どもにはワーキングメモリーの障害があることが明らかになっている。ワーキングメモリーの障害は，複雑でたくさんの言語情報を保持しなければならない状況で顕著となる（Seidman, Biederman, Faraone, & Milberger, 1995; Seidman, Biederman, Faraone, Weber, & Ouellette, 1997）。言語性のワーキングメモリーの結果ほど一貫してはいないが，非言語性のワーキングメモリーにも障害があることが研究によって示されている。例えば，K-ABCの［手の動作］の下位検査で，ADHDの子どもは定型発達児より検査者の手の動作の模倣が苦手である（Breen, 1989; Grodzinsky & Diamond, 1992; Mariani & Barkley, 1997）。K-ABCの下位検査［手の動作］がADHDの子どものアセスメントに役立つことを初めて発見したのは，バークレイ（Barkley, 1990）の博士課程の学生が行った実験であった。この検査がADHDのアセスメントに敏感である理由は，ADHDの子どもは課題への注意が足りないことと同時に，細かな運動のコントロールが苦手であるという，周知の特徴があるからである。こうした特徴は課題が長くなればなるほど顕著である。バークレイによるADHDのハイ

ブリッドモデルでは，[手の動作]の下位検査の得点が低いのは，ワーキングメモリーの実行能力の問題により生じていると考えられている。このバークレイの理論の追試を行った研究では，ADHD のアセスメントに[手の動作]の下位検査が有効であることを支持する研究（Denny, 1997）と支持しない研究（Cantrill, 2003; Perugini, 1999）とがあり，バークレイは[手の動作]の下位検査は ADHD 子どもの発見に信頼性はないと結論づけている。

ADHD の子どもは，あと知恵，見通し，プランニングでも問題があることが知られている（Brady & Denckla, 1994; Pennington et al., 1993; Weyandt & Willis, 1994）。したがって，こうした能力がどの程度 ADHD を予測できるかが検証されている。例えば，前頭葉の実行機能を検討する神経心理学的な研究（Perugini, Harvery, Lovejoy, Sandstrom, & Webb, 2000）では，テストバッテリーの得点が低い場合，71％の確率で ADHD の予測ができることが示されている。しかし，先行研究（Doyle, Biederman, Seidman, Weber, & Faraone, 2000; Grodzinsky & Barkley, 1999; Lovejoy et al., 1999; Matier-Sharma, Perachio, Newcorn, Sharma, & Halperin, 1995）により，得点が低くない場合，高い信頼性をもって ADHD を除外することはできないことも示されている。マーワンら（Mahone et al., 2002）は，平均レベルの IQ の ADHD 児であれば，実行機能の測定により定型発達児から鑑別することができるが，IQ が平均以上の ADHD 児の場合は実行機能で鑑別することができないことを明らかにしている。実行機能と知能とに関連性があることから，研究者たちは実行機能を単独で取り扱ってはいけないと結論づけている（Denckla, 1994; Mahone et al., 2002; Murphy, Barkley, & Bush, 2001）。

5.3.1　ADHD についての KABC-II の知見

DSM-IV-TR の診断基準により ADHD と診断された 56 人の子どもに KABC-II を実施した。70％が男児，73％が白人，平均年齢は 5 歳 11 ヵ月であった。ADHD 群は，性別，民族，親の教育レベルにマッチングさせた定型発達児群と比較された。

ADHD 群は KABC-II のすべての下位検査で同程度の標準得点であった。MPI と FCI の平均は 93，各尺度の標準得点は同時/Gv が 92.5，学習/Glr と知識/Gc の両方が 95.9 と，狭い範囲に分布した。ADHD 群は定型発達児群に比べ，すべての尺度で有意に得点が低かった。これは，K-ABC から KABC-II を開発するさいに，

カウフマン夫妻がワーキングメモリーと実行能力に重点をおいて、高いレベルの認知能力を評価することを目的としたからである。確かに、各尺度を構成する下位検査のなかにはワーキングメモリーの力が必要なものがある。［語の配列］（同時/Gv）は色の阻害情報をうまく扱わなければならない、対刺激の関連性を記号化して記憶することが必要な学習/Glr、仮説をつくって実行機能を働かせる同時/Gv と計画/Gf（［近道さがし］［パターン推理］［物語の完成］）、さまざまな観点を統合する［なぞなぞ］（知識/Gc）などである。

実行機能とワーキングメモリーの障害（Brady & Denckla, 1994; Mahone *et al.*, 2002; Perugini *et al.*, 2000; Seidman *et al.*, 1995; Seidman *et al.*, 1997）のため、ADHD 児は KABC-II のすべての検査課題が難しく、定型発達児に比較して全検査で得点が低いという、ばらつきのない結果となる。

5つの尺度にばらつきが少ないことと同様に、下位検査でのばらつきも少ない。最も高い得点と最も低い得点との差はわずか1.2ポイントである。(**確認ポイント**

確認ポイント5.5

ADHD の子ども：最低評価点と最高評価点

	評価点
最低評価点	
積木さがし	8.4
数唱	8.8
語の配列	8.8
手の動作	8.8
近道さがし	8.8
最高評価点	
模様の構成	9.3
文の学習	9.3
パターン推理	9.3
表現語彙	9.3
理解語彙	9.4
絵の統合	9.6

出典：流動性-結晶性指標（FCI）および評価点は KABC-II 米国版マニュアル（表8.36）より引用。
注：FCI = 93、認知過程指標（MPI）= 92.5、N = 56。

5.5参照)。最低が［積木さがし］の8.4で最高が［絵の統合］の9.6である。［近道さがし］以外の継次/Gsmに含まれる下位検査はすべて得点が最も低い検査である。

今後の研究は，ADHDと診断された子どものKABC-Ⅱのプロフィールが特定なパターンを示すのか，フラットな（検査間に差がない）のかを明らかにしなければならない。しかし，バークレイ（1998）は，認知検査のプロフィールがADHDの診断に有効であるとはいえないと指摘する。テストバッテリーが臨床家に提供する最も重要なものは，子どもが異なった課題にどう取り組むのかの標準化された観察情報である。これは，注意の問題を抱える子どもを扱う場合には特に重要である。

実行機能とワーキングメモリーに重点をおいているKABC-Ⅱは，臨床家に豊富な行動観察の機会を与える。特に，［近道さがし］と2つの学習/Glr，2つの計画/Gfはワーキングメモリーを使って問題解決を行う課題であるため，子どもは課題ができたりできなかったりする。また，［語の学習遅延］は，子どもの不注意が新しい情報を20分後まで記憶しておくことに，どの程度支障があるのかを評価する手がかりとなる（注意に問題のある子どもは，途中に差し挟まれる課題が対刺激の保持に困難さをもたらすものであろうか？）。加えて，KABC-Ⅱは行動観察シートにより構造化した行動観察ができる。

KABC-Ⅱのこのような特徴はすべて，注意の障害の疑われる子どもの評価に有効である。しかしながら，KABC-Ⅱを臨床で有効に活用するためには，ADHDと診断された子どもの，もっと多くのデータが必要である。特に重要なのは，服薬中とそうでないときとの両方でアセスメントを行った研究である。というのも，服薬中の検査結果が子どもの能力を最も正確に示しているものと考えられるからである（不注意，多動性，衝動性が強い場合，結果の信頼性が低いと考えられる）。

5.4 学習障害児の判断

米国では，特異的学習障害（SLD）のある子どもは280万人で，個別障害者教育法（IDEA）（特別支援教育課，2004）に基づき特別支援教育を受けている子どもの約51％に当たる。こうした子どもの判断や特別なニーズに応じるシステムは，IDEAの見直しと「落ちこぼし防止法（No Child Left Behind Act）」（NICHCY，2004）により，通常の教育のなかでニーズを扱うように設計している。

5.4 学習障害児の判断　169

　本章を執筆中に，上院と下院の両方で IDEA 見直し法が通過し，委員会が新旧の違いを調整している。この見直しが州ごとに施行されることになれば，心理士による SLD のアセスメントに影響を与えることになる。というのも，知能とアチーブメント（学力）とに差があるという理由により，SLD を診断できないからである。

　上述したように，本書が印刷段階にあるとき，上院および下院議員からなる委員会が構成され改正個別障害者教育法がまさに検討されている。第 108 国会での閉会まで数日しか残されていないために，この国会中に新しい法案が作成されるかどうかはわからない。しかし，どのような状況であれ，州レベルでの施行ガイドラインはしばらくは整わないであろう。

　近年の新しい法律の制定や法律の改正で，特別支援教育のいくつかの観点が大きな批判の対象となり，急激な変更がなされた。教育，特別支援教育，学校心理学の分野は，現在 SLD の見分けに利用している知能とアチーブメント（学力）との差の記述を，書類から削除する準備を行っている。というのも，国会で審議されている IDEA の改正版は，知能とアチーブメント（学力）との差を学習障害児の診断に使用しないで，RTI（子どもへの指導に対する反応）を診断に用いる可能性があるからである。

　なぜ知能とアチーブメント（学力）との差が削除されたのかについての説明は他に委ね（Common Ground, 2000），本書で改めて記述することはしない。しかし，なかには，知能とアチーブメントとのディスクレパンシーモデルが失敗したのは IQ 検査の利用にあると指摘する者（Stanovich, 1999; Velluntino, Scanlon, & Lyon, 2000）もいる。本書の著者も認知アセスメントの分野の著名なリーダーも，能力とアチーブメント（学力）のディスクレパンシーモデルの信憑性に疑いを抱いてきた。しかし，「認知検査の重要性については疑いをもっているわけではない」（Flanagan & Kaufman, 2004; Kaufman & Kaufman, 2001; Lichtenberger, Mather, Kaufman, & Kaufman, 2004; Miller, 2004; Naglieri, 1999; Reynolds & Kamphaus, 2003）。実際に，認知能力の評価の有効性は学校心理学や神経心理学でも確立されている（Bigler, Nussbaum, & Foley, 1997; Reynolds & Kamphaus, 2003; Rourke, 1989; Spreen, 2001）。イメージング法や心理測定法が推奨されて，無理なく利用できるようになることにより，脳と行動とに直接的なつながりがあることが盛んに示されている。

> **確認ポイント 5.6**
> **特異的学習障害の定義**
>
> 特異的学習障害とは,話し言葉や書き言葉を理解する,もしくは使用するという心理的機能のうちの1つ以上に問題があることであり,結果的に,聞く,話す,読む,書く,つづる,計算するなどの能力が低いものである。視知覚の問題,脳外傷,微細脳損傷,読み障害,小児失語症を含む。ただし,視覚障害,聴覚障害,運動障害,知的障害,情緒障害,環境,文化,経済的不利などが第一の要因となって生じる学習の問題は含まない。
>
> 出典:連邦官報42, p. 60582より。

　SLDの見分け方に変化が起こっているとはいえ,SLDそれ自身の定義は変更の標的にはなっていないことから,内容はほとんどそのままである(確認ポイント5.6参照)。改正個別障害者教育法によるSLDの定義——すなわち,SLDの子どもは1つ以上の基本的な心理過程の障害を有している必要がある——に変更はない。しかしSLDの診断に必要である,障害された認知過程を見分ける方法の推奨はしていない。したがって,各州ではリーダーたちが診断とアセスメントの方法との差を埋める必要がある。それゆえ,新しいIDEAが使われるようになるためにはまだ時間がかかるであろう。

　子どもの障害のアセスメントは包括的な評価に基づかなければならないという点では,意見は一致している。2002年,いくつかの団体が集まって(Common Ground, 2002) SLDのアセスメントについてのこれまでの知見を検討し,次のような統一見解に至った。

> 　SLDの見分けは対象者中心の評価と対象者にSLDがあることが効率的に見分けられるわかりやすいアセスメントによる問題解決型のアプローチでなければならない。参加者は,SLDの臨床的判断には複数の検査(測度)・方法・情報源を利用してIDEAが要求している包括的アセスメントを行う必要があるという現在のIDEAの考え方を支持する。円卓会議で提案されたアセスメントのさいの情報源には,次のようなものがある。教師や家族へのインタビュー,標準化検査,教師の記録,子どもの作品,子どもの通知表,観察,継続的な子どもの行動の記録である。この見解は,単独の尺度や情報源だけでSLDの子どもを正確かつ信頼性をもって診断できないという考え方に

従ったものである。包括的な評価は子どもの強い能力と弱い能力の正確な評価を提供し，子どもに必要なサービスや指導を決定する手がかりとならなければならない（p. 10）。

学級において困難を経験している子どもたちの認知機能を評価する方法は数多く，複数の手段を用いる多面的アプローチが最も適切であると考えられる。これまでもそして現在でも，認知検査の結果のみでSLDの子どもに対してなされる学習支援がどの程度適切であるかを予測できないことが，多くの研究結果により示されている。しかし，子どもの強い能力と弱い能力とを測定できる認知検査は包括的なアセスメントに最適であり（Teeter, 1997），KABC-IIのような検査は子どもの認知処理機能を明らかにすることができることから，今後包括的アセスメントに利用されるであろう。もちろん，すでにこのような検査バッテリーは大規模で包括的で心理的なアセスメントには使われている。

改正個別障害者教育法の最終的な記述がどのようなものになるとしても，介入方法を導き出すためには包括的なアセスメントが必要であることは明らかである。というのも，SLDの子どもが照会されてきたときに必ず質問されるのが，「どこに問題があるのですか？　どこが悪いのですか？」「どのように支援すればよいのですか？」というものだからである。このような質問は鑑別診断を要求しており，その大部分は子どもの認知能力のアセスメントによって決まってくる。

包括的なアセスメントは部分的なアセスメントより役立つものである。長年，SLDのアセスメントは尺度の一部分だけを用いて行われてきた（IQ得点と学力の得点など）。現在，多くの人が包括的なアセスメントの再構築を求めている。これはカウフマン夫妻によって開発されたK-ABCによって始められ，KABC-IIの設計と製品にもまた反映されている。

5.4.1　K-ABCによるSLDの研究

K-ABCはSLDの研究に数多く用いられてきた（これらの研究内容の要約は，Kaufman & Kaufman, 2001; Lichtenberger, 2001 Lichtenberger, Broadbooks, & Kaufman, 2000を参照）。SLDの子どものK-ABCの結果は一貫していない。いくつかの研究はSLDの子どもは同時処理の得点より継次処理の得点が低いことを示している。このことは，SLDの子どもは生来分析的で言語的な継次的情報処理

が比較的苦手であることを表す。しかし，同時処理と継次処理とに違いがないことを示す研究もある。

1999年のチョーとスカイ（Chow & Skuy）の研究は，研究結果が一定しない理由を知る手がかりとなるかもしれない。チョーとスカイ（1999）は，ある特定のサブタイプの学習障害児を対象に検査結果を検討した。対象となった子どもは非言語性学習障害児（NVLD）であり，同時処理が苦手で，聴覚的情報処理を比較的得意とし，言語を丸暗記するという特徴をもっていた（Lichtenberger et al., 2000）。バイロン・ルークとその同僚（Byron Rourke & colleagues）は1990年代のNVLDの定義に関わる研究を調査し，サブタイプのパラメーターが決定的に関係していることを明らかにした（例：Rourke, 1998）。チョーとスカイは，NVLDとNVLDとは反対のプロフィールを示す言語性学習障害児（LLD）を比較した。K-ABCの結果は，NVLDの子どもは継次処理より同時処理の得点が低く，一方，LLDの子どもは同時処理より継次処理の方が低いという逆の結果を示した。興味深いことに，両者は認知処理過程尺度で同程度の得点を示した。チョーとスカイの研究（1999）は，K-ABCを用いて学習障害の特異的なサブタイプ別に子どもの行動に関する研究を行いその特性を解明する必要性を示すとともに，学習障害にサブタイプが存在することを支持する結果となった。

5.4.2 SLDとKABC-II

ここでは，KABC-IIをSLDに実施した研究を取り上げる。

研究の概観

SLD児にKABC-IIを実施した研究は，出版直前に3つの研究が報告されている。それらは，読み障害児の研究，算数障害児の研究，書き障害児の研究である（Kaufman & Kaufman, 2004a）。これらの研究の結果は，グループ間に興味深い類似性があることを示している。例えば，3つのグループはどのグループも定型発達児群と比較して，それぞれの検査の得点が有意に（$p < .001$ レベルで）異なっていた。いくつかの尺度において，顕著な差異があれば，障害を疑うということは理にかなっているであろう。それぞれのグループの障害特性が，特定の検査で低い得点として現れると考えれば，この特徴も納得できる。すべての3つのグループはある尺度が他の尺度よりも差異が大きく，KABC-IIの尺度間に差のない標準

化サンプルとは顕著に異なっていた。検査全体を眺めると，検査間の得点の差には大小があるものの，SLD児に見られる差は定型発達児の差に比較して大きかった。したがって，SLDの子どもを仮定することは適切であり，KABC-IIのすべてにおいて，障害のない同年齢の子どもたちとは異なる行動をとるだろう。SLD児のKABC-IIの得点は，SLDのない子どもとはかなり異なると予想できる。

　この3つのグループに関する研究から示されたことは，3つのグループすべてで，同時/Gvの平均得点が他の尺度の得点の平均よりわずかに高いことであった（確認ポイント5.7参照）。同時より継次の得点がわずかに低いという現象は，K-ABCでも長年観察確認されてきたことであった。しかし，学習/Glr，計画/Gf，知識/GcはKABC-IIの新しい尺度であるので，今後の研究によりK-ABCに見られたのと同じ特徴がKABC-IIでも継続して見られるかどうかは興味深い。

　もう1つの明らかな特徴は，標準得点は79.3～82.6の範囲内にあり（図5.5参照），3つのグループはMPIとFCIにほとんど違いがないことである。したがって，これらの研究対象となったSLD児は定型発達児よりもかなり得点が低いものの，グループ間でそれぞれの違いがあるわけではないといえる。3つのグループでKABC-IIのプロフィールが類似している理由は，これらのグループは純粋に1つの障害でないことであろう。算数障害のある96人のうちの81％に読み障害があり，同様に書き障害のある子どもにも34％に読み障害があった（M. H. Daniel, personal communication, May 26, 2004）。

　この3つのグループの学習/Glrの得点は特に興味深い。学習/Glrの開発にはさまざまな理由があったが，まずは，ダイナミックで相互的な状況における子どもの学習能力を評価するためであった。これは，教師（ここではKABC-IIの検査者であるが）の助けのもとで教師と一緒に学習する経験をもたらす機会を，子ども

確認ポイント5.7
3つのSLD児グループの同時尺度と継次尺度の差

算数能力	読み能力	書き能力
0.9	2.7	3.1

出典：カウフマンとカウフマン（Kaufman & Kaufman, 2004a, 表8.31, 8.32, 8.33）より引用。

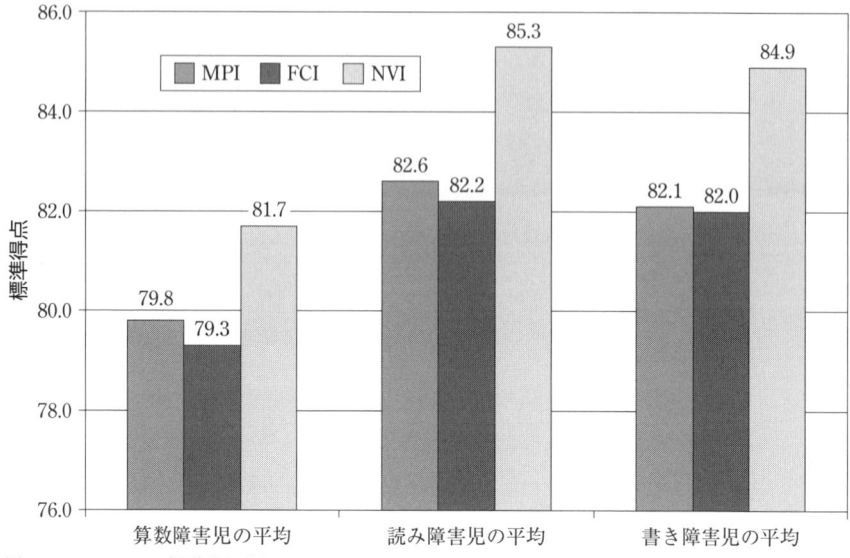

図5.5 3つのSLD児群それぞれのMPI，FCI，NVI

　に与えるよう作られている。
　学習/Glrは要求度の高い尺度である。というのも，すべての認知処理を同時に働かせなければならないからである。子どもは聞いて，系列的に段階的に情報を整理するという継次処理能力を使わなければならない。また，子どもは視覚刺激を見て，整理して，記憶するという同時処理能力も使用しなければならない。さらに，情報処理に優先順位をつけるという計画能力も使用しなければならない。学習/Glrのために使うすべての処理過程は，（継次/Gsmと同時/Gvで測定される）脳の第一，第二機能単位が（計画/Gfで測定される）第三機能単位に働きかけ，第三機能単位から指示を出し，興味を満たす機能的調和である。これらの領域のどこで起こる障害もそれぞれの尺度の得点に影響し，さらにこれらの領域のすべてを使う学習/Glrの得点にも影響することになる。
　KABC-Ⅱの学習障害研究グループは，KABC-Ⅱのすべての尺度で困難があることを示した。そして，最終的には，学習/Glrの遂行困難と［語の学習遅延］課題で一貫してすべての尺度の困難さを示した。もちろん，これはグループとしての結果であり，個々の子どもの得点パターンはそれぞれ異なっていた。実際に，SLD児に固有の認知処理パターンがあるという研究報告はない（Lichtenberger，

2001)。しかし，得点が低いなかでも特定な問題が見られるのではないかと考えられるので，今後の研究により SLD のどんなサブタイプが学習/Glr における特徴的な成績を示すのか，興味深いところである。

1つ注目しておきたいのは，どの SLD 児のグループも，知識/Gc の得点が他の尺度の得点と同等であることである。知識/Gc は K-ABC の習得度尺度の構成に最も近いが，両者にははっきりとした違いがある。KABC-II の知識/Gc には，K-ABC に含まれていたアチーブメント（学力）を示す尺度（読みと算数）は含まれていない※。さらに，7～18歳の知識/Gc の得点は，本質的には理解のみを扱った下位検査［表現語彙］と一語で答える下位検査とがあるだけである。通常は，SLD 児には（知能と学力との差に見られるような）差が見られるのではないかと推測されるであろう。しかし，差がない理由は，KABC-II の知識/Gc は理解を測定しており，他の言語性のアチーブメント（学力）検査が実施してきたような，複雑なことばによる反応を子どもに求めないからであろう。加えて，知識/Gc の基本検査である［なぞなぞ］は，結晶性知識とともに高い流動性推理の能力を要求している。また，カウフマン夫妻が，特に学校で教えられたというより，毎日の生活のなかで必要とされる事実や言語的概念を3つの知識/Gc の下位検査で測定しようとしたことも，その理由として考えられる。

以上をまとめると，KABC-II の3つの SLD の研究は，SLD 児が KABC-II のすべての尺度で平均以下の遂行状況を示した。これは，定型発達児と比較すると有意に低い得点であった。さらに，SLD 児のグループは，同時/Gv が継次/Gsm に比較してわずかに高かったものの，KABC-II を構成するすべての尺度においてほとんど同程度の得点を示した。前述したが，3つのグループ学習障害児が同じようなプロフィールを示したことには，すべてのグループに読み障害のある子どもが存在した（書き障害児のグループに 34%，算数障害のグループに 81%）ことが関係しているであろう。

5.4.3 KABC-II による読み障害の研究

141人の読み障害のある子どもを対象に研究が実施された。研究の対象児は知的能力と読み能力の検査結果とに大きな差のある子どもであった。平均年齢は

※（訳注） 米国版 KABC-II の場合，アチーブメント（学力）の測定は KTEA-II によってなされる。

13.2歳（SD＝36ヵ月），男児83人，女児58人，さまざまな社会経済レベルおよび多民族の子どもであった（詳細はKABC-IIの米国版マニュアルを参照）。

歴史的には，読み障害のある子どもはK-ABCの継次処理に問題があり（例：Hooper & Hynd, 1982, 1985; Kamphaus & Reynolds, 1987; Lichtenberger, 2001; Lichtenberger et al., 2000），脳の左半球の機能に関連した処理（James & Selz, 1997; Lyon, Fletcher, & Barnes, 2003; Reynolds, Kamphaus, Rosenthal, & Hiemenz, 1997）が難しいことが示されている。KABC-IIで検査した読み障害児の場合，定型発達児のグループに比べ，継次/Gsmで約1標準偏差下回ったが，その他のすべての尺度でも得点が下がっていた。確認ポイント5.8に，読み障害児だけでなく，算数障害児および書き障害児の得点も示す。

過去の研究でも，特に言語に関連した障害のある子どもの場合，継次/Gsmの得点は同時/Gvの得点より低いことが繰り返し示されてきた。この傾向は，KABC-IIの研究の対象児にも見られたが，同時処理と継次処理との差は小さかった（2.7ポイント，確認ポイント5.8参照）。

すべての尺度で得点が低いということは，アチーブメントにおいてどのような意味をもつのであろうか？　確認ポイント5.9にKABC-IIと一緒に標準化されたカウフマン式学力検査改訂版（KTEA-II）のSLD児の得点を示す。

全体的には，読み障害のある子どものKTEA-IIのすべての尺度において定型発達児と比較して有意に（$p < .001$ レベルで）差異があった。予想通りであるが，最

確認ポイント5.8

算数障害児，読み障害児，書き障害児のKABC-IIにおける平均標準得点

KABC-II下位尺度	平均		
	算数障害児	読み障害児	書き障害児
継次/Gsm	83.7	85.4	84.6
同時/Gv	84.6	88.1	87.7
学習/Glr	83.7	84.3	83.9
計画/Gf	82.7	86.8	86.8
知識/Gc	82.0	84.8	85.2

出典：カウフマンとカウフマン（Kaufman & Kaufman, 2004a, 表8.31〜8.33）より引用。

確認ポイント5.9

算数障害，書き障害，読み障害における，
カウフマンアチーブメント尺度改訂版（KTEA-II）の各検査の平均標準得点

KTEA-IIの下位尺度	平均		
	算数障害	書き障害	読み障害
読み尺度	76.8	77.4	76.9
算数尺度	77.2	81.1	81.2
書き言語尺度	77.2	77.5	77.5
口頭言語尺度	82.6	84.7	85.0
音シンボル尺度	77.9	78.5	77.9
読みの流暢性尺度	77.7	77.5	77.4
表出尺度	76.8	77.3	76.7
口頭表現における流暢性尺度	85.7	88.2	87.1
包括的学力	**76.1**	**78.3**	**78.4**

出典：カウフマンとカウフマン（Kaufman & Kaufman, 2004b, 表 7.32～7.34）より引用。

も得点の低い尺度は「表出」(76.7)で，続いて近似値の「読み」(76.9)であった。両方の尺度とも定型発達児とは22ポイントの差があった。これらの値に続いて低いのが読み能力に関係する尺度である，「口頭表現における流暢性」(77.4)と「書き言語」(77.5)であった。

KTEA-IIの読みの下位検査はKABC-IIの結果の解釈にどのような意味をもつのであろうか。ここ数年，音韻認識の研究が盛んに行われているが，音韻認識のスキルが表出や口頭表現における流暢性にかなり関連していることが示されている（Teeter, 1997）。さらに，脳波やその他の神経画像法やイメージング法でも，脳には継次処理で測定されるスキルや音韻認識の要素的スキルに関連する脳の特定の部位があることが示されている（Harmony, 1997; Lyon *et al.*, 2003）。したがって，検査者は，読みの問題があるために照会される子どものKABC-IIの継次/Gsmの得点をきちんと把握し，それらがKTEA-IIの音韻認識や音読のスキルとどれだけ関連しているかを検討することが必要である。この分析は，検査者にとって読み障害の原因を知ることができるうえに，エビデンスに基づいた処方的介入方法を考える手がかりにもなる（Naglieri, 2001; Teeter, 1997）。継次/GsmをKTEA-IIと統合する方法については，本章の5.7節で取り上げる「KABC-IIとKTEA-IIの

統合」の箇所で詳しく説明する。

　要約すると，KABC-II および KTEA-II での読み障害児と定型発達児の比較研究では，2 つのグループには検査のすべての尺度で有意な差があることがわかった。読み障害児は，全体的に処理能力が低く，それらは読み表出，流暢性，読み理解スキル，ことばの口頭表現を測定する学力検査の成績が低かったり，ことばによる表現が平均より低かったりすることからもわかる。

5.4.4　KTEA-II による算数障害の研究

　96 人の算数障害のある学習障害児に KTEA-II を実施した。対象者は男児 59 人，女児 37 人でさまざまな社会経済レベルおよび多民族の子どもであった（詳細は KABC-II のマニュアルを参照）。

　算数障害児のグループは，読み障害児や書き障害児よりも定型発達児のグループとの差が大きかった（Kaufman & Kaufman, 2004a, pp. 126 ～ 128）。算数障害児の尺度の得点のばらつきは大きくはなかった（82.0 ～ 84.6，**確認ポイント 5.8 参照**）ものの，定型発達児と算数障害児で最も大きな得点差があった尺度は計画/Gf であった（差は約 16 ポイント）。この得点の落ち込みはめずらしいことではなく，多くの研究で介入の対象となっている能力である（Montague & Bos, 1986; Rourke, 1989; Strang & Rourke, 1985; Teeter & Semrud-Clikeman, 1998）。これらの研究は，認知アプローチ，メタ認知アプローチ，問題解決のルール学習，フィードバックを伴ったステップバイステップの問題解決型学習などが，算数障害や算数の問題を解く助けになることを明らかにした。

　KABC-II の得点は，学力の測度とどのように関係しているのであろうか。この比較をするために，このグループの KTEA-II の得点を**確認ポイント 5.9** に示した。予想通り，このグループの子どもは「算数尺度」の得点が低かった（77.2）。しかし，「読み尺度」や「書き言語尺度」の平均得点もまた約 77 と低かった。KTEA-II におけるすべての領域での得点が平均以下であるという特徴は，疑いもなくグループの 81％の子どもに，算数障害に加えて読み障害があることを反映していると考えられた。おそらく，算数障害児の書き言葉の弱さは，両方の教科が情報の計画と整理に依存していることに関係しているであろう。これが KTEA-II で計画/Gf が比較的低い得点として現れている理由であろう。

　以上をまとめると，KABC-II と KTEA-II における算数障害児と定型発達児と

の比較研究では，どちらの検査においてもすべての尺度の得点に2つのグループ間に有意な差が見られた。算数障害児は全体的に情報処理能力が低いことが結果的に算数，読み，書きを測定する学力検査においてかなり得点を低くさせている。

5.4.5 KABC-Ⅱによる書き障害の研究

書き障害のある学習障害児122人を対象にした研究が実施された。対象は76人の男児，46人の女児でさまざまな社会経済レベルおよび多民族の子どもであった（詳細はKABC-Ⅱのマニュアルを参照）。**確認ポイント5.8**にKABC-Ⅱの尺度プロフィールを示した。

書き障害のある対象児の3分の1に読み障害があることを考えると，書き障害児のプロフィールが読み障害児のプロフィールに類似していても驚くことではない。最も得点の高い尺度は同時/Gvで，続いて計画/Gfが高かった。しかし，このグループも尺度の得点の範囲（ばらつき）は4ポイント未満で狭かった。

このグループの最も低い得点の尺度は学習/Glrであった。書き言葉は情報を統合しなければならないだけでなく，題材の変化に応じて素早く考えを変化させていかなければならないということを要求する点で，受検者に大きな負担となる。この活動のタイプはすべての認知機能システムと学習/Glrがおそらく「継次」，「同時」，「計画」の全般の問題を生じさせている。実際に，書き障害児へのエビデンスに基づいた介入技術は，認知機能やメタ認知機能ストラテジーに基づいていることになる（Teeter, 1997）。

書き障害は学力検査にどのように反映されるのであろうか。**確認ポイント5.9**にKTEA-Ⅱの得点を示す。書き障害児群は「読み表出尺度」の得点が最も低かった（77.3）。続いて，「読み尺度」（77.4），「読みの流暢性尺度」（77.5），「書き尺度」（77.5）の順であった。このグループの子どもたちは，読むことも書くことと同じように困難であった。繰り返すが，このグループの子どもの34％に顕著な読み困難があったからである。また，同様に読み障害児群と書き障害児群の両方に見られる強い達成度を示す領域は，「口頭表現における流暢性尺度」であった。

書くという処理に要求される継次処理，同時処理，学習能力，計画能力のすべてにわたる問題は，これらの領域の治療を支持する介入ストラテジーをたしかに必要とする。エビデンスに基づく支援方法が，ボスとバン・ロイセン（Bos & Van Reusen, 1991），イングラート（Englert, 1990），グラハムとハリス（Graham &

Harris, 1987）によって示唆されてきた。これらの介入は，書き課題を整理し，組み立て，編集し，書き直すことを助ける認知もしくはメタ認知のストラテジーに焦点をおいている。

以上をまとめると，KABC-II と KTEA-II を用いた書き障害児群と定型発達児群との比較研究では，どちらの検査でもすべての尺度の得点に有意な差異があることを明らかにした。書き障害児群は全体的に情報処理能力が低いことが，結果的に算数，音読，書き，読みの流暢性を測定する学力検査で音読の教科におけるテストでかなり成績を低くさせていることを明らかにしている。

5.4.6 結　論

KABC-II と KTEA-II を用いて，知能と学力を直接比較することの有効性が証明されなければならない時期がきている。幸運なことに，SLD 児の診断の強調点が，知能と学力の差の分析から，どこに問題があるのかの分析に変わってきている。つまり，包括的なアセスメントである。SLD の定義はここしばらくは変更される予定はない，したがって，除外による診断がしばらくは続くであろう。SLD の診断を行うためには，学習の困難さが情緒的，社会的，身体的，文化的要因の一次的な原因ではない，さらに，すべての領域を保証する包括的なアセスメントでこれらを明白にし，こうした要因のある者をまずは診断から除外しなければならない。そして同様に重要なことは，包括的アセスメントの第二段階で，子どもの強い認知処理能力と弱い認知処理能力を詳細に明らかにしなければならないことである。これは現在存在する中で最も良い検査ツールを用いて実施されなければならない。幸いなことに，現在は，主な検査バッテリーの改訂期にあり心理測定的には最高の時期ともいえよう。

包括的なアセスメントにおいて，第一，第二の段階と同様に重要である第三の段階は，子どもの強い能力と弱い能力に直接関連したエビデンスに基づく支援対策の作成の段階である。子どもの弱い能力は神経心理学的研究で報告されつつある。こうした研究は強い能力もしくは弱い能力のいずれにも対応しうる指導ストラテジーを開発することにつながるし，脳の発達の臨界期を明らかにしていくことにも役立つ（Teeter, 1997）。

行動と脳には関連がある。そして脳と行動の研究はアセスメントの過程に情報を提供する。KABC-II も KTEA-II もどちらも脳と行動の理論と研究に基づいて

おり，これらは包括的アセスメントの過程とエビデンスに基づいた介入の研究を支持し続けるであろう。

5.5 民族グループのアセスメント

　知能検査に文化の影響が出る可能性は，知能検査の歴史のなかで長い間激しく論議されてきた（Jensen, 1980; Lichtenberger & Kaufman, 1998; Reynolds, 2000）。

　これまで，白人の能力が他の民族グループを上回ることが数多く証明されてきた。こうした差が生じる原因には，遺伝，育て方，言語の違い，子どもの発達に関する交流相互モデル，教育的変数，知能検査における文化的偏りなどが考えられる（Lichtenberger et al., 2000; Reynolds, 1997）。これらの理由を評価したり理解したりすることは，多くの民族集団の得点の解釈を理解するさいに重要となる。

　検査における文化的偏りについての多くの議論は，民族グループ間の平均総合得点の解釈の差にある。しかし，平均尺度得点の差の検討よりは，検査における民族の偏りを最小にするように構成，開発することに努力を傾けてきた。後者は知能検査の偏りを検討するものの1つであるが，他にもより多くのことがなされてきた。検査の開発者は，異なる文化の違いに対する感受性，項目バイアス分析，信頼性と妥当性のデータ，因子分析，妥当性の研究など挙げればきりがないが，こうしたものを支持するパラメーターを含んだ多くの手段によって検査を構成し開発してきた。

5.5.1　KABC-Ⅱの検査開発と民族のアセスメント

　KABC-Ⅱの著者と出版社のアメリカンガイダンスサービス社（American Guidance Service; AGS）は，白人とその他の民族の大きな得点差を最小限するようにバッテリーを作成することを意図してK-ABCを改訂してきた。K-ABCに関する過去20年にもわたるすべての臨床研究のデータやレビューが検討された。その結果，オリジナルのK-ABCの開発におけるいくつかの変数には，メインストリームの白人とさまざまな民族の子どもたちの差を実質的に小さくすることに成功した。それらは次の通りである。

　　・全体的な尺度得点から知識ベースの下位検査を削除することと，全体的な認知能力の測定に言語と結晶性能力の重みを軽減すること。

・文化的な差が少ないと研究で報告されている検査を作ること（例えば，［顔さがし］，［絵の統合］）。
・総合尺度の一部である各下位検査において検査者にも受検者にも言語での応答の負荷を小さくすること。
・すべての年齢の子どもが本質的に興味をもつように新しい検査を開発すること。
・応答が正しいかどうかだけでなく，子どもがどのように検査を受けているかを観察できるように，実施や採点方法を簡素化すること。
・検査者がことばの言い換えを行う，ジェスチャーを使う，導入項目を説明することができるようティーチングアイテムを設けること。
・習得知識をアセスメントすることと対極にある認知処理過程をアセスメントするための脳機能の理論モデルに基づく下位検査を含むこと。

　この歴史的な分析には，北アメリカだけでなくヨーロッパやアフリカ，アジアなどの異なる民族の中でK-ABCがどのように使われているかも含まれた。K-ABCを翻訳してその国の実情に合わせたバージョンの情報が大量に収集された（例：Conant et al., 1999; Kim, Goak, Jang, & Han, 1995; Mardell-Czudnowski, 1995; Melchers & Preuss, 1991, 2003; Voyazopolous, 1994; Wolke & Meyer, 1999）。さらに，書物や研究，その他の出版物からも，異文化間比較をしながらK-ABCの長所と短所が明らかになった（例：Kamphaus & Reynolds, 1987; Lichtenberger et al., 2000; Reynolds et al., 1997; Samuda, Feuerstein, Kaufman, Lewis, & Sternberg, 1998）。
　K-ABC開発の歴史を検討した後で，著者らは改訂という大きな目的のため小さい集団に，その後大きな集団に新しい検査項目と検査の予備調査を実施した。カウフマン夫妻は文化による差が小さいことが知られている［顔さがし］のようなK-ABCの課題を特に含めた。しかし，この考えのもとからKABC-Ⅱには同じような下位検査は新しく開発せず，新しい下位検査は次のような基準を満たすものとした。その基準とは①KABC-Ⅱで測定される基本的な理論的内容の1つを測定すること，②幅広い年齢の子どもの興味をひくことであった。
　②の基準はK-ABCの研究が示した意外な結果からつくられたものである。学力検査は全検査のなかでも最も文化の影響を受ける検査であると考えられるが，

5.5 民族グループのアセスメント

一方で，白人の子どもとアフリカ系の子どもの間で民族差の最も小さい検査の1つが[顔さがし]であるというものである（Kaufman & Kaufman, 1983b, 表 4.35）。カウフマン青年-成人知能検査（Kaufman Adolescent and Adult Intelligence Test KAIT）(Kaufman & Kaufman, 1993)の「有名な顔」という下位検査でも，11～24歳のアフリカ系とヒスパニックとの民族差は少ないことがわかっている（Kaufman, McLean, & Kaufman, 1995）。

一般的な知識の幅を測定する下位検査で差が小さくなるという結果は意外であった。というのも，ウェクスラー式検査の同様な「知識」という下位検査が最も大きな民族差を示してきたからである（Kaufman, 1994a; Kaufman & Lichtenberger, 2002）。K-ABC の[顔と場所さがし]（KAITの「有名な顔」は，測定する能力はそのままで，しかし学校で用いられるような聴覚的な質問を使用するのではなく，視覚刺激を指さす形式に変わっている。一般知識の測定に，興味をそそるような，しかも学校で行うようなことではない方法を用いるという，ほんのちょっとの形式の違いだけで，民族差を軽減させることができることが明らかになった。

したがって，KABC-II の新しい課題を作成するにあたってのおもしろい価値は民族差を減らすというK-ABCからの伝統を受け継いだ鍵と見なされた。そして，[語の遅延学習][近道さがし][物語の完成]などという下位検査と[模様の構成][仲間さがし][理解語彙]（「顔と場所」はすぐに時代遅れになってしまうと批判されたためおき換えられた）の下位検査が開発された。

こうした検査開発のガイドラインをもとに，大学院生のチーム（Kaufman & Kaufman, 2004a, pp. x～xi）の精力的で洞察力のある支援を借りて，米国全土で3歳から18歳までの696人の子どもに実施され，新しいKABC-IIの試作版ができあがった。試作版の対象児はさまざまな民族の子どもであった。3分の2がアフリカ系とヒスパニックであった。こうした不釣り合いに多くの民族の子どもに施行した理由は，検査の開発の初期段階で項目バイアス分析を行う必要があったからである。今回の試作版では，少数民族の子どもの割合が，この時期に同時に開発された他の検査（Reynolds & Kamphaus, 2003; Roid, 2003; Wechsler, 2003）のそれより多かった。

予備調査データを用いて，性別と民族の項目の影響を項目応答理論（ラッシュ法）を用いて評価した。ラッシュ法では，各下位検査は関連するそれぞれの下位集団ごとに独立に較正され，検査された集団間の項目の困難度の違いに統計的有

意差があるかどうかを検定するものである。そして、項目特異機能はその差の原因について十分に吟味され、特定された項目のほとんどで変更や削除がなされた。予備調査版の段階で、16人の専門家が、民族、性別、社会経済レベル、教育レベル、身体障害などで不利にならないように検討を加えた。

5.5.2　KABC-IIにおける民族差

次に、KABC-IIの標準化サンプルで文化的な公平さの評価が行われた。標準化の第一の目的は、母集団を代表するような大量の個人データを収集することである。標準化されたデータは、項目の難易度、妥当性、信頼性、公平性を検討するための最終的な統計的検定に用いられる。

表5.1と表5.2は、アフリカ系の米国の子どもにおける社会経済レベルが統制されていないK-ABCの標準得点とKABC-IIの平均標準得点である。

データはそれぞれの検査適用年齢の全範囲を示している（K-ABCは2歳6ヵ月～12歳6ヵ月、KABC-IIは3～18歳）。表5.1に示されたように、KABC-IIの平均MPIとFCIは、両者ともK-ABCの認知処理過程尺度の95とほとんど同程度であった。NVIはKABC-IIが3ポイント高かった。同様に新旧の検査の同じ尺度を比較してみると、KABC-IIの継次/Gsmが少し高いことがわかる（99.8対98.2）（表5.2）。同時/Gvと知識/Gcの平均値は基本的に同じである。このような重要な結果は、KABC-IIがK-ABCの考え方を継承しており、またカウフマン夫妻による、子どもの興味を保つ検査に変えながらも検査理論を変えなかった検査開発アプローチが適切であったことを間接的に示すものである。

性別と社会経済レベル（母親の教育レベル）を統制した民族別の3～6歳（表5.3）、7～18歳（表5.4）における、KABC-IIの平均標準得点（MPI, FCI, NVI）を示す。3～6歳では、アフリカ系もヒスパニック系も基準（ノルム）の100に近かった（標準得点の平均値はおよそ97から100まで）。一方で、白人の3～6歳の子どもの平均は101であった。7～8歳では、アフリカ系、ヒスパニック系、生粋のアメリカ人、アジア系、白人で測定し、95±5であった（3～6歳では、生粋のアメリカ人とアジア系はサンプル数が小さかったため測定していない）。

7～18歳のアフリカ系の子ども（性別と社会経済レベルを一致させた群）は継次/Gsm（100）の標準得点が最も高く、続いて学習/Glr（98）であった。一方、ヒスパニック系の子どもは、同時/Gvと計画/Gfが最も高かった（99）。同時処理

5.5 民族グループのアセスメント　　185

表 5.1　アフリカ系アメリカ人（SES での統制はなし）の KABC-II および K-ABC の平均標準得点

尺度	K-ABC	KABC-II
MPI（MPC）	95.0	95.5
FCI	—	94.7
NVI	93.2	96.0
年齢範囲	2：6〜12：6	3：0〜18：0
サンプル数	805	465

出典：平均値は K-ABC および KABC-II の米国版マニュアルに掲載されているデータを使用した（Kaufman & Kaufman, 1983b, 表 4.35; Kaufman & Kaufman, 2004a, 表 8.7，8.8）。
注：−は K-ABC では FCI が得られなかったことを示す。

表 5.2　アフリカ系アメリカ人における K-ABC および KABC-II の各尺度の標準得点

標準得点	K-ABC	KABC-II
継次/Gsm	—	98.0
同時/Gv	98.2	99.8
学習/Glr	93.8	93.5
計画/Gf	—	94.3
知識/Gc（学力）	93.7	93.9
年齢範囲	2：6〜12：6	3：0〜18：0
サンプル数	805	465

出典：平均値は K-ABC および KABC-II の米国版マニュアルに掲載されているデータを使用した（Kaufman & Kaufman, 1983b, 表 4.35; Kaufman & Kaufman, 2004a, 表 8.7，8.8）。
注：−は K-ABC では継次と同時だけ得点が得られたが，学習と知識は FCI が得られなかったことを示す。

表 5.3　3〜6 歳の民族グループにおける KABC-II の平均標準得点（性別と SES により統制）

検査	アフリカ系アメリカ人	ヒスパニック	白人
MPI	98.7	98.2	100.9
FCI	98.0	96.6	101.6
NVI	96.7	99.7	100.8
サンプル数	150	162	505

出典：平均値は K-ABC および KABC-II の米国版マニュアルに掲載されているデータを使用した（Kaufman & Kaufman, 2004a, 表 8.7）。

表 5.4　7〜18 歳の民族グループにおける KABC-II の平均標準得点（性別と SES により統制）

検査	アフリカ系アメリカ人	ヒスパニック	生粋のアメリカ人	アジア人	白人
MPI	95.2	96.5	96.5	104.6	101.9
FCI	94.5	95.8	95.6	103.9	102.4
NVI	93.1	98.3	97.0	103.4	102.0
サンプル数	315	383	51	62	1,356

出典：平均値は K-ABC および KABC-II の米国版マニュアルに掲載されているデータを使用した（Kaufman & Kaufman, 2004a, 表 8.8）。

の標準得点は生粋のアメリカ人の子ども（101）と，アジア系の子ども（105）であった（Kaufman & Kaufman, 2004a, 表 8.8）。図 5.6 および図 5.7 は，白人とその他の民族との KABC-II の平均標準得点の違いを示したものである（データは 3～6 歳と 7～18 歳を別々に示した）。

ヒスパニックの子どもは，継次/Gsm（95）を除いて，ほとんどの尺度が 100 に近い。特に，［語の配列］や［数唱］など，言語に重みのかかった尺度で得点が低い。これは，その他の言語性-非言語性の区別がある検査にも見られる特徴である（Kaufman, 1994a; Kaufman & Lichtenberger, 2002）。

アフリカ系の人と白人との差は，ウェクスラー式検査より KABC-II の方が小さい（Kaufman & Lichtenberger, 2002）。アフリカ系の子どもや青年は KABC-II の FCI と MPI で WISC-III の FSIQ より .5 標準偏差高い（表 5.5 参照）。加えて，白人とアフリカ系の人の KABC-II の標準得点差（社会経済レベルやその他の要因を統制した場合）は，WISC-III での差よりも小さかった（表 5.6 参照）。また，一般的に，KABC-II における白人の子どもとアフリカ系の子どもとの標準得点差は，その他の検査の差より小さかった。表 5.7 にいくつかの検査における差を示す。KABC-II の MPI の値と比較すると，CAS（Naglieri & Das, 1997）の 5 ポイン

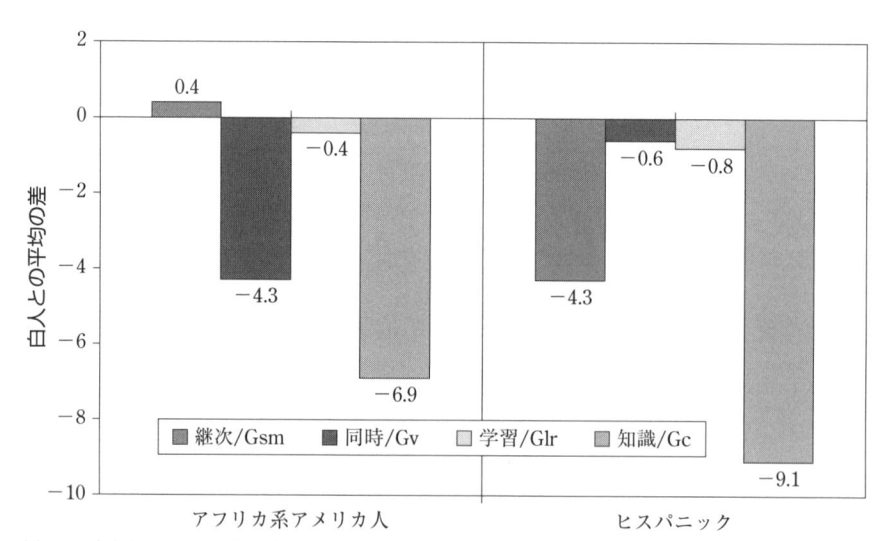

図 5.6 白人とその他の民族における，3～6 歳の子どもの KABC-II 平均得点
出典：データは KABC-II の米国版マニュアルより引用（Kaufman & Kaufman, 2004a, 図 8.7）。
注：データは性別と母親の教育レベルで統制した（アフリカ系アメリカ人 114 人，ヒスパニック 124 人）。

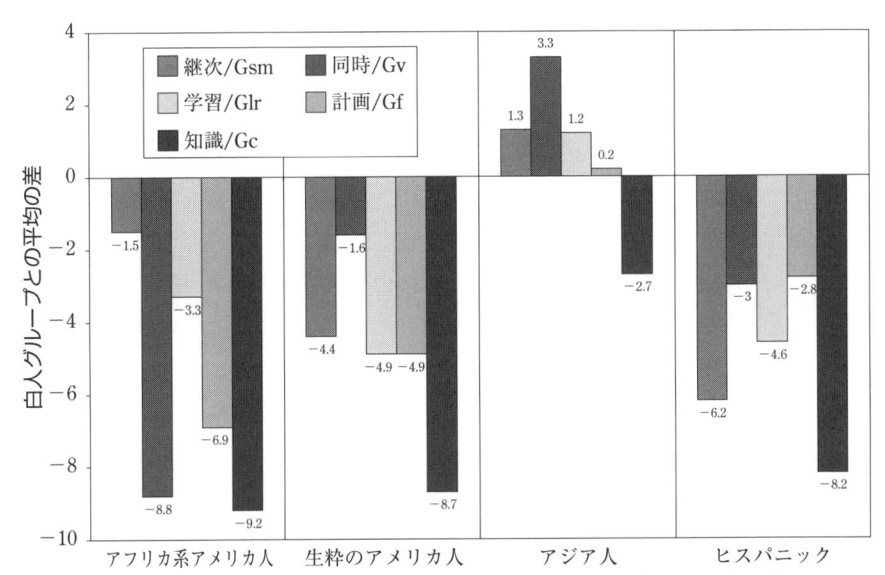

5.5 民族グループのアセスメント　187

図5.7 少数民族グループの7～18歳の子どもにおけるKABC-II得点の白人グループとの差
出典：データはKABC-IIの米国版マニュアルより引用（Kaufman & Kaufman, 2004a, 図8.8）。
注：データは性別と母親の教育レベルで統制した（アフリカ系アメリカ人315人，生粋のアメリカ人51人，アジア系アメリカ人62人，ヒスパニック124人）。

表5.5 アフリカ系アメリカ人のWISC-IIIとKABC-IIの平均標準得点

尺度	WISC-III (6～16歳, N=338)	KABC-II (7～18歳, N=315)
WISC-III FSIQ	88.6	—
KABC-II MPI	—	94.8
KABC-II FCI	—	94.0

出典：WISC-IIIのデータはプリフィッテラとサクロフスカ（Prifitera & Saklofske, 1998）より引用。KABC-IIのデータはカウフマンとカウフマン（Kaufman & Kaufman, 2004a, 表8.8）より引用。

表5.6 白人とアフリカ系アメリカ人におけるWISC-IIIとKABC-IIの評価点の差（SESにより統制）

尺度	WISC-III (年齢6～16, N=338)	KABC-II (年齢7～18, N=315)
WISC-III FS-IQ	+11.0	—
KABC-II MPI	—	+6.7
KABC-II FCI	—	+7.9

出典：WISC-IIIのデータはプリフィッテラとサクロフスカ（Prifitera & Saklofske, 1998）より引用。KABC-IIのデータはカウフマンとカウフマン（Kaufman & Kaufman, 2004a, 表8.8）より引用。

表5.7 白人とアフリカ系アメリカ人の検査の得点差（SESにより統制）

検査	平均の差
ウッドコック-ジョンソン改訂版	12
WISC-III	11
スタンフォード-ビネー第4版(ビネー4)	8
認知評価システム（CAS）	5
KABC-II MPI（知識/Gcを除く）	5
KABC-II FCI（知識/Gcを除く）	6.5

出典：WISC-IIIのデータはプリフィッテラ，ウェイス，サクロフスカ（Prifitera, Weiss, & Saklofske, 1998）より引用。ウッドコック-ジョンソンとビネー4のデータはウェイサーマンとベッカー（Wasserman & Becker, 2000）より引用。CASのデータはナグリエリ，ローアン，アクイリノ，マットー（Naglieri, Rojahn, Aquilino, & Matto, 2004）より引用。
注：差の平均はSESとその他の要因で統制したが，研究により異なる。KABC-IIのデータは3〜18歳。

トのみが同じで，それ以外はすべてMPIより高かった。

民族差の分析は，対象者の背景の変数を一致させた場合でも一致させない場合でも，KABC-IIでは白人とその他の民族の子どもとの差が小さいことを示している。

5.5.3 生粋のアメリカ人（タオス族）についてのフレッチャー-ジャンセン（Fletcher-Janzen）の研究

生粋のアメリカ人のKABC-IIの特性を知るために，フレッチャー-ジャンセン（2003）は，ニューメキシコ州のタオス・プエブロ族の研究を行った。フレッチャー-ジャンセンは46人のタオス・プエブロ族の子どもと青年を対象にKABC-IIを実施し，平均18ヵ月後にそのなかからランダムに選んだ30人にWISC-IVを実施した（Fletcher-Janzen, 2003）。2つの検査の相関係数は高く，WISC-IVの全検査IQとFCIとの相関係数は.84，MPIとは.86であった。これらの2つの検査の高い相関係数は，両検査の測定しているものがよく一致していることを示す。しかし，標準得点はかなり異なっていて，WISC-IVの全検査IQに比べてFCIが7.4ポイント，MPIが8.4ポイント高かった。表5.8に，タオス族の下位検査別の相関係数を示す。

実際の標準得点に興味がある読者のために，表5.9にタオス族のKABC-IIとWISC-IVの平均得点と標準偏差を示した。最も差が小さかったのは流動性-非言語尺度（1〜4ポイント）で，最も差が大きかったのは結晶性-言語尺度（Crystallized-Verbal）および記憶（Memory）の尺度であった（7ポイント）。

表 5.8 タオス・プエブロ族の子どもの KABC-II と WISC-IV の相関

WISC-IV	KABC-II							
	同時/Gv	計画/Gf	継次/Gsm	学習/Glr	知識/Gc	MPI	FCI	NVI
PCI	.65	.75	.50	.52	.54	.78	.76	.78
WMI	.51	.55	.53	.58	.38	.70	.66	.57
PSI	.38	.36	.22	.20	.09	.39	.34	.34
VCI	.41	.57	.49	.45	.71	.59	.65	.58
FSIQ	.73	.78	.58	.59	.58	.86	.84	.80

出典：データはフレッチャー–ジャンセン（Fletcher-Janzen, 2003）より引用。
注：計画能力は $N=21$ で，そのほかは $N=30$ 人。

表 5.9 タオス・プエブロ族の子どもの KABC-II と WISC-IV の平均得点と標準偏差

検査	N	平均	標準偏差
KABC-II			
継次/Gsm	30	94.6	14.0
同時/Gv	30	99.0	14.4
計画/Gf	21	99.1	13.5
学習/Glr	30	94.9	11.6
知識/Gc	30	92.9	9.7
WISC-IV			
PCI	30	95.1	14.1
WMI	30	87.6	13.2
PSI	30	88.8	14.1
VCI	30	85.4	9.7

出典：フレッチャー–ジャンセン（Fletcher-Janzen, 2003）から引用されたデータ。
注：平均総合得点は次の通りである。WISC-IV の FSIQ = 86.7，KABC-II の MPI = 95.1，KABC-II の FCI = 94.1。

　タオス族の研究は，他の集団でも検証が必要な興味深い結果を示した（AGSはいくつかの似た研究を進めている）。結果の数字は，KABC-II と WISC-IV は同じ機能を測定していることを示しているが，タオス・プエブロ族の集団は KABC-II の方が WISC-IV より得点が高かった。この差の理由については今後の研究による解明が必要である（カウンターバランスをとって施行の順序を変え，同時期に子どもの検査を行う研究を含む）。

　タオス・プエブロ族の研究結果は，生粋のアメリカ人のこの種族は，過去1000年にわたり基本的に閉鎖された文化をもってきたため，興味深い。子どもたちは，小さいころから英語，スペイン語，そして部族の言語であるティワ語の3種類の言語にさらされる。タオス・プエブロ族の文化は，時間概念，社会，言語，コミュニケーションスタイル，非言語コミュニケーション，精神，経済などの面で，一

般的な世界とはかなり異なっている。しかし，新規に流動的な認知処理過程を測定する KABC-II の下位検査では，タオス・プエブロ族の子どもは，一般的な生活をしているアメリカ人の子どもと同じレベルで得点することができる。この事実は，質的な情報は量的な情報と同様，文化的バイアスのある検査となることを理解しながら，認知検査を評価する必要があることを示す。最良の能力に得点化することと KABC-II においてよく得点化することは，QOL に影響するような場所の決定をすることになる。

5.5.4 KABC-II における民族 vs. 社会経済レベルの違い

前述のように，民族による KABC-II の差はあまり大きくはない。たしかに，（表5.10 にあるような，母親の教育レベルで見る）社会経済レベルによる変動率に比較すれば，民族による変動率はずっと小さい。

3〜6歳では，民族による変動率は MPI と FCI の両者において 1〜2% 以下であるが，それに対して（母親の教育レベルによる）社会経済レベルによる変動率は18〜22% とかなり大きい。7〜18 歳の MPI と FCI について見ると，民族による変動率は 4〜5% が，社会経済レベルによる変動率は 11〜14% になる。KABC-II の尺度得点のプロフィールでも，民族性よりも社会経済レベルの違いによる子どもの成績への影響は大きく，そうしたことを考慮して子どもの得点の重みづけをすることも，同様な考え方である。ルリアモデルは，バイリンガルの子どもや少数派の民族の子どもに選択されるべきであるとカウフマン夫妻が推奨しているように，知識/Gc の得点は高い変動率を生み出す（3〜18 歳の子どもで，民族の違

表5.10 民族と母親の教育レベルによる KABC-II 各尺度の得点のばらつき

尺度/指標	民族による[a]		母親の教育レベルによる[b]	
	3〜6歳	7〜18歳	3〜6歳	7〜18歳
継次/Gsm	1.3	2.3	10.3	6.2
同時/Gv	1.4	4.4	17.6	5.1
計画/Gf	—	2.7	—	7.6
学習/Glr	0.2	1.6	12.1	6.4
知識/Gc	6.0	6.9	22.2	17.6
MPI	0.5	3.7	18.0	10.8
FCI	1.7	5.0	22.5	14.2
NVI	1.2	4.5	13.9	9.4

a) 性別，母親の教育レベルを統制した民族に見られるばらつき。
b) 母親の教育レベルとテストの得点の直線的な関係。

いでは変動率が 6 〜 7％，社会経済レベルの違いでは変動率が 18 〜 22％，表 5.11 参照）。

　この結果は，知能検査に関する他の研究結果と一致する。今回の場合，親の教育レベルで決定した社会経済レベルは，他の文化的要因よりも得点の変動率をよく説明できる（Centers for Disease Control and Prevention, 1993; McKenzie & Crowcroft, 1994; Wong, Strickland, Fletcher-Janzen, Ardila, & Reynolds, 2000）。しかし，親の教育レベルを統制することが，直接，正確に社会経済レベルを統制することにはならない。というのも，親の教育レベルは収入の情報には直接ならないからである。親の教育レベルは，収入の額より親が開示しやすい情報であると考えられる。したがって，民族の違うグループは親の教育レベルで統制しているが，これが得点への社会経済レベルの影響をすべて説明しているとはいえないであろう。

　図 5.8 に明確に示された傾向は，3 〜 6 歳と 7 〜 18 歳の両方で，母親の教育レベルが高いほど得点は上昇することである。このデータは，K-ABC を含む（Kaufman & Kaufman, 2004a, 表 4.34, 4.35）他の検査でも共通するデータであり

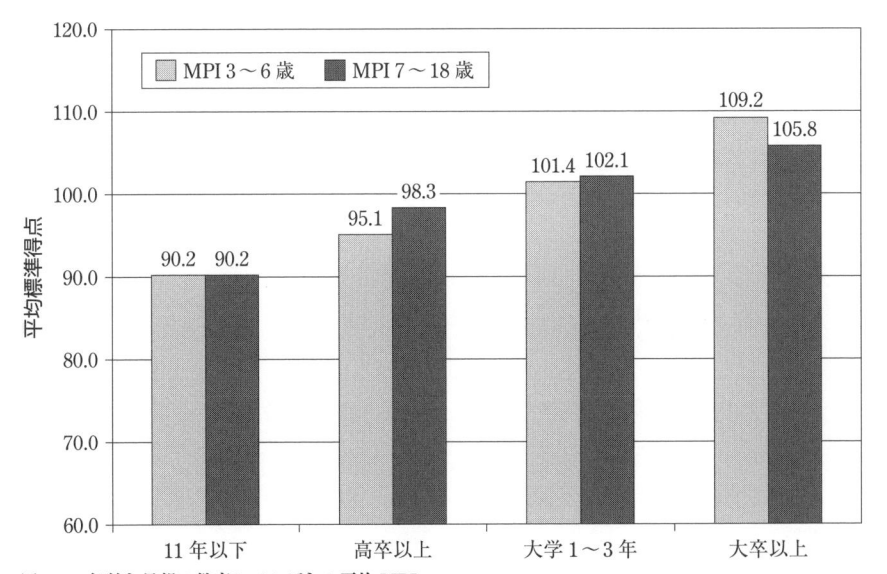

母親の教育レベル	MPI 3〜6歳	MPI 7〜18歳
11 年以下	90.2	90.2
高卒以上	95.1	98.3
大学 1〜3 年	101.4	102.1
大卒以上	109.2	105.8

図 5.8　年齢と母親の教育レベルごとの平均 MPI
出典：KABC-Ⅱ 米国版マニュアル（Kaufman & Kaufman, 2004）の表 8.6 より。
注：母親の教育レベルが高いほど，得点も高い。

(Kaufman & Lichtenberger, 2002, 第4章), 家庭環境や親のモデリングが, 子どもの認知発達や知識の習得に重要な役割を果たすことを示している。

5.5.5 民族のアセスメントについての結論

KABC-Ⅱは, K-ABC を継承して白人とその他の民族との得点差がかなり小さくなるように作成されている。KABC-Ⅱは, 能力を測定する他の検査と高い相関がある一方で, 臨床家が日常のバイアスの中で得たい KABC-Ⅱ の総合得点が, 白人でない民族の KABC-Ⅱ の得点他の検査の得点よりも高くなる。この結果は検査がそうなるようにつくられているからである。

KABC-Ⅱ が文化的な妥当性を保証するその他の理由として, 例示問題, 教示などの指示が子どもの母語でできることである。加えて, 子どものことばによる反応も, 正解している限りは, 子どもの母語で答えた場合でも正答として認めることができる (バイリンガルの子どもへの検査の実施方法の詳細は本章の「バイリンガルアセスメント」に記載してある)。この方法は検査を簡単に施行できるようにするだけでなく, KABC-Ⅱ が, 言語の干渉を伴う問題があるために得点が低くならないように, 認知へのマイナスの影響を最小限にして子どもの認知処理過程についての情報を得るのに適していることを示している。

すべての民族集団で最も得点が低い尺度が知識/Gc であり, これは言語と教育の要因が最も関係している。知識/Gc は社会経済レベルがかなり影響している (3～6歳で22%, 7～18歳では17.6%)。加えて, 民族集団は FCI が MPI よりもわずかに低い。やはり, これも知識/Gc の影響を受けているためであり, なかには FCI よりも MPI を利用した方がよい集団もある。

5.6 社会経済レベルのノルム (集団基準)

K-ABC は, 通常の年齢別のノルムの補足として, 特別な社会文化的環境に置かれた子ども用のノルムを用意していた。これらの補足的なノルムはアフリカ系と白人に分けて設けられており, さらに (親の教育レベルによる) 社会経済レベル別になっている。この社会文化的ノルムは, 検査者にとって, 子どもの認知能力を同じような民族的, 社会文化的な背景の子どもと比較し, 代表的な年齢別ノルムから算出された標準得点のプロフィールに補足的な情報を提供することができるものである。

5.6 社会経済レベルのノルム（集団基準）

　社会文化の異なったノルムを用意する発想は，マーサー（Mercer, 1979）の学習可能性の推定（Estimated Learning Potential; ELP）に由来する。ELPとは，WISC-Rを実施して多重回帰分析を使用して得られた子どもの社会文化的背景を説明したものである。ELPは「子どもの将来の学習可能性」について予測を可能にするものである（Mercer, 1979, p.143）。これは，K-ABCが社会文化的ノルムをもつ第一の強みであり，他（の検査）では測ることのできない子どもの（学習）可能性がK-ABCによって明らかにされるからである。

　社会文化的ノルムの意図的利用方法については，K-ABCの解釈マニュアルのなかに次のように記載されている。

> 　社会文化的ノルムは，特定の限定的なノルムと同じように使われるべきである。検査の得点は，子どもの副次文化（サブカルチャー）や，社会経済的環境に多少とも影響を受けると考えられている。したがって，このような補足的なノルムは，子どものK-ABCの結果を，共通の背景をもった子どもと比較することを可能にする。環境をまったく同じにはできないし，厳密にまったく同じ学習の機会をもつ対照群のグループはない。民族の種類や親の教育は，子どもの学習の機会に影響する数多くの変数のうちの2つにすぎない。さらに，対照群であっても，学習経験には量的にも質的にも大きな個人差がある。とはいうものの，文化や社会経済的な要因は，子どもの学習環境に影響する可能性がある，これらを統制した対照群は，子どもの得点を理解するうえで有用な基準となる。子どもの背景を均一にすることには限界があることを理解して，このような補足的な情報を活用しなければならない。
> 　家庭の社会経済レベルが高い子どもほど学習の機会は多い。したがって，社会文化的な地位は，与えられた機会のなかで子どもがどれだけ学習しているかを反映する。つまり，多数派の文化に異文化を受容させるという強調点を反映するのかもしれない（p. 166）。

　カウフマン夫妻とAGS社は，社会文化的なノルムと標準的なノルムを別々にすることの意味に疑問をもったことから，KABC-Ⅱでは社会文化的ノルムを掲載しないことにした。というのも，著者がどのように注意深く使用法を示しても，K-ABCの検査者からの聞き取りにより，これらの別なノルムが臨床で誤った用いら

れ方をしていることがわかったからである。加えて，ノルムがアフリカ系と白人に限定されているのも，ヒスパニック系や生粋のアメリカ人，アジア系などのグループにとっては疑問があったからでもある。

しかしながら，KABC-II の著者らは社会文化的ノルムには価値があると考えている。事実，社会文化的パーセンタイルが先に紹介した K-ABC のマニュアルに示されたように使われるのであれば，社会文化的ノルムの提供は臨床家にとってとても有用なものになる可能性がある。前述したように，K-ABC にも小さな人種や民族の差はあるが，社会経済レベルの違いから生じる差に比較するときわめて小さいのである（表5.10，図 5.8 参照）。

結果として，われわれは K-ABC の社会文化的ノルムに似たものとして，社会経済的地位（母親の教育レベル）だけに基づいたノルムを提供することにした——これが「SES ノルム」である。そして，K-ABC と同様，ノルムは補足的な役割であることを強調するために，標準得点ではなくパーセンタイル順位で示した。このパーセンタイル順位は，臨床家にとっては子どもが家庭環境下で与えられた学習機会のなかで，どれだけ認知能力をうまく発達させることができているのかを知る補助的な資料を提供するであろう。

2種類の SES ノルムが巻末に示されている。1つは3～6歳用（付録A），もう1つは7～18歳用（付録B）である。母親の教育レベルを4つに分けて，それぞれノルムが示されている。4つのレベルは次のようである。① 教育歴 11 年以下，② 高校卒業レベル，③ 大学 1～3 年の短大レベル，④ 4 年制大学卒業以上。KABC-II の得点は，それぞれの教育レベル内ではかなり似た得点であったため，2種類の SES ノルム表のみが作成されている。例えば，3～6歳の子どもで母親が1～3 年の短大レベルの場合，FCI, MPI, NVI は 94.5～95.3 の狭い範囲内にある（標準偏差も 13.4～14.4 である）。したがって，付録 E では，3～6歳の子どもの FCI, MPI, NVI を1つのカテゴリーにまとめて SES パーセンタイルランクを示した。付録 F も同様で，は 7～18 歳用で同様な表示の仕方を用いている。

この表は，さまざまな民族の子どもが含まれており，民族の種類にかかわらず，すべての子どもに適用できる。付録 E の4つの社会経済レベルのノルムは，101～269 人のサンプルを用いて作成している。付録 F は 328～695 人である。

SES ノルムの使い方を示すために，ジェイヴィアー（Javier）という9歳のヒスパニック系少年の例を取り上げる。彼は MPI が 93 であった。彼は読み書き障害

5.6 社会経済レベルのノルム（集団基準）

と診断され，指導を受けはじめたばかりである。母親は8年生で学校をやめている。この子どもは，付録F（7〜18歳）のMPI 93の欄で，母親が11年以下の教育歴の箇所に入る。したがって，彼のMPI 93は60パーセンタイルに相当する。通常のノルムに照らし合わせると，MPI 93は32パーセンタイルになるが，SESノルムは，同じような教育および文化的な環境にある子どもと比較すると，彼はその集団では60％以上の能力であることがわかる。

　一方，書き障害のある10歳の日本人少年ケン（Ken）の例を見てみよう。彼も，MPIでは93を得点した。ケンの母親は大学を卒業している。したがって，付録Fの「大学卒業以上」の欄に入る。この場合，MPI 93は18パーセンタイルに相当する。60パーセンタイルと18のパーセンタイルの差は相当大きいことから，子どもの家族等の背景がいかに影響力が大きいかがわかる（付録Fでは，93の詳細な値は「大学卒業以上」の欄に記入されていない。したがって18パーセンタイルという値は15〜20パーセンタイルの値から推定した値である）。

　ジェイヴィアーのMPI 93がSESパーセンタイル順位にすると60であるということは，ジェイヴィアーは読みを向上させる指導プログラムで効果を上げるのではないかと予想することができる。それに対して，ケンの場合は同じMPIでもSESの背景に比較可能な子どもたちの集団のなかでは18パーセンタイルなので，ジェイヴィアーに比べて効果について楽観視できない。

　SESのパーセンタイル順位は高く，それに比較して通常のノルムではパーセンタイルが低い子どもに，本当にその後の学習の可能性が隠されているかどうかは注目すべき今後の研究課題である。しかし，カウフマンとカウフマン（1983b）は次のように述べている。「同じようなバックグラウンドの他の子どもが失敗する同じような背景をもち，明らかに自分の長所を利用し活かす特定の能力を処理することができると直感的に思う」。

　付録EとFは，母親の教育歴に関するデータをもとに作成されている。しかし，母親から情報が得られなかったり，情報に信頼性がなかったりする場合は，もっと信頼性のあるデータを得るために付録EとFを利用できる。おそらく父親の教育歴はわかる。もしこの情報もなければ，子どもの適切な参照集団を選ぶために，母親か父親の特定の職業の情報をさがすとよい。一般的に職業に結びつくと考えられる教育歴を考えて，適切なSESノルムを選択する。一般的なルールによれば①専門職，技術者，管理者＝大学卒以上，②事務職や販売員＝短大卒以上，③

技術のある職業人＝高卒以上，④技術がないか補助的な技術のある労働者＝教育歴11年以下となる。教育歴も職歴も情報がなければ，SESのノルムは使わない方がよい。

　子どもの社会経済的背景は，民族よりもKABC-IIのプロフィールへの影響ははるかに大きい。この補足的な解釈が，子どもの現在の機能レベルや指導への反応に対する洞察を促進することを信じるために理由があるかどうか，総合尺度の補正として，付録EとFに示されたSESパーセンタイル順位を使用することを推奨する。

5.7　KABC-IIとKTEA-IIの統合

　KABC-IIとKTEA-IIは，検査結果を統合できるように設計されている。2つの検査が同一のサンプルを用いて標準化されたメリットは大きく，認知能力検査と学力検査の理論的根拠は一体的であり，検査の実施と解釈の共通性が高い。認知能力と学力間の比較を詳細に行うことができ，それぞれの検査がアセスメントできる領域を補完することにより，2つの検査を組み合わせて幅広い領域の包括的なアセスメントが可能となる。

　本節では，KTEA-IIの設計と構成ならびにKABC-IIとKTEA-IIが測定するキャッテル-ホーン-キャロル（Cattell-Horn-Carroll; CHC）理論の広範的および限定的能力について紹介する。また，KABC-IIとKTEA-IIの統合について，理論的，量的，臨床的，質的および手続的観点から解説する。ここで注意していただきたいのは，KABC-IIとKTEA-IIはいずれも出版されて間もないことから，その統合についてはいまだ開発途上にあるということである。KABC-IIとKTEA-IIの統合の有効性とその限界に関する研究はまだ少ないため，今後の研究に期待するところが大きい。

5.7.1　KTEA-IIの解説

　カウフマン式学力検査第2版（The Kaufman Test of Educational Achievement — Second Edition; KTEA-II, Kaufman & Kaufman, 2004b）は，個別式の学力検査である。この検査には，短縮版と包括版の2つがある。短縮版は，4歳半以上の読み，書き，算数の学力を評価することができる（Kaufman & Kaufman, 2004b）。包括式は4歳半から25歳までの広範囲な領域の学力を測定し，加えて誤答分析を行

うことができる。本節の KTEA-II の解説は，KTEA-II 包括版マニュアル（Kaufman & Kaufman, 2004b）からの引用である。

KTEA-II 包括版は，初版 K-TEA を大幅に改訂したものである（Kaufman & Kaufman, 1985, 1998）。KTEA-II 包括版では，適用年齢範囲を広げるために K-TEA から継承された5つの下位検査について修正を行うことにより，幼稚園児から大学生までのより幅広い対象に対して実施可能となった。さらに9つの新しい下位検査が加えられ，学力およびその関連領域のスキルについて測定することが可能となった。

KTEA-II 包括版の年齢別ノルムは4歳から25歳まで提供されており，学年別ノルムは幼稚園※から12年生まで提供されている。KTEA-II 包括版は，K-TEA と同様に，教育課程に準拠した学力検査である点が非常に魅力的である。基準準拠型検査でありながら，誤答分析を通して，読み，書き，話す，算数に関する目標準拠型検査としても使用することができる。

KTEA-II 包括版は，いくつもの優れた特徴があり，学力検査としてきわめて有用な検査である。KABC-II 包括版は，読み，書き，話す，算数の各学力検査として，単独で使用することも可能であり，また下位検査を組み合わせて実施することにより，複数の学習領域について測定することができる。IDEA が示した特異的学習障害の7つの領域（基礎的読みの技能，読み理解，計算，数的推論，話し言葉，聴覚的言語理解，書き言葉）をすべて測定することができる。KTEA-II 包括版は，K-TEA と同様に，ノルムに基づく得点プロフィールにとどまらず，より多くの情報を提供するために，臨床モデルのアセスメントをもとにして開発された。カリキュラムの専門家の支援によって，各下位検査が測定している特定のスキルおよび子どもがおかしやすい誤りが明らかにされ，さらに標準化データに基づき，最終的な誤答分析のシステムが開発された。この誤答分析のシステムは，子どもの誤答パターンを標準化サンプルと比較することにより，すべての学習領域において，的確な教育的な介入の方法を導き出すことを可能としている。

KTEA-II 包括版における下位検査のペアーは，「読み理解」と「聞き理解」，および「書き表現」と「口語表現」であるが，それぞれのペアーにおいて有用な比較が可能となるように，共通の形式を採用している。2つの下位検査結果の比較

※（訳注）米国では，ほとんどの公立小学校が入学前1年間の就学前クラスを有しており，多くの子どもが5歳から就学する。

を行うことにより，検査者は言語に関する一般的な問題と読み・書きにおける特定の問題とを見分けることが可能となる。

a. KTEA-II の合成尺度

　KTEA-II 包括版検査の 14 の下位検査のうち，8 つの下位検査は，読み，書き，話す，算数の 4 領域の合成尺度である。図 5.9 に示すように，包括合成尺度は，小学校 1 年生～25 歳では 6 下位検査，4 歳半～幼稚園では 4 下位検査から構成されており，すべての学年および年齢において，読み，書き，話す，算数の 4 領域に関する下位検査が用意されている。その他の 6 つの下位検査は，読みに関連する技能を測定しており，図 5.10 に示すように 4 つの合成尺度に属している。

b. 下位検査

　検査者は，特定の学習領域あるいは合成尺度の得点を得るために，下位検査を単独で使用したり，組み合わせて使用することができる。表 5.11 に領域別に下位検査を整理し，適用年齢（学年）と検査内容の概要を示した。適用年齢および適

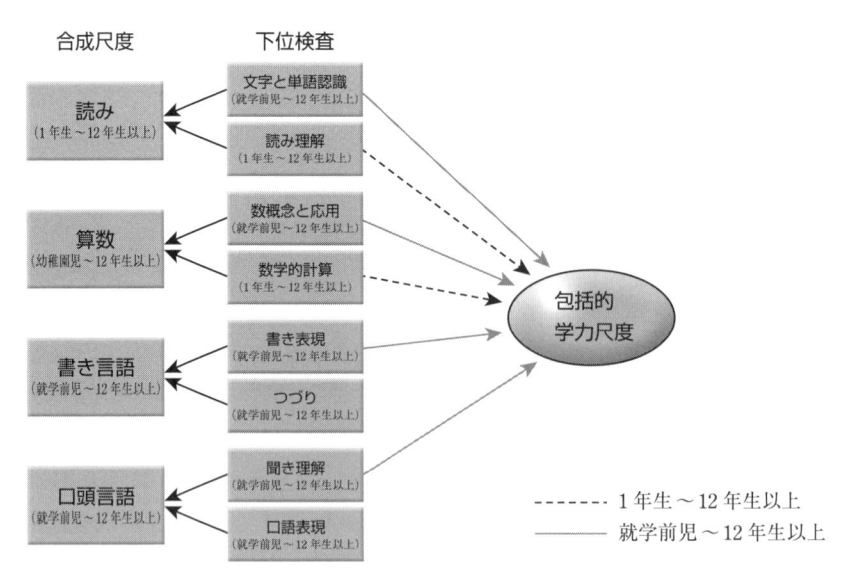

図 5.9　KTEA-II 包括版：4 要素合成尺度と包括的学力尺度
出典：KTEA-II 米国版マニュアルより。
注：「就学前児」は下位検査または合成尺度が，4～6 歳で始まることを意味する。「12 年生以上」は下位検査または合成尺度が，25 歳 11 ヵ月までであることを意味する。

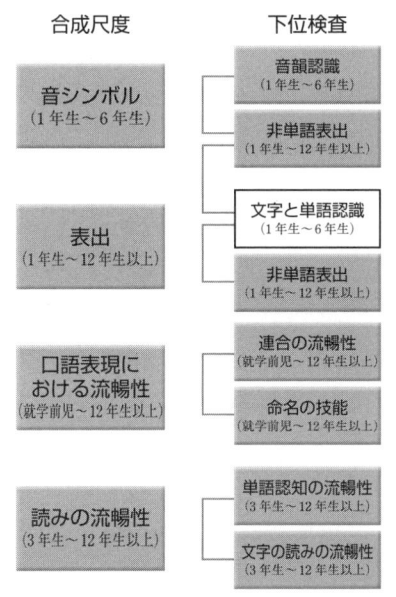

5.7 KABC-II と KTEA-II の統合　199

```
       合成尺度                      下位検査
                              ┌─────────────────┐
                              │  音韻認識          │
                              │ (1年生～6年生)     │
   ┌──────────────┐         ├─────────────────┤
   │  音シンボル    │─────────┤                  │
   │ (1年生～6年生) │         │  非単語表出       │
   └──────────────┘         │ (1年生～12年生以上)│
                              └─────────────────┘
                              ┌─────────────────┐
                              │  文字と単語認識   │
                              │ (1年生～6年生)    │
   ┌──────────────┐         ├─────────────────┤
   │    表出       │─────────┤                  │
   │(1年生～12年生以上)│     │  非単語表出       │
   └──────────────┘         │(1年生～12年生以上)│
                              └─────────────────┘
                              ┌─────────────────┐
                              │  連合の流暢性     │
                              │(就学前児～12年生以上)│
   ┌──────────────┐         ├─────────────────┤
   │ 口語表現に    │─────────┤                  │
   │ おける流暢性  │         │  命名の技能       │
   │(就学前児～12年生以上)│ │(就学前児～12年生以上)│
   └──────────────┘         └─────────────────┘
                              ┌─────────────────┐
                              │  単語認知の流暢性 │
                              │(3年生～12年生以上)│
   ┌──────────────┐         ├─────────────────┤
   │ 読みの流暢性  │─────────┤                  │
   │(3年生～12年生以上)│     │  文字の読みの流暢性│
   └──────────────┘         │(3年生～12年生以上)│
                              └─────────────────┘
```

図 5.10　KTEA-II 包括版の合成尺度構造：読み関連下位検査による合成尺度
出典：KTEA-II 米国版マニュアルより。

表 5.11　KTEA-II 包括版下位検査の概要

下位検査名	適用年齢（学年）	検査内容
文字と単語認識 (Letter & Word Recognition)	4歳6ヵ月から 25歳11ヵ月まで	子どもは徐々に難度の高くなる語のつづりを確認し、発音する。ほとんどの語は、この下位検査が表出 (decoding) の能力ではなく語の再認 (recognition)（言葉の読み）を測定することを保障するために、ランダムに選択されている。
読み理解 (Reading Comprehension)	第1学年から 25歳11ヵ月まで	最も容易な項目では、子どもは語を読み、対応する絵を指さす。続く項目では子どもは簡単な指示を読み、動作で答える。後半の項目では子どもは難易度を増す文章を読み、内容に関わる字義もしくは推理の問題に答える。最後に、子どもは5つの文章を配列してつじつまの合うパラグラフにし、そのパラグラフについての質問に答える。
数概念と応用 (Math Concepts & Applications)	4歳6ヵ月から 25歳11ヵ月まで	子どもは実生活に算数の概念と応用に焦点を当てた検査項目に口頭で答える。測定される技能の種類は、数の概念、操作概念、有理数、測定法、形と空間、データ研究、そして高次数学概念。
数学的計算 (Math Computation)	幼稚園から 25歳11ヵ月まで	子どもは解答用紙に印刷された算数の問題の解答を計算する。ここで測定される技能は、足し算、引き算、かけ算、そして割り算（分数と少数）、平方根、指数、有符号数字、そして代数。

表 5.11 KTEA-II 包括版下位検査の概要（つづき）

下位検査名	適用年齢（学年）	検査内容
書き表現 (Written Expression)	4 歳 6 ヵ月から 25 歳 11 ヵ月まで	幼稚園児および就学前児は，文字をなぞり書きまたは書き写しそして書き取りをする。1 年生以上では子どもは年齢に応じた物語本の体裁のなかで記述の課題を完成させる。それぞれのレベルの課題には，文章を聞いて書き取る課題，句読点を入れ大文字使用をする課題，欠けている言葉を入れる課題，文章完成，文章統合，複合文および複雑な文の作成がある。1 年生の春からは完成させた物語をもとにエッセイを書く。
つづり（Spelling）	第 1 学年から 25 歳 11 ヵ月まで	子どもは検査者によって難易度の異なる語のリストから読み上げられた語を書く。語は，それぞれの学年レベルで獲得するつづりの技能と整合しており，誤分析が可能である。前半の項目では，子どもにその音を示す一文字の記述を求める。その後の項目では複雑さを増しつつ，正字法的に規則正しい語や規則正しくない語のつづりを行う。
聞き理解 (Listening Comprehension)	4 歳 6 ヵ月から 25 歳 11 ヵ月まで	子どもは CD から流れる一節を聞き，検査者に問われた質問に口語で答える。質問は語の文字通りの理解および推理的理解を測定する。
口語表現 (Oral Expression)	4 歳 6 ヵ月から 25 歳 11 ヵ月まで	子どもは実生活に根ざした脚本に基づく特定の会話の課題を演じる。課題は，語用法，統語法，意味論および文法を評価する。
音韻認識 (Phonological Awareness)	第 1 学年から 第 6 学年まで	子どもは音の操作を要求する項目に，口語で反応する。課題は，押韻，音の調和，音の混合音の分割，音の削除を含む。
非単語表出 (Nonsense Word Decoding)	第 1 学年から 25 歳 11 ヵ月まで	子どもは音声および構造分析の技術を使って，徐々に難易度を上げる創作語を解読する。
単語認知の流暢性 (Word Recognition Fluency)	第 3 学年から 25 歳 11 ヵ月まで	子どもは 1 分間にできるだけ多くの単語を読む。
文字の読みの流暢性 (Decoding Fluency)	第 3 学年から 25 歳 11 ヵ月まで	子どもは解読の技能を応用して，1 分間にできるだけ多くの無意味語を発音する。
連合の流暢性 (Associational Fluency)	4 歳 6 ヵ月から 25 歳 11 ヵ月まで	子どもは 30 秒間，ある意味カテゴリーに属する語または同じ音で始まる語を可能な限りたくさん言う。
命名の技能（Naming Facility〔RAN〕）	4 歳 6 ヵ月から 25 歳 11 ヵ月まで	子どもは物，色，文字をできるだけ早く命名する。

用学年のいずれを使用するか否かにかかわらず，実施する下位検査は子どもの学年によって決定される。

5.7.2　KABC-II と KTEA-II の統合 —— 量的分析
a.　KABC-II と KTEA-II の関係性

　KABC-II の総合尺度と学力検査の得点との相関については第 1 章で述べた。FCI および MPI と，KTEA-II，WJ III，WIAT-II，PIAT-R の総合学力得点との間には十分な相関が認められた（平均 r＝.71～.79；確認ポイント 1.17）。また，KTEA-II の合成尺度との相関も高く，読み，算数，書き言語との相関は特に高いが（.6 台の半ば～.7 台の半ば），口頭言語との相関はやや低い（.5 台の半ば～.6 台の半ば；確認ポイント 1.8 参照）。KABC-II の総合尺度と読みや算数といった特定の学習領域（WJ III，WIAT-II，PIAT-R で測定される）の相関は，確認ポイント 1.8 に示された KTEA-II と同程度であった（Kaufman & Kaufman, 2004a, pp. 118～126 を参照）。

　全般的に学力と FCI の相関は MPI との相関よりも高いが，その差はわずかなものであった。FCI は獲得された知識と学力にかかわる知識尺度（Gc）を含んでいる。FCI および MPI との相関に比べて，非言語尺度（NVI）と特定の学習領域との相関はかなり低い（算数との相関を除く）。

　認知能力と学力の関係に焦点を当てるために，確認ポイント 5.10 と確認ポイ

確認ポイント 5.10
KABC-II 尺度指標と KTEA-II 合成尺度の相関（7～18 歳）

KABC-II 尺度	KTEA-II 合成尺度				
	全体	読み	数学	書き言語	口語言語
学習/Glr	.58	.55	.49	.53*	.48
継次/Gsm	.50	.48	.44	.44	.44
同時/Gv	.54	.47	.53	.40	.43
計画/Gf	.63*	.56*	.59*	.51	.51*
知識/Gc	.75**	.71**	.62**	.59**	.68**

出典：カウフマンとカウフマン（Kaufman & Kaufman, 2004b）。
注：全体＝包括的学力尺度；N＝2,025。すべての相関係数は，基準グループの変動のため KTEA-II の標準偏差をもとにして，コーエン，コーエン，ウエストとアイケン（Cohen, Cohen, West, & Aiken, 2003, p. 58）の，変動修正を用い修正された。
　*それぞれの KTEA-II 包括的学力尺度と 2 番目に高い相関。
　**それぞれの KTEA-II 包括的学力尺度と最も高い相関。

確認ポイント 5.11

KABC-II 尺度指標と KTEA-II 合成尺度の相関（4歳6ヵ月～6歳）

KABC-II 尺度	KTEA-II 合成尺度				
	全体	読み	数学	書き言語	口語言語
学習/Glr	.54	.58**	.52	.62**	.42
継次/Gsm	.59	.57*	.57*	.58	.49
同時/Gv	.65**	.57*	.65**	.59*	.50*
知識/Gc	.60*	.49	.49	.47	.62**

出典：カウフマンとカウフマン（Kaufman & Kaufman, 2004b）。
注：全体＝包括的学力尺度，全体および口語言語 $N=491$, 数学 $N=301$, 書き言語 $N=122$～124。
すべての相関係数は，基準グループの変動のため KTEA-II の標準偏差をもとにして，コーエンら（2003, p.58）の，変動修正を用い修正された。
*それぞれの KTEA-II 包括的学力尺度と2番目に高い相関。
**それぞれの KTEA-II 包括的学力尺度と最も高い相関。

ント 5.11 に KABC-II の総合尺度と KTEA-II の合成尺度間の相関係数を示した。確認ポイントのアスタリスク印（*）は，KABC-II の尺度と KTEA-II の合成尺度間の最も高い相関係数（**）および2番目に高い相関係数（*）を示している。

　確認ポイント 5.10 に示すように，7～18歳では，知識尺度/Gc がすべての学習領域に対して最も高い相関を示した。この年齢帯においては，知識尺度/Gc と KTEA-II の総合尺度は .75, 読みおよび口頭言語はおよそ .70, 算数および書き言語では .60 の相関を示した。7歳から18歳で次に相関が高いのは計画尺度/Gf であり，相関係数は .51～.63 であったが，書き言語では2番目に高い相関を示したのは学習尺度/Glr で .53 であった。7～18歳において，すべての領域の学力に最も関連が低いのは継次尺度/Gsm と同時尺度/Gv であり，相関係数は .40～.54 であった。

　知識尺度/Gc が，学校教育を含む文化から獲得する幅広く深い知識を測定することを目的とする尺度であることを考えると，児童・思春期の知識尺度/Gc とすべての領域の学力との高い相関は予測された通りのものであった。KABC-II の新しい指標（計画尺度/Gf および学習尺度/Glr）と学力の高い相関は，教室場面における問題解決能力や新規な課題を解決する能力が，全般的な認知能力の臨床的な評価において重要であることを示す証拠である。7～18歳において，K-ABC か

ら継承した継次尺度/Gsm と同時尺度/Gv が KTEA-II の合成尺度と相関が低いという事実は，KABC-II の改訂において，検査全体として認知処理ないし認知能力に関する尺度を拡充したことにより，学力との相関が改善したことを示唆している。とはいえ，学業成績の予測において，初版 K-ABC の認知処理過程尺度（MPC）は，その他の検査の総合得点と比べて遜色がない（Naglieri & Bornstein, 2003）。

興味深いことに，学齢期および思春期において見られる認知能力と学力との関連性のパターンは，4 歳半〜6 歳に見られるものと明らかに異なっている（**確認ポイント 5.11**）。語彙および事実の獲得と明らかに関連しているにもかかわらず，幼い子どもでは知識尺度/Gc は学力と最も高い相関を示していない。最も高い相関は同時尺度/Gv であり（KTEA-II 包括版と $r = .65$），次に高い知識尺度/Gc（.60）と継次尺度/Gsm（.59）はほぼ同じ値であった。7〜18 歳とは逆に，4 歳 6 ヵ月〜6 歳では，KABC-II の継次尺度/Gsm と同時尺度/Gv が学力と高い相関を示した。加えて，低年齢においては，知識尺度/Gc が学力の各領域の最良の予測因子とはなっておらず，相関の高い指標は領域によって異なる。同時尺度/Gv が算数と最も高く相関し（.65），学習尺度/Glr は書き言語と .62，知識尺度/Gc は口頭言語と .62 と高い相関を示した。4 つの尺度のうち，知識尺度/Gc を除く 3 つの尺度が，読みとほぼ同等な相関を示した（.57〜.58）。

このように，7〜18 歳においては推理や計画といった認知処理過程が学力にとって重要ではあるが，既得の知識ほどには重要でない。4 歳 6 ヵ月〜6 歳の子どもでは，この役割が逆転している。学校教育が始まった当初においては，読み，書き，話す，計算を学ぶために必要な認知処理過程に比べれば，既得の知識は副次的である。たしかに知識尺度/Gc の最もよい予測指標となる学力指標は口頭言語である。この年齢群では，知識尺度/Gc の下位検査である［なぞなぞ］と［表現語彙］において，口頭言語のスキルが必要となることに疑う余地はない。

4 歳半〜6 歳から 7〜18 歳へ移行するにつれて，知識尺度/Gc の重要性が増すのは，おそらく年齢が上昇するにしたがって学力面の情報や言語の経験が増すことを反映しているものと考えられる。また，4 歳 6 ヵ月〜6 歳の同時尺度/Gv と学力尺度の強い相関は，計画尺度/Gf が 7 歳まで導入されず，これらの尺度がどちらも子どもの視覚処理（Gv）と流動性推理（Gf）を測定しているからであると考えられる。

学力の予測をするさいに，知識尺度/Gc が 4 歳 6 ヵ月〜6 歳と 7〜18 歳の子ど

もでその役割を異にすることは，第1章で示したKABC-Ⅱの総合尺度と学力の標準得点のまとめのデータから明らかである（**確認ポイント1.17**：① 第1～12学年において，FCIとKTEA-Ⅱの包括的学力尺度得点がおよそ.80の相関を示したのに対して，就学前児と幼稚園児では.74であった。② 就学前児から2年生までのKTEA-Ⅱの包括的学力尺度得点は，FCIとMPIはおおよそ同等にKTEAの包括的学力尺度得点を予測するが，3～12年生では，FCIが明らかにより良く予測する。4歳半から2年生までの子どもは，単純に学習経験が少ないのであるから，認知処理過程と学力的知識をうまく区別することは難しい。この他の**確認ポイント1.17**からの興味深い関連する知見として，高学年よりも低学年レベルにおいて，FCIとMPIはWJⅢとWIAT-Ⅱの総合学力尺度と実質的に高い相関を示している。6～10年生のFCIの相関係数の平均は.83であるのに対して，2～5年生のFCIの相関係数の平均は.71であり，MPIは6～10年生の相関の平均が.80，2～5年生が.64である）。

　確認ポイント5.10と**確認ポイント5.11**をさらに検討すると，KABC-Ⅱの各尺度とKTEA-Ⅱの5つの主な合成尺度の相関係数は.40～.75の範囲であり，中央値は7～18歳で.53，4歳6ヵ月～6歳で.57である。

　ほとんどの値（70％）が.50～.75の範囲にあり，KABC-Ⅱの各尺度とKTEA-Ⅱの主だった合成尺度との相関はいずれも許容範囲にある。もしもほとんどの値が中くらいの範囲以下であったならば，2つの検査が適度に関連しているとはいえない。一方で，それぞれの尺度が高い値で関連するとすれば，2つの検査間に不必要な重複があり，検査が同じ構成概念を測定している可能性を示唆することとなる。7～18歳の知識尺度/GcとKTEA-Ⅱの包括的学力尺度との最も高い相関.75をとってみても，これは56％の重複を意味しているのであるから，それぞれの検査がそれぞれ独自性をもっているといえる。つまり，おおよその係数が中位から強い範囲にあるという事実が2つの検査間の相関が満足のいく程度であることを示している。

　KTEA-Ⅱの包括的学力尺度と最も高い相関を示すKABC-Ⅱの尺度は年齢によって異なる。知識尺度/Gcは予想どおり4歳6ヵ月～6歳と1年生を除くすべての年齢群において，包括的学力尺度と最も高い相関を示した。4歳6ヵ月～6歳と1年生のグループでは，同時尺度/Gvと継次尺度/Gsmが知識尺度/Gcよりも高い相関を示した。このことは，FCI，MPIと包括的学力尺度との関係を反映

している。知識尺度/Gc の重要性の増加は，年齢が上がるにしたがって，言語と学力面の情報の経験が増加することを反映しているものと考えられる。

KTEA-II は，本章と第1章（例えば音と記号で焦点を当てた5つの主要な学習領域に加え，いくつかの補足的な合成尺度を提供している。ここでデータを示すことはできないが，そのうちの1つの合成尺度が FCI, MPI, NVI と比較的低い相関を示した。すなわち，言葉の流暢性（「連合の流暢性」，「命名の技能/RAN」）から構成される）では，ほとんどが .20 台から .30 台の相関であった。言葉の流暢性が処理速度と想起に焦点を当てており，認知処理や学力の課題というよりは，話す課題であることから，この結果は特に驚くには当たらない。この合成尺度は表出言語に関するスクリーニング尺度として設計されているので，KABC-II の認知尺度との関係に距離があるのはむしろ適切であり，かつ包括的なアセスメントにおいては必要となる。これらの相関は何を意味しているのであろうか。実用性の点からいえば，2つの検査は適度に関連性があり，併用して解釈することができるということである。ある子どもの一方の検査の得点は，もう一方の検査の得点と適度に関連している。

b. KABC-II と KTEA-II の有意な得点差を計算する

KABC-II と KTEA-II の間の関係を理解する量的方法の1つは，両方のバッテリーの標準得点の有意な差を検討することである。認知能力の尺度と学力の尺度を同じ基準集団に基づき標準化することの利点は，認知能力と学力の正確な比較の基盤を提供することにある。

認知能力と学力を比較する第一の方法は，単純差方式と回帰方式（すなわち予測得点方式）である。前者は認知能力検査の標準得点を学力検査の標準得点と比較し，差の統計的有意差またはまれな差を評価する。回帰方式では，認知能力と学力の得点の相関係数が，ある認知能力の得点を有する子どもの学力標準得点の期待値（平均）を算出するさいに用いられる。そして，それぞれの子どもの実際の学力標準得点がこの期待値と比較される。単純差方式も回帰方式も，能力検査が一般的に学年ノルムを提供しないため，学力検査の値は年齢基準を用いて算出される。2つの方式を用いた解釈表は KTEA-II のマニュアルに掲載されている（Kaufman & Kaufman, 2004）。私たちは，心理測定学的により正しい回帰方式を推奨している。

5.7.3　KABC-Ⅱ と KTEA-Ⅱ の統合 —— その理論

　KABC-Ⅱ と KTEA-Ⅱ の統合は，CHC モデルによって定義された広範的能力と限定的能力のサンプルを抽出することができるように作られている。CHC モデルは，10 の広範的能力と約 70 の限定的能力から構成されている（Flanagan & Ortiz, 2001）。このうち KABC-Ⅱ では，短期記憶（Gsm: Short-Term Memory），視覚処理（Gv: Visual Processing），長期記憶と検索（Glr: Long-Term Storage and Retrieval），流動性推理（Gf: Fluid Reasoning），結晶性能力（Gc: Crystallized Ability）の 5 つの広範的能力を測定することができる。そして KTEA-Ⅱ 包括版では，聴覚処理（Ga: Auditory Processing），読み書き（Grw: Reading and Writing），量的知識（Gq: Quantitative Knowledge）の 3 つの広範的能力を測定することができる。KABC-Ⅱ と KTEA-Ⅱ 包括版の両方を実施することで，KABC-Ⅱ によって測定される長期記憶と検索（Glr）の幅を広げることができる。KABC-Ⅱ はまた，量的知識（Gq）の限定的能力の一部を間接的に測定している（例えば，［近道さがし］と［積木さがし］は両方とも子どもに数を数えることを要求するという点で数学的学力を測定している）。

　CHC モデルの 2 つの広範的能力の処理速度（Gs: Processing Speed）と判断/反応時間または速さ（Gt: Decision Speed/Reaction Time）（キーポイント 5.3 を参照）は，KABC-Ⅱ と KTEA-Ⅱ のどちらでも測定されない。この 2 つの広範的能力がどちらの検査バッテリーによっても測定されていないのは，これらが処理の質ではなく速度のみに関心があるからである。検査に含めるには複雑性を欠いており，キャロル（1993）の因子分析的研究においても，一般能力（g）の弱い測

🔑 **キーポイント 5.3**

KABC-Ⅱ と KTEA-Ⅱ のどちらでも測定されない能力

　　処理速度（Gs）
　　判断/反応時間または速さ（Gt）
　なぜ？
　　処理の質ではなく速度のみに関心があるから
　　複雑性を欠いている
　　一般能力（g）の弱い速度であった

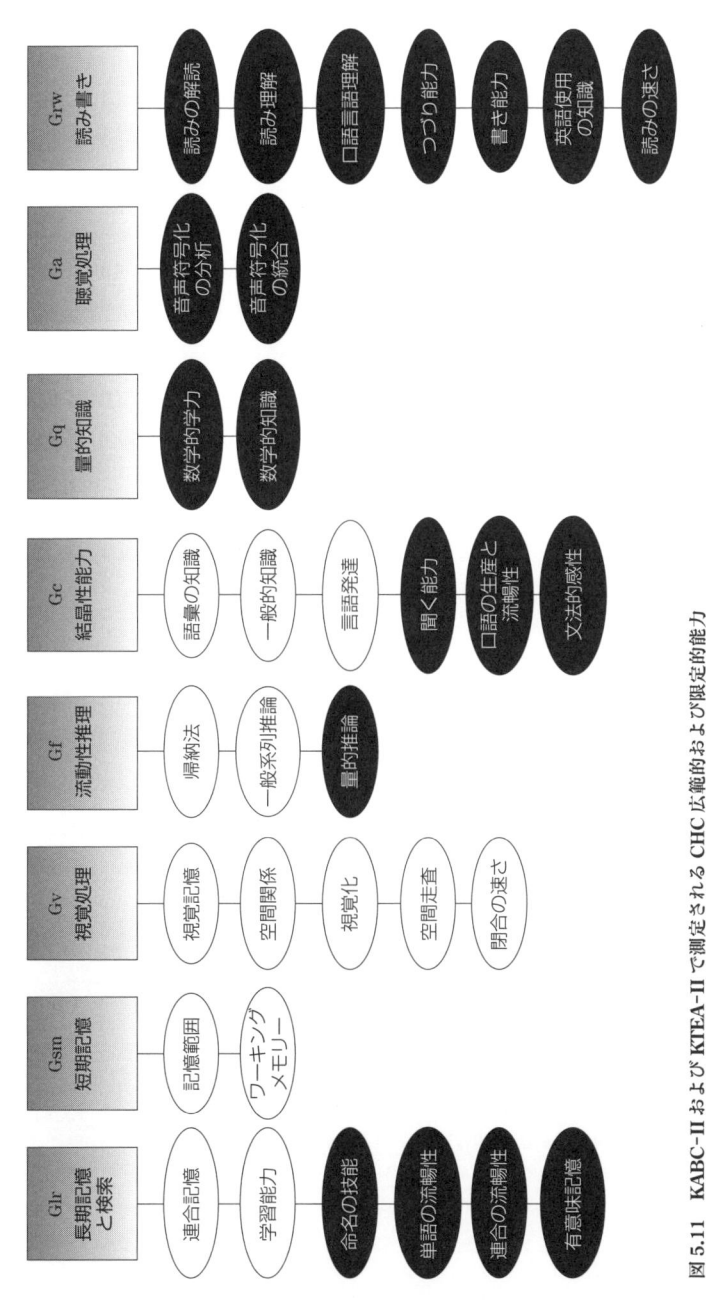

図 5.11 KABC-II および KTEA-II で測定される CHC 広範的および限定的能力

注：CHC 広範的能力は灰色の四角に示される。CHC 限定的能力は白い楕円、KTEA-II の下位検査でのみ測定される限定的能力は黒い楕円で示している。2つの KABC-II 下位検査は数学的学力を測定してはいるが、第一次的に他の限定的能力を測定している。

Gr 長期記憶と検索：連合記憶、学習能力、命名の技能、単語の流暢性、連合の流暢性、有意味記憶

Gsm 短期記憶：記憶範囲、ワーキングメモリー

Gv 視覚処理：視覚記憶、空間関係、視覚化、空間走査、閉合の速さ

Gf 流動性推理：帰納法、一般系列推論、量的推論

Gc 結晶性能力：語彙の知識、一般的知識、言語発達、聞く能力、口語の生産と流暢性、文法的感性

Gq 量的知識：数学的学力、数学的知識

Ga 聴覚処理：音声符号化の分析、音声符号化の統合

Grw 読み書き：読みの解読、読み理解、口語言語理解、つづり能力、書き能力、英語使用の知識、読みの速さ

度であった（Kaufman & Kaufman, 2004）。処理速度（Gs）の測度は，他の検査，特にWJ IIIやWISC-IVにおいて容易に測定できるが，判断/反応時間または速さ（Gt）は，他の主だった検査においても測定されていない。

図5.11は，KABC-IIとKTEA-IIによって測定される限定的能力を広範的能力別にグループ化したものである。KABC-IIは単独で，それぞれが5つの広範的能力のいずれかに属する14の限定的能力を測定している。KTEA-IIは，6つの広範的能力のいずれかに属する19の限定的能力を測定している。2つのバッテリーを通して，8つの広範的能力のいずれかに属する33の限定的能力を測定することができる。合計33という数は，キャロル（1993）の実証的研究によって報告された約70程度の限定的能力の半分弱に当たる。**確認ポイント5.12～5.19**は，33の限定的能力とそれを測定していると考えられるKABC-IIおよびKTEA-IIの下位検査の詳細である。確認ポイントは，広範的能力別に分類されている（例えば，**確認ポイント5.12**は，長期記憶と検索（Glr）に含まれる限定的能力とそれを測定

確認ポイント5.12

CHC分析：KABC-IIとKTEA-IIの下位検査で測定される長期記憶と検索（Glr）の限定的能力

Glr限定的能力
連合記憶
  KABC-II　語の学習
  KABC-II　文の学習
  KABC-II　語の学習遅延
  KABC-II　文の学習遅延
学習能力
  KABC-II　語の学習遅延
  KABC-II　文の学習遅延
命名の技能
  KTEA-II　命名の技能/RAN
連想の流暢性
  KTEA-II　連合の流暢性（カテゴリー項目，食べ物，動物）
語の流暢性
  KTEA-II　連合の流暢性（カテゴリー項目，dの音で始まることば）
有意味記憶
  KTEA-II　聞き理解

5.7 KABC-II と KTEA-II の統合

確認ポイント 5.13

CHC 分析：KABC-II と KTEA-II の下位検査で測定される短期記憶（Gsm）の限定的能力

Gsm 限定的能力
記憶範囲
 KABC-II　語の配列（色の干渉なし）
 KABC-II　数唱
 KABC-II　手の動作
ワーキングメモリー
 KABC-II　語の配列（色の干渉あり）

注：KTEA-II の音韻意識および聞き理解での成功もある程度 Gsm に依存する。

確認ポイント 5.14

CHC 分析：KABC-II と KTEA-II の下位検査で測定される視覚処理（Gv）の限定的能力

Gv 限定的能力
視覚記憶
 KABC-II　顔さがし
 KABC-II　手の動作
空間関係
 KABC-II　模様の構成
視覚化
 KABC-II　模様の構成
 KABC-II　仲間さがし
 KABC-II　積木さがし
 KABC-II　パターン推理
 KABC-II　物語の完成
空間走査
 KABC-II　近道さがし
閉合の速さ
 KABC-II　絵の統合

注：KTEA-II の書き表現での成功もある程度視覚処理に依存する。

確認ポイント 5.15

CHC 分析：KABC-II と KTEA-II の下位検査で測定される流動性推理（Gf）の限定的能力

Gf 限定的能力
帰納法
 KABC-II　仲間さがし
 KABC-II　パターン推理
 KABC-II　物語の完成
一般継次推論
 KABC-II　物語の完成
 KABC-II　近道さがし
 KABC-II　なぞなぞ
量的推論
 KTEA-II　数学の概念と応用

注：KABC-II の文の学習と KTEA-II の 4 つの下位検査（読み理解，聞き理解，口語表現，書き表現）での成功もある程度流動性推理に依存する。

確認ポイント 5.16

CHC 分析：KABC-II と KTEA-II の下位検査で測定される結晶性能力（Gc）の限定的能力

Gc 限定的能力
一般知識
 KABC-II　理解語彙（一般知識を測定する項目）
 KABC-II　物語の完成
言語発達
 KABC-II　なぞなぞ
単語の知識
 KABC-II　なぞなぞ
 KABC-II　理解語彙（語彙を測定する項目）
 KABC-II　表現語彙
聞く能力
 KTEA-II　聞き理解
口語の生産と流暢性
 KTEA-II　口語表現
文法的感性
 KTEA-II　口語表現
 KTEA-II　書き表現

注：KABC-II の［文の学習］での成功もある程度文法的感性に依存する。

5.7 KABC-II と KTEA-II の統合

> ≡ 確認ポイント 5.17
>
> **CHC 分析：KTEA-II の下位検査で測定される聴覚処理（Ga）の限定的能力（KABC-II の下位検査は聴覚処理のどの限定的能力も測定しない）**
>
> **Ga 限定的能力**
> 音声符号化の分析
> 　KTEA-II　音韻認識（セクション 1—押韻；セクション 2—音合わせ；セクション 4—分割；セクション 5—音の削除）
> 音声符号化の統合
> 　KTEA-II　音韻認識（セクション 3—混合）
>
> 注：口語音の識別など，特定の Ga の限定的能力の機能障害は，KABC-II の［なぞなぞ］，［語の配列］，［数唱］および，KTEA-II の「聞き理解」のような検査での成績に，悪い影響を与えるかもしれない。

> ≡ 確認ポイント 5.18
>
> **CHC 分析：KABC-II と KTEA-II の下位検査で測定される量的知識（Gq）の限定的能力**
>
> 　　　　　　　　**Gq 限定的能力**
> 　　　　　　　数学的学力
> 　　　　　　　　KTEA-II　数概念と応用
> 　　　　　　　数学的知識
> 　　　　　　　　KTEA-II　数学的計算
> 　　　　　　　　KABC-II　近道さがし
> 　　　　　　　　KABC-II　積木さがし

する下位検査を，確認ポイント 5.13 は短期記憶（Gsm）に含まれる限定的能力を示している）。KABC-II で測定される 5 つの広範的能力の定義については，第 2 章（確認ポイント 2.1〜2.5）を参照されたい。

　KABC-II と KTEA-II を併用する場合に期待されることは，2 つの検査を統合する理論モデルの存在であろう。この期待は 2 つの検査間に重複がなく，時間が浪費されない場合に満たされる。すなわち検査者は下位検査の重複によって時間を無駄にすることがないのである。KABC-II と KTEA-II における認知能力と学力の説明は，理論と証拠に基づいており，2 つの検査を併用することによって，子どもの認知能力とそれがどのように学力スキルに翻訳されるのかに関する包括的

> **確認ポイント 5.19**

CHC 分析：KABC-II と KTEA-II の下位検査で測定される読み書き（Grw）の限定的能力（KABC-II の下位検査は読み書きのどの限定的能力も測定しない）

Grw 限定的能力
読みの解読
　KTEA-II　文字と単語認識
　KTEA-II　非単語表出
読みの理解
　KTEA-II　読み理解（パラグラフ項目）
口語（印字）言語理解
　KTEA-II　読み理解（文章の指示に従って行動することが求められる項目）
綴り能力
　KTEA-II　つづり
書き能力
　KTEA-II　書き表現
英語使用の知識
　KTEA-II　書き表現
読みの速さ
　KTEA-II　単語認識の流暢性
　KTEA-II　文字の読みの流暢性

で実り多い情報を検査者に提供する。

　2つの検査において，広範的および限定的能力の重複がまったくないわけではない。図 5.11 と確認ポイント 5.12〜5.19 に示したように若干の重複があるが，それらは不必要な重複ではない。例えば，両検査は広範的能力の長期記憶と検索（Glr）と結晶性能力（Gc）をそれぞれ測定しているが，測定している限定的能力が異なる。同じ限定的能力を測定している場合においても，それらは異なる方法で測定している。すなわち，広範的能力の量的知識（Gq）に含まれる限定的能力の1つである数学的学力の測定には，KABC-II の2つの下位検査が副次的に関わっているが，この量的知識（Gq）の主要な検査は KTEA-II の「計算」である。対照的に，広範的能力の流動性推理（Gf）に含まれる限定的能力の帰納法は，主として KABC-II の計画/Gf の下位検査によって測定される。

　フラナガンとオーティス（2001）によれば，クロスバッテリー法によって広範的能力を適切に測定するためには，少なくとも2つの異なる限定的能力を測定す

る必要がある。検査者は，KABC-ⅡとKTEA-Ⅱを併用することにより，7つの広範的能力（視覚処理（Gv），流動性推理（Gf），結晶性能力（Gc），長期記憶と検索（Glr），短期記憶（Gsm），読み書き（Grw），量的知識（Gq））の適切な測定値を得ることができる。しかしながら，聴覚処理/Gaの測定はKTEA-Ⅱの1つの下位検査（音韻意識）に依存しており，この下位検査は4歳6ヵ月～6年生でのみ基準がつくられている。

1つの検査がCHCモデルのすべてをカバーすることができないのは当然であるが，WJ Ⅲと同様に，KABC-ⅡとKTEA-Ⅱとの併用は，検査者がCHCモデルの視点から子どもの検査結果を評価する重要な出発点となる。CHC理論に基づくクロスバッテリーアセスメントにおけるKABC-Ⅱについては，本章の後半のドーン・フラナガンの節を参照されたい。

理論とアセスメントの方法に関する詳細は，初版K-ABCやウェクスラー式尺度など他の検査と関連する内容を含めて，フラナガンと彼女の共同研究者らの著書論文を参照していただきたい（Flanagan & Kaufman, 2004; Flanagan & McGrew, & Ortiz, 2000; Flanagan & Ortiz, 2001; Flanagan, Ortiz, Alfonso, & Mascolo, 2002；McGrew & Flanagan, 1998)。

a. 長期記憶と検索（Glr）

KABC-Ⅱの基本検査では，長期記憶と検索（Glr）の限定的能力の連合記憶のみを測定している。検査者は，補助検査の遅延想起の尺度を実施することで，もう1つの長期記憶と検索（Glr）の限定的能力を測定することができる（［語の学習遅延］と［文の学習遅延］は連合記憶と学習能力を測定する）。長期記憶と検索（Glr）に関するさらなる情報を得るためには，検査者はKTEA-Ⅱのいくつかの下位検査を実施する必要がある。「聞き理解」，「連想の流暢性」，「命名の技能/RAN」は，いずれもCHCの長期記憶と検索（Glr）が要求する情報の保持と検索がどの程度有効に機能しているかを測定している。

「聞き理解」は子どもが物語を聞いて符号化し，情報を操作して物語についての質問に答えることを要求する。ただし，"長期記憶と検索"という用語は，符号化と検索の間に長い時間が存在することを暗示しているが，この場合，情報は時間間隔がどの程度であったとしても関連性によって検索されなければならないので，時間間隔が重要ではない。CHCモデルでは，「聞き理解」によって測定され

る限定的能力を有意味記憶とよんでいる。

「命名の技能/RAN」下位検査は，CHCモデルの限定的能力の命名の技能と大変ポピュラーな神経心理学的下位検査である迅速に自動化された命名（Rapid Automatized Naming; RAN）の2つをもとに名づけられた。「連合の流暢性」下位検査もやはり，CHCモデルの限定的能力の名前をとって命名されたが，実際にはこの下位検査は2つの異なる限定的能力を測定している。カテゴリー項目（例えば，「おもちゃの種類をできるだけたくさん言ってください」）は連想の流暢性を測定しており，できるだけたくさんの特定の音で始まる単語（例えば"か"）を言うことに焦点を当てた項目は命名の技能を測定している。尺度の信頼性を得る目的で，これらの2つの限定的能力は1つの標準得点にまとめられている。別々の限定的能力として考えるのは，子どもがこの2つの種類の項目で顕著に異なる結果を示したときのみ（例えば，特定の音で始まる単語はつぎつぎと言うことができるが，カテゴリーの言葉を想起するときには口ごもってしまう）に可能である。確認ポイント5.12の長期記憶と検索（Glr）の限定的能力の概要を参照のこと。

b. 短期記憶（Gsm）

KABC-IIで，聴覚的短期記憶を測定する基本検査は［数唱］である。CHCモデルでは，短期記憶（Gsm）を測定する検査として，ほとんどの場合，聴覚的短期記憶の検査について言及しているが，［手の動作］のような視覚と触知覚的活動を用いた検査もまた短期記憶を測定している。3つの下位検査が短期記憶の異なる感覚様式を測定しており，同時にどのように短期記憶がワーキングメモリーに展開していくのかについても測定している。

KABC-IIの3つの短期記憶下位検査（［数唱］，［語の配列］，［手の動作］）は，いずれも記憶の範囲を測定している。加えて［語の配列］には，ワーキングメモリーという限定的能力を要求する色妨害課題が含まれている。したがって，［語の配列］の色妨害課題の項目まで，おそらく到達しないであろう幼い子ども（3〜5,6歳）の場合は，KABC-IIは限定的能力の記憶の範囲のみを測定している。しかしながら，6,7歳以上の子どもでは，KABC-IIは記憶の範囲とワーキングメモリーの両方を測定することができる。確認ポイント5.13の短期記憶/Gsmの限定的能力の概要を参照のこと。

c. 視覚処理（Gv）

　KABC-Ⅱでは，5つの視覚処理（Gv）の限定的能力を測定することができるが，それには，［絵の統合］（閉合の速さ）や［手の動作］（視覚記憶）といった補助検査を実施する必要がある。**確認ポイント5.14**の視覚処理（Gv）の限定的能力の概要を参照のこと。

d. 流動性推理（Gf）

　流動性推理は主に計画/Gfの下位検査（［パターン推理］，［物語の完成］）と同時/Gv（［近道さがし］，［仲間さがし］）および知識/Gc（［なぞなぞ］）によって測定される。KTEA-Ⅱの「数的推論」は，基本的に量的知識の課題であるが，正答するためには流動性推理，特に限定的能力の量的推論が要求される。計画/Gfの下位検査である［パターン推理］は，基本的に帰納法を測定し，［物語の完成］は帰納法（Induction）（何についての物語かを判断する）と一般的継次推論または演繹（適切な絵を選択し，順番に並べる）を測定している。**確認ポイント5.15**の流動性推理（Gf）の限定的能力の概要を参照のこと。

e. 結晶性能力（Gc）

　限定的能力の単語の知識の測定には，3つの知識/Gc下位検査すべてを用いるが，そのうち，［なぞなぞ］（言語発達）と［理解語彙］（単語の知識・一般知識）は，結晶性能力のその他の限定的能力を測定する下位検査にもなっている。KABC-ⅡとKTEA-Ⅱがともに実施された場合には，結晶性能力の限定的能力は6つに拡張し，広範的能力を幅広く適用していることを示している。**確認ポイント5.16**の結晶性能力尺度（Gc）の限定的能力の概要を参照のこと。

f. 聴覚処理（Ga）

　聴覚処理（Ga）では，「音のパターンのわずかな違いの識別とともに，聴覚刺激のパターンの知覚，分析，統合が求められる」（Flanagan & Ortiz, 2001, p. 18）。これらはKTEA-Ⅱの補助検査である「音韻認識」によって査定され，聴覚処理の広範的能力に関係する分析と統合の限定的能力を測定する。しかしながら，このKTEA-Ⅱの下位検査は，主に就園前児から2年生の幼い子どもに適切な難易度であり，6年生までのみ基準が示されている。加えて，2つの限定的能力のそれ

ぞれの得点ではなく一括した得点を得ることになる。とはいえ，KTEA-II の「音韻認識」の誤答分析の手続きは，検査者がその子どもがこの検査のそれぞれのセクションにおいて強い，標準的，または弱いレベルにあるかを確認できるようにしてくれる（Kaufman & Kaufman, 2004b）。それゆえ誤答分析は，分析と統合の2つの聴覚処理の限定的能力を比較することを可能にする。**確認ポイント 5.17 の聴覚処理（Ga）の限定的能力の概要を参照のこと**。

g. 量的知識（Gq）

量的知識（Gq）は，個人が獲得し集積した数学的知識を測定している（Flanagan & Ortiz, 2001）。量的知識（Gq）は，量的知識をもとにいかに推論するかではなく，子どもが何を知っているかを測定するものであり，流動性推理（Gf）の限定的能力である量的推論とは異なる。［数概念と応用］は，広義には量的推論を測定しているが，基本的には量的知識（Gq）の測度であり，［計算］も同様である。KTEA-II の算数の合成尺度を構成する下位検査が，2つの量的知識（Gq）の限定的能力を測定することで，量的知識（Gq）の広範的能力の完全な測定値を提供している。**確認ポイント 5.18，量的知識（Gq）の限定的能力の概要を参照のこと**。

h. 読み書き（Grw）

読み書き（Grw）は，学力検査によって測定される（Flanagan & Ortiz, 2001）。KTEA-II は，5つの鍵となる読み書き（Grw）の限定的能力，すなわち読みの解読，読み理解，つづり能力，書き能力，そして読みの速さの完全な測定値を提供する。さらに，2つの追加的な結晶性能力（Gc）もある程度測定していると考えられる。すなわち，（印刷された文字の）言語理解（Verbal (Printed) Language Comprehension）と英語使用の知識（English Usage Knowledge）である。いくつかの新しく加えられた KTEA-II 包括版下位検査（非単語表出，書き表現，単語認知の流暢性，解読の流暢性）は，初版 K-TEA と比較して読み書き（Grw）の限定的能力の測度を非常に豊かなものにした。**確認ポイント 5.19 の読み書き（Grw）の限定的能力の概要を参照のこと**。

5.7.4　KABC-II と KTEA-II の統合に関する臨床的分析

CHC 理論と量的分析（特に相関）により，KABC-II と KTEA-II の統合に関す

る有用な方法が提供された。しかしながら，① KABC-II が二重の理論的基礎（ルリアの神経心理学および CHC の心理測定理論）の上に築かれていること，② KABC-II と KTEA-II は個別に実施でき，検査者に多くの質的観察の機会を与えてくれる臨床的検査用具であることを忘れてはならない。検査者が重要な"プロセスおよび質的"情報を考慮しないならば，KABC-II と KTEA-II の分析から十分な利益を得ることはできない。こういった情報は，不必要な関与を最小限にとどめた標準化された場面（例えば，指示の標準化など）と学習過程に能動的に関わる機会が最大化された場面（例えば，[語の学習]や[文の学習]のようなダイナミックな下位検査）で子どもの反応を観察することによって得られる。

この臨床的分析の節では，ルリアによって開発された神経心理学的モデルを考慮に入れ，認知検査と学力検査に関わる脳の処理過程について検討する。例えば，KTEA-II の「音韻認識」は，子どもに音と言葉を思い出し操作することを要求する検査である。この検査は複数の聴覚スキル（Ga）の優れた測度であるが，さらにワーキングメモリーと認知シークエンス（cognitive sequencing）を測定している。後者のスキルは特に継次/Gsm によって測定されることから，聴覚スキル（Ga）の検査結果を包括的に理解するためには，検査者は KABC-II の継次/Gsm の正答（および誤答）と比較する必要がある。この種の課題が左脳の処理に関連しており（James & Selz, 1997; Lyon et al., 2003; Reynolds et al., 1997），読みに必要な聴覚的継次処理スキルと音韻意識スキルについての長年の研究（例えば，Hooper & Hynd, 1985; Kamphaus & Reynolds, 1987; Lichtenberger et al., 2000; Lichtenberger, 2001）が，これらの課題に反映されているのは偶然ではない。

以下では，構成概念とスキル分析が検査者に役立つことが期待される機能的処理能力（functional processing abilities）について主として考察する。CHC 理論およびとルリア理論に基づくアプローチには，質的または処理プロセスの情報によってサポートされる包括的アセスメントの視点が反映されている。さらに，認知能力検査や学力検査の全データは，履歴，医学的状態，投薬状況，家族関係，教育の質，発達段階，社会・情動的機能，視覚-運動機能，過去の介入への反応など，他の重要な情報の文脈のなかで解釈されなければならない。

a. 継次処理，短期記憶，音韻認識と聞き理解

確認ポイント 5.13 のメモにあるように，KTEA-II の「音韻認識」と「聞き理

解」は CHC の広範的能力である短期記憶（Gsm）に依存している。それぞれの下位検査の処理過程の理論は以下のとおりである。

(1) 「音韻認識」の処理過程の理論的基盤

　KTEA-II の「音韻認識」で測定される音韻処理スキルのタイプを継次処理および聴覚短期記憶と結びつける研究論文が数多くあることから，継次尺度をルリアモデルと CHC モデルの両方から解釈する方法を理解しておくことが重要である（Siegal, 1997; Teeter, 1997）。KTEA-II の「音韻認識」と KABC-II の継次/Gsm の下位検査の組み合わせは，読みの問題や学習障害の音韻に関するサブタイプを評価する機会を大きく広げる（本章の 5.4 節「学習障害児の判断」を参照）。

　聴覚的短期記憶の基本的な測度である継次/Gsm の基本検査は，教室場面において必要不可欠な聞く技能を検査者が評価するうえで有益である。「音韻意識」下位検査は，音韻と表象の連関を測定するが，その構成概念上，聴覚的短期記憶と継次処理スキルをも測定する。「音韻認識」は対話式の下位検査で，子どもは検査者の話を注意深く聞き，音を再生し，さらに語の音と音節の操作を行わなければならない。「音韻認識」の後半部分では，子どもは多音節の語をワーキングメモリーに保持し，1つの音節を取り除いて新しい語をつくらなければならない。

　熟練した検査者は，どれくらいよく子どもが音を思い出すことができ，ワーキングメモリーを使うことができたかについての行動上の手がかりを評価することによって，多くの情報を得ることができる。その子どもは音を再生しようとしたか？　その子どもは検査者の与える手がかりを聞き逃し，繰り返すように求めたか？　その子どもは恥ずかしがりで，そのことにより言葉で表現することが妨げられたか？　その子どもは，音を正しく聞き取りながら順番を間違えていないか？　「音韻認識」において，ワーキングメモリーが必要とされる検査問題へと進んだとき，子どもの行動は大きく変化したか？　その子どもは注意を持続することができたか，また，それぞれの検査問題でクエリー（Q）を与えなければならなかったか？

　読字に関する研究論文は，早期の読字障害の多くが"聴覚性読字障害"とよばれる学習障害のサブタイプから発していることを示唆している（Spreen, 2001; Teeter, 1997）。これは，視覚やその他の処理の問題による読みの障害が，サブタイプとして重要でないということでなく，まずは幼児の音韻の処理と生成の関係

性について検討すべきであるということである。音韻の処理は，基本的に言語の音の要素を理解し使用する能力である。KTEA-IIの「音韻認識」は，アダムスの5つのレベルの音韻意識課題に対応しており，難易度順に，押韻（rhyming），音合わせ（sound matching），混成（blending），分割（segmentation），音素の操作（manipulating phones）の5つの異なる活動から構成されている。

音韻処理は，音声知覚，命名，語彙および音の聴覚的短期記憶の問題と密接に関連している。音韻意識に障害があると，理解に必要とされる処理プロセスに単語認知と解読が深く関わっているため，読み理解が障害される（Stanovich, 1992）。そのため，子どもは文章の要素にとらわれ，流暢な読みや理解に注意を払うことができなくなる。

読みの問題を有する幼児においては，読字における音韻および言語学的理解に関する能力を評価することが支援につながる。問題となる部分が明らかとなれば，子どもの特定の障害に焦点を当てた介入計画がより描きやすくなる。学業成績の観点からだけではなく，読字を支える神経ネットワークを適切な方法で強化するという神経心理学的発達の観点からも，小学校低学年の子どもに対する音韻認識への介入を支持する証拠がある（Lyon *et al.*, 2003）。

前述したように，特に低年齢の子どもの音韻意識スキルを評価するうえで重要な役割を担うKABC-IIの尺度は，継次/Gsmである。継次/Gsmの主要な課題は，子どもがどのように連続的かつ段階的に情報を処理するかを測定することである。この継次/Gsmの成績は，単語の解読にあたって，音韻と表象を1つにまとめるために必要となる聴覚的継次処理および聴覚的短期記憶スキルを子どもが有しているかどうかを明らかにするものである（Das, Naglieri, & Kirby, 1994; Kirby & Williams, 1991; Naglieri, 2001）。

(2) 「聞き理解」の処理過程の理論的基盤

KTEA-IIの「聞き理解」下位検査は，聴覚的短期記憶，聴覚的ワーキングメモリー，そして聴覚的長期記憶の符号化（auditory long-term encoding）に関わる検査であるため，継次/Gsmを補佐している。この課題は純粋に聴覚形式で提示されるため，「音韻認識」および継次/Gsmの基本検査と比較すべきである。「音韻認識」において短い聴覚文節を記憶することができるが，聴覚的記憶の負荷がより高い「聞き理解」において，低い成績を示していないだろうか？　また，反対

に短い聴覚文節での成績が低く,「聞き理解」の物語形式では成績が高いということはないだろうか？　処理過程に関するこうした疑問に答えることは,後にふれる鑑別診断に役立つものとなる。

b. 同時/Gv と「書き表現」

　KTEA-II の他の下位検査を実施しないとしても,同時/Gv の補助検査とともに,KTEA-II の「書き表現」を実施したいと思うかもしれない。それは,書字における視覚-運動の要因をチェックするためであり,KABC-II の［近道さがし］や［模様の構成］といった視覚-運動を伴う下位検査との関連性を明らかにするためである。これらの比較は,書く課題において,書字や視覚的体制化の成績が低い理由を解明するのに役立つであろう。子どもに「書き表現」下位検査を実施したときのことを思い出してほしい。鉛筆の持ち方に問題はなかっただろうか？　何度もどの課題を行っていたのかわからなくなっていなかっただろうか？　鏡文字を書いたり,文字の順番を入れ替えて書いたりしなかっただろうか？　何度も書き直した箇所があるだろうか？　正しい開始位置を指し示しても,どこに答えを書けばよいのかわからないといったことはなかっただろうか？

　書字能力に視覚-運動の問題が少しでも関わっていると推測されるならば,視覚-運動に関する検査を実施することによって,その仮説を検証することが妥当である。確認ポイント5.14 の解説に示したように,KTEA-II の「書き表現」は,広義にとらえるならば CHC の広範的能力の視覚処理（Gv）にある程度依存していると考えることができる。

c. 計画,推論および実行機能：KABC-II の［近道さがし］および［文の学習］,そしていくつかの KTEA-II の下位検査に,どのように応用されているのか。

　確認ポイント 5.15 によれば,［近道さがし］は流動性推理（Gf）の限定的能力である一般的系列推理（演繹）を測定している。確認ポイントの注釈にあるように,その他の下位検査（［文の学習］と KTEA-II の4つの下位検査）は,ある程度,流動性推理に依存している。それぞれの下位検査の処理過程の理論的基盤を以下に示す。

(1) ［近道さがし］の処理過程の理論的基盤

　［近道さがし］はいくつかの解決法を見いだし，最も良い計画を選択する能力を評価できるように設計されている。チェスゲームのように，［近道さがし］は適切に操作していくために，視空間の要因が計画能力と同様に重要となる。［近道さがし］は，当初，計画/Gf の下位検査として開発された。しかしながら，予備調査データの確認的因子分析の結果は，［近道さがし］が明らかに同時処理および視覚処理の測度であることを示していた。子どもは，岩や雑草や芝などが配された地図のようなゲームボードの上で，犬が骨を見つけることのできるいくつかの道を探しださなければならない。結局のところ，問題解決において最も重要な役割を果たすのは，視覚的マッピング能力になる。それにもかかわらず，［近道さがし］が KABC-II に含められたのは，どの尺度に属するかにかかわらず，受検者の興味をそそる課題であり，流動性推理（Gf）と視覚処理（Gv）の両方の限定的能力を測定し，課題を遂行するためには完全な実行機能が要求されるからである。子どもの計画能力や実行機能が低い場合には，検査成績に大きな影響を与える。視覚的マッピング能力が主要な役割を果たすとしても，子どもはいくつかの解決法を見いだし，それらをワーキングメモリーに保持し，最も良い方法を決定しなければならない。後者の能力は間違いなく実行機能の課題といえる。実行機能の問題を有する 56 人の ADHD の子ども（Barkley, 2003）を対象とした KABC-II の研究では，これらの子どもたちは［近道さがし］において，こうした問題を有しない子どもたちと比較して有意に低い成績を示した（$p < .001$）。(Kaufman & Kaufman, 2004)。彼らは，より純粋な実行機能の測度である計画/Gf の［パターン推理］と［物語の完成］においても明らかに低い成績を示した（$p < .01$）。

　したがって，計画/Gf を評価するさいには，［近道さがし］における検査中の行動観察を考慮に入れる必要がある。その子どもは系統立てて考えていたか？　その子どもは，すべての可能性のある解決法を探すのに時間をかけていたか？　それとも衝動的に最初に思いついた解決法を答えていたか？　また，課題の処理スタイルについても考えてみる必要がある。その子どもは時間をかけて道筋を考え，最終的な道筋を数えてみていただろうか（熟慮型），それともすぐに飛びついてそのあと修正しなければならなかっただろうか（衝動型）？　［近道さがし］は，下位検査間の得点の差異を検討することや子どもがその得点をどうやって得たかという処理過程や質的分析を行うことで計画/Gf を補完することができる。もしも

あなたが，[近道さがし]を実施したさいに実行機能に関する問題に気がついたら，その問題が[パターン推理]や[物語の完成]でも見られるかを確認するとよい。また，子どもの方略生成の質的な観察を検討し，その仮説を確認するために実行機能の他の検査を実施する必要がある。

(2) [文の学習]の処理過程の理論的基盤

CHCモデルでは，[文の学習]を連想記憶（MA）に位置づけている。[文の学習]では，受検者は，特定の絵と関連する語を学習し，その後，その絵によって作成された語句や文章を読まなければならない。[文の学習]は基本的に長期記憶と検索（Glr）を測定しているが，検索だけでなく広範な体制化の能力も求められる。

[文の学習]は子どもの教示-学習の環境での反応過程も測定する。他の下位検査（[語の学習]を除く）とは異なり，子どもはたくさんの情報を学習し，その情報を使用しなければならない。これは教室場面と類似しているが，検査者には標準化された教示刺激が用意されており，厳密に構造化され，かつ測定可能となっている。この下位検査では，検査者は段階を踏んで子どもに情報を与え，練習させる。検査者は標準化された方法で教授することしかできないため，逆に，子どもの教示に対する反応を観察する時間が与えられる。これは「ダイナミックかつ統制されたプロセス」であり，検査者に鍵となる重要な質的なデータを提供する。

[文の学習]が流動性推理（Gf）にある程度依存していると考えられる理由は，検査実施中は，実行機能を最大限に発揮しなければならないからである。多くの研究者（Goldberg & Bougakov, 2000）が実行機能をオーケストラの指揮者にたとえている。脳の第一，第二領域は，特定の時間に特定の楽器を演奏するオーケストラの演奏者である。指揮者は第三領域（前頭葉）であり，情報の入力，処理，優先順位の決定，体制化，計画，出力といった複雑な認知機能を指揮監督しなければならない。

[文の学習]が指揮者に重い負荷をかけるのは，1つ1つの語や絵に注意を向ける，視覚情報を処理する，聴覚情報を処理する，記号と音を融合させる，検査者が教示したことを決められた時間内に正確に学習する，記号の読みとその音を筋の通った意味のある文章に体制化する，そして間違いと内容の理解をチェックするなど，第一，第二領域の課題が数多く含まれるからである。[文の学習]交響曲

の指揮には，並外れた指揮者が必要なのである。

　［文の学習］には，子どもの注意や実行機能の問題について検査者に示唆を与えてくれる量的指標や行動指標が多くある。［文の学習］では，幼児の多くが単語やそれにマッチする記号の学習に集中するため，意味のある文章を読んでいるということをまったく忘れてしまう。そのため，彼らが単語で間違いをおかすと意味のある文章が消失してしまい，意味の欠如を知的に処理できず，ただ個々の記号を読み続けてしまう。その一方で，実行機能，またはメタ認知機能が発達している子どもは，意味の断絶に気づき，間違いをおかしたと思うところに戻って記号の間違いを見つけだそうとする。こういった行動はオーケストラの指揮者がどの下位機能がうまく行っていないのかを確認している表れであり，このことが子どもの自主訂正を促して得点の違いをもたらす。

　用心深い検査者は，自主訂正行動の存在の有無によって，その子どもに体制化の問題があるか否かを知ることができるであろう。［文の学習］の低い成績は，短期記憶または近時記憶から長期記憶へと情報が転送されるさいに何らかの問題が生じていることを意味しているかもしれない（長期記憶と検索としての分類はそのように理解することができるが，低い成績は計画や実行機能に問題があることも意味しているかもしれない）。したがって［パターン推理］や［物語の完成］といった計画能力を測定する下位検査と比較をすることが適切である。［文の学習］は因子分析的には KABC-II の学習/Glr に属するが，計画/Gf で測定される流動性推理の評価にも役立つ。

(3) KTEA-II「書き表現」「読み理解」「数概念と応用」「口語表現」「聞き理解」の処理過程の理論的基盤

　KTEA-II には，学力的知識だけでなく体制化，演繹，帰納そして計画の能力を要求する 4 つの下位検査がある。「書き表現」「読み理解」「口語表現」「聞き理解」はみな，"高次の認知機能"（Sattler, 2001），"認知負荷"（Raney, 1993）または "高次の複雑な能力"（Mather, Wedling, & Woodcock, 2001）を必要とする。サトラーおよびマーサーとその共同研究者たちは，文字の弁別のような低次の認知から読解力や文章構成のような高次の認知に至るまでのプロセスを階層化し主要な学力課題について説明している。図 5.12 は，学力領域と KTEA-II 包括版の下位検査の階層的な関係性を認知処理のレベルを考慮して描いたものである。

| KTEA-IIで測定される学力領域 | 算数 | 算数 | 書き | 受容言語 | 表出言語 |

| KTEA-II下位検査で要求される高次処理 | 読み理解 | 数概念と応用 | 書き表現 | 聞き理解 | 口語表現 |

| KTEA-II下位検査で要求される低次処理 | 解読と文字と単語の読み | 計算 | つづり | 音素認識 | 急速自動命名 |

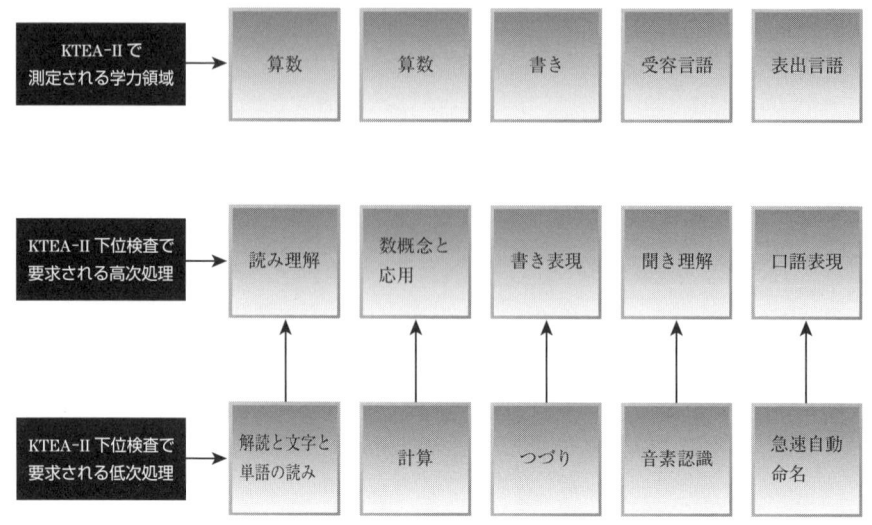

図5.12　KTEA-IIの達成領域ごと，高次処理下位検査，および低次処理下位検査の認知処理負荷

　これらの下位検査の得点を流動性推理（Gf）の限定的能力を正確に測定する下位検査と比較してインフォーマルに解釈すると，高度な学習課題に必要とされる複雑なスキルは，認知処理過程の視点から評価されるべきであることがわかる。また，経験豊かで観察力の鋭い検査者は，これらの学力検査への子どもの取り組みを観察し，良い成績を挙げるための体制化や計画のスキルを有しているかを判定する行動の手がかりを探す。

　例えば，「読み理解」において，理解に関する質問に正確に答えるためには，複数の答えのなかから最も適切なものを選択しなければならない。ここで，処理スタイルに注目してみよう。子どもは文章を急いで読んで，衝動的に答えを選ぶだろうか（衝動型，不注意型）？　それとも，文章を読んでからじっくりと時間をかけて選択肢を読み，答えの正しさについて吟味しているだろうか（熟考型）？　その子どもは，文章を符号化するのに多くの問題を抱え，物語の全体像がつかめないでいるだろうか？　その子どもの目の動きを観察してほしい。その子どもは左から右に読み，理解を確認するためにときどき視線を戻すだろうか（流暢な動き）？　それとも視線が細かく前後し読んでいる場所がわからなくなったり，行を飛ばしたり，またはそれ以外の流暢性に欠く動きをしていないだろうか（眼球運動の弱さ/非流暢な視線の動き）？　このような観察によって，「読み理解」におけ

る低い成績がどのような要因によって起こっているのかを知る貴重な手がかりが得られる。

　こういった種類の観察結果を，体制化，実行機能および流動性推理の能力を必要とする他の下位検査と比較することによって，子どもの読み理解の問題を理解する手がかりが得られるかもしれない。おそらく，問題はその子どもが加減乗除などの数学の定理を知らないことにあるのではなく，問題を解くために適用される数学の定理を体制化することができないということであろう。もしも，その子どもが体制化やその他の流動性推理（Gf）の下位検査で問題を抱えているとしたら，介入計画には体制化についての指導内容（数学的事実に関する問題練習ではなく）が含まれるべきである。

　同様の観察が，「書き表現」，「口語表現」および「聞き理解」においてもなされるべきである。なぜなら，これらの下位検査はすべて流動性推理（Gf）のスキルが必要だからである。計画/Gf の下位検査とこれらの得点を比較することによる利点は，ただ単に教師がすでに知っていること（読みや算数のレベル）ではなく，子どもが学習課題に取り組むための高次の認知スキルの適用過程を比較できることにある。さらに，KTEA-II の誤答分析の手続きを通して，子どもの推理能力を検査する質的方法もある。「読み理解」と「聞き理解」には，事実の表面的な想起だけでなく流動性推理（Gf）を測定する課題が含まれている。それぞれの下位検査の項目は，あらかじめ表面的（literal）と推論的（inferential）に分類されている。KTEA-II の誤答分析の手続きによって，それぞれのタイプ（表面的，推論的）の課題を，強い，平均，弱いまたは低いレベルに分けることができる（Kaufman & Kaufman, 2004b）。したがって，もし子どもの「読み理解」または「聞き理解」，あるいは両方の推論の得点が低いまたは高いと分類された場合，この分類は子どもの推論に関する他の量的および質的データを裏づけるものとなる。

　処理プロセスの観点から，KTEA-II の高次の下位検査から収集された情報とデータは，オーケストラの指揮者がどのように上手に複雑な課題と大量の情報を体制化しているかを確認するさいに役立つ。もし，子どもの実行機能の障害が疑われる場合には，特にその領域を測定するためにつくられた検査を実施するのがよい。もしもこの包括的アセスメントとともに実行機能の検査を実施することに不安をおぼえるのであれば，その検査に通じた専門家に委託するのが適切な対処

方法である。

d. KABC-II および KTEA-II の聴覚処理（Ga）といくつかの聴覚課題

確認ポイント5.17の注釈に示すように，KTEA-II の「聞き理解」と KABC-II の3つの下位検査（[なぞなぞ]，[数唱]，[語の配列]）は，ある程度 CHC の広範的能力の聴覚処理（Ga）に依存している。これらの下位検査の処理過程の理論的解釈を以下に示す。

「聞き理解」，[なぞなぞ]，[数唱]，[語の配列] の処理過程の理論的基盤

これらの下位検査は，CHC が定義している聴覚処理（Ga）を測定しているわけではない。なぜなら，聴覚記憶や解答に必要なだけ聴覚的な情報を保持することとの関連の方が大きいからである。KTEA-II の「音韻認識」のように，聴覚処理（Ga）を測定する基本検査は，音の弁別や音素の分析や統合といったことに注目している。しかしながら，KTEA-II の「聞き理解」と KABC-II の3つの下位検査は，中心的な処理プロセスにおける媒介として聴覚的入力を用いており，これは本質的に連続的，継次的である。ほとんどの聴覚処理は，脳において同様の過程をとるため，結果として同様の脳活動が生起する（例えば，言語の問題や読みの問題）。検査者は聴覚記憶と聴覚的弁別を区別するよう努めるべきである。なぜなら，それぞれの処理プロセスは，異なる介入の方略を必要とし，学業成績に異なる影響を及ぼすからである。

「聞き理解」は，"くだけた"あるいは自然な会話というよりは，子どもが学校で必要とされる，よりあらたまった会話の理解を測定する下位検査であるため，聴覚処理（Ga）を補足する検査としてふさわしい。このことは，検査結果と学校場面での評価の関連性を強化することにつながる。「聞き理解」の作成に当たっては，もう1つ大切な目的がある。すなわち，「読み理解」の文章問題との対応である。この2つの下位検査の基本的な違いは，「聞き理解」では子どもは CD から流れる文章を聞き，検査者の質問に答えるよう求められることである。子どもは「聞き理解」と「読み理解」で類似した課題を行うため，「読み理解」の成績が顕著に低い場合には，言語発達のより一般的な問題というよりも，読みの問題の存在を示唆していると考えられる（Stanovich, 1992）。

5.7.5　KABC-II と KTEA-II を統合する――質的/行動的分析

　KABC-II と KTEA-II の行動観察チェックリスト（QI）を比較することによって，タイプの異なる検査において，どのような反応を見せるかを観察することができる（この行動観察チェックリストについてのさらに詳細な情報は，KABC-II と KTEA-II のマニュアルおよび本書の行動観察チェックリストの部分を参照されたい）。検査間における結果の違いを明らかにするためには，下記の分析手順を実施していただきたい（**キーポイント**5.4 を参照のこと）。

a.　感情や意欲の違い

　その子どもは，KABC-II の新規なゲームのような活動を楽しみ，KTEA-II では静かで不機嫌で退屈した様子を示しただろうか？　それともその反対であっただろうか？　その子どもは KABC-II では緊張し，自信がない様子を示したが，KTEA-II のなじみのある課題では快活になっただろうか？　新規な認知処理課題からなじみのある学習課題への行動の変化を見てほしい。

b.　自信の違い

　その子どもは，KABC-II の下位検査に一生懸命取り組み，うまくできたときにそれがわかっただろうか？　その子どもは"これは得意なんだ"とか"これは簡単だ"というようなことばで，自信を表現するだろうか？　こういった自信を示すことばは，KTEA-II 検査にも見られるだろうか？　それとも，口ごもったり，自分の価値を卑下するような発言をしたり，自信のない様子を示しただろうか？　処理プロセスを見る課題から学習課題に変わったときの行動（自分についてのコ

🔑 **キーポイント 5.4**

KABC-II と KTEA-II の行動観察チェックリストを比較する

検査結果の差異を検討する視点
　　感情や意欲の違い
　　自信の違い
　　モダリティーの違い
　　認知負荷の違い

メント）を見てほしい。

c. モダリティーの違い

　何人かの子どもは，特徴的な処理スタイルを有している。多くの場合，彼らの行動は，視覚，聴覚，触覚，言語の得意・不得意を反映している。課題の感覚モダリティーが変化したときの行動の変化を見てほしい。その子どもは視覚的課題のときには注意を払うことができるが，聴覚のみで視覚刺激のないときには落ち着きがないといったことはないだろうか？　言語の下位検査ではおしゃべりなのに，視空間課題では不安な様子を示したということはないだろうか？

d. 認知負荷の違い

　KABC-Ⅱでは，下位検査によって認知負荷が異なり，また，それぞれの下位検査においても簡単な問題から難度の高い問題までその認知負荷が変化する。KTEA-Ⅱは，4つの下位検査において複雑な技能を要求するために認知負荷が高くなっている（図5.12を参照）。負荷の度合いが変化したさい，または問題がやさしいものから難しいものへと変わったさいの行動の変化を見てほしい。その子どもは，単純な課題はよくできるが，体制化しなければならなくなると混乱するだろうか？　両検査において，上限の課題へと進んでいったときに，その子どもはどのような方略を使うだろうか？　あきらめる，落ち着きがなくなる，楽しい挑戦であるかのように振る舞う，またはイライラする，腹を立てる，反抗的になるだろうか？

5.7.6　KABC-Ⅱの学習尺度やKTEA-Ⅱの対話形式の下位検査において，教示したときに子どもがどのように反応するか

　KABC-Ⅱの［語の学習］や［文の学習］を実施したときは，行動の変化をすべて記録してほしい。これらの下位検査は他の下位検査とは異なり対話形式であり，検査者が子どもにそれぞれの課題を教示し，その後に情報の想起を要求する。子どもが，対話的で統制された速度にどのように対応するかを記録するのは重要である。［語の学習］と［文の学習］はダイナミックな下位検査であり，検査者と受検者の間により強い社会的依存関係が存在する。また，こういった教示-学習設定の方式で，子どもが使う行動や社会的方略は非常に価値のある情報となる。

5.7 KABC-II と KTEA-II の統合　　229

　KABC-II の［語の学習］および［文の学習］と，KTEA-II の「書き表現」「音韻認識」「聞き理解」「口語表現」との間で，行動観察チェックリストの比較を行いたいと思うかもしれない。KTEA-II のこれらの下位検査もまた，対話形式であり，検査者は検査を通して子どもと関わる。その子どもはあなたとの関わりを楽しんでいるだろうか？　あなたと関わることに不安を示すだろうか？　その子どもは依存していてあなたのリードを必要としているだろうか？　それとも反抗的で，性急で，または敵対的だろうか？　こうした行動について，子どもの担任に話をし，学級での子どもの反応が似たようなものであるかどうかを確認することはとても重要なことである。

　行動観察は他のデータによって補足されなければならない。もしも非協力的だと思われる行動を観察し，それが KABC-II や KTEA-II の子どもの成績に影響を及ぼしていると感じるならば，それらの行動観察リストに示された行動が，検査場面だけではなく他の場面でも起きているかをスタッフや教師に確認する必要がある。また，それらの下位検査の得点にも注目する必要がある。もしも，その行動が子どもの成績を下げていると考えるのであれば，その行動に対する介入が，学級での成績を上げることの助けとなるかもしれない。行動観察チェックリストに示された行動は，マイナス要因に関するものだけではない。行動観察チェックリストは子どもがどうやって障害や不得手な課題を克服するかについての貴重な情報を提供してくれる。子どもが，学習や行動上の問題をどのようにして自然に補っているかを観察することは貴重な情報であり，それらは指導助言に必ず含めるべきである。

5.7.7　KABC-II と KTEA-II の統合──オプション手続き

　KABC-II と KTEA-II の結果を統合する方法にはさまざまなものがある。現時点で，2 つの検査の結果を統合する決定的な方法があるわけではない。なぜなら，最も良い方法を確定するには，何年にもわたる研究が必要とされるからである。さらにいえば，たった 1 つの方法が，すべての検査者の要求に応えることにはならないからである。それぞれの検査者が，これらの検査を使用するうえでの豊富な経験，内的な基準，そして考えを有している。さらに，それぞれの検査者は特定の診断領域や異なる必要性や要求をもった特定の対象を有している。KABC-II と KTEA-II の結果を統合するために本章で示した方法は，理論的背景も手続きの

複雑さも，そしてまた実用性もさまざまである。提供された異なる方法から，どの方法があなたにとって最も良いかを選択するのが良いであろう。それぞれ状況にあった方法を導入することが重要かつ良い実践である。

5.7.8 まとめと結論

　この領域の臨床家と研究者は，数年後には，KABC-ⅡとKTEA-Ⅱを組み合わせて得られた有用な情報の所産を統合していることだろう。幸いなことに，両方の検査は多くの検査者にとって慣れ親しんだものであり，これらの検査から得た認知能力と学力のデータをときに統合して使用している。しかし，KABC-ⅡとKTEA-Ⅱが同一のサンプルに基づき標準化されているということはとても興味深い。理論から介入へと認知能力と学力の両方の情報をもつ利点は，子どもの得意・不得意を判定し，指導助言を提供するという困難な過程を円滑にするはずである。

5.8　ドーン・フラナガンによるクロスバッテリー法を用いたKABC-Ⅱの補足

　本節の目的は，子どもの認知能力について必要なときに追加の情報を得るために，クロスバッテリー法を用いてKABC-Ⅱを補足する簡易な指針を提供することである。本節では，クロスバッテリーアプローチについての簡単な説明を行い，さらにKABC-Ⅱを補足する段階的な方法を解説する。

5.8.1　クロスバッテリーアプローチ

　CHCモデルに基づくクロスバッテリーアプローチは，どのようにすれば，知能検査を単独で使用するよりも適切に広範的認知能力のほぼ全域を測定できるかを詳細に説明できるように設計されている（Carroll, 1997）。キャロル（1998）によれば，このアプローチは，"あらかじめ実施する検査が決まっている状況"において，ある個人に関する最も的確な情報を得るために使用される。同様に，カウフマン（2000）は，この方略が検査の解釈を高度なレベルに引き上げ，心理測定に理論的根拠を与えることで，知能の心理アセスメントの質を向上させるとしている。フラナガンとその共同研究者は，CHCのクロスバッテリーアプローチについて，認知アセスメントにおける時代に即応した方法であり，現代心理アセスメン

ト理論と知能の構成概念の研究に基づいているとしている。このことは，臨床家に，単一の知能検査によって示されるよりも幅広い能力を（もしくは特定の能力について，より綿密に）測定することを可能にする（Flanagan & Ortiz, 2001; McGrew & Flanagan, 1998）。クロスバッテリーアプローチは，3つの基盤となる理論または柱に基づいている。

a. 現在の理論

クロスバッテリーアプローチの第一の柱は CHC 理論である。この理論は，伝統ある心理測定学の範疇において最もよく検証された認知能力の構造に関する理論であるという理由から，クロスバッテリーアプローチの基盤として選択された（Daniel, 1997; Horn & Blankson, 印刷中 ; McGrew, 印刷中）。CHC 理論については，第1章において詳細に説明されている。

b. CHC の広範的能力に基づく検査の分類

第二の柱は，CHC の広範的能力に基づく，個別式検査およびその下位検査の分類である。KABC-II の米国版マニュアルに列挙したように，分類の多くが認知検査の確証的因子分析に基づいている（Kaufman & Kaufman, 2004; 以下も参照, Flanagan & McGrew, 1998; Keith, Fine, Taub, Reynolds, & Kranzler, 2004; Keith, Kranzler, & Flanagan, 2001; Woodcock, 1990）。広範的能力のレベルでの検査の分類は，認知のアセスメントと解釈の妥当性を改善するためにも必要とされる。特に広範的能力に基づく分類は，アセスメントの背景にある CHC の構成要素に対する構成概念的に無関係な分散（construct irrelevant variance）を最小にとどめることができる（Messick, 1989, 1995）。言い換えれば，どの検査がどの能力を測定するのかを知ることによって，臨床家は適切な構成概念のクラスター（まとまり）に検査を整理・統合することができる。クラスターとは，測定したい構成要素あるいは能力を測定している尺度のみが含まれるひとまとまりの下位検査群である（より深い理解のために，Flanagan & Ortiz（2001）を参照していただきたい）。KABC-II の下位検査の広範的能力の分類は，マニュアルに示された因子分析の結果を基礎としている。これらの分類は外部の専門家との共同研究により検証されている（Caltabiano & Flanagan, 2004）。

c. CHC の限定的能力に基づく検査の分類

　第三の柱は，CHC の限定的能力に基づく，個別式検査およびその下位検査の分類である。これらの分類は，外部の専門家との共同研究から導かれた（例えば，Caltabiano & Flanagan, 2004; Flanagan et al, 2002; McGrew, 1997）。これまでに 70 人を超える専門家が共同研究に参加しており，研究結果は1万人以上のデータに基づくものである。CHC の限定的能力の分類は，知能のアセスメントやその分析の妥当性をさらに改善するものとして必要とされている。特に，限定的能力の分類は，背景にある CHC の広範的能力の構成概念が反映されていなければならない。メシック（1995）によれば，"アセスメントが狭量であり，構成概念の重要な特質ないし側面を含めるのに失敗した場合"，構成概念の代表性の不足が生じる。

　KABC-II の［数唱］を，広範的能力の短期記憶（Gsm）の測度として解釈することが，項目の内容的・方法的偏りの1つの例である。［数唱］は短期記憶（Gsm）の1つの狭い側面（記憶範囲）を測定しているにすぎない。広範的能力である短期記憶（Gsm）の構成概念を代表するには，記憶範囲とは質的に異なる，少なくとももう1つの限定的能力（例えば，ワーキングメモリー）を含める必要がある。言い換えれば，広範的能力を測定する2つまたはそれ以上の質の異なる限定的能力の測度が，（広範的能力の）構成概念を代表するために必要なのである（Comrey, 1988; Messick, 1989, 1995 を参照）。［数唱］（短期記憶の記憶範囲の測度）と［語の配列］（短期記憶の記憶範囲とワーキングメモリーの測度）が，広範的能力の短期記憶（Gsm）能力の良い推定を提供するだろう。なぜなら，これらの下位検査は強力な短期記憶（Gsm）の測度であり（Kaufman & Kaufman, 2004），それぞれ広範的能力の質的に異なる側面を代表しているからである。先に示したように，KABC-II のすべての広範的能力は2つまたはそれ以上の下位検査によって測定されており（基本検査または補助検査による），それらは同じ広範的能力でも質的に異なる限定的能力を測定している。

　CHC の広範的能力の測度として，単一の下位検査のみから解釈する場合に加えて，2つまたはそれ以上の同一の限定的能力の下位検査を合わせて広範的能力の測度として解釈する場合にも構成概念の代表性の不足が生じる。例えば，KABC-II の学習/Glr は，基本的に長期記憶と検索の限定的能力である連合記憶の尺度である。KABC-II の学習/Glr は，子どもの長期記憶と検索（Glr）の能力を明らか

5.8 ドーン・フラナガンによるクロスバッテリー法を用いた KABC-Ⅱ の補足

にするためには，連合記憶以外の長期記憶と検索（Glr）の側面を測定する 1 つまたはそれ以上の検査によって補足される必要がある。カウフマンとカウフマン（2004a）は，彼らのオプションの解釈ステップ（本書第 2 章参照）のなかで，学習/Glr のみにとどまらない多くの情報を提供している。すなわち，CHC の広範的能力のクラスターは，より多くの情報をもたらすと考えられる。それゆえ，多様な下位検査が含まれていればいるほど，構成概念のより妥当な測度となる（Clark & Watson, 1995）。カウフマンとカウフマン（2004a）が，KABC-Ⅱ の下位検査を複合的に設計していることを理解することが重要である。それゆえ，下位検査が測定する能力は，しばしば広範的能力のカテゴリーを横断している。例えば，［近道さがし］は基本的には視覚処理（Gv）の空間走査の測度であるが，二次的なレベルでは演繹的推論の能力（流動性推理（Gf）の一般的継次推論（Gf-RG）が含まれている。ほとんどの検査作成者は，下位検査によって測定される一次的な限定的能力を重視し，二次的な限定的能力の分類にはそれほど重きをおかないが（例えば，Woodcock, McGrew, & Mather, 2001），カウフマンとカウフマンは二次的な限定的能力を分類に含めている。これらの二次的な限定的能力の分類は，KABC-Ⅱ の下位検査の複合性を反映しているといってよい。検査の二次的な限定的能力の分類が，一次的な限定的能力の分類によって提示されるものと異なる広範的能力に関連することがめずらしくないことは，ほとんどの検査作成者が認めるところであろう。したがって，一次的な限定的能力の分類に限っていえば，KABC-Ⅱ の尺度は，その尺度によって測定しようとした構成概念に関連した下位検査のみが含まれていることは明らかである。

　認知検査および学力検査の広範的および限定的能力による分類は，下位検査の整理・統合と解釈に使用される CHC クロスバッテリーアプローチのワークシートに整理されている。最新のクロスバッテリーワークシートは，フラナガンとその共同研究者（2002），また，以下の URL で見ることができる（http://www.cross-battery.com または http://alpha.fdu.edu/psychology/）。確認ポイント 5.12～5.17 には，KABC-Ⅱ と KTEA-Ⅱ のそれぞれの下位検査によって測定される限定的能力が掲載されている。フラナガンとその共同研究者は，ワークシートの実際の使用方法について，詳細な説明を行っている。

　まとめとして，クロスバッテリーアプローチの第二および第三の柱は，構成概念に無関係な分散を最小限にとどめ，構成概念の代表性の不足を回避することを

助けている。クロスバッテリーアプローチの背景にある3つの柱は，理論に基づいた，包括的で効果的な認知能力のアセスメントを構築するのに必要な基礎理論を提供している。以下では，KABC-II をベースとした CHC クロスバッテリーアセスメントについて，その整理・結合と解釈法について説明する。

5.8.2 CHC クロスバッテリーアプローチの適用

CHC クロスバッテリーアプローチの手続きが，心理測定学的および理論的に正しく行われていることを保証するために，臨床家はいくつかの指針に従うことが求められる。以下では，その指針について簡単に説明する。

a. 指針1

CHC の広範的能力のクラスターを構成するさいには，確証的因子分析や専門家による内容的妥当性に関する共同研究などの基準に合った方法を通して分類された検査を選択する。既存のクロスバッテリーワークシート（Flanagan et al., 2002）に含まれるすべての下位検査は，KABC-II および KTEA-II の下位検査と同様に，これらの方法を用いて分類されている。

b. 指針2

適切な構成概念を代表することを保証するために，CHC の広範的能力のクラスターが構成されるさいには，質的に異なる2つ以上の限定的能力を測定する下位検査を含む必要がある。例えば，聴覚処理（Ga）の測定を含むように KABC-II の基本検査を補うさいには，WJ III から聴覚処理（Ga）のクラスターに属する下位検査を選ぶことで，聴覚処理（Ga）の広範的能力についての仮説を導くことができる。なぜなら，このクラスターのおのおのの下位検査が異なる聴覚処理（Ga）の限定的能力を測っているからである（例えば，「音の合成（Sound Blending）」は音声符号化の統合（Phonetic Coding: Synthesis）を測定する。「単語の完成（Incomplete Words）」は音声符号化の分析（Phonetic Coding: Analysis）を測定する）。しかしながら，最近の研究は，分析-統合の二分法よりもむしろ単一の音声符合化能力の存在を支持していると考えられるので（McGrew（印刷中）を参照），話し言葉の弁別および聴覚刺激の歪みへの耐性に関する聴覚処理の限定的能力を測定する WJ III の「聴覚注意（Auditory Attention）」下位検査の実施が，聴覚処

5.8 ドーン・フラナガンによるクロスバッテリー法を用いた KABC-II の補足 235

理（Ga）のアセスメントをさらに深めてくれるかもしれない。

c. **指針3**

CHC クロスバッテリーアセスメントを行うさいには，開発および標準化の時期のずれが 2～3 年以内である検査を選択し，フリン効果（Flynn effect）（Flynn, 1984）に起因する検査得点間の見かけ上の違いを最小にする。フラナガンとその共同研究者（2002）による最新のクロスバッテリワークシートは，10 年以内に標準化された検査のみを含めている。

d. **指針4**

最小限の数の検査から下位検査を選択することにより，特性の異なる別々の標準化サンプルから標準化されたことによって生じる検査得点間の見かけ上の差異を最小限に抑える（McGrew, 1994）。ほとんどの場合，他の主要な知能検査によって測定される構成概念を追加するために，単一の検査から下位検査を選択して使用することは，1 つの広範的能力の測度として少なくとも 3 種類の質的に異なる限定的能力の指標を加えることと同じくらい，広範的能力の全域を適切に表現することができる。同じ標準化サンプルを用いて標準化された WJ III の認知と学習および，同様にして標準化された KABC-II と KTEA-II はともに，それぞれおよそ 3～5 の質的に異なる限定的能力から測定される合計 9 つの広範的能力を測定することができる。さらに 40 近くの限定的能力が，これらの検査で測定されており，それらの約半分が 2 つまたはそれ以上の下位検査の実施を通して適切にアセスメントされる。簡単にいえば，ウッドコックとカウフマンの検査からクロスバッテリーの指針と手続きに沿って慎重に検査の選択を行えば，ほとんどの目的に対応する子どもの認知能力および学力の情報が得られる。

e. **指針5**

可能であれば，1 つの検査からの複数のクラスターを使用する。例えば，ある 1 つの知能検査がたった 1 つの処理速度（Gs）の下位検査しか含んでいない場合には，他の検査から処理速度（Gs）のクラスターを選択し，そのクラスターを構成する下位検査を実施する。中心となる検査にある唯一の処理速度（Gs）の下位検査を実施することを望むかもしれないし，あるいは望まないかもしれない。し

かしながら，別の検査の処理速度（Gs）クラスターを用いれば，複数の検査から選択してきた下位検査の得点の算術平均ではなく，実際のノルムに基づく構成概念の評定値を得ることができる。カウフマンの検査に関していえば，KTEA-II は 1 つの聴覚処理（Ga）の測度（「音韻認識」）のみを含んでおり，WJ III 認知検査は 3 つの測度（「音の合成」，「単語の完成」，「聴覚的注意」）を含んでいる。したがって，WJ III は，より包括的な聴覚処理（Ga）のアセスメントを提供しており，それは単独で解釈されることも，または KTEA-II の聴覚処理（Ga）下位検査と組み合わせて解釈することも可能である。

要約すれば，CHC クロスバッテリーアプローチの柱と指針は，現在の心理測定学理論や研究論文において，知能の構成概念であると定義された広範的能力および限定的能力の包括的なアセスメントを実施するうえで必要な基盤理論を提供している。以下では，クロスバッテリーアプローチを用いて，KABC-II を補完する方法を説明する。

5.8.3 KABC-II のクロスバッテリーアセスメントの各ステップ

KABC-II の解釈については，本書の第 2 章で詳述した。ここでは CHC クロスバッテリーアプローチを用いて，KABC-II をもとにしたアセスメントの編成方法を示し，KABC-II の解釈を指針に沿って発展させる。特に，クロスバッテリーアプローチは，① 広範的能力に関する測定の幅を広げ（聴覚処理（Ga）と処理速度（Gs）を KABC-II のアセスメントに加える），② 広範的能力に関する測定の奥行きを広げる（広範的能力内において，質的に異なる限定的能力の測度を加える）ことによって，KABC-II のアセスメントを補完する。加えて，クロスバッテリーアプローチは，KABC-II または KTEA-II のアセスメント結果をもとに立てられた仮説を検証するうえで大変役に立つ（確認ポイント 5.20 に，この方略のステップをまとめた）。

a. クロスバッテリー　ステップ 1：聴覚処理（Ga）と処理速度（Gs）のアセスメントが必要であるかあるいは望ましいか？

例えば，幼児が読みの困難などで照会されてきた場合，聴覚処理（Ga）をアセスメントすることが必要であるならば，KTEA-II の音韻処理に関する検査を実施してもよい。さらに，WJ III の聴覚処理（Ga）または音韻意識のクラスター（指

5.8 ドーン・フラナガンによるクロスバッテリー法を用いた KABC-II の補足

> ≡ 確認ポイント 5.20
>
> **KABC-II のクロスバッテリーアセスメントのステップ**
>
> ステップ 1. 聴覚処理 (Ga) と処理速度 (Gs) のアセスメントが必要であるかあるいは望ましいかを決定する。
> ステップ 2. KABC-II の補助検査を実施する必要性があるかどうかを決定する。
> ステップ 3. KABC-II で得られた広範的能力のより詳細なアセスメントが必要または望ましいかを決定する。
> ステップ 4. 特定の能力もしくは限定的能力のアセスメントが必要または望ましいかを決定する。

針 5 を参照)を含めて,さらに広くアセスメントを実施することを選択してもよい。聴覚処理 (Ga) の最も広範囲な測定は,特に音韻処理に適用される場合,そうした目的に特化した検査によって可能となるであろう。例えば,音韻処理の包括的検査 (CTOPP: the Comprehensive Test of Phonological Processing (Wagner, Torgesen, & Rashotte, 1999)) は 7 つの聴覚処理 (Ga) の下位検査から構成されている (Flanagan et al., 2002)。

処理速度 (Gs) をアセスメントすることが必要であるならば,WJ III の処理速度 (Gs) の下位検査を実施してもよい。WJ III を用いて聴覚処理 (Ga) をアセスメントする場合には,この方法が推奨される(指針 4 を参照)。聴覚処理 (Ga) のアセスメントを必要としない場合や WJ III 以外の検査によってアセスメントする場合は,WJ III の処理速度 (Gs) のクラスター,もしくは WISC-IV (Wechsler, 2003) の処理速度指標 (PSI) のいずれかを KABC-II に追加して用いる。CHC の(広範的および限定的)能力のクラスターを用いて分析するさいには,以下の指針を用いる。

I. あるクラスターの解釈は,構成する下位検査の成績がほぼ一致しており,単一の能力または構成概念を示唆している場合のみ行う。

   A. 既存の基準 (actual norm) から作成されたクラスターである場合は,広範的能力内の一貫性を確保するために,既存の方針を適用する。KABC-II のクラスター(学習/Glr,同時/Gv,継次/Gsm,計画/Gf,知識/Gc)に関しては,記録用紙の基準値を用いる。WISC-IV の指標については,

フラナガンとカウフマン（2004）によって定められた基準を用いる（例えば，処理速度指標（PSI）は，この指標を構成する下位検査の評価点間の差が4点以下の場合のみ解釈する）。
B. 同一または異なる検査の検査得点の平均から導き出されたクラスターである場合は，マックグルーとフラナガン（1998）およびフラナガンとオーティス（2001）[注2]によって推奨される以下の指針を用いる。
 1. 下位検査の得点を平均100，標準偏差15の尺度得点に変換する。
 2. 下位検査の得点を，信頼区間±7点（±1 SEM（標準測定誤差）（68％））とともに報告する（McGrew & Flanagan, 1998）。
 3. その能力のクラスターを構成する2つの下位検査において，得点の信頼区間の一部またはすべてが重なり合っている場合，その能力の背景にあるクラスターが1つのものであると予測されるので，その2つの変換した尺度得点を平均することによってクラスターの得点が得られる。もしも信頼区間の重なりがない場合は，その能力の背景にあるクラスターは1つではないと考えられるため解釈することはできない。
 4. 広範的および限定的クラスターの両方を，信頼区間±5点（±1 SEM（標準測定誤差）とともに報告する（McGrew & Flanagan, 1998）。

ある指標を構成する下位検査の得点のばらつきが著しく大きく，その指標が解釈不能であると考えられる場合においても，尺度得点の所与の基準値に基づく分類を見て，その指標の基礎となると考えられる能力に関する子どもの実際の行動に基づき，全体の結論を出すかどうか決定することは理にかなっている（Flanagan & Kaufman, 2004）。特に，指標内の下位検査の評価点が，すべて8点以下または12点以上である場合，以下の例のように報告してもよい。

・ある指標を構成する下位検査の評価点のばらつきが著しく大きく，かつすべての得点が12点以上である場合は，この指標によって示される能力に関するこの子どもの成績はきわめて優れているので，以下のように記述する。
「視覚処理の測度の1つである同時/Gvの値は，アンドレアの視覚情報を推理する能力と同様に，視覚刺激を分析して統合する能力を示している。アンド

注2) この平均値を用いる方法は，主として限定的能力レベル（限定的能力のクラスターの作成）で用いられる。最新の知能検査では，広範的能力を測定する適切なクラスターがすでに提供されており，広範的能力のクラスターに関する既存の基準を用いることができるので，平均を用いる方法を使用する必要はない。

5.8 ドーン・フラナガンによるクロスバッテリー法を用いた KABC-II の補足　　239

レアの同時/Gv の下位検査の評価点のばらつき（[近道さがし] 12 点，[模様の構成] 18 点）は著しく大きく，彼女の同時/Gv の全体的能力を 1 つの得点としてまとめることはできない。しかしながら，アンドレアの同時処理能力はきわめて優れていることは明らかである。なぜなら，彼女の同時/Gv の下位検査の評価点は，平均（Average/Normal Limits）から非常に高い（Upper Extreme/Normative strength）範囲にあるからである。」

・ある指標を構成する下位検査の評価点のばらつきが著しく大きく，かつすべての評価点が 8 点以下である場合は，この指標によって示される能力に関するこの子どもの成績は著しく低いので，以下のように記述する。

「短期記憶，特に記憶範囲の測度である継次/Gsm の評価点は，情報を即時に認識して保持し，数秒の間に再び使用するアンドレアの能力を示している。アンドレアの継次/Gsm の下位検査の評価点のばらつき（[数唱] 7 点，[語の配列] 2 点）は著しく大きく，彼女の継次/Gsm の全体的能力を 1 つの得点としてまとめることはできない。しかしながら，彼女の継次/Gsm の下位検査の得点は 16 パーセンタイル以下であり，彼女と同年齢の子どもたちと比べて低い得点（NW: Normative Weakness）であるので，アンドレアの継次処理能力は低いといえる。」

II. 可能な場合は，常に既存の基準に基づくクラスターを用いる。

例えば，聴覚処理（Ga）の測度を用いて KABC-II を補足する場合，WJ III の聴覚処理（Ga）のクラスターまたは音韻認識のクラスターを用いる方が，KTEA-II から 1 つの下位検査（例えば「音韻認識」），WJ III から 1 つの下位検査（例えば「音の認識」）をもってきて平均するよりも好ましい。

b. **クロスバッテリー　ステップ 2：KABC-II の補助検査を実施する必要性があるかどうかを決定する。**

補助検査の実施は，1 つの指標を構成する 2 つの下位検査において，低い方の下位検査の得点が NW（すなわち評価点 7 未満）であり，もう一方の下位検査の得点が平均以上（すなわち評価点 10 以上）であるときには，その指標が単一の能力を示しているかどうかにかかわらず実施が必要であると考えられる。言い換えれば，1 つの指標内の下位検査の評価点の差が 1 標準偏差を超えて（4 点以上）お

り，低い方の得点が何らかの障害を示唆する値である場合，特に，2つの下位検査評価点を引き下げる原因となっていと考えられる限定的能力を明らかにするために，補助検査を実施することには意味がある。以下の例は，補助検査の実施が必要と考えられる状況である。

「ジョン（8歳）は［なぞなぞ］の評価点が5点（NW: Normative Weakness）で，［理解語彙］の評価点は13点（平均の範囲）であった。2つの知識尺度/Gcの下位検査間の8点の違いは，KABC-Ⅱの標準化サンプルの10％以下に発生し，基準値である5点を超えているが，このことから，知識/Gcを解釈不能とすることはできない。［なぞなぞ］の評価点は7点未満であり，［理解語彙］の評価点は10点以上である。したがって，ジョンの年齢に適切な知識/Gcの補助検査である［表現語彙］を実施すべきである」。この下位検査の実施・採点後，以下の指針に従う。

　　　ステップ2a:［理解語彙］と［なぞなぞ］が同一の構成概念であるか否かを決定するために用いた基準値（5点）を用いて，［表現語彙］と［なぞなぞ］が同一の構成概念であるか否かを決定する。もし［表現語彙］と［なぞなぞ］が同一の構成概念を示しているのであれば，これらの2つの下位検査を基にして知識/Gcの値を計算する（表D.2を使用）[注3]。広範的能力の結晶性能力（Gc）を解釈し，［理解語彙］を結晶性能力（Gc）における PS（Personal Strength）として記述する。次にステップ3に進む。もしも［表現語彙］と［なぞなぞ］が，同一の構成概念を代表していないとしたら，知識/Gcの値は計算せず，解釈せずにステップ2bに進む。

　　　ステップ2b:［理解語彙］と［なぞなぞ］が同一の構成概念であるか否かを決定するために用いた基準値（5点）を用いて，［表現語彙］と［理解語彙］が同一の構成概念であるか否かを決定する。［表現語彙］と［理解語彙］が同一の構成概念を示しているのであれば，これらの2つの下位検査を基にして知識/Gcの値を計算する（表D.2を使用）。結晶性能力（Gc）の広範的能力を解釈し，［なぞなぞ］を結晶性能力（Gc）における NW（Normative Weakness）

注3）表D.2は，基本検査の下位検査のみの組み合わせをもとにした基準を提供している点に注意する（8歳では［なぞなぞ］と［語の配列］）。検査開発者が補助検査を基本検査の代替下位検査として使用することを許可していたとしても（8歳では［なぞなぞ］と［表現語彙］），これらの基準は，後述の代替的な検査の組み合わせに基づくものではない（Kaufman & Kaufman, 2004a）。

5.8 ドーン・フラナガンによるクロスバッテリー法を用いた KABC-II の補足

として記述する。次にステップ3に進む。もしも［表現語彙］と［理解語彙］が同一の構成概念を代表していないのであれば，知識/Gc の値は計算せず，解釈しない。

補助検査の評価点が，2つの基本検査の評価点の間に位置することがあるかもしれない。例えば，子どもの［なぞなぞ］の評価点が6点，［理解語彙］の評価点が12点である場合，補助検査（［表現語彙］）の実施が勧められる。もしも，子どもが［表現語彙］で評価点9点を獲得したとすると，この評価点は［なぞなぞ］とも［理解語彙］とも有意な差ではない（［表現語彙］の評価点9点と他の2つの下位検査の評価点6点と12点の違いは5点以上ではない）。このような場合には，それぞれの下位検査の背景にある限定的能力を確認すべきである（これらの限定的能力（Gc）のリストは**確認ポイント 5.16** を参照されたい）。

［表現語彙］と［理解語彙］は，どちらも CHC 限定的能力の語彙の知識（Lexical Knowledge（VL））の基本的な測度である。加えて，［理解語彙］は一般的知識（General Information（KO））を測定する。［なぞなぞ］の良い成績は，語彙の知識（VL）にもよるが，［表現語彙］や［理解語彙］とは異なり，言葉の情報に基づく推理能力が求められる。言い換えれば，［なぞなぞ］は，結晶性能力（Gc）とともに流動性推理（Gf）をも測定している。したがって，知識/Gc のクラスターを［表現語彙］（評価点9）と［理解語彙］（評価点12）を基にして表 D.2 を使用し，知識/Gc 以外の構成概念（流動性推理（Gf））をも測定する下位検査（［なぞなぞ］）を除いて計算することには意味がある。この場合，この子どもの一般的知識の蓄えと獲得した語彙は，同年代の子どもと比較して平均的能力の範囲にある。しかしながら，この子どもが一般的知識をもとに推理することを求められると，その成績は下がってしまう。この解釈は他のデータ（例えば，計画/Gf からの情報）によって補足されるべきである。

KABC-II の基本検査に補助検査を加えて実施したさいのすべての組み合わせについて，解釈ガイドラインを詳細に検討することは本章の範囲を超える。そこで，読者には，KABC-II の下位検査の結果に使用できるフラナガンとその共同研究者（2002）による解釈の一般的ガイドラインを参照していただきたい。

c. **クロスバッテリー　ステップ3：KABC-II で得られた広範的能力のより詳細なアセスメントが必要または望ましいかを決定する。**

　例えば，KABC-II の長期記憶と検索（Glr）のクラスターでは，主に連合記憶を測定している（確認ポイント5.12を参照）。したがって，長期記憶と検索（Glr）は，基本検査のみでは十分に測定できない。もしも長期記憶と検索（Glr）のさらに詳細なアセスメントが必要であると考えるならば，KABC-II の遅延再生下位検査（第3章の解釈のステップ3Aを参照），または KTEA-II の長期記憶と検索（Glr）の下位検査（「聞き理解」，「命名の技能/RAN」，「連合の流暢性」）を実施する必要があるかもしれない。選択肢として（加えて，どのような詳細なアセスメントを行おうと考えるのかによって），WJ III から長期記憶と検索（Glr）の下位検査，または子ども用記憶検査（the Children's Memory Scale; Cohen, 1997）または CTOPP（命名の技能の3つの測度を提供する（Flanagan et al., 2002））のような他の特化された検査を実施することが必要かもしれない。CHCクロスバッテリーワークシートは，広範的能力の詳細なアセスメントのための最も適切な検査を確認する際に特に役立つ（Flanagan & Ortiz, 2001; Flanagan et al., 2002）。

d. **クロスバッテリー　ステップ4：特定の能力もしくは限定的能力のアセスメントが必要または望ましいかを決定する。**

　認知能力と学力の関連性に関する多くの研究が，CHC の限定的能力に注目している。例えば長期記憶と検索（Glr）の限定的能力である命名の技能，聴覚処理（Ga）の限定的能力である音の符号化は，基本的な読みの技能と常に高い正の相関を示している（Morris et al., 1998；この研究の要約は Flanagan et al., 2002 を参照されたい）。ほとんどの知能検査において，適切に測定できる限定的能力は，ほんの2, 3にすぎない。

　KABC-II は，限定的能力の記憶範囲（[数唱] と [語の配列][干渉課題を除く]または継次/Gsm の得点），連合記憶（学習/Glr の得点），そして視覚記憶（[顔さがし] と [手の動作][注4]）を適切にアセスメントすることができる。KABC-II の学習/Glr が連合記憶の推定値，継次/Gsm が記憶範囲の推定値（[語の配列] の干渉課題を受けていない子ども）を提供しているとしても，視覚記憶の限定的能力のクラスターについては，以下のステップ1（セクションB）からの情報が必要

注4）手の動作も記憶範囲に関わる。

5.8 ドーン・フラナガンによるクロスバッテリー法を用いた KABC-II の補足

となろう。

　CHC の限定的能力の測度は，仮説検証に役立つ（第 2 章に記述された KABC-II の解釈ステップ 6 参照のこと）。例えば，視覚記憶のクラスターは，「音韻認識」や命名の流暢さの困難によって説明されない読みの困難が見受けられる場合などに特に有用である。視覚処理（Gv）と読みの学力の関連性について研究によって一貫して実証されているわけではないが，限定的能力の視覚記憶は読みと関連している。特に視覚記憶と視覚的な形の恒常性を含むつづり字の処理プロセスは，目で見て覚える単語（sight word）の語彙発達において重要である（Mather, 2002）。

　読みに関しては，KTEA-II は長期記憶と検索（Glr）の流暢性能力の良い測度を提供する（「命名の技能/RAN」，「連合の流暢性」，「単語認知の流暢性」，「文字の読みの流暢性」）。これらのいくつかは，読みの基本的技能を予測するのに「音韻認識」よりも重要であるかもしれない。KTEA-II の下位検査（**確認ポイント 5.12**）を用いて，包括的な流暢性の構成概念と同様に特定の流暢性の側面をアセスメントすることができる。

　例えば，「単語認知の流暢性」と「文字の読みの流暢性」は，ともに読みの流暢性の推定値を提供する。読みの流暢性のクラスターのアセスメントは，自動化された基本的な読みの技能（解読）の指標を提供する。この領域での平均またはそれ以上の良い成績は，その子どもが読みに必要な基本的技能を獲得していることだけでなく，これらの技能の自動化を獲得していることを示している。読みの流暢性の領域の低い成績は，基本的な解読の障害を有しているか，語を解読するための適切な解読スキルをまだ学習していないか，またはその解読スキル技能がまだ自動化されていないということを示している。

　読みの流暢性は，例えば流暢性が全体的に損なわれているのか，それとも読みの符号化に関わる流暢性のみが損なわれているのかを決定するために，「命名の技能」や「連合の流暢性」などの他の流暢性能力と比較する必要がある。さらに，すべての流暢性下位検査が平均以下であった場合，これは基本的な心理学的処理過程の 1 つである処理速度（Gs）の障害を示唆している。長期記憶と検索（Glr）の命名の技能の検査は，処理速度（Gs）と中程度の相関があるので（Woodcock, 2001），KTEA-II の命名の技能と流暢性に関する検査の成績が平均以下である場合には，処理速度（Gs）を直接アセスメントすべきである。

5.9 まとめ

本節では，CHC クロスバッテリーアプローチについて，その概略を解説した。KABC-II の基本検査を追加の下位検査によって補足するためのステップが，KABC-II のデータの精査が必要であるときに，認知能力の測定の幅と深さを向上させる手段として提供される。クロスバッテリーの手続きの適用と有用性に関する詳細な説明は，紙面の関係で割愛せざるをえなかったが，概略を説明した各ステップは，子どもの KABC-II の得点プロフィールのばらつきに関する仮説を検証するために必要な情報を提供する。

☑ 理解度チェック

1. 聴覚障害を有する子どもの KABC-II 臨床サンプルにおいて，最も低い得点となるのは，
   (a) 継次/Gsm   (d) 計画/Gf
   (b) 同時/Gv   (e) 知識/Gc
   (c) 学習/Glr
2. 自閉症の確定診断は，単純に KABC-II の同時/Gv＞継次/Gsm のパターンをもとにして行うことができる。（正か誤か）
3. KABC-II の多くの下位検査において難度の低い問題を拡充し，レベル外の検査（その子どもの年齢により実施される問題より難易度の高い問題または低い問題）手続きを改善したことにより，より極端な知的な遅れのある子どもの検査に関する有用性が増した。（正か誤か）
4. ADHD の診断は，主に KABC-II のような認知能力の検査結果を基本にしてなされる。（正か誤か）
5. 読みの問題を抱える子どもたちは，KABC-II の知識/Gc において，他の KABC-II の尺度得点の平均と同等の平均点を獲得する。このパターンは，知識/Gc の下位検査が複雑な言語反応を必要とせず，学校で教えられるものではなく，毎日の生活環境の中で獲得可能な言語の概念を測定しているためであると考えられる。（正か誤か）
6. 白人系アメリカ人とアフリカ系アメリカ人の WISC-III における総合得点間の差は，父母の教育レベルが統制されていればおよそ 11 点である。これに対して，KABC-II の認知総合尺度標準得点と習得総合尺度標準得点における差は，

(a) やや高い——およそ14〜15点
(b) およそ同じ——およそ10〜11点
(c) 低い——およそ6〜8点
(d) 0点

7. KABC-Ⅱの総合尺度において，どの民族グループが白人系アメリカ人よりも高い得点を得るか。
   (a) アフリカ系アメリカ人
   (b) ラテン系アメリカ人
   (c) アメリカ先住民
   (d) アジア人

8. KTEA-ⅡがKABC-Ⅱとともに実施された場合，追加して測定される広範的能力は何か。

9. KABC-Ⅱの社会・経済的ノルムのパーセンタイル順位は，その家庭環境において利用可能な機会の範囲内という観点から，その子どもが彼らの能力をどの程度発達させることができたのかという有用な情報を検査者に与えてくれる。
   (正か誤か)

10. 処理速度（Gs）と判断/反応時間または速さ（Gt）のCHCモデルの2つの広範的能力は，KABC-ⅡおよびKTEA-Ⅱにおいても測定されない。これら2つの広範的能力が，どちらの検査においても測定されていないのは，
    (a) これらが処理の質ではなく，速さだけを考慮しているため
    (b) これらの広範的能力の測定に不可欠な複雑性に欠けているから
    (c) キャロル（1993）の因子分析的研究において，gを測定する弱い因子であったため
    (d) 上記のすべて

答え：1. e; 2. 誤; 3. 正; 4. 誤; 5. 正; 6. c; 7. d; 8. 量的知識（Gq），聴覚処理（Ga），読み書き（Grw）; 9. 正; 10. d.

和 6 章
事　例

　第2章で，米国版 KABC-II における解釈手順について詳細に述べてきたが，これらは，原著を忠実に翻訳したものである。また原著では，4つの事例が掲載されていたが，本書では，これに代わる日本版の事例を掲載する。しかしながら，本書の巻頭にも記されているように，米国版 KABC-II と日本版 KABC-II では，検査内容や解釈手順等において異なる部分がある。米国版 KABC-II では，下位検査が基本検査と補助検査で構成されていることから，解釈においても，基本検査のみを用いる「基本ステップ」と，補助検査も含めて解釈する「選択ステップ」に分かれている。「基本ステップ」の解釈においては，日本版 KABC-II と同様のステップが含まれているが，「選択ステップ」の解釈においては，日本版 KABC-II の解釈ステップと異なる点が多い。日本版 KABC-II と米国版 KABC-II における解釈手順の主な違いは，以下の3点である。

　第一の違いは，日本版 KABC-II では，補助検査を設けず，すべて基本検査としているため，解釈システムとして，基本ステップと選択ステップを分けていない点である。

　第二の違いは，米国版 KABC-II では，習得尺度が削除されたため，認知尺度のみの解釈となっている。しかし日本版 KABC-II では，習得度は削除せず，むしろ測定領域を広げて，習得度の充実を図っている。このことにより，基本ステップの総合尺度の解釈や尺度間比較において，米国版 KABC-II とはかなり異なっている。

　第三の違いは，米国版 KABC-II の選択ステップ5～6として，複数の下位検査を再分類してクラスター分析を行うことになっているが，日本版 KABC-II では，クラスター分析は行わない。クラスター分析を行うためには，クラスターとしての統計的な裏づけと，各クラスターを比較するための有意差の基準を明確にする必要がある。この点については，今後の研究に期待するところである。

　日本版 KABC-II の解釈においては，前述のような米国版 KABC-II の解釈シス

テムと異なる点がいくつかあるが,日本版 KABC-II の特性を十二分に活かすための,日本独自のステップで解釈を進めるものである。本章の各事例では,対象児の検査場面での行動観察をベースに,ルリアモデルにおける解釈と CHC モデルにおける解釈について,基本的には以下のステップで進める。

〈ルリアモデル〉
　ステップ1：認知総合尺度と習得総合尺度の解釈
　ステップ2：認知尺度間の比較（同時尺度・継次尺度・計画尺度・学習尺度）
　ステップ3：認知検査間の比較
　ステップ4：習得尺度間の比較（語彙尺度・読み尺度・書き尺度・算数尺度）
　ステップ5：習得検査間の比較
　ステップ6：認知尺度と各習得尺度・算数下位検査の比較

〈CHC モデル〉
　ステップ1：CHC 総合尺度の解釈
　ステップ2：CHC 尺度間の比較

6.1　コミュニケーションにつまずきがある年長児の支援

1. 対象児

　A ちゃん,女子,保育園年長組在籍。

2. 主訴

　担任より：集団の中での指示が入りにくい。思い通りにいかないとパニックになることがある。友達への関心が薄くコミュニケーションがうまくとれない。

　母親より：友達がいない。好きなゲームを際限なくやっていて指示が通らない。睡眠が不安定である。

　以上により,就学に向けて適切な支援を考えるためにアセスメントを行ってほしい。

3. 概要

　保育園では，興味のある活動以外は，自分の気の向くままに行動していることが多く，集団活動になかなか参加できない状況が続いているという，対人的相互交渉の問題があり，コミュニケーションがうまくとれない事例である。4月に就学を迎えるにあたって，それらの要因と就学前に必要な支援を探るために，KABC-Ⅱを実施した。

　その結果，カウフマンモデルでは，習得総合尺度が認知総合尺度に比べて有意に低いことが明らかになった。認知尺度では，同時尺度が高いこと，継次尺度および学習尺度の下位検査にバラつきがあること，視覚的な課題は良好だが聴覚的な課題は苦手なことが示唆された。習得尺度では，算数尺度が高く，語彙尺度が低いという結果であった。また，CHCモデルでは，視覚処理が高く，結晶性能力が低いという結果であった。

　以上の結果を踏まえ，就学前の予防的サポートという観点で，今後の配慮について検討した。

4. 背景となる情報
(1) 生育歴および現在までの経過（母親からの情報）

　在胎40週，正常分娩，出生体重3,000グラム。座位，はいはい，始歩などの運動発達は正常で，始語や二語文の出現も特に遅くはなかった。人見知りや模倣はあったが，後追いや指さしはなかった。乳児期は，よく飲みよく寝る子で手がかからなかったが，歩きはじめたとたんに（1歳1ヵ月）どこまでも走って行ってしまうような行動があった。2歳ごろには，目を離したすきに家から飛び出すことがたびたびあり，目が離せなかった。2歳半，保健所の健診で，「ことばの遅れ」を指摘されて，言語指導を数回受けた。3歳，幼稚園に入園したが，大勢の友達が遊んでいるのを見ると躊躇してしまうようで，一人で遊ぶことが多かった。ちょっとした変化や変更，一斉指導が苦手で，園庭に出るだけでなく門から外に出ようとしたこともあり，自分勝手な行動が目立った。クリニックで，広汎性発達障害との診断を受け，医師の勧めで4歳より保育園に転園した。

(2) 家庭環境

　父，母，弟（2歳），本児の4人家族。

保育園には母親が送迎しているが，本児の起床時間によって，遅刻したり欠席したりすることがある。父親は育児に協力的ではあるが，仕事の関係で触れ合う時間が少ない。

(3) 現在の様子

保育園：自由遊びの中では，行動はかなり落ち着いてきて，園外に出てしまうことは見られなくなったが，一斉保育になると依然としてマイペースで動き回ることが多く，戸外での活動では特に目が離せない。走ったり跳んだりする動きの様子から運動能力は高いが，高いところから飛び降りたり，ブランコを高くこいだり，高い窓に座るようなことを平気で行い，高所を怖がらない。レゴブロックを始めると没頭して次の活動への切り替えが難しく，作成したものを片づけることを嫌がって大きな声で泣き叫ぶ。絵本を好み，気に入った絵本を開いては声を出して読んでいる。ひらがな・カタカナは，いつのまにか読めるようになった。

家庭：ゲームをしたり，気に入ったDVDを何度も繰り返し見たりして一人で静かに過ごしていることが多いが，できると思ったパズルがうまくいかないと混乱してパニックになることがある。ゲームに夢中で，夜遅くまでやっているだけでなく，夜中に一人で起きてやっていることもある。いつもと同じ道を通ることへのこだわりがあり，新しい場面への不安が大きい。偏食が激しく野菜類はまったく食べようとしない。

5．アセスメントリスト
・WISC-Ⅲ（CA：5歳10ヵ月，就学児健診時に実施）
・KABC-Ⅱ（CA：5歳11ヵ月）

6．KABC-Ⅱ検査結果と解釈
(1) 検査場面での行動観察
(a) 入室から退室までの行動

つま先立ちで弾むように入室。はしゃいだような甲高い声でしゃべりながら，部屋の中を歩き回った。「チ」や「ジ」など，イ列の構音に側音化傾向が見られた。表情は乏しく，アイコンタクトがとれなかった。

認知検査では，はじめの数問はスムーズに取り組むことができたが，何問か過

ぎると，あくびや「眠い，疲れた」ということばが頻発し，椅子から立ち上がったり離席したりすることがあった。やる気がなくなると，イーゼルをめくった途端にいい加減に反応することもあった。ただし［絵の統合］［模様の構成］のときには，解答の途中で数回「簡単！」「楽しいね～」と興味を示しているような発語があった。認知検査後，15分間の休憩を取った。習得検査ではどの課題にも集中して取り組んだ。

検査者の教示を模倣して言うことが多く，全体的に「できる」と直感すると集中して取り組み，「むずかしい」と思ったとたんに拒否的になるというパターンが一致していた。

(b) **各下位検査における行動**

M1 ［語の学習］：途中から姿勢が崩れはじめ「疲れた，眠い」を頻発しながら取り組んだ。教示する語を模倣して言語化したり確かめたりすることが多かった。確信がもてない場面では，反応をためらった。

M2 ［顔さがし］：はじめのうちは，「簡単！」「髪形違う！」などのことばを発しながら，図版を注視して反応したが，複雑になってくると，視線が図版からそれ，「見てね」と1問ずつ注意を促す必要があり，図版をめくるとパッと衝動的に指さすことが多くなった。

M4 ［数唱］：次第に，1つ目の数字のみ答え，「難しい」「眠い」とたびたび繰り返し，椅子から立ち上がって床にうずくまった。

M5 ［絵の統合］：忍耐強く取り組み，イメージできても名前が浮かばないときには熟慮して，何とか答えようとした。応答後，「ママが教えてくれたの，バーバもできるよ，パパは途中だけしかできないみたい」と，図版に関係するエピソードも話しながら楽しそうに取り組んでいた。

M6 ［語の学習遅延］：図版の提示は，［語の学習］の25分後。提示したとたん，「また～？」「眠い眠い」「疲れた～」と，予期せぬ課題に拒否的なことばを独り言のように小声で発した。

M8 ［模様の構成］：楽しそうに取り組みはじめ「そろえるの，難しい！」と言いながらも，位置がずれないよう断片の合わせ方にこだわって，ていねいにきっちりそろえていた。誤答がなくスムーズに取り組めていたが，難易度が上がり時間がかかって「できない」と思うと机に顔を伏せてしまうことや，1～2枚並べただけで「わかんない」と泣き出しそうになってあきらめることが見られた。全部の

ピースを使って作る形をピース2個だけで構成し「小さいのしかできない」とつぶやいた。

M9［語の配列］：3語までは順調に取り組めたが，4語になると，注意が維持できなくなり，「パズルしたくなった。家にあるけど…」「お腹へった，のどかわいた」を連発。ドアから出て行きそうだったが，励ましのことばかけをしながら，どうにか実施できた。

M11［手の動作］：4個の提示までは，検査者の手をよく見て再生していたが，提示が5個になったとたん，あくびが出たり周囲を見回したりして，集中できなくなった。

A1［表現語彙］：正確に呼称できないものでも，ことばを探して一生懸命答えようとした。

A2［数的推論］：問題8までは，目だけで数えることができ，問題10は指を使って数えたが，図版をよく見て反応した。問題10まで連続して即答できた。

A3［なぞなぞ］：絵の問題は，呼称しながら即座に指さしたが，その後は問題を最後まで聞かずに「聞いたことない」と反応することもあった。

A9［理解語彙］：問題5までは連続して正答したが，問題6以降は，とびとびの正答になり，確信がもてない語彙には，すぐ「わかんない」と反応し，図版から目をそらしてしまうこともあった。

(c) 行動観察チェックリストの結果

認知検査：マイナス要因では《注意が維持できない》へのチェックが最も多く，8検査中6検査が該当する。同じ姿勢での着席が難しい，難しいと思うと課題から気持ちが離れてしまう，廊下からかすかに聞こえる子どもの声や物音に反応するなどの状況による。《衝動的に誤った反応をしてしまう》は2検査にチェックされたが，面倒になって考える前にサッと反応してしまった結果と考えられる。プラス要因では，［絵の統合］［模様の構成］で《忍耐強く取り組む》《集中力が高い》が該当し，その他に，［絵の統合］で《方略やアイデアなどを言語化する》が挙げられ，［模様の構成］で《いろいろと試してみる》が挙げられた。どちらにも楽しそうに取り組み，興味と関心によって課題への取り組みが左右されるという状況が顕著であった。

習得検査：マイナス要因として挙げられた項目はなかった。プラス要因では，《注意深く反応する／反応を正確にモニターする》に4検査中3検査が該当している。

[数的推論]では，提示後じっと見てから反応したり，確かめるために指を使ったりするなど，正確に答えようとする行動が見られた。

(2) カウフマンモデルによる検査結果と解釈（表6.1.1，図6.1.1，図6.1.2参照）
(a) 認知総合尺度と習得総合尺度

認知総合尺度は107，習得総合尺度は91であり，両者とも，「平均〜平均の上」の範囲にあった。

習得総合尺度が認知総合尺度に比べ統計的に有意に低く，生活に関する知識や思考力の獲得に，もっている認知能力を活かしていない傾向が示唆された。

(b) 認知尺度間の比較

認知尺度においては，同時尺度123，継次尺度101，学習尺度97であった。

3つの尺度の個人間差では，同時尺度がNSで，同年齢の子どもの平均と比較して有意に高かった。また個人内差でも，継次尺度・学習尺度と比較して同時尺度がPSで高い結果であったが，下位検査にアンバランスがあるため，慎重に解釈する必要がある。

(c) 認知検査間の比較

認知検査評価点平均は11である。

同時尺度の下位検査を見ると［顔さがし］14（NS），［絵の統合］13，［模様の構成］11で，いずれも高い傾向を示している。しかし継次尺度では，［語の配列］12，［手の動作］11が高いのに比べ，［数唱］は7（PW）で有意に低く，継次尺度の中にアンバランスが見られた。また学習尺度でも［語の学習］11，［語の学習遅延］8と，アンバランスが見られた。認知尺度間の有意差については慎重に解釈する必要がある。これらの結果からは，具体的な視覚情報の認知能力，視覚走査力があることが示唆され，数字のように無意味な聴覚情報や興味を維持できない情報については，保持することが苦手なことが推測された。

(d) 習得尺度間の比較

習得尺度においては，算数尺度112，語彙尺度85であった。

個人間差では，統計的に有意差はなかったが，個人内差を見ると，2つの尺度間のディスクレパンシーが27であり，算数尺度はPSで有意に高かったが，語彙尺度はPW（10%のまれな差）で有意に低い結果であった。

(e) 習得検査間の比較

　習得検査評価点平均は9である。その中で，［数的推論］は12（PS）で有意に高いが，［なぞなぞ］は6（NW，PW）で有意に低かった。日常生活の中での基本的な数の操作は身についていると推測される一方，語彙については，［表現語彙］，［理解語彙］とも9ではあるが，［理解語彙］の正答のパターンを見ると，親密度の高い語彙が習得されているとは言いがたいことや，［なぞなぞ］の結果から，いくつかの文章を聞き取って関連づけ推理する能力が育っていないことがうかがわれた。

(f) 認知尺度と各習得尺度・算数下位検査の比較

　　　認知総合尺度 107　＞　語彙尺度 85
　　　認知総合尺度 107　≒　算数尺度 112

　認知総合尺度と語彙尺度のディスクレパンシーは22で，語彙尺度が有意に低い。

　年齢相応の知的能力はあるが，集団生活の中で必要な語彙を習得するスキルが育っていないために，もっている理解力や思考力が「聞く・話す」領域に活かされていないことが考えられる。

(3) CHCモデルによる検査結果と解釈（表6.1.1，図6.1.3参照）

(a) CHC総合尺度

　CHC総合尺度の標準得点は99であり，知的水準は「平均」の範囲にあることが示された。

(b) CHC尺度間の比較

　個人間差では，視覚処理がNSと有意に高く，他の同年齢の子どもより高い。個人内差でも，視覚処理がPSと有意に高かったが，結晶性能力はPW（有意水準10％のまれな差）と低い結果だった。

　視覚処理の下位検査では［顔さがし］14,［模様の構成］11で，［顔さがし］は，NS，PSで非常に高かった。一方，結晶性能力の下位検査では［表現語彙］9,［理解語彙］9,［なぞなぞ］6であり，特に［なぞなぞ］は，NW，PWと非常に低い結果であった。

7. その他の検査結果と解釈

WISC-III（5歳10ヵ月，就学相談にて実施）

- ・知識 10　類似 7　算数 9　単語 10　理解 10　数唱 7
- ・絵画完成 13　符号 13　絵画配列 13　積木模様 12　組合せ 8　記号探し 10

(a) IQ

全検査 IQ は 104 であり，全体的な知的能力水準は平均の範囲であった。言語性 IQ は 95，動作性 IQ は 113 で，両者の間には，5%水準で有意差があった。動作性 IQ が言語性 IQ に比べて有意に高かった。

(b) 群指数

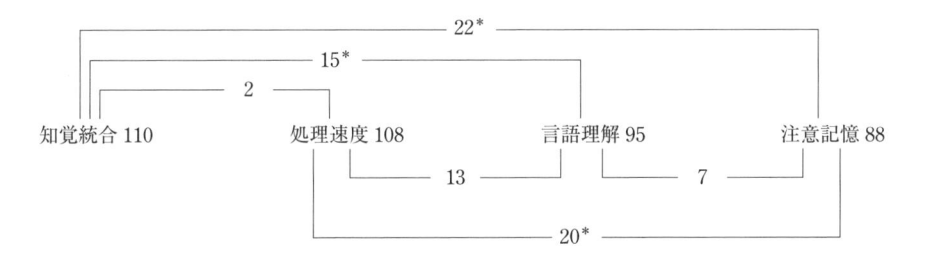

```
                        ──────── 22* ────────
               ──── 15* ────
        ─ 2 ─
知覚統合 110      処理速度 108      言語理解 95      注意記憶 88
                        ──── 13 ────    ──── 7 ────
                ──────── 20* ────────
```

群指数では，知覚統合が言語理解・注意記憶に比べて有意に高く，処理速度が注意記憶に比べて有意に高かった。

(c) プロフィール分析による仮説の採択

・パズルやパソコンのゲームが得意で集中して取り組めるという背景情報から，「視覚的体制化」が強いと考えた。

・わからなくなると，すぐにあきらめてしまうことから，弱い能力として，「試行錯誤的学習」が弱く，また，注意の持続や量の少なさから，「注意の範囲」が狭いという影響因，変化に対応できないことから，「柔軟性」という影響因があると考えられた。

(d) 結果から推測されること

知的発達は同年齢の子どもの水準を示し，知覚統合の強さによって，視覚的な情報を把握してまとめたり，適切に処理したりする能力があることが示唆される。一方，一斉保育に参加できない状況や，保育者の説明や指示を聞くことが苦手な状況は，注意記憶や言語理解の低さ，またプロフィール分析であげられた弱い能

力や影響因に起因すると推測される。

8. 総合解釈と支援（指導）の方針

　KABC-Ⅱ，WISC-Ⅲの結果から，Aちゃんには年齢水準の知的能力があることが明らかとなったが，KABC-Ⅱの習得総合尺度が有意に低いことから，その知的能力が日常生活に反映されていないことが推測された。

　検査の結果，認知様式の特性として，カウフマンモデルでは，認知尺度における同時処理能力の強さおよび習得尺度における算数尺度の強さが挙げられる。同時尺度では，尺度内3つの下位検査が一貫して高い傾向にあり，同年齢の子どもに比べて有意に高いことが示唆される一方，継次尺度の下位検査にはアンバランスが見られ，［数唱］のように無意味な聴覚的情報の保持は苦手だが，［語の配列］［手の動作］のように，絵と結びついた具体的なことばや目の前の動作による視覚的情報には，意識を向けて把握でき，短期的に保持できることが示唆された。また，学習尺度を見ると，［語の学習］が高く［語の学習遅延］が低い。アニメ的要素のある情報にはゲーム感覚で興味をもちながら取り組めたので，短期的に保持できたと考えられるが，初めて出会う無意味な情報は，貯蔵したり長期記憶に移行したりすることが困難だったと考えられる。習得尺度は，本事例は2尺度のみの比較である。算数尺度は有意に高く，数的能力があることが示唆されるが，語彙尺度は有意に低く10％水準のまれな差を示している。下位検査では，特に［なぞなぞ］が有意に低かった。絵があると意識を集中させて即座に選択できたが，文を順次聴いて統合し推理して答えるという言語的推理は苦手であった。WISC-Ⅲの言語的推理の課題「類似」が低いことと一致している。

　検査中の行動観察で，表情が乏しく視線が合わないことや爪先立ちで歩く傾向があったこと，［模様の構成］で，ピースの合わせ方にこだわりと思われる行動が見られたこと，［理解語彙］で，問題6以降の正解がとびとびになり，親密度の高い語彙に誤答があった反面，難しい語彙に正答が得られた状況があり，過去に診断された広汎性発達障害を裏づけるものと考えられる。さらに好きな課題には集中して取り組めるが，苦手と思ったとたんに離席して動き回ることや，解決の見通しがもてないときには「もう疲れた」「眠い」と拒否的な発語が多く出現し，行動観察チェックリストにおいて，マイナス要因の《注意が維持できない》に数多くチェックされており，気持ちがそれると行動のコントロールができなくなる状

況から，注意欠陥多動性障害（ADHD）の傾向もあると思われた。

　これらのことから，Aちゃんは，人・場面・活動に対して見通しをもてないと，不安が大きくなり，自信がなくなってしまい，逃げてしまう，いわゆる負の連鎖になる状態と考えられる。今後の取り組みの中では，同時処理能力の強さを活かす働きかけを取り入れ，Aちゃんが見通しをもって取り組めるような配慮が優先的に必要と思われる。またCHCモデルでの視覚処理尺度の高さやWISC-IIIの知覚統合の高さからもいえるが，視覚処理能力の強さがあるので，聴覚的負荷をできるだけ少なくし，視覚的刺激を使って関わることが，興味や関心を広げ，課題に意識を集中させて取り組めるのではないかと思う。さらに，Aちゃんは数的能力が高いことや，背景情報から読み能力の強さがうかがわれ，日常の活動の中で発揮できる場面が必要と思われた。

　今後の支援として次のようなことが考えられる。

(1) Aちゃんへの支援
① 遊びを通したコミュニケーション指導
・「買いものごっこ」：人とのやり取りを必要とし，特にAちゃんの得意な数的能力が使える「買いものごっこ」を選ぶとよいのではないかと思う。食べもののレプリカ，乗りものや道具類の玩具，絵本，絵カードなどの材料に値札をつけて，棚や机に陳列してお金カードを使う幼児の一般的な遊びであるが，意図的に色や形，大きさが異なるものを2～3個ずつ用意し，カテゴリーや個数を入れたことばで指示できるように，保育者がガイドしてモデルを示す。
・「すごろく」：順番を決め，順番を待ってコマを進めたり，勝ち負けを意識したりする要素が入っている「すごろく」は，友達の存在を意識することができ，また得意な同時処理能力・読み能力・数的能力が活かせる遊びではないかと考えられる。興味のある絵本をもとにして，ストーリー性のある内容の「すごろく」盤を作成する。一緒に写真や絵などを貼りつけながら作成することで興味をもって取り組めると考えられる。
　コマには，「2つすすむ」「ちかみちをとおる」「なまえをいう」などの指示文を書いておき，読みながら展開する。
② 動作や絵などの視覚的手段を使った働きかけ
　イーゼルをめくって提示する検査には注目するが，めくらないで質問する［数

唱]や[なぞなぞ]では，注意がそれてしまう様子が顕著であった。説明や指示は，絵や文字のフラッシュカードや身振りサインなどを使って，動的，視覚的に示すことで興味をもたせることができるのではないかと思われる。
③ 予定や見通しがわかるような配慮
　Aちゃんは，認知検査では，開始直後から「まだ〜？」「あといくつ？」と離席しようとすることが数回あったが，休憩の後，検査の箱を見せて「あとね，この絵本（イーゼル）を見たら終わり」と予告すると，その後は離席することがなかった。1日の過ごし方について，絵を取り入れたスケジュール表で視覚的に示したり，行事や活動は，事前にDVDを見せたりなど，見通しをもたせるような配慮があると，初めてのことに対しても抵抗が減少すると考えられる。

(2) 母親への提案
① 入学予定の学校を見学する
　初めて出会う人，場所，ものへの不安，予測できない事象に対する拒否をなるべく少なくするために，学校の校舎を見学したり，校庭の遊具で遊んだり，学校での行事を見学させてもらったりする機会を就学前にもつと良いのではないかと思う。
② 生活リズムを調整する
　母親の主訴や情報から，起きる時間，寝る時間，登園の時間，遊ぶ時間などが一定しておらず，生活のリズムが乱れていることがうかがわれるが，Aちゃんが1日の流れ全体がわかるようなスケジュール表を作ると，時間の意識や見通しをもつことができメリハリがある過ごし方ができるのではないかと思う。表には，時計の図やイラストを工夫し興味がもてるものにすることはいうまでもない。

9.　まとめと今後の課題
　Aちゃんは，以前から母親が育てにくさを感じる子どもで，いくつかの相談機関に通ったものの，あまり変化がなく，母親は半ばあきらめ，Aちゃんがやりたいようにさせていた。そのため家では手がかからなくなっていたが，保育園の中では，皆と同じ行動ができずマイペースな行動をしてしまうため担任は苦慮していた。
　担任の主訴にある「指示の入りにくさ」「コミュニケーションの苦手さ」は，園

での生活に顕著に表れているが，その背景にある要因としてどんなことが考えられるかという相談から，KABC-II を実施した。

　その結果をもとに，担任，母親，園長とともに話し合った。知的能力水準は年齢平均の範囲であること，得意な能力と苦手な能力があること，そのアンバランスを補うための支援が必要なこと，また行動観察から把握した情報を伝え，残り 6 ヵ月未満の保育園生活でどんな支援が必要か，どんな支援が可能かを具体的に考えた。

　就学する小学校が決定した時点で，学校側に検査結果から考えられる A ちゃんの認知能力の特性を伝え，A ちゃんには優れた能力がいくつもあるが，A ちゃんの中で潜在化しないよう，うまく発揮できるような配慮が望まれることや，それが学級集団に適応できるかどうかの鍵になることを強調したい。また A ちゃんが苦手な分野では不安やストレスが大きくなることが予測されるが，A ちゃんに寄り添った個別的な関わりで情緒的な安定が得られることを考えると，個別支援教育も視野に入れておく必要があるのではないかと思っている。

第6章 事例

表 6.1.1 標準得点とパーセンタイル順位

カウフマンモデル

認知検査	標準得点	パーセンタイル順位
［認知総合尺度］	107	68.0
継次尺度	101	52.7
同時尺度	123	93.7
計画尺度	—	—
学習尺度	97	42.1

習得検査	標準得点	パーセンタイル順位
［習得総合尺度］	91	27.4
語彙尺度	85	15.9
読み尺度	—	—
書き尺度	—	—
算数尺度	112	78.8
（数的推論）	111	
（計算）	—	

CHC モデル

	標準得点	パーセンタイル順位
［CHC 総合尺度］	99	47.3
長期記憶と検索	97	42.1
短期記憶	101	52.7
視覚処理	118	88.5
流動性推理	—	—
結晶性能力	85	15.9
量的知識	112	78.8
読み書き	—	—

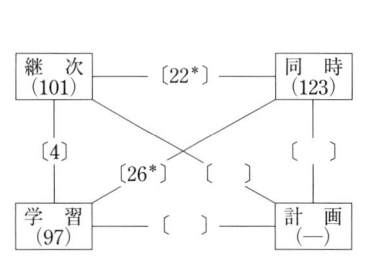

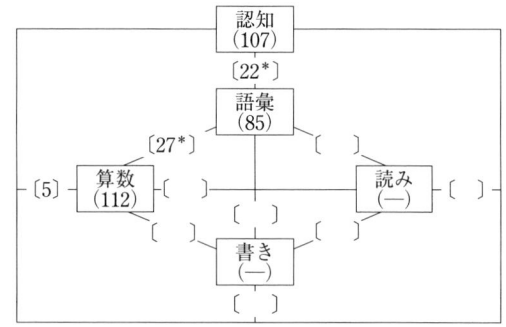

(a) 尺度間の比較（認知尺度）　　(b) 尺度間の比較（習得尺度）

図 6.1.1　カウフマンモデル　尺度間の比較

6.1 コミュニケーションにつまずきがある年長児の支援

	標準得点
認知総合尺度	107
継次尺度	101
同時尺度	123
計画尺度	—
学習尺度	97
習得総合尺度	91
語彙尺度	85
読み尺度	—
書き尺度	—
算数尺度	112

		評価点
認知尺度	継次	
	数唱	7
	語の配列	12
	手の動作	11
	同時	
	顔さがし	14
	絵の統合	13
	近道さがし	—
	模様の構成	11
	計画	
	物語の完成	—
	パターン推理	—
	学習	
	語の学習	11
	語の学習遅延	8
習得尺度	語彙	
	表現語彙	9
	なぞなぞ	6
	理解語彙	9
	読み	
	ことばの読み	—
	文の理解	—
	書き	
	ことばの書き	—
	文の構成	—
	算数	
	数的推論	12
	計算	—

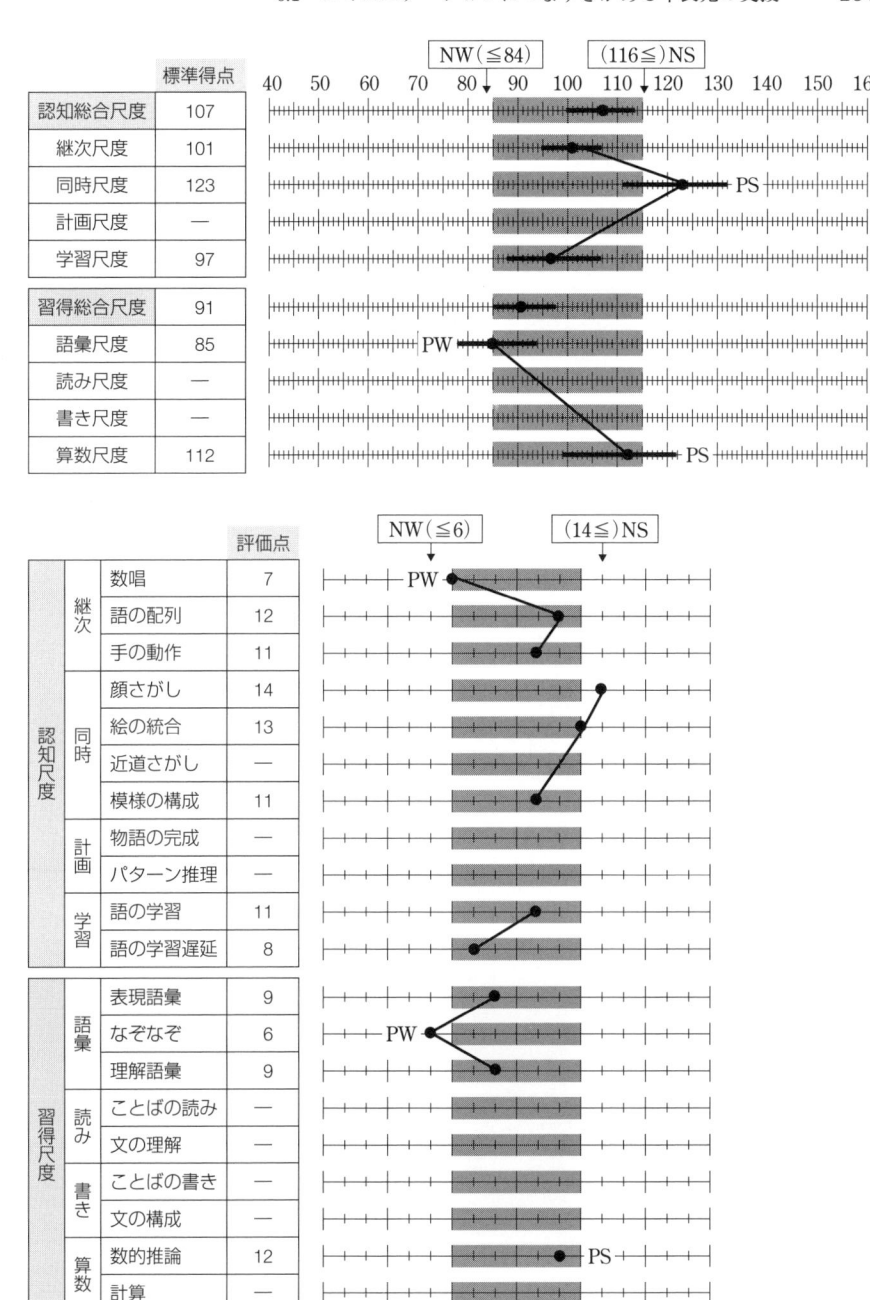

図 6.1.2 カウフマンモデル プロフィール

第6章 事例

	CHC 尺度間比較						
	長期記憶と検索	短期記憶	視覚処理	流動性推理	結晶性能力	量的知識	読み書き
長期記憶と検索							
短期記憶	＝						
視覚処理	＞	＞					
流動性推理							
結晶性能力	＝	＜	＜				
量的知識	＝	＝	＝		＞		
読み書き							

	標準得点
CHC 総合尺度	99
長期記憶と検索	97
短期記憶	101
視覚処理	118
流動性推理	—
結晶性能力	85
量的知識	112
読み書き	—

		評価点
長期記憶と検索	語の学習	11
	語の学習遅延	8
短期記憶	数唱	7
	語の配列	12
	手の動作	11
視覚処理	顔さがし	14
	近道さがし	—
	模様の構成	11
流動性推理	物語の完成	—
	パターン推理	—
結晶性能力	表現語彙	9
	なぞなぞ	6
	理解語彙	9
量的知識	数的推論	12
	計算	—
読み書き	ことばの読み	—
	ことばの書き	—
	文の理解	—
	文の構成	—

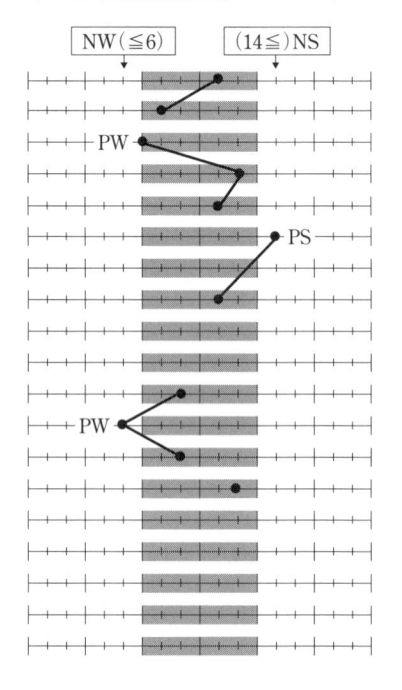

図 6.1.3　CHC 尺度間比較とプロフィール

6.2 知的レベルが境界域にあり教科学習に困難を示す小学校4年生男児の事例

1. 対象児
　A君，男子。小学校通常学級に在籍し，毎日，国語や算数の時間は個別指導を通級指導教室にて受けている小学校4年生。

2. 主訴
　両親より：主に国語・算数などの学習面の遅れに対する効果的な指導法を探るため検査を希望。

3. 概要
　全般的知的発達レベルが境界線領域にある学習困難児について，KABC-Ⅱ結果をカウフマンモデルとCHCモデルの両方で解釈した。カウフマンモデルでは，認知総合尺度と習得総合尺度の間に有意差はなかった。学習尺度が他の3尺度より有意に高かった。CHC尺度では「長期記憶と検索」が「短期記憶」より非常に高く，両者の間に「結晶性能力」が位置するという状況となっており，そのことに配慮した指導法を考えた。

4. 背景となる情報
(1) 生育歴および現在までの経過（母親からの情報と，相談室での観察から）
　3歳児健診で言葉の遅れ，構音の遅れを指摘された。4歳で幼稚園に入園。設定活動のときや，数や文字の学習では，机の下にもぐってやろうとしないことがあった。就学前には幼児ことばの相談室に通っており，就学に向けて数や文字の指導を受けていた。就学後学習が困難であったため，小学校1年生の夏に発達障害者支援センターで心理検査（WISC-Ⅲ）を受けた。このセンターでことばの遅れ，手先の不器用さ，落ち着きのなさなどを指摘されたが診断名はついていない。ダウン症の兄が相談室で教育相談を受けていたため，両親の依頼により，兄とは別室で，A君も小学校1年生末から月2回程度，筆者や他の複数のスタッフによる指導を受けることとなった。
　小学校入学後は特殊表記（特に拗音）の読み書き，漢字の読み書きや計算が難

しかった。2年生のころは教科書を音読するよう促してもやろうとしなかった。漢字は，読めても書けない，という字が多かった。視写は正しくできたが，見本がない状態だと，線が1本多いなど，細部を誤って書いてしまうものがいくつか見受けられた。算数は，初期の計算から困難が続いていたが，そろばんを習いはじめてから，それが大変効果があり，3年の末までには計算は学年相当に追いついた。

また，低学年のころは，学習時は全体的に不安が高い様子で，一見して難しいと判断した問題にはかたくなに取り組もうとしなかった。誤りを指摘された場合も即座に課題から逸脱した行動（席から離れる，「頭が痛い」と訴える）をとることが多かった。

対人コミュニケーションは良好である。虫探しの絵本など，「探す」という要素のある遊びを好み，特にカルタ遊びが得意である。カードゲームのキャラクターは長いカタカナでも覚えている。苦手な学習もカルタ形式なら積極的に取り組む。しかし，相談室での指導の初期のころ，例えば「イ」と「木」のように漢字を部品に分けたカードを用いたパズル学習は，嫌がって離席してしまった。そこで，例えば，コンピューターで「い（イ）っしょに木のそばで休みましょう」と指導者が言うのに合わせ，エンターキーを押すと，そのたび1つずつ画面に漢字の部品が足されていき，最終的に完成するようなコンピューター教材で学習すると取り組めるようになった。

(2) 家庭環境

父親（自営業），母親，4歳年上の兄（ダウン症・特別支援学校），A君，4歳年下の弟の5人家族。母親は，A君について支援の必要性を強く感じており，最初から通級などの特別支援を希望していた。また，幼稚園に支援員として働きに出るなど，特別支援教育に関心が高い。

(3) 現在の様子

学習中に離席することはなくなり，落ち着いて取り組めるようになった。文章の音読はスムーズにできるが，特殊表記になると，読みも書きもつまずくことがある。書き誤っても，読み直すことで誤りに気づいて修正できる。算数は，4年になってからまた少しずつ級友に遅れを取りはじめている。また，読み書きの苦

手意識が強いため，算数の文章題や国語の長文読解や作文は，通級指導でも本格的には取り組んでいない。相談室では，筆者が，月2回，1学年下の漢字の指導を個別に行っている。

5. アセスメントリスト
・WISC-Ⅳ（9歳3ヵ月）
・KABC-Ⅱ（9歳6ヵ月）

6. KABC-Ⅱ検査結果と解釈
(1) 検査場面での行動観察
(a) 検査入室から退室までの行動
　すでに2年以上指導していたので，入室後すぐに検査を始めた。いずれの下位検査も熱心に集中して行うことができた。認知検査と習得検査の間に30分間休憩をはさみ，すべて1日（検査の実時間は2時間程度）で終了した。
(b) 各下位検査における行動
M1 [語の学習]：選択場面で「へんなやつがいっぱいいるぞ」と興味を示した。絵の名前を言いながら指し，最初のうち衝動的に指しては，「やっぱりこっち」と変更することもあったが，だんだんよく考えてから指すようになった。「洋服でわかる」などと言語化方略も使った。最後の問題までいき，1点が6件，0点が5件だった。誤っても正解を聞くことで学んでいく様子が感じられた。
M3 [物語の完成]：集中して取り組み，どの問題も30秒以内で終わらせた。
M4 [数唱]：4個の問題までは完答。5個の問題は1問だけできた。誤答は，問題にまったく含まれていない要素が混在した。
M5 [絵の統合]：問題14まで正答。問題15から誤りはじめ，問題20からDK（Don't know，子どもがわからなかったことを示す）。簡単な問題は瞬時にイメージができる（A君の得意分野である）が，難度が高くなると，空白部が多く，わずかに残った部分の特徴をくみ取る（A君の苦手分野）必要がある課題であると感じられた。
M6 [語の学習遅延]：自信のあるものは，即答した。
M7 [近道さがし]：ルールはわかっているが，熟考しないで始めてしまうために点を落とすことがしばしばあった。

M8［模様の構成］：境界線のある問題までは数秒で正答。問題14以降は，著しく構成できていない。

M9［語の配列］：絵の名称を言いながら指していた。4語の問題が1問のみしかできず，色の妨害刺激の問題までいかないうちに終了した。

M10［パターン推理］：まったく言語化することなく，あまりじっくり考えず選んでいた。自信なさそうに指さしていた。姿勢が少し崩れ，あまり興味がない様子。

M11［手の動作］：ていねいに無言で取り組んだ。2個の問題で誤るものもあり，問題7以降は要素は合っているが順序を誤った。

A2［数的推論］：開始問題12で絵を手がかりに解こうとして，絵の上で物を動かすふりをしたが，正答にたどりつかなかった（計算を用いようとしない）。文章の読みに苦手意識があるのか，文章を考慮せずに絵に惑わされたと思われる誤答が見られた。

A3［なぞなぞ］：ヒントの一部のみで答えたと思われるものが見られた。また，DKが目立った。

A4［計算］：そろばんをイメージして指を動かしながらやっていた。加算・乗算の筆算はできたが，減算の筆算は誤り，除算の筆算は無答だった。

A5［ことばの読み］：正答に関係があって送りがなが同じであるような他のことばにおき換わった誤答が3回あった。

A6［ことばの書き］：不器用さの見られる字であったが，はねるところをきちんと書いていた。小学校3年生の漢字がほとんど書けていなかった。

A7［文の理解］：音読しながら取り組む。動作化自体は笑顔でやれたが，読めない部分が出てくると，あきらめてDKを出すようになった。

A8［文の構成］：問題5が1分経過してもできなかったため，補助問題を実施した。問題1，問題2は正答したが，問題3，問題4は，絵の名称は書けるものの文は作れなかった。すべての下位検査で最も困難な課題であると感じられた。

(c) 行動観察チェック表の結果

　認知検査では，ほとんどの下位検査において，《衝動的に誤った反応をしてしまう》行動が見られた。また，［語の学習］のみ，《方略やアイデアなどを言語化する》行動が見られた。一方，習得検査では，ほとんどの下位検査において，《確信がもてない場面で反応をためらう》状態であった。

6.2 知的レベルが境界域にあり教科学習に困難を示す小学校4年生男児の事例

(2) カウフマンモデルによる検査結果と解釈（表6.2.2，図6.2.1，図6.2.2参照）

(a) 認知総合尺度と習得総合尺度

認知総合尺度が76，習得総合尺度が75であり，いずれも同一年齢集団の平均100より1標準偏差以上低いが2標準偏差は離れていない，いわゆる「境界域」に位置する値と考えられる。認知総合尺度と習得総合尺度の間には有意差はなかった。

(b) 認知尺度間の比較（NS, PSなど）

認知尺度においては，学習尺度105，計画尺度78，同時尺度77，継次尺度68で，学習尺度が他の3尺度より有意に高かった。

個人間差においては，学習尺度以外の3尺度がすべてNWで，他の同年齢の子どもより有意に低いという結果であった。個人内差においては，学習尺度PS（まれな差10%），継次尺度PWであった。

(c) 認知検査間の比較（NS, PSなど）

個人間差では，NSはなかった。NWは，［語の配列］［手の動作］［模様の構成］［パターン推理］であった。

全体の評価点平均は7であった。その値に比べると，個人内差としては，［語の学習］が有意に高く（PS），［模様の構成］と［手の動作］が有意に低かった（PW）。

継次処理では，［数唱］7，［語の配列］5，［手の動作］3と，まちまちな評価点であった。同時処理の中では，［絵の統合］と［近道さがし］は良好であるが，［模様の構成］は低く，NWとなっている。

(d) 習得尺度間の比較（NS, PSなど）

習得尺度においては，語彙尺度79，読み尺度79，算数尺度77，書き尺度76であった。

個人間差では，4尺度すべてがNWで，他の同年齢の子どもより有意に低いという結果であった。個人内差では，PSやPWである尺度はなかった。

(e) 習得検査間の比較（NS, PSなど）

すべて評価点8以下で，NSはなく，NWは，［なぞなぞ］［ことばの読み］［文の構成］［数的推論］であった。習得検査の中では，評価点平均が6であり，それに対して有意差の見られた下位検査はなかった。

書き尺度の中では，［ことばの書き］8は平均範囲であるが，［文の構成］4がNWで，しかも同一年齢集団の平均水準より2標準偏差も低い。漢字の書字に関

しては学習の効果も出ていると考えられる。一方，文を作ることに関しては不得意であるが，これは経験不足も影響していよう。

(f) 認知尺度と各習得尺度，算数下位検査の比較

〈認知総合尺度と習得尺度の比較〉　いずれも有意差がなかった。

〈認知総合尺度と算数尺度検査の比較〉　いずれも有意差がなかった。

以上のことから，習得尺度の標準得点は低めながら安定しており，認知総合尺度に見合った値であると考えられる。

(3) CHC モデルによる検査結果と解釈（表6.2.2, 図6.2.3 参照）

(a) CHC 総合尺度

CHC 総合尺度は 73 であり，境界域に位置する知的能力であると考えられる。

(b) CHC 尺度間の比較

長期記憶と検索 105, 結晶性能力 79, 流動性推理 78, 量的知識 77, 読み書き 75, 視覚処理 74, 短期記憶 68 であった。

個人間差では，NS はなく，長期記憶と検索以外はすべて NW であった。

個人内差では，長期記憶と検索が PS（まれな差 5％）と短期記憶が PW であった。

長期記憶と検索が他のすべての尺度より有意に高く，また，短期記憶が結晶性能力より有意に低かった。

7. その他の検査結果と解釈

WISC-Ⅳ（9歳3ヵ月，小学校4年生）

4年生の4月に，筆者が実施した（基本検査と「算数」「絵の抹消」）。全検査 IQ は 83（90％信頼区間 79-89）であり，「低い（境界域）～平均の下」に位置する。各指標得点は，言語理解 97（90-104），知覚推理 76（71-86），ワーキングメモリー 79（74-88），処理速度 91（84-100）で，指標間の有意差は，（言語理解＝処理速度）＞（ワーキングメモリー＝知覚推理）であり，言語理解と処理速度が，ワーキングメモリーと知覚推理に比して有意に高かった。

下位検査においては，知覚推理の下位検査のうち「絵の概念」9 が PRI 平均 6.3 より有意に高く，A 君の中で弱いと見られる知覚推理の中でも，有意味な視覚刺激を扱うものならば良好であると考えられる。「行列推理」5 は，具体物の絵を用

6.2 知的レベルが境界域にあり教科学習に困難を示す小学校4年生男児の事例　269

いた課題と抽象的な図形を用いた課題の両方が含まれ，特に，図形の課題のときに，ミスが続いた。処理速度指標の補助問題である「絵の抹消」12 が，同じ処理速度の「符号」7 よりも有意に高く，実施した 12 検査のうちで最も評価点が高く，A君も得意げに，特に不規則配置では思いきりスピードをあげてやっている様子だった。

表 6.2.1　WISC-IV（9歳3ヵ月時）の結果

	FSIQ	VCI	PRI	WMI	PSI
合成得点	83	97	76	79	91
90%信頼区間	79-89	90-104	71-86	74-88	84-100

8. 総合解釈と指導の方針

(1) カウフマンモデルによる解釈

　まず，認知総合尺度が 76，習得総合尺度が 75 と，いずれも「境界域」に位置する値と考えられる。このことは，WISC-IV の全検査 IQ が 83 であることや，学校での読み書きや算数の学習が学年相当より遅れ気味であることと一致する。学習尺度以外はすべての尺度において，NW となっており，特に継次尺度の標準得点 68 は同一年齢集団の平均より 2 標準偏差以上低いという厳しい認知特性であるが，習得尺度の標準得点はいずれも安定して A 君の習得尺度の標準得点平均 78 近辺にある。通常学級のみでは苦戦を強いられたため，個別指導を導入することで本人のペースでじっくり学習してきた成果であると考えられる。

　継次・同時・計画尺度間に有意差はない中でも継次は PW であった。したがって継次処理が弱いことは，A 君の特徴とみてよいだろう。特に［手の動作］の行動観察から，順序を正確に追うことの困難さが確認され，初期の読み書き計算につまずいていたことと関連していると考えられる。しかし，継次処理といっても情報の入力と出力の形式によって成績の差があることに注意する必要がある。一方，同時処理も，注意が必要である。［絵の統合］8 と［近道さがし］8 は良好であるが，［模様の構成］4 は低く，NW となっている。WISC-IV でも「積木模様」が評価点 5 で，「積木模様」も［模様の構成］も分割線が明確でない問題について，ピースの組み立てが困難であった。構成課題の困難は，漢字を部品に分けたパズルの学習を嫌がったことからも考えられる。このように同時尺度の中には全体像を知覚的にとらえる課題と，全体を部分に分解したり逆に部分を組み立てて

全体を構成したりする課題の両方があるため，A君の同時尺度も安定していない。

これらのことからルリアのブロック2における情報の符号化は，A君の場合，課題内容にかなり左右されると考えられる。一方，認知尺度の中で際立って強い学習尺度の標準得点は105であり，他の3尺度より有意に高い。NSではないものの，A君の認知尺度平均82より有意に強いPSである。しかもまれな差（＜5％）が認められる。このことから，情報がうまく取り込めれば，新しいものごとを学習していける可能性はあると考えられるが，情報の入力・出力形式への十分な配慮や，同時処理的な学習でも視覚刺激を自分で分解することの弱さへの配慮が必要であると考えられる。さらに，計画尺度においては，正答によく似た紛らわしい選択肢を熟考せずに選んでしまい点を落とすということがよく見られた。こういった選択形式は本人が好む（カルタが大好き）スタイルであるが，誤りの起こりにくい選択肢から始めるなど，選択肢にも配慮が必要であろう。さらに，「すばやく選択する」場面だけでなく「落ち着いて考える」姿勢も育てることが重要である。

(2) CHCモデルによる解釈

CHC総合尺度は73で，A君の知的レベルは「境界域」に位置すると考えられる。CHC尺度の標準得点プロフィールでは，長期記憶と検索尺度（Glr）が他のすべての尺度よりも有意に強く，また，標準得点平均79よりも有意に高く，PSであり，しかもまれな差（＜5％）であった。逆に短期記憶尺度（Gsm）はPWであった。これらを見ると，長期記憶と検索尺度が短期記憶尺度より非常に高く，その間に結晶性能力尺度が位置するという状況となっている。

まず，短期記憶尺度についてであるが，カウフマンモデルの「継次尺度」をCHCモデルでは「短期記憶尺度」として言い換えているものである。そこで記憶容量について検討してみる。［数唱］では5個の問題が1度だけでき，［語の配列］では4語の問題が不安定で，妨害刺激問題まで行かなかった。A君は，WISC-Ⅳの「数唱」でも5個の問題は答えられなかった。このことから，A君は数秒間情報を保持して使うということが困難であることがいえる。しかし，［語の学習］および［語の学習遅延］では好成績であった。［語の学習］では，まるで，カードゲームをするときのように，A君はいきいきと取り組んだ。このことは，短期記憶に難のあるA君が好きなカードゲームのキャラクターの名前をしっかり覚え

ていることにも関係があるであろう。

このように考えると，耳から聞いたいくつもの音を，一瞬記憶して，作業をする学習は困難だが，音を聞きながら視覚刺激を操作するならば，短期記憶の負荷が軽減されるので楽になると思われる。これが，カルタ学習や，そろばん学習がうまくいっていることと関係があると考えられる。

前述したように，長期記憶と検索尺度と短期記憶尺度の間に結晶性能力尺度が位置している。したがって，短期記憶の乏しさのために忘却しがちなところを，初期学習で十分に繰り返し再生や再認学習をしたり，刺激をいくつかまとめたり（チャンキング），精緻化（語呂合わせ文などで意味づけをする）したりすることにより，長期記憶に定着するところまで学習すれば，検索して課題解決に活かすことの可能性があると考えられる。

(3) 指導方針

以上のことから，A君に対する指導方針として，以下のことが考えられる。

① 短期記憶の弱さに配慮して，一度情報を記憶してから活動するのではなく，音声を聞きながら活動する学習，語呂合わせなどの意味づけによる学習を行う。
② 楽しく学習に取り組み，誤ったらすぐに修正して正答を確認することを繰り返し行う。
③ 基本的には同時処理であるが，自分で部品に分ける学習ではなく，全体の中から，「意味のある部品」を探し出す（あるいはなぞるなどの確認操作をする）学習を行う。
④ コンピューター教材などで学習スピードを制御し，あわてずじっくり考える姿勢も少しずつ育てる。

例えば，A君の不得意な漢字の書字の学習を，好きなカルタ形式で学習するのであれば，次のような手続きが考えられる。

・語呂合わせ文に合わせてコンピューターのタッチスクリーン上の漢字の該当の部品の部分を指でなぞる（色が変わる）。(上記の方針の①③④)（例：「石のつぶ，二本のハシでつまむ研究」ということばを聞きながら，スクリーン上の「研」という漢字の中の「石」「二」「ハ」の部分を探してなぞっていく）
・その後カードにすぐ同じ漢字を書く。
・そのカードを数枚並べてカルタで遊ぶ（上記方針の②）。そのときに，語呂合わ

せ文を読み札とし，語呂合わせ文を手がかりに漢字を探すことを奨励する（上記方針の①）。
・前回学習したものも繰り返しカルタの中に含ませていく（上記方針の②）

　このようにすることで，A君の短期記憶の乏しさや，視覚刺激を分析する力の弱さに配慮し支援しながら，視覚刺激を意味づけする学習の強さ，反復学習による定着の可能性を重視した学習となることが期待される。

6.2 知的レベルが境界域にあり教科学習に困難を示す小学校4年生男児の事例

表 6.2.2 標準得点とパーセンタイル順位

カウフマンモデル

認知検査	標準得点	パーセンタイル順位
[認知総合尺度]	76	5.5
継次尺度	68	1.6
同時尺度	77	6.3
計画尺度	78	7.1
学習尺度	105	63.1

習得検査	標準得点	パーセンタイル順位
[習得総合尺度]	75	4.8
語彙尺度	79	8.1
読み尺度	79	8.1
書き尺度	76	5.5
算数尺度	77	6.3
(数的推論)	75	
(計算)	84	

CHCモデル

	標準得点	パーセンタイル順位
[CHC総合尺度]	73	3.6
長期記憶と検索	105	63.1
短期記憶	68	1.6
視覚処理	74	4.2
流動性推理	78	7.1
結晶性能力	79	8.1
量的知識	77	6.3
読み書き	75	4.8

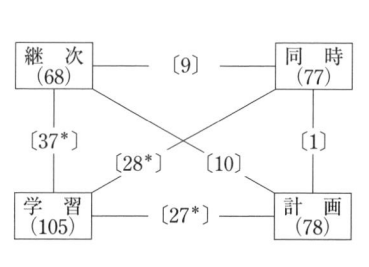

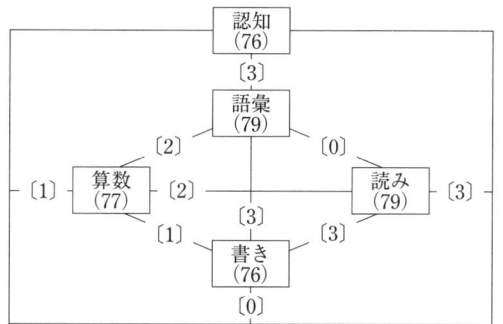

(a) 尺度間の比較(認知尺度)　　(b) 尺度間の比較(習得尺度)

図 6.2.1 カウフマンモデル 尺度間の比較
(* P < 0.05)

274 第6章 事 例

	標準得点
認知総合尺度	76
継次尺度	68
同時尺度	77
計画尺度	78
学習尺度	105
習得総合尺度	75
語彙尺度	79
読み尺度	79
書き尺度	76
算数尺度	77

			評価点
認知尺度	継次	数唱	7
		語の配列	5
		手の動作	3
	同時	顔さがし	—
		絵の統合	8
		近道さがし	8
		模様の構成	4
	計画	物語の完成	7
		パターン推理	6
	学習	語の学習	12
		語の学習遅延	10
習得尺度	語彙	表現語彙	7
		なぞなぞ	6
		理解語彙	7
	読み	ことばの読み	6
		文の理解	7
	書き	ことばの書き	8
		文の構成	4
	算数	数的推論	5
		計算	7

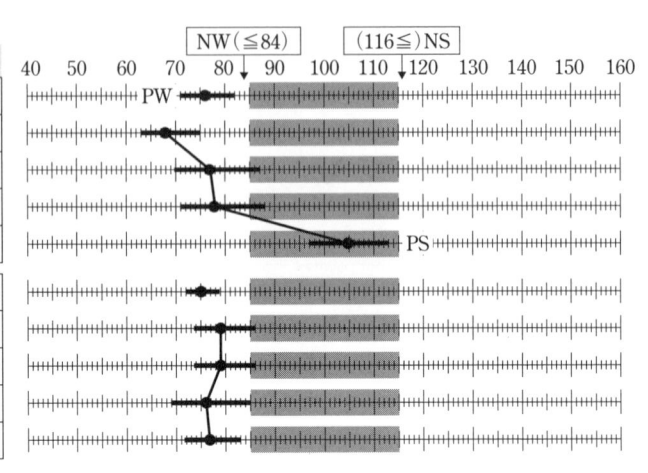

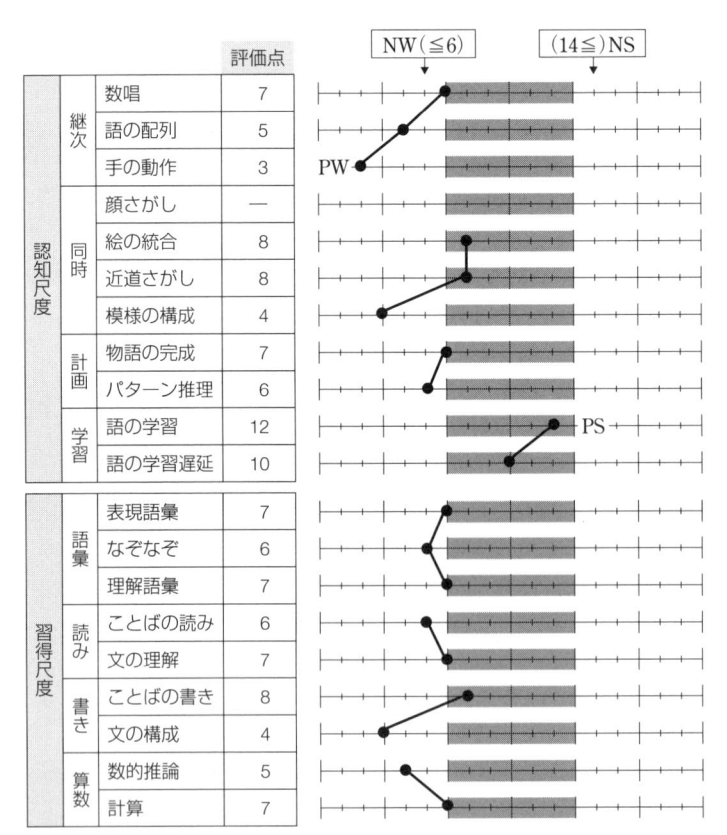

図 6.2.2 カウフマンモデル プロフィール

6.2 知的レベルが境界域にあり教科学習に困難を示す小学校4年生男児の事例

CHC 尺度間比較

	長期記憶と検索	短期記憶	視覚処理	流動性推理	結晶性能力	量的知識	読み書き
長期記憶と検索							
短期記憶	<						
視覚処理	<	=					
流動性推理	<	=	=				
結晶性能力	<	>	=	=			
量的知識	<	=	=	=	=		
読み書き	<	=	=	=	=	=	

	標準得点
CHC 総合尺度	73
長期記憶と検索	105 (PS)
短期記憶	68 (PW)
視覚処理	74
流動性推理	78
結晶性能力	79
量的知識	77
読み書き	75

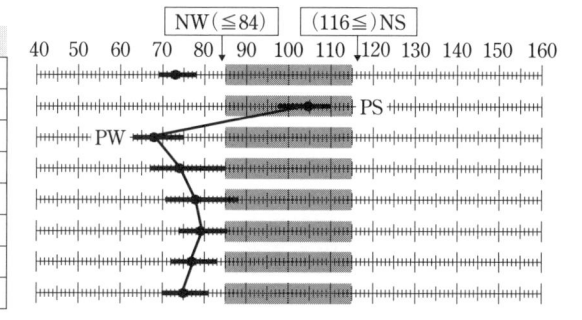

NW(≦84)　(116≦)NS

		評価点
長期記憶と検索	語の学習	12 (PS)
	語の学習遅延	10
短期記憶	数唱	7
	語の配列	5
	手の動作	3 (PW)
視覚処理	顔さがし	—
	近道さがし	8
	模様の構成	4
流動性推理	物語の完成	7
	パターン推理	6
結晶性能力	表現語彙	7
	なぞなぞ	6
	理解語彙	7
量的知識	数的推論	5
	計算	7
読み書き	ことばの読み	6
	ことばの書き	8
	文の理解	7
	文の構成	4 (PW)

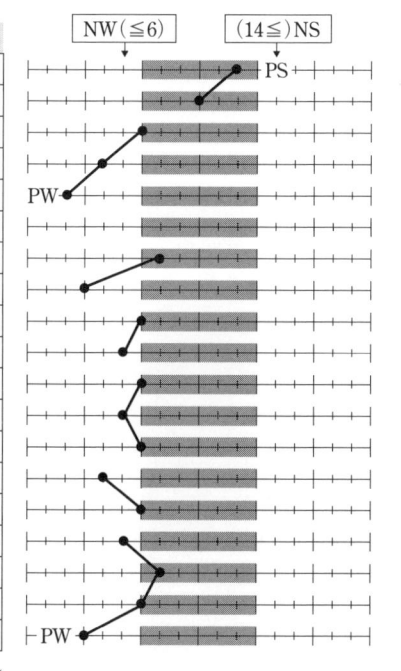

NW(≦6)　(14≦)NS

図 6.2.3　CHC 尺度間比較とプロフィール

6.3 文字や文章を書くことが苦手な中学校1年生男子

1. 対象者
A君，男子，中学校1年生。

2. 主訴
A君に合った効果的な勉強方法を見いだしたい。

3. 概要
　小学校低学年のときに対人関係や集団行動がうまくいかなかったため，通級指導学級において指導を受けていた。学年が進むにつれて，集団参加や対人関係は改善されてきたが，書字の困難さが学習面に影響を与えるようになってきた。中学校入学後は，A君と保護者の希望により，通級指導学級に通わずに学校生活を送っている。しかし，今後学習面の遅れとともに思春期を迎え自尊心の低下が心配された。そこで，学校でできる配慮内容や，本人の強い能力を生かした勉強方法を見いだしていくために KABC-II を実施した。その結果，A君は平均の知的水準であったが，カウフマンモデルでは認知総合尺度に比べ習得総合尺度が有意に低かった。認知尺度では計画尺度が高く，継次尺度が低かった。習得尺度では読み尺度が高く，書き尺度が低かった。また CHC モデルでは流動性推理と結晶性能力が高く，読み書きと量的知識が低かった。以上の結果を踏まえ，指導者や保護者とともに今後の支援方針を検討し，A君本人への助言を行った。

4. 背景となる情報
(1) 生育歴および現在までの経過（母親からの情報）
　在胎40週で出産するまで，母子ともに特に異常がなかった。自然分娩で，出生時体重は 3,800 g と大きかった。歩きはじめは9ヵ月と早かった。パパ，おちゃ，マンマなど言葉の出はじめは1歳2ヵ月，二語文が1歳10ヵ月と標準であった。人見知りはなく，元気で常にご機嫌な様子であり，じっとしていなかった。
　幼児期は，食に対する興味があまりなく，食事中も早く遊びたい様子で最後まで座っていることができなかったため，親が口に入れて食べ終える状況だった。

幼稚園は3年保育だった。入園前にサッカーを習いに行ったが、まったく集団行動がとれず、練習の場から離れて好きなことをして過ごしていた。入園当初は職員が驚くほどまったく集団行動がとれなかったが、3ヵ月くらい幼稚園生活を送る間にそれなりになってきた。年長時に話を聞いてくれなかったなどの理由で2,3度友達を押すというトラブルがあった。休日に家族と外食をしたときに、食べ終わるまでじっとしていることができずレストランの外に出てしまう本人を、大人が交替でついて見守っていた。

小学校低学年のころは多動があり、授業中に黒板のところへ行って好きな絵などを書いてしまうことがあった。小学校2年生後半から3年生までの1年半の間、小児科の心理カウンセリングに通っていた。診断名はない。3年生くらいまで友達にしつこくしたり、乱暴なことをしたりしてトラブルになることが多かった。

学習面では、漢字がなかなか覚えられず、一度覚えてもすぐに忘れてしまうことが多かった。九九を覚えるのが容易でなく、計算に時間がかかった。字を書きたがらないため、そのことが学習全般に影響を及ぼした。連絡帳をほとんど書かないため、忘れ物が多かった。外遊びは好きだが、運動は全般的に苦手で、球技や跳び箱、縄跳びなどでは特に困難を示した。小学校3年生2学期から小学校卒業時まで通級指導学級で指導を受けていた。

幼稚園のころから生き物（特に昆虫）、小学校2年生の終わりころからは鉄道に集中的に興味を示し、知識も豊かで同一の趣味友達ができた。

中学年になって少しずつトラブルが減り、高学年では、友達とのトラブルはなくなった。数名で学級新聞を作ったり休日の野外活動を企画したりして、同学年との関わりを活発に行うようになった。

(2) 家庭環境

父親、母親、妹（小学校3年生）、A君の4人家族。

(3) 学校や家庭での現在の様子

中学校は地元の通常の学級に在籍し、通級指導は受けていない。

中学校入学後、放課後や休日は友達と計画を立て、自転車で自然の生き物や鉄道などを撮影に行くことが多くあった。日常的に新聞を好んで読み、地方版、投書欄などが特に好きで読んでいた。A君のオリジナルキャラクターの4コマ漫画

を描いて，友達や担任に見せることがあった。

　授業中はノートをとらないことが多かった。下校時に翌日の連絡事項をノートに記入しないために，学習用具や提出物の忘れ物がしばしばあった。

5．アセスメントリスト
・KABC-Ⅱ（12歳9ヵ月）
・WISC-Ⅲ（11歳6ヵ月）

6．KABC-Ⅱ検査結果と解釈
(1) 検査場面での行動観察
(a) 検査入室から退室までの行動

　全検査を通して，検査者に協力的であった。馴染みのない大人に対しても最初から緊張が強くなく親和的だった。2日間にわたる全検査終了後，床に大の字になって寝そべり，母親から「リラックスしすぎ」と言われ，あわてて飛び起きるというエピソードがあった。

(b) 各下位検査における行動

M1［語の学習］：最後まで集中力が途切れることなく取り組んでいた。確信がもてない数問のみ，そっと指さしをしていた。終了後「頭の中でテストしていた」と言っていた。

M3［物語の完成］：集中力が高くいろいろと試しながら並べていた。完成できると即座に「はい」と元気な声で答えた。「こういうの好き」と言っていた。

M4［数唱］：回答時に，検査者よりも速い速度で数字を言っていた。「途中から，こりゃ，難しくなるぞっと思ったから，29をニクとか，語呂合わせして覚えた」と言った。2つまたは3つをチャンキングして答えた。

M5［絵の統合］：ひじをついてリラックスした様子で答えた。わからないときに「何じゃこりゃ」，「わからないー」と尻上がりの言い方をした。絵を長く見入って考えることがなく，わからないときのあきらめが早かった。中止問題を含む最後の4つの問題は，すべて「わからない」と答えた。

M6［語の学習遅延］：集中力が持続していた。開始2問目の問題は，やや自信がない様子で，「確か…これ」と指さしをした。結果は正答だった。

M7［近道さがし］：集中力が高かった。問題9と問題17以降は，まず指で試し

て，その後に犬を動かしていた。解答後，検査者が記録をしている間に確かめをしていた。問題6では，5秒後の反応直後，自己修正して正答した。

M8［模様の構成］：集中度が高かった。できあがると元気に「はいー」と尻上がりに答えた。複数の問題では，見本にはないでっぱりができてしまい，何度も三角形を回して構成しようと試していた。問題19（134秒）と問題20（169秒）はともにあきらめずに完成させたが，制限時間内に完成できなかった。問題21は，120秒経過したときにため息をつきあきらめた様子を示したので終了した。

M9［語の配列］：弾むようにリズミカルに絵を指さした。問題10，問題14，問題17では，指さす順番が途中一部入れ替わった。妨害刺激の色名を言い間違えたり，言いよどんだりした。妨害刺激の例題Bを間違え，問題19はかなり注意を払っている様子で正答したが，以降3問は連続で誤答だった。

M10［パターン推理］：机に伏せったり，ひじをついたり，額に手のひらを当てたりして上体を頻繁に動かし多動な様子を示したが，課題には集中して忍耐強く取り組んだ。回答時の声が大きく力強かった。問題21は，開始3秒後に答えた直後，自己修正して8秒後に正答した。

M11［手の動作］：反応時に，手と一緒に頭も動かしていた。最初は検査者と同じ速さで回答していたが，問題6以降徐々に反応の動作が速くなってきた。異なる動作へ移行するときの手の返し方がぎこちなく，やりにくそうな様子だった。終了後，「一つ一つの動作を数字におき換えて覚えていた」と言っていた。

A1［表現語彙］：ひじをつきながら絵を見てすぐに解答した。クエリーを入れた問題が1問あったが，最初に解答した言葉を修飾語にして正答を付け加える答え方だった。

A2［数的推論］：開始問題から3問目の問題はDKだった。問題23から問題27では，問題26以外，計算用紙を用いずにひじをついて答えていたが，すべて正答した。問題31以降，紙を用いて計算したが，両手の上にあごをのせたり，額に左手を当てたりしていた。計算用紙は小さい数字で書き，全面を無計画に使用していた。問題33は1桁大きく誤答だった。問題41を実施中にあくびをしていた。問題の途中でメモをとることはなく，問題を聞き終わってから計算のみのために用紙を使用していた。

A3［なぞなぞ］：ひじをついたり腕を組んだりして，上体を頻繁に動かしていた。誤答はなく，問題を聞いてわからないときは，「わかりません」と答えていた。問

題 43 以降は 4 問連続で DK だった。

A4 ［計算］：常に左ひじをついて，机にあごをつけて計算していた。問題 26 は，途中で伸びをしてから続けたが，答えを出すことができずに飛ばして次の問題へと移った。計算を小さな数字で欄外に書き，答えは活字のように大きさをそろえて，やや強めの筆圧で書いていた。問題 26 は途中まで計算したが，最後まで答えを出すことができなかった。

A5 ［ことばの読み］：問題の漢字を見てすぐに答えていた。一つ一つリズミカルに語尾を尻上がりに答えていた。

A6 ［ことばの書き］：漢字の一部分のみ覚えている箇所を書いたものがあった。開始の 5 問すべて誤答した。同音異字や画数が足りない誤答，部分的な間違いなどがあった。問題 38 以降，問題を見て「あーっ」と言い，ため息をついて嫌な顔をしながら横を向き，熟考するというよりも思い浮かんだ漢字の部分を書いて早く終えたい様子が見られた。

A7 ［文の理解］：反応が早かった。問題 18 では，正答に類似しているが正確でない動作をした。問題 23 以降は，両腕の中にあごを置いて問題文を読み，考えていた。忍耐強く取り組んでいた。

A8 ［文の構成］：ひらがな，カタカナ，漢字ともに形が整っていなかった。シートの問題に書かれていた漢字はすべて解答欄に書いていたが，画数の多い漢字は 1 画ごと慎重に見本を見ながら書いており，間違いはなかったもののバランスのよい字ではなかった。提示されていたひらがな単語の書き間違いが 1 文字あった。体言止めや助詞の欠落などがあり，標語のように解答している問題があった。姿勢がよく変わり，机の上に伸ばした左腕の上にあごを乗せたりして右手で書いていた。問題 13 まで書いた。

A9 ［理解語彙］：6 問を誤答した。机上に左腕を伸ばした姿勢で答えていたが，上体の姿勢が頻繁に変わった。「○番！」と明るくはっきりと答えるときと，低く語尾を上げて疑問形のような言い方で答えるときがあった。

(c) 行動観察チェックリストの結果

　KABC-Ⅱ の行動観察チェックリストの項目のうち，プラス要因で最も頻度が多かったのは，認知検査 10 検査中 6 つの下位検査に該当した《集中力が高い》であった。体が頻繁に動いて姿勢が変わったが，特に［語の学習］，［物語の完成］，［語の学習遅延］［近道さがし］［模様の構成］［パターン推理］では，真剣な表情

で検査者や課題を見て考え，笑顔で答えていた。検査終了後も「認知検査の方が面白かった」と答えていたように，非常に意欲的に取り組んでいたことがうかがえた。《忍耐強く取り組む》の項目は，［物語の完成］，［模様の構成］，［パターン推理］の3つの下位検査に該当した。［模様の構成］では，後半の問題で制限時間を過ぎてもあきらめずに続けていた。さらに認知検査の中で《いろいろと試してみる》の項目は，［物語の完成］，［近道さがし］，［模様の構成］の3つの下位検査に該当した。［近道探し］，［模様の構成］，［物語の完成］では，途中で何度かやり方を変えていたが，完成後も見直しをしていた。

また，習得検査の中では，［表現語彙］，［ことばの読み］，［文の理解］，［理解語彙］の4つの下位検査に，《自信をもって課題に取り組む》の項目が該当した。はっきりとした口調で元気よく答えていた。

一方マイナス要因では，認知検査の［語の学習］，［語の学習遅延］の各下位検査で，集中していたにもかかわらず《衝動的に誤った反応をしてしまう》の項目が該当した。誤って解答した直後に自己修正し，結果的には正答していた。

習得検査の［数的推論］，［計算］，［ことばの書き］，［文の構成］の4つの下位検査で《注意が持続できない》が該当した。算数や書きに関するこれらの検査中では，しばしば両腕を上げて伸びをする，あくびやため息が出るなどの行動が見られた。

(2) カウフマンモデルによる検査結果と解釈（表6.3.1，図6.3.1，図6.3.2参照）
(a) 認知総合尺度と習得総合尺度

認知総合尺度が104，習得総合尺度が95であり，全体的な知的水準は平均の範囲である。認知総合尺度に比べると習得総合尺度が統計的に有意に低かった。このことから，認知能力（知的能力の水準）に比べて，学力がなんらかの要因によって劣っていることが示唆された。
(b) 認知尺度間の比較

認知尺度においては，計画尺度118，学習尺度108，同時尺度100，継次尺度96であった。個人間差では，計画尺度がNSで，他の同年齢の子どもより有意に高いという結果であった。個人内差では，計画尺度PS，継次尺度PWであった。
(c) 認知検査間の比較

継次処理の中では，［語の配列］8がPWで，［数唱］11，［手の動作］9に比べ

て低い傾向があった。この傾向から，数字のような無意味な聴覚情報を短期的に保持して系列全体を引き出すことはできるが，より具体的な単語を聞いて短期的に保持し，運動的な手がかりを用いて系列全体を再生することが苦手であり，さらに他からの刺激に弱いことが示唆された。

同時処理の中では，［模様の構成］7 が PW で，［近道さがし］12，［絵の統合］11 に比べて低い傾向にあった。［近道さがし］は，A君の計画能力の高さにより，また［絵の統合］は A君の語彙の強さによる影響を受けた結果が得点に反映され，一方［模様の構成］は，解答に手の操作が必要となるために低い結果になったと考えられた。

計画の［パターン推理］14 は NS，PS であり，複数の図形を見て，図形間の規則性を推測する力が強いことが示唆された。

(d) 習得尺度間の比較

習得尺度においては，読み尺度 114，語彙尺度 109，算数尺度 84，書き尺度 71 であった。個人間差では，書き尺度と算数尺度で，他の同年齢の子どもより有意に低いという結果であった。個人内差では，読み尺度 PS（まれな差 1％）と語彙尺度 PS（まれな差 10％）が有意に高く，算数尺度 PW と書き尺度 PW（まれな差 1％）が有意に低い結果となった。

(e) 習得検査間の比較

習得検査の中では，評価点平均が 9 であり，［文の理解］14，［表現語彙］12，［理解語彙］12，［ことばの読み］11 が PS で有意に高く，［計算］6，［ことばの書き］5，［文の構成］5 が PW で有意に低かった。このことから，生活や学習の中で獲得した語彙数は多いが，単語や文，数字などの書きの学習に遅れがあることが示唆された。読み尺度の中では，［文の理解］14 が［ことばの読み］11 よりも高い傾向にあった。このことから，単語のレベルよりも，前後のことばや文脈を利用して読む傾向があることが示唆された。

(f) 認知尺度と各習得尺度，算数下位検査の比較

・認知総合尺度と習得尺度の比較

　　　認知総合尺度 104　＞　書き尺度 71
　　　認知総合尺度 104　＞　算数尺度 84
　　　認知総合尺度 104　≒　語彙尺度 109
　　　認知総合尺度 104　＜　読み尺度 114

・認知総合尺度と算数尺度検査の比較
　　認知総合尺度 104　＞　［計算］80
　　認知総合尺度 104　＞　［数的推論］95

　認知総合尺度 104 に比べて，書き尺度 71，算数尺度 84（［計算］80，［数的推論］95）が有意に低く，特に書き尺度は，標準得点の差異が 33 点と 2 SD 以上下回っていた。一方で認知総合尺度 104 に比べて読み尺度 114 が有意に高かった。このことから，文や文章を読む能力は高いが書きの困難を有していると考えられた。また算数尺度の標準得点は 84 と A 君の認知総合尺度 104 に比べて，統計的に有意に低い値となっていた。算数尺度については，下位検査の計算尺度が 80，数的推論が 95 であったことから，A 君の算数の弱さは，主に計算の弱さに起因することが明らかとなった。しかし計算については，日常のプリント課題やテストを遂行するときに，十分な計算スペースを使ったときに複雑な計算も正答率が低くないという背景情報があった。このため，A 君は計算の一定の手続きは理解しているが，書きの困難が計算途中のミスを生み，さらに検算で間違いを見つけ出せないために，誤答になるということが多いと考えられた。

(3) CHC モデルによる検査結果と解釈（表 6.3.1，図 6.3.3 参照）
(a) CHC 総合尺度
　CHC 総合尺度が 99 であり，平均範囲の総合的な認知能力であった。
　流動性推理 118，結晶性能力 109，長期記憶と検索 108，視覚処理 97，短期記憶 96，読み書き 90，量的知識 84 であった。
　個人間差では，流動性推理 NS（まれな差 10％）が有意に高く，量的知識 NW（まれな差 10％）が有意に低かった。
　個人内差では，流動性推理 PS（まれな差 10％）と結晶性能力 PS が有意に高く，読み書き PW と量的知識 PW（まれな差 10％）が有意に低い結果となった。
　視覚処理の下位検査では，［近道さがし］12 は高かったが［模様の構成］7 は低かった。
　量的知識の下位検査では，［数的推論］9 は高かったが，［計算］6 は PW で低かった。
　読み書きの下位検査では，［ことばの読み］11 と［文の理解］14 は PS で高かったが，［ことばの書き］5 と［文の構成］5 は PW で低かった。このことから，読

むことに比べて書く学習が苦手な傾向にあると思われた。
(b) CHC 尺度間の比較
　長期記憶と検索 108 が，短期記憶 96 よりも有意に高く，情報を保持し短期間記憶して使用する力よりも，新しい情報を学習して長期に使用する能力の方が高いことが示唆された。

7．その他の検査結果と解釈
WISC-Ⅲ（11歳6ヵ月施行）小学校6年生時
　全検査 IQ 107 で全体的な知的能力水準は平均であった。言語性 IQ119，動作性 IQ92 であり，両者の間には，5％の有意水準で統計的に有意な差があった。すなわち言語性 IQ が動作性 IQ に比べて有意に高かった。群指数では，言語理解＞注意記憶≒知覚統合＞処理速度であり，言語理解が，注意記憶，知覚統合，処理速度に比べて有意に高く，処理速度が知覚統合，注意記憶，言語理解に比べて有意に低かった。最も高い言語理解と最も低い処理速度の差が 48 あった。下位検査においては，言語性下位検査の「単語」16 が高く，「算数」8 が低かった。動作性下位検査の「組合せ」13 が高く，「符号」5 が低い結果だった。
　これらの結果から，A君は知的には平均の範囲の能力を示している。群指数における「言語理解」が高いことから，ことばで理解したり，表現したりする力は強いことが示唆された。一方，板書が正確にできない，作文やレポートなど書く課題に困難があるといった問題については，処理速度の低さがその一因となっていることが推測される。

8．総合解釈と支援の方針
(1) 総合解釈
　約1年前の11歳6ヵ月時に行ったWISC-Ⅲの結果からも今回のKABC-Ⅱの結果からも，A君には平均の知的能力水準の高さがあることが明らかになっている。
　習得検査の中で［ことばの書き］と［文の構成］が低く，書きに困難がある学習障害が疑われる事例である。
　A君は，「語彙」や「読み」が強いにもかかわらず，「書き」が弱い。書字の困難については，WISC-Ⅲの群指数である「処理速度」が低いことと，短期記憶の弱さに加え，背景情報にあるA君の手先の不器用さとともに，操作を伴う記憶を

再生する力が弱いことが要因であると考えられた．また，これまでA君は新しい漢字を学習するときに，A君の得意な方略を使用せずに繰り返し練習しても学習の成果が上がらず，習得できなかったのではないかと考えられた．書くことへの苦手意識の積み重ねが，さらに書く学習に対する意欲の低下につながっていたと考えられた．

また，［模様の構成］の評価点は低い結果だったが，意欲的に取り組み，時間を超過して完成できたものが複数あったことや，WISC-Ⅲの「積木模様」の高さからも，A君は同時処理が弱いとはいえない．

一方で，A君はKABC-Ⅱの検査結果および日常的に本や新聞を好んで読む習慣があるという背景情報から「読み」の力が強いと考えられた．さらに検査中の行動観察から，そのままでは記憶しにくい要素を自分が覚えやすい数字や言語におき換えるなど，特にインパクトが強い課題や，図形の配置のパターンを推理するようなA君が興味関心をもっている課題に対しては，解決するための方略を自分で見つけだし，再確認する様子が観察されたため，検査結果の計画能力の高さが裏づけられた．

(2) 支援方針

これらのことから，A君に対する指導方針として，以下のことが考えられた．
・授業中に板書を写すときの黒板との距離や記入する量の調整を行う．
・作文や学習成果のまとめなど，文章表現をする課題ではワープロを使用するなど，「書く」ことを助ける支援を行う．つまり文章構成力をワープロの活用により伸ばしていく．一方で漢字については，A君の強いことばの力や計画能力を活用して，書く力もある程度高める指導を行う．そのさいに，できるだけ指先の細かな動作を必要とする練習を少なくして正しい漢字を習得できるようにする．
・日常「（自分は）落ち着きがない．集中力がある方ではない」とA君自身が言っていたが，個別の検査場面においては，身体は頻繁に動くものの，馴染みのない検査者の前でも興味をもった課題に対しては，非常に集中度が高く粘り強く取り組んでいた．このことから，日常の学習場面において刺激の少ない環境設定と学習の動機づけを行う．また，現段階では周囲に影響が少ない場合には，常に良い姿勢を求めずに，ある程度の身体の動きを許容する．
・中学1年生という年齢を考慮しながら，A君の興味関心の高い鉄道や生き物，

インパクトの強い読み物などを課題設定時に取り入れる。
・学習の参考書や，問題集は，A君が指導者と相談していくつかの選択肢の中から最終的に自分が一番使いやすく覚えやすいと思うものを選んで使用する。

(3) 保護者やA君に提案した内容
(a) 漢字の学習
　漢字の意味や形の特徴を言語化し，筆記用具を用いずにうでを動かすなどの大きな動作を使って覚える。
・手元近くに置いた見本を見ながら，新出漢字をノートの1ページ全面に黒のネームペンで1文字（1熟語）だけ書く。書いた文字をなぞりながら気づいた特徴を言語化する。
・忘れる前に，ときどきノートの漢字を見てなぞる。
・テスト前に，再度ノートを見て確認する。
(b) 文や文章の学習
　導入時に書くことの負担を入れずに，A君の発想を十分に広げ，一定の文や文章に組み立ててから，文字にしていく方法で文章構成力を伸ばす。
・テーマについて話し合う。
・ワープロで下書きを打つ。
・清書する。
(c) 計算の力をつける
　新しい学習開始時に，内容を正しく習得できるよう，指導者が言語を用いてA君の思考を側面から補助する。計算遂行中には細かい手先の操作の負荷を減らして間違いを防ぐ。
・うっかりミスを防ぐために計算用紙を十分に準備し，見やすい大きさの数字で間隔を空けて書く。
・可能なときには，小声に出して計算する。
・計算などの学習ソフトを用いる。課題の遂行中に，計算の仕組みや手がかりとなるキーワードなどを，指導者がかたわらで音声言語化する。A君自身が言語化できるようになったところで，補助をなくす。
(d) 理科，社会などのテスト対策
　A君が興味関心をもてるような読み物や学習漫画を取り入れ，課題の中心が見

やすく，少ない作業量で学習を行うことができるようにする。
・模範解答入りの問題集を見て，その内容がなぜ正しいかを自分で考えて言語化する。
・関連する学習読み物や学習漫画を読む。
・教科書の重要部分にマーカーをする。
・テスト予想プリント（穴埋め問題）が配布されたら，書く作業が最小になるよう工夫する。

表 6.3.1 標準得点とパーセンタイル順位

カウフマンモデル

認知検査	標準得点	パーセンタイル順位
認知総合尺度	104	60.5
継次尺度	96	39.5
同時尺度	100	50.0
計画尺度	118	88.5
学習尺度	108	70.3

習得検査	標準得点	パーセンタイル順位
習得総合尺度	95	36.9
語彙尺度	109	72.6
読み尺度	114	82.5
書き尺度	71	2.7
算数尺度	84	14.3
(数的推論)	95	
(計算)	80	

CHC モデル

	標準得点	パーセンタイル順位
CHC 総合尺度	99	47.3
長期記憶と検索	108	70.3
短期記憶	96	39.5
視覚処理	97	42.1
流動性推理	118	88.5
結晶性能力	109	72.6
量的知識	84	14.3
読み書き	90	25.2

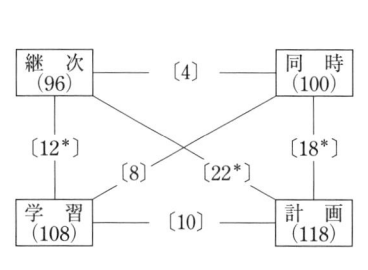

(a) 尺度間の比較（認知尺度）　　(b) 尺度間の比較（習得尺度）

図 6.3.1 カウフマンモデル 尺度間の比較

6.3 文字や文章を書くことが苦手な中学校1年生男子

	標準得点
認知総合尺度	104
継次尺度	96
同時尺度	100
計画尺度	118
学習尺度	108
習得総合尺度	95
語彙尺度	109
読み尺度	114
書き尺度	71
算数尺度	84

			評価点
認知尺度	継次	数唱	11
		語の配列	8
		手の動作	9
	同時	顔さがし	—
		絵の統合	11
		近道さがし	12
		模様の構成	7
	計画	物語の完成	12
		パターン推理	14
	学習	語の学習	12
		語の学習遅延	11
習得尺度	語彙	表現語彙	12
		なぞなぞ	11
		理解語彙	12
	読み	ことばの読み	11
		文の理解	14
	書き	ことばの書き	5
		文の構成	5
	算数	数的推論	9
		計算	6

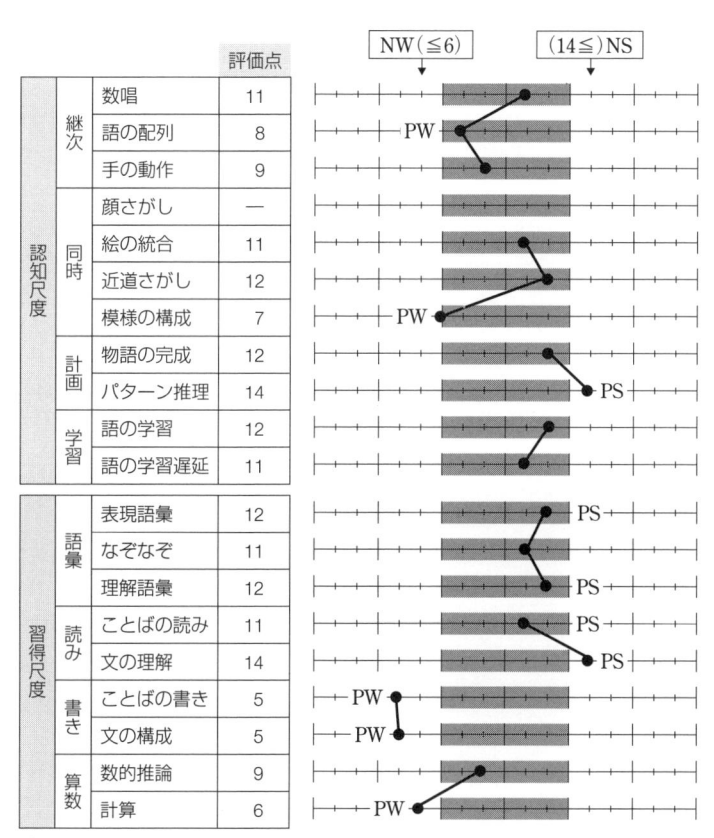

図 6.3.2 カウフマンモデル プロフィール

CHC 尺度間比較

	長期記憶と検索	短期記憶	視覚処理	流動性推理	結晶性能力	量的知識	読み書き
長期記憶と検索							
短期記憶	<						
視覚処理	=	=					
流動性推理	=	>	>				
結晶性能力	=	>	>	=			
量的知識	<	<	<	<	<		
読み書き	<	=	=	<	<	=	

	標準得点
CHC 総合尺度	99
長期記憶と検索	108
短期記憶	96
視覚処理	97
流動性推理	118
結晶性能力	109
量的知識	84
読み書き	90

NW(≦84)　(116≦)NS

		評価点
長期記憶と検索	語の学習	12
	語の学習遅延	11
短期記憶	数唱	11
	語の配列	8
	手の動作	9
視覚処理	顔さがし	—
	近道さがし	12
	模様の構成	7
流動性推理	物語の完成	12
	パターン推理	14
結晶性能力	表現語彙	12
	なぞなぞ	11
	理解語彙	12
量的知識	数的推論	9
	計算	6
読み書き	ことばの読み	11
	ことばの書き	5
	文の理解	14
	文の構成	5

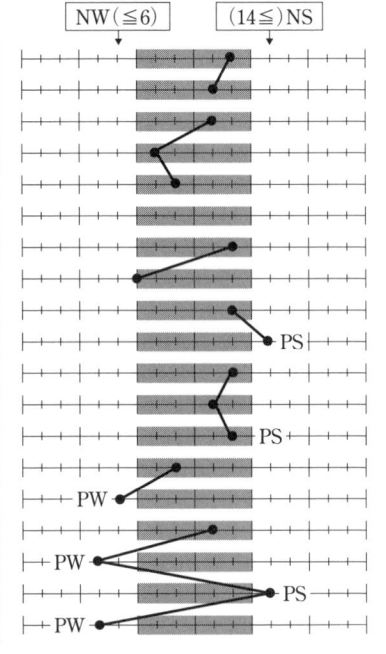

NW(≦6)　(14≦)NS

図 6.3.3　CHC 尺度間比較とプロフィール

6.4 ADHDの診断のある高校生男子の進路の模索

1. 対象者
A君，男子。高校3年生（情報学科）在籍，初回面接時高校1年生の5月，アセスメント実施は，高校3年生の4月（17歳6ヵ月時）。

2. 主訴
保護者より：高校3年生になり，進路の方向性を模索するために検査をしてほしい。

SST（ソーシャルスキルトレーニング）指導者より：ターゲットスキルや目標を再度確認するためにアセスメントを行いたい。

3. 概要
A君は，発達障害の特別措置（個別受験）にて高校を受験し，合格した生徒である。中学校では，通常の学級に在籍していたが，そこにはいられず保健室でもっぱら過ごすような状態であった。高校でも，1年時は，何かあると保健室で寝るような状況であった。2年生となっても授業をたびたび休むので，成績も低迷しており，3年生になるにあたり，今後の進路の方向性を模索すること，また，1年生から行っているSSTで取り上げるターゲットスキルや内容を決定するために，あらためて心理検査によるアセスメントを行うこととした。

KABC-IIを実施した結果，認知総合尺度に比べて習得総合尺度が有意に低く，認知尺度においては同時尺度＞継次尺度の傾向があり，習得尺度においては，特に書き尺度が低かった。今後，進学を考えると，書くということは欠かせないため，得意な同時処理能力や計画能力を用いた書きの指導を考える必要があることが明らかとなった。

4. 背景となる情報
(1) 生育歴および現在までの経過
発達初期には，特に問題はなかった。言葉の発音も運動面も特に遅れているということはなかった。母親の記憶によると，歩きはじめると同時にすぐに走って回ったという印象であった。幼稚園でも落ち着きがないと言われていた。小学生

低学年のころから，移動教室の途中でいなくなり，校庭で虫を見ているか遊具の間を歩き回っていたりした。2年生の担任の教員から病院に行った方がよいのではないかと言われ，小学校3年生の10月に，神経科のクリニックに行き，注意欠陥多動性障害（ADHD）と診断された。教室でじっとしていられないため，通級指導教室に入りびたりであった。中学校でも，通常の学級には在籍していたが，その教室にいることが精神的につらくなり，この時期から抗うつ剤も処方してもらうようになった。実際には保健室や特別支援学級でほとんどの時間を過ごしていた。学業については，母親が家庭でそばについて勉強を教えた。受験のときも，母親の支援による家庭学習があり，なんとか高校（偏差値50～55程度）に合格することはできた。

　ADHDの診断書があったので，高校受験は別室受験という特別措置を講じてもらった。受験のとき，試験を受けている最中に，疲れた様子で「ふう」と言い，部屋にたまたまあった長椅子に寝そべることがあった。

(2) 家庭環境

　父親，母親，兄，本人の4人家族。

　父親は事業をやっており，母親はその事務的な手伝いをしている。兄は，大学生である。母親がしっかり本人を支援しており，高校の受験勉強もすべて母親の指示で，十分な時間がない中でも効率的に学習してきた。

(3) （学校や家庭での）現在の様子（高校入学以降の様子）

　高校では，高校外でも支援が必要であるとの判断で，高校と連携している教育相談室に1年生のときに来室し，それ以来，SSTを受けてきた。1年生のときには，できないことや苦手な体育の授業があると保健室に行って寝て過ごすという状態があった。また，お昼ご飯のときに，教室の中でお弁当を食べることができず，1人で安心して食べられるところを探し，ときには，玄関の「すのこ」の上で食べていたりした。そのため，週1日お昼の時間に学校内の使っていない教室において，大人（特別支援教育コーディネーターや相談室から派遣した支援員，ときには担任教員など）と他に発達障害のある子どもたち3，4名と一緒に，話しながら昼食を食べるというランチタイムセッションを行った。結果的には，体調が悪いために休んだ日は年間3日で，ほとんど毎日登校することはできた。2年

生になると保健室で寝ることは激減したが，それでも保健室に行くため，各教科の出席日数はぎりぎりで，いつも単位が取れるかどうかの瀬戸際で，全教科，成績は低迷した。また，授業中ほとんどノートを取らなかった。

　教育相談室では，人に対する興味はあることはうかがえたが，目上の人に対しても友達のように話をしたり，待合室でずっとマンガを読んでおり，自分の担当の相談員が入ってきても挨拶をしなかったりした。

5．アセスメントリスト
・KABC-II（17歳6ヵ月）
・WAIS-III（17歳6ヵ月）

6．KABC-II検査の結果と解釈
(1) 検査場面での行動観察
(a) 検査入室から退室までの行動
　検査室には，いつものように小さな声でしゃべりながら，緊張もしない様子でやってきた。検査者とはSSTで顔を合わせるので，顔見知りであるためか顔もまっすぐ見ず，検査を開始する前に，検査を行う理由の説明をしても，あまり真剣に聞いていなかった。しかし，検査をやることにはまったく抵抗はなく，検査には全体を通して協力的であった。認知検査を終えて，1週間おいたうえで習得検査を行った。しかし，2回目の習得検査を行うにあたっては，消極的で検査を始めるまでに関係のない話を30分した。検査を始めると，やっている最中は，特にいやな顔もせずに取り組んでいた。ただし問題を解きながら，「だめ，だめ，だめ」と自己否定的なことばを何度も発し，「だめなんてことはないよ」「どうしてそんなにだめなんて言うの？」と言うと，「口ぐせですね」と答えていた。
(b) 各下位検査における行動
M3［物語の完成］：いちいち口頭で解説しながら，カードを並べていた。
M8［模様の構成］：あまり困難なく，すいすいと作っていった。
M9［語の配列］：例題Bを行って，色の妨害刺激が入ることを経験すると，「できるかー？！」と大声で言った。1問行うと自信がなくなったのか，それ以降はやる気さえなくしてしまったようであった。
A2［数的推論］：よくしゃべり，解説しながら，問題を解いていた。

A3［なぞなぞ］：よくしゃべり，解説しながら答えていた。聞き間違えや聞き返しが多かった。

A5［ことばの読み］：わからなかったものや答えても自信のない問題に対しては，間違えているかどうかを気にして「間違えたかな」とつぶやいたり，「間違えていた？」などと聞き返したりすることも多かった。

A8［文の構成］：問題9で少し時間がかかり，問題12でまた時間がかかり詰まってしまった。

(c) 行動観察チェック表の結果

　全般的にチェックがつく項目は少なかったが，その中でも，認知尺度［物語の完成］，および，習得尺度［数的推論］，［なぞなぞ］においては，《方略やアイデアなどを言語化する》という共通の行動が見られた。

(2) カウフマンモデルによる検査結果と解釈（表6.4.1, 図6.4.3, 図6.4.4 参照）

(a) 認知総合尺度と習得総合尺度

　認知総合尺度が118，習得総合尺度が103であり，全体的な知的能力水準は平均より高かった。認知総合尺度に比べると習得総合尺度が有意に低かった。

(b) 認知尺度間の比較（NS, PS など）

　同時尺度137，計画尺度116，学習尺度102，継次尺度100で，同時尺度が最も高く，次に計画尺度，それらに比べると継次尺度と学習尺度が有意に低かった。

　個人間差においては，同時尺度NS，計画尺度NSと2つの尺度が有意に高かった。また，個人内差においては，同時尺度PS，学習尺度と継次尺度がPWであった。

(c) 認知検査間の比較（NS, PS など）

　個人間差では，［近道さがし］NS，［模様の構成］NS，［パターン推理］NSと3つの下位検査が他の検査に比べて有意に高かった。また，個人内差においては，［近道さがし］PS，［模様の構成］PS，［パターン推理］PSと有意に高かった反面，［語の配列］PWと有意に低かった。

　それぞれの尺度においては，次の通りである。すなわち，継次尺度において［語の配列］が低かった。また，計画尺度においても，［パターン推理］は有意に高いがそれに比較すると［物語の完成］は低かった。

(d) 習得尺度間の比較（NS，PS など）

算数尺度 115，読み尺度 108，語彙尺度 103，書き尺度 84 で，書き尺度が有意に低かった。書き尺度 NW，PW で，個人間差でも個人内差でも有意に低かった。

(e) 習得検査間の比較（NS，PS など）

個人内差においては，［計算］PS であり，［なぞなぞ］PW，［ことばの書き］PW，［文の構成］PW であった。

習得検査の各尺度の中では，書き尺度を構成する下位検査の［ことばの書き］，［文の構成］は両者ともに有意に低かった。語彙尺度の中では，［なぞなぞ］が 8 と低かった。

(f) 認知総合尺度と各習得尺度，算数下位検査の比較

　　　認知総合尺度 119 　＞　 語彙尺度 103
　　　認知総合尺度 119 　＞　 読み尺度 108
　　　認知総合尺度 119 　＞　 書き尺度 84
　　　認知総合尺度 119 　＝　 算数尺度 115
　　　認知総合尺度 119 　＝　［数的推論］112
　　　認知総合尺度 119 　＝　［計算］116

認知総合尺度に比べて，算数尺度以外の各習得尺度は有意に低かった。特に，書き尺度は，NW，PW であり，1％のまれな差で，非常に弱いことが明らかとなった。

(3) CHC モデルによる検査結果と解釈（表 6.4.1，図 6.4.5 参照）

(a) CHC 総合尺度

CHC 総合尺度 111 であり，平均範囲の知的能力であるといえた。

(b) CHC 尺度間の比較

視覚処理 141，流動性推理 116，量的知識 115，結晶性能力 103，長期記憶と検索 102，短期記憶 100，読み書き 94 であった。

個人間差においては，視覚処理 NS，流動性推理 NS と，これら 2 つの尺度が有意に高かった。個人内差においては，視覚処理 PS，短期記憶 PW，読み書き PW と，視覚処理が有意に高く，短期記憶と読み書きが有意に低かった。

7. その他の検査結果と解釈
(1) WAIS-III
(a) 総合尺度
　全検査 IQ が 117 であり，全般的な知的能力水準は平均の上にあった。また，言語性 IQ が 113，動作性 IQ が 119 とそれぞれに平均の上であった。
(b) 群指数

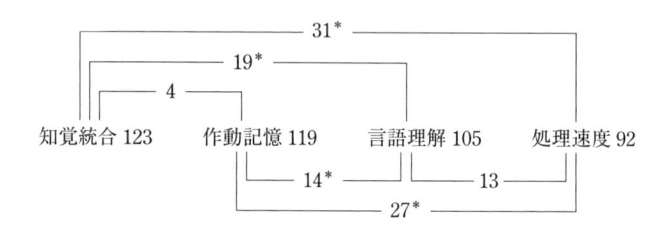

```
                  ┌────────── 31* ──────────┐
              ┌───── 19* ─────┐             │
          ┌── 4 ──┐           │             │
      知覚統合 123  作動記憶 119  言語理解 105  処理速度 92
                  └── 14* ──┘└── 13 ──┘
                  └────── 27* ──────┘
```

　知覚統合および作動記憶が高いが，それらに比べて言語理解と処理速度が有意に低かった。特に処理速度が低く，視覚的短期記憶の低さが示唆された。

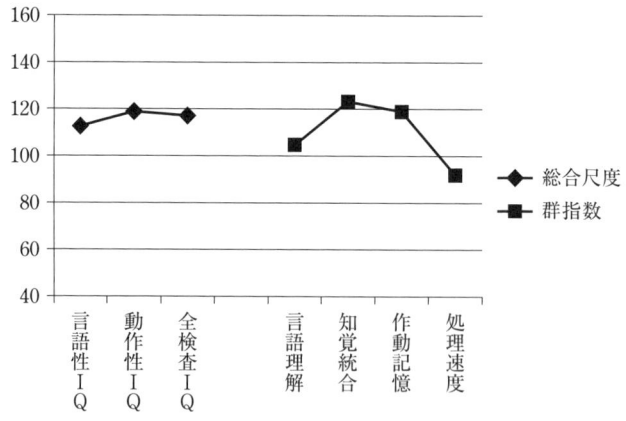

図 6.4.1　WAIS-III の結果

(c) 下位検査
　同じ群指数の中でも高低の差がある下位検査があった。
　言語理解の中では，「単語」「類似」が 14 であるのに，「知識」が 5 と有意に低く，それらの間には有意な差があった。また，知覚統合では，「積木」19 と非常に高い半面，「完成」が 9 と低く，有意な差があった。作動記憶では，有意な差は

ないが,「数唱」15 と高めであるのに比べて,「語音」13,「算数」12 と低めであった。処理速度は,「符号」8,「記号」9 と両者ともに低かった。「積木」は 19 であるのに「組合」11 と低かった。

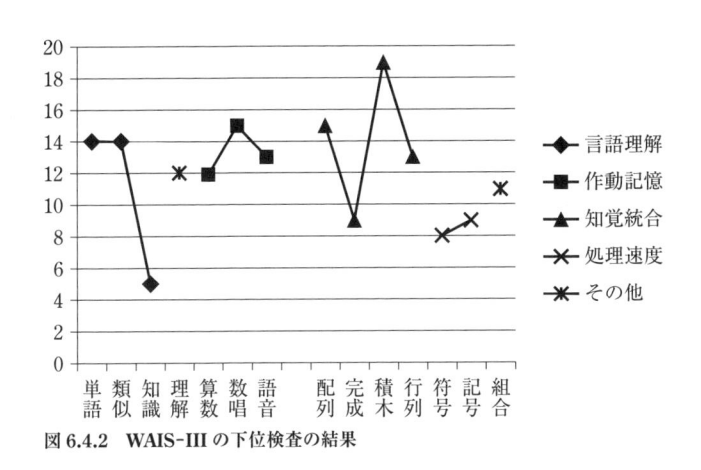

図 6.4.2　WAIS-III の下位検査の結果

(d) **検査時の様子**

検査をやっている間,「あーあ, これはだめなんだ」など, うまく進まない場合には特に, ぶつぶつ独り言を言っていることが多かった。「積木」は, 口が動くより早く手が動くという感じで, 素早く形を作っていた。

全体的には, 各下位検査で, 集中してやっており, 注意がそれることはなく,「符号」では, 筆圧は弱いが書くということ自体ゆっくりして時間がかかっていることはなかった。

(e) **WAIS-III の解釈**

図 6.4.1, 6.4.2 より, A 君は, 全体的には 117 と平均の上の知的能力水準にあったが, 知覚統合や作動記憶の高さに比べると, 言語理解が有意に低く, それよりさらに処理速度が有意に低く, 能力間にアンバランスがあることがうかがわれた。特に, 視覚的短期記憶が低く, 学校で板書すること, ノートをとることは苦手であることを裏づけた結果となった。さらに, 下位検査では,「積木（模様）」に比べて「組合」が低く, 具体物よりも抽象的な図形処理能力が高いことが示唆された。あるいは, その場に視覚的なモデルがあればその通りに構成できるが, 日常目にする物の形を記憶から呼び出し, イメージを思い浮かべて構成しようとする

能力が低いことが示唆された。また，「(絵画)完成」が低く，具体物の中で，その特徴の中心となるような箇所に注意が向かず視覚的細部への注目の悪さも示唆された。

8. 総合解釈と支援（指導）の方針

　KABC-Ⅱ，WAIS-Ⅲの結果から，A君には平均より上の知的能力水準の高さがあることが明らかとなった。その知的能力水準に比べると，KABC-Ⅱの習得総合尺度は有意に低く，知的能力水準に見合った知識や学力が身についていないことが明らかとなった。また，A君の場合は，知的能力水準に比較すると数学を除く，すべての領域が低い結果であり，A君は，カウフマンモデルによる解釈が適切であると思われた。

　KABC-Ⅱの認知尺度においては，継次尺度は有意に低かった。その継次尺度をより詳細に見ていくと，[数唱]のように，数字という無意味な聴覚情報の短期的な保持はできるが，反面，[語の配列]のように，具体的なことばを聞いてそれを短期的に保持することが苦手である傾向があることが示唆された。また，計画尺度の中の，[パターン推理]は有意に高いが[物語の完成]が低い傾向にあることから，図形パターンについての推論はできるが，反面，具体的な生活場面での文脈の処理が苦手であることが示唆された。

　KABC-Ⅱの習得尺度においては，書き尺度が特に有意に低かった。また，下位検査においては，[計算]は有意に高いが，[なぞなぞ]，[ことばの書き]，[文の構成]の3つが有意に低かった。書き尺度が有意に低いことから，書きの学習に困難があることや，[なぞなぞ]のように，文内の複数の要素を統合して内容を把握するということは苦手であることが示唆された。

　このように，WAIS-Ⅲにおける処理速度の低さや同時尺度＞継次尺度という認知能力の中のアンバランスが，習得尺度の書き尺度を低くしている要因となっていると考えられた。また，習得尺度の中では，習得総合尺度に比べると，すべての尺度，低い得点となっていたが，特に，算数尺度以外の，語彙尺度，読み尺度，書き尺度の3つの尺度は有意な差があり低かった。

　以上のような結果から，A君は，特に書き障害という学習障害が疑われる事例であると考えられた。すなわち，知的能力全体が低いのではなく，認知能力間にアンバランスがあり，それが原因となって学力が伴わない学習障害的な要素があ

ることが示唆された。

　A君は，ADHDという診断を過去に受けており，薬物療法もこれまで行ってきた。今回の検査を実施している様子からは，唯一，KABC-Ⅱの［語の配列］において，色の名前を言う妨害刺激が入るところでやる気を失い，結果的に注意を維持できなかったことがあったこと以外，それぞれの下位検査には集中して取り組んでおり，特に注意の集中困難という問題は見られなかった。

　しかし，生育歴や普段の生活における様子，また，今回のKABC-Ⅱの複数の下位検査の行動観察において《方略やアイデアなどを言語化する》にチェックがついた。これは，検査遂行にとってのプラス要因に入っている項目であるが，このような行動は，実行機能の中の「内言語化ができない」ためであるとも解釈できる。このように解釈をすれば，やはりADHDは存在するのではないかと考えられた。

　さらに，KABC-Ⅱから，継次尺度の中での［語の配列］＜［数唱］・［手の動作］，同時尺度の中での［絵の統合］＜[近道探し]・［模様の構成］，計画尺度の中での［物語の完成］＜［パターン推理］の傾向があることから，社会的文脈の読み取りの悪さがやや存在することも示唆された。そのために，人に言ってはいけないことを言ったり，社会的な立場を考えない言い方をしたりするなど，自分と周囲の人との関係を認識しづらく，それが対人関係に負の影響を与えていることも示唆され，自閉症的な傾向ももち合わせているのではないかとも考えられた。

　これらのことから，引き続きSSTにおいて対人関係スキルアップのためのトレーニングは行っていきながら，さらに，弱い書字スキルに対して，高い同時処理能力や計画能力という認知能力を使った指導を組み立てていくことが必要であると考えた。

・書くことに対する指導

　漢字の書字や文を作ることは苦手であることから，はじめから文を手書きしながら作るのではなく，いくつかの漢字の選択肢の中から正しい漢字を選ぶという同時処理能力の高さによる「再認」を使うことができるワープロによって文章を書くという課題を用意することが有効であると思われた。「作文」の課題では，最初にワープロで文章を作り，それを書き写すという形の作文指導を行い，「こうすれば自分は文章を作れる」と自信をもたせるとともに，苦手な書きに負荷を負わせない指導をしていく必要があると思われた。漢字を覚えるための学習では，鉛

筆を使って「何度も書く」ということはなるべくしないこととするとよいと思われる。

ただし，進学のための受験（この時期は，書き障害があると申告しても，ワープロ打ちを許可している大学はほとんどなかった）を考慮すると，上記の指導後に，ワープロの使用の配慮をなくして，鉛筆で書くことにも取り組もうとする姿勢を作る必要もある。［ことばの書き］が低く，漢字書字が苦手であることはわかっているが，漢字を思い出して書くことも必要である。計画能力は高いが使えていないという可能性があるために，例えば，漢字を覚えやすいパーツに分けて名前をつけたりするなどの記憶のストラテジーを自分で考え出させたりすることも必要であろう。

・対人関係スキルのトレーニング

学習の問題と ADHD の要素があることに加えて［物語の完成］の低さや，検査場面でも人と顔を合わせないなど自閉症傾向の対人関係の問題も背後にある可能性が高いと思われたので，今後も，SST が必要であると考えた。SST では，計画能力が高いので，場面ごとに取りうるいくつかの行動のレパートリーを練習したら，さらにそれらが適切に選択できるよう，前後の時間によって，どうすればよいのかじっくり考える時間が取れるような機会を与えることが必要であると考える。

今後，高校を卒業して，専門学校あるいは大学を経て社会に出ることを考えると，自分よりも先輩，年齢の高い人に対してていねいな応待ができるようになるようなトレーニングが必要ではないかと考えた。

また，相手に自分の熱意が伝わるような話し合いへの参加の仕方や態度とは，どういうようなものなのか，ということも意識させる必要があると考えた。

6.4 ADHDの診断のある高校生男子の進路の模索

表 6.4.1 標準得点とパーセンタイル順位

カウフマンモデル

認知検査	標準得点	パーセンタイル順位
認知総合尺度	118	88.5
継次尺度	100	50.0
同時尺度	137	99.3
計画尺度	116	85.7
学習尺度	102	55.3

習得検査	標準得点	パーセンタイル順位
習得総合尺度	103	57.9
語彙尺度	103	57.9
読み尺度	108	70.3
書き尺度	84	14.3
算数尺度	115	84.1
（数的推論）	112	
（計算）	116	

CHCモデル

	標準得点	パーセンタイル順位
CHC総合尺度	111	76.8
長期記憶と検索	102	55.3
短期記憶	100	50.0
視覚処理	141	99.7
流動性推理	116	85.7
結晶性能力	103	57.9
量的知識	115	84.1
読み書き	94	34.5

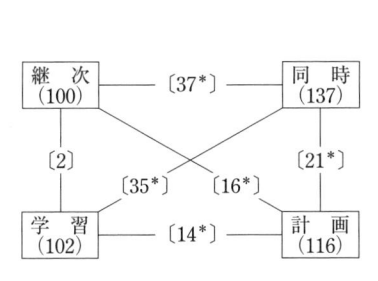

(a) 尺度間の比較（認知尺度）

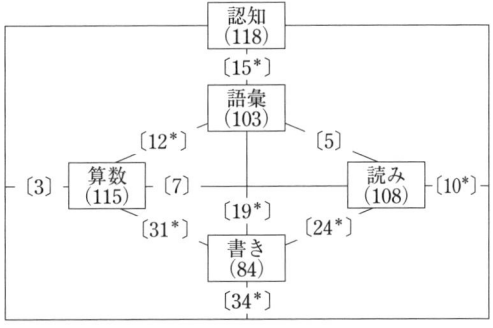

継次(100) ―〔37*〕― 同時(137)
〔2〕〔35*〕〔16*〕〔21*〕
学習(102) ―〔14*〕― 計画(116)

(b) 尺度間の比較（習得尺度）

認知(118)
〔15*〕
語彙(103)
〔12*〕〔5〕
〔3〕算数(115)〔7〕読み(108)〔10*〕
〔31*〕〔19*〕〔24*〕
書き(84)
〔34*〕

図 6.4.3 カウフマンモデル 尺度間の比較

302   第6章 事　例

	標準得点
認知総合尺度	118
継次尺度	100
同時尺度	137
計画尺度	116
学習尺度	102
習得総合尺度	103
語彙尺度	103
読み尺度	108
書き尺度	84
算数尺度	115

			評価点
認知尺度	継次	数唱	10
		語の配列	7
		手の動作	13
	同時	顔さがし	
		絵の統合	13
		近道さがし	16
		模様の構成	16
	計画	物語の完成	11
		パターン推理	14
	学習	語の学習	10
		語の学習遅延	11
習得尺度	語彙	表現語彙	12
		なぞなぞ	8
		理解語彙	12
	読み	ことばの読み	10
		文の理解	13
	書き	ことばの書き	8
		文の構成	7
	算数	数的推論	12
		計算	13

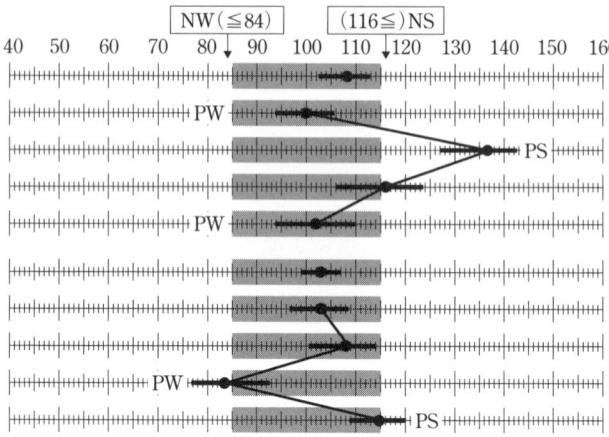

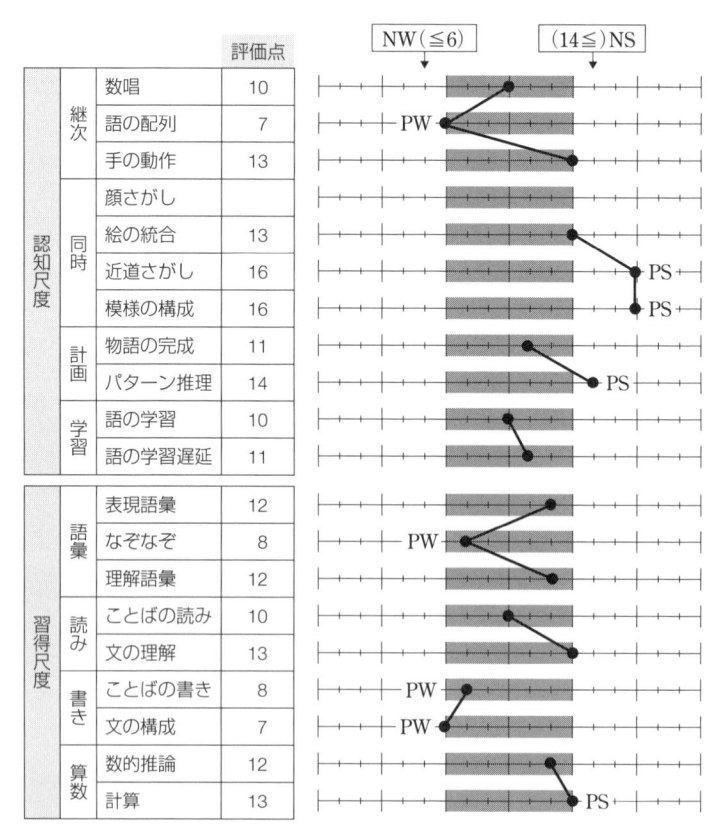

図 6.4.4　カウフマンモデル　プロフィール

6.4 ADHDの診断のある高校生男子の進路の模索

	CHC 尺度間比較						
	長期記憶と検索	短期記憶	視覚処理	流動性推理	結晶性能力	量的知識	読み書き
長期記憶と検索							
短期記憶	=						
視覚処理	>	>					
流動性推理	>	>	<				
結晶性能力	=	=	<	<			
量的知識	>	>	<	=	>		
読み書き	=	=	<	<	<	<	

	標準得点
CHC 総合尺度	111
長期記憶と検索	102
短期記憶	100
視覚処理	141
流動性推理	116
結晶性能力	103
量的知識	115
読み書き	94

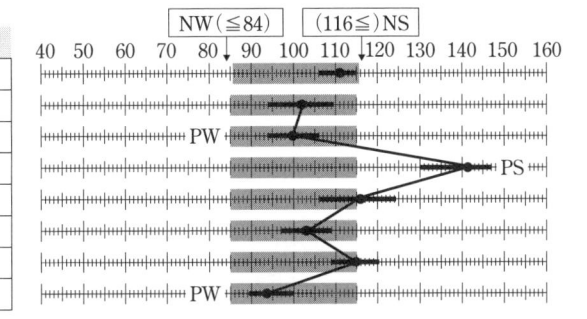

		評価点
長期記憶と検索	語の学習	10
	語の学習遅延	11
短期記憶	数唱	10
	語の配列	7
	手の動作	13
視覚処理	顔さがし	0
	近道さがし	16
	模様の構成	16
流動性推理	物語の完成	11
	パターン推理	14
結晶性能力	表現語彙	12
	なぞなぞ	8
	理解語彙	12
量的知識	数的推論	12
	計算	13
読み書き	ことばの読み	10
	ことばの書き	8
	文の理解	13
	文の構成	7

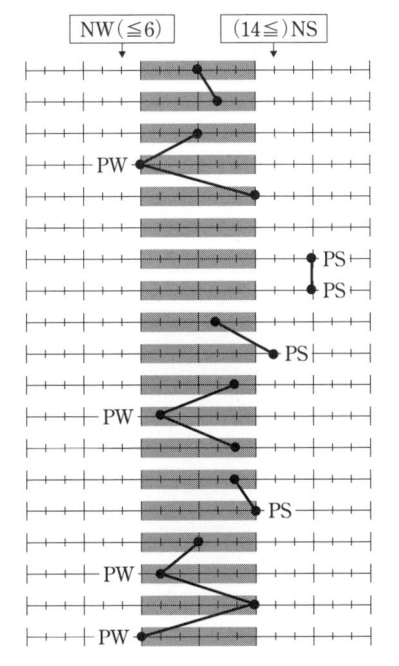

図 6.4.5 CHC 尺度間比較とプロフィール

付録 A

KABC-II 分析ワークシート

ステップ1：総合尺度指標の分析

使用した尺度 (1つ選択)	尺度指標 (標準得点)	信頼区間 (1つ選択)		総合尺度は解釈可能か？ (4〜18歳)			記述分類または分類
		90%	95%	最高 尺度	最低 尺度	幅	
総合指標 FCI (CHC モデル)		(— —)		—	—	23点より 少ない	
総合指標 MPI (ルリアモデル)						Y　N	
NVI							「N」の場合は解釈しない
							パーセンタイル順位
							—

ステップ2：得意不得意を見つけるための尺度分析

尺度	標準得点	下位検査評価点			*ステップ2Aの 臨界値を確認	個人間差 NS or NW		平均からの差	個人内差 PS or PW ($p<.05$)		まれな差 (<10%)
		高	低	幅	解釈可能か？	<85	>115				
継次/Gsm		—	—	—	Y　N	NW	NS	—	PW	PS	
同時/Gv		—	—	—	Y　N	NW	NS	—	PW	PS	
学習/Glr		—	—	—	Y　N	NW	NS	—	PW	PS	
計画/Gf		—	—	—	Y　N	NW	NS	—	PW	PS	
知識/Gc		—	—	—	Y　N	NW	NS	—	PW	PS	

標準得点平均（四捨五入） ☐ CHC モデル（知識/Gc を含む）
ルリアモデル（知識/Gc を除く）

ステップ2Aとステップ3A、3Bの臨界値：母集団の10%以下に発生する最小下位検査尺度得点の幅

尺度	4歳	5歳	6歳	7~9歳	10~12歳	13~18歳
継次/Gsm	6	5	5	5	5	5
同時/Gv	8	7	9	6	6	6
学習/Glr	6	8	7	6	6	6
計画/Gf	5	5	5	6	6	6
知識/Gc	5		6	5	5	4
学習遅延		6	6	6	6	6

ステップ2Cにおいて個人内の強さと個人内の弱さを決定するための臨界値：尺度指標の平均からの統計的有意(<.05)または稀れ(<10%)な差

CHCモデル

尺度	4歳 有意	4歳 10%	5歳 有意	5歳 10%	6歳 有意	6歳 10%	7~9歳 有意	7~9歳 10%	10~12歳 有意	10~12歳 10%	13~18歳 有意	13~18歳 10%
継次/Gsm	8	16	8	14	8	16	9	19	9	19	9	18
同時/Gv	9	15	7	14	7	13	9	16	9	16	9	17
学習/Glr	8	15	7	14	7	15	8	17	7	17	7	16
計画/Gf							9	15	9	14	9	15
知識/Gc	8	13	8	14	8	14	8	14	7	14	8	14

ルリアモデル

尺度	4歳 有意	4歳 10%	5歳 有意	5歳 10%	6歳 有意	6歳 10%	7~9歳 有意	7~9歳 10%	10~12歳 有意	10~12歳 10%	13~18歳 有意	13~18歳 10%
継次/Gsm	7	14	7	13	7	15	8	19	8	18	8	17
同時/Gv	8	14	7	13	6	13	9	16	9	16	9	16
学習/Glr	8	14	7	14	7	14	8	17	7	17	7	16
計画/Gf							9	16	9	15	9	15
知識/Gc	10	18	10	18	11	18	10	18	9	18	9	17

ステップ 3A：初期学習 vs. 学習遅延　学習/Glr（初期）vs. 学習遅延

尺度	下位検査評価点 高　低　幅	解釈可能か？（<10%）	指標標準得点
学習/Glr	― ― ―	Y　N	☐
学習遅延	― ― ―	Y　N	☐

両方の尺度が解釈可能である場合のみ差を計算する

差 ☐

有意？	まれ？
Y　N	Y　N

ステップ 3B：学習 vs. 習得知識　学習/Glr（初期）vs. 知識/Gc

尺度	下位検査評価点 高　低　幅	解釈可能か？（<10%）	指標標準得点
学習/Glr	― ― ―	Y　N	☐
知識/Gc	― ― ―	Y　N	☐

両方の尺度が解釈可能である場合のみ差を計算する

差 ☐

有意？	まれ？
Y　N	Y　N

学習遅延尺度の計算

― 語の学習遅延
― 文の学習遅延
⬯ 計
☐ 標準得点

ステップ 3A と 3B のための臨界値：統計的有意または群得点間の差

群	3歳		4歳		5歳		6歳		7～9歳		10～12歳		13～18歳	
	有意	10%	有意	10%	有意	10%	有意	10%	有意	10%	有意	10%	.05	<10%
学習/Glr（初期）vs. 学習遅延	-	-	-	-	15	16	14	16	13	16	12	16	12	16
学習/Glr（初期）vs. 知識/Gc	-	-	13	25	12	25	12	25	12	24	11	24	11	24

ステップ4：3歳児のための補助下位検査分析

尺度	総合尺度は解釈可能か？	評価点の合計		評価点の平均	補助下位検査	評価点	平均との差	補助下位検査と評価点平均との差が有意かまれか		
								有意差 ($p<.05$)	まれ (<10%)	まれな差が有意か？
総合指標 MPI (ルリアモデル)	Y N	◯ / 5 =		▢	数唱	—	—	3.2 Y N	4.8	Y N
					絵の統合	—	—	3.8 Y N	4.6	Y N
総合指標 FCI (CHC モデル)	Y N	◯ / 7 =		▢	数唱	—	—	3.1 Y N	4.9	Y N
					絵の統合	—	—	3.7 Y N	4.4	Y N

ステップ4：4歳児のための補助下位検査分析

尺度	尺度はステップ2で解釈可能か？	評価点の合計		評価点の平均	補助下位検査	評価点	平均との差	補助下位検査と評価点平均との差が有意かまれか		
								有意差 ($p<.05$)	まれ (<10%)	まれな差が有意か？
継次/Gsm	Y N	◯ / 2 =		▢	手の動作	—	—	3.5 Y N	5.0	Y N
同時/Gv	Y N	◯ / 3 =		▢	絵の統合	—	—	3.8 Y N	5.0	Y N
知識/Gc	Y N	◯ / 2 =		▢	理解語彙	—	—	3.1 Y N	4.0	Y N

ステップ4：5歳児のための補助下位検査分析

尺度	尺度はステップ2で解釈可能か？	評価点の合計		評価点の平均	補助下位検査	評価点	平均との差	補助下位検査と評価点平均との差が有意かまれか			
								有意差 ($p<.05$)	有意？	まれ (<10%)	まれな差？
継次/Gsm	Y N	◯	/2 =	☐ ⇒	手の動作	—	—	3.5	Y N	5.0	Y N
同時/Gv	Y N	◯	/3 =	☐ ⇒	絵の統合	—	—	3.6	Y N	5.0	Y N
					顔さがし	—	—	4.0	Y N	6.0	Y N
					積木さがし	—	—	2.7	Y N	5.0	Y N
知識/Gc	Y N	◯	/2 =	☐ ⇒	理解語彙	—	—	3.1	Y N	4.0	Y N

ステップ4：6歳児のための補助下位検査分析

尺度	尺度はステップ2で解釈可能か？	評価点の合計		評価点の平均	補助下位検査	評価点	平均との差	補助下位検査と評価点平均との差が有意かまれか			
								有意差 ($p<.05$)	有意？	まれ (<10%)	まれな差？
継次/Gsm	Y N	◯	/2 =	☐ ⇒	手の動作	—	—	3.5	Y N	5.0	Y N
同時/Gv	Y N	◯	/4 =	☐ ⇒	絵の統合	—	—	3.9	Y N	5.3	Y N
					積木さがし	—	—	2.9	Y N	5.0	Y N
					物語の完成	—	—	3.1	Y N	7.0	Y N
知識/Gc	Y N	◯	/2 =	☐ ⇒	理解語彙	—	—	3.1	Y N	4.0	Y N

ステップ4：7〜12歳児のための補助下位検査分析

尺度	尺度はステップ2で解釈可能か？	評価点の合計		評価点の平均	補助下位検査	評価点	平均との差	補助下位検査と評価点平均との差が有意差がまれか			
								有意差 ($p<.05$)	有意？	まれ (<10%)	まれな差？
継次/Gsm	Y N	◯	/2=	☐	→手の動作	—	—	3.5	Y N	5.0	Y N
同時/Gv	Y N	◯	/2=	☐	↗絵の統合	—	—	3.7	Y N	5.5	Y N
					↖積木さがし	—	—	3.2	Y N	5.5	Y N
知識/Gc	Y N	◯	/2=	☐	→表現語彙	—	—	3.1	Y N	3.5	Y N

ステップ4：13〜18歳児のための補助下位検査分析

尺度	尺度はステップ2で解釈可能か？	評価点の合計		評価点の平均	補助下位検査	評価点	平均との差	補助下位検査と評価点平均との差が有意差がまれか			
								有意差 ($p<.05$)	有意？	まれ (<10%)	まれな差？
継次/Gsm	Y N	◯	/2=	☐	→手の動作	—	—	3.5	Y N	5.0	Y N
同時/Gv	Y N	◯	/2=	☐	↗絵の統合	—	—	3.7	Y N	6.0	Y N
					↖模様の構成	—	—	3.2	Y N	5.0	Y N
知識/Gc	Y N	◯	/2=	☐	→表現語彙	—	—	3.1	Y N	3.5	Y N

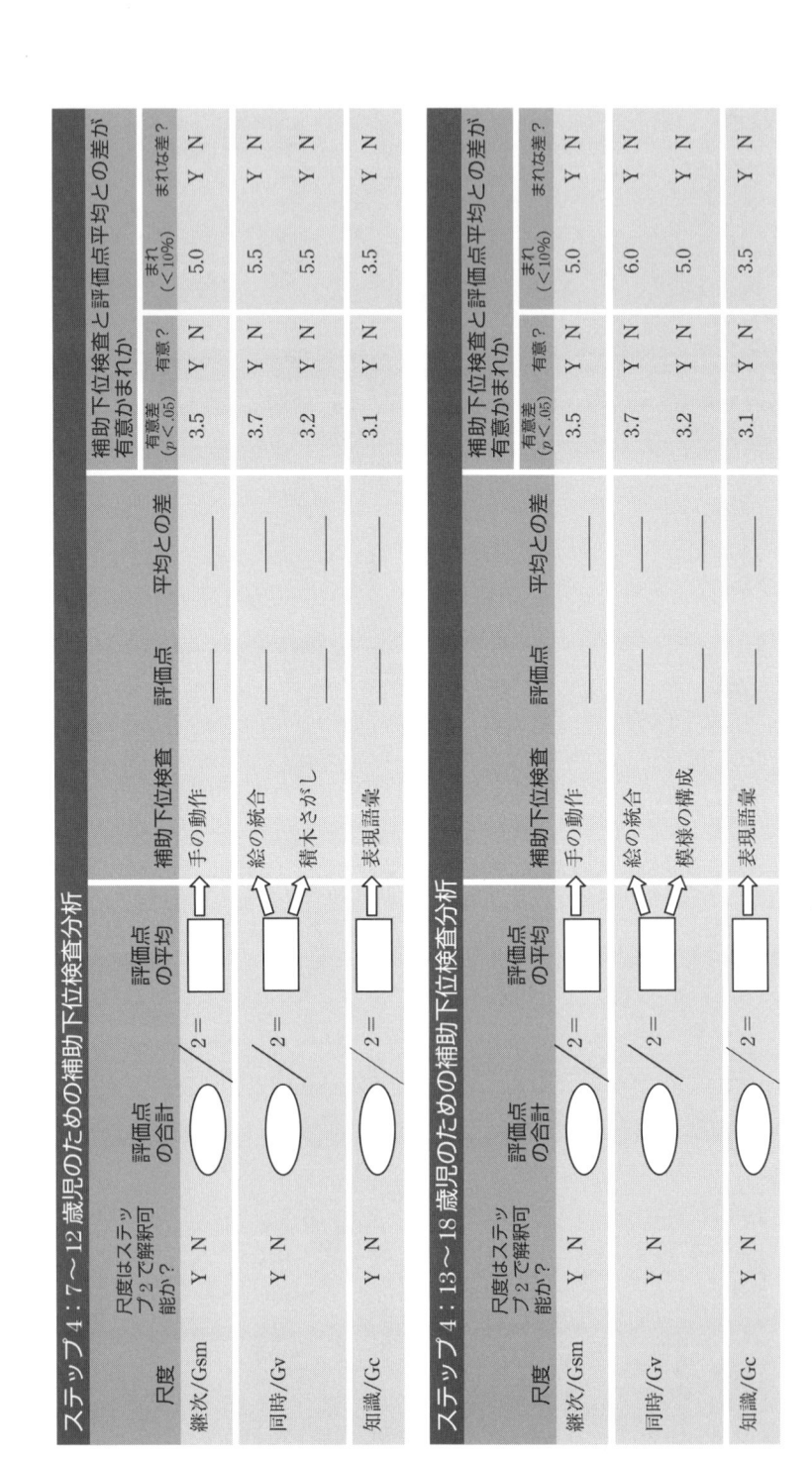

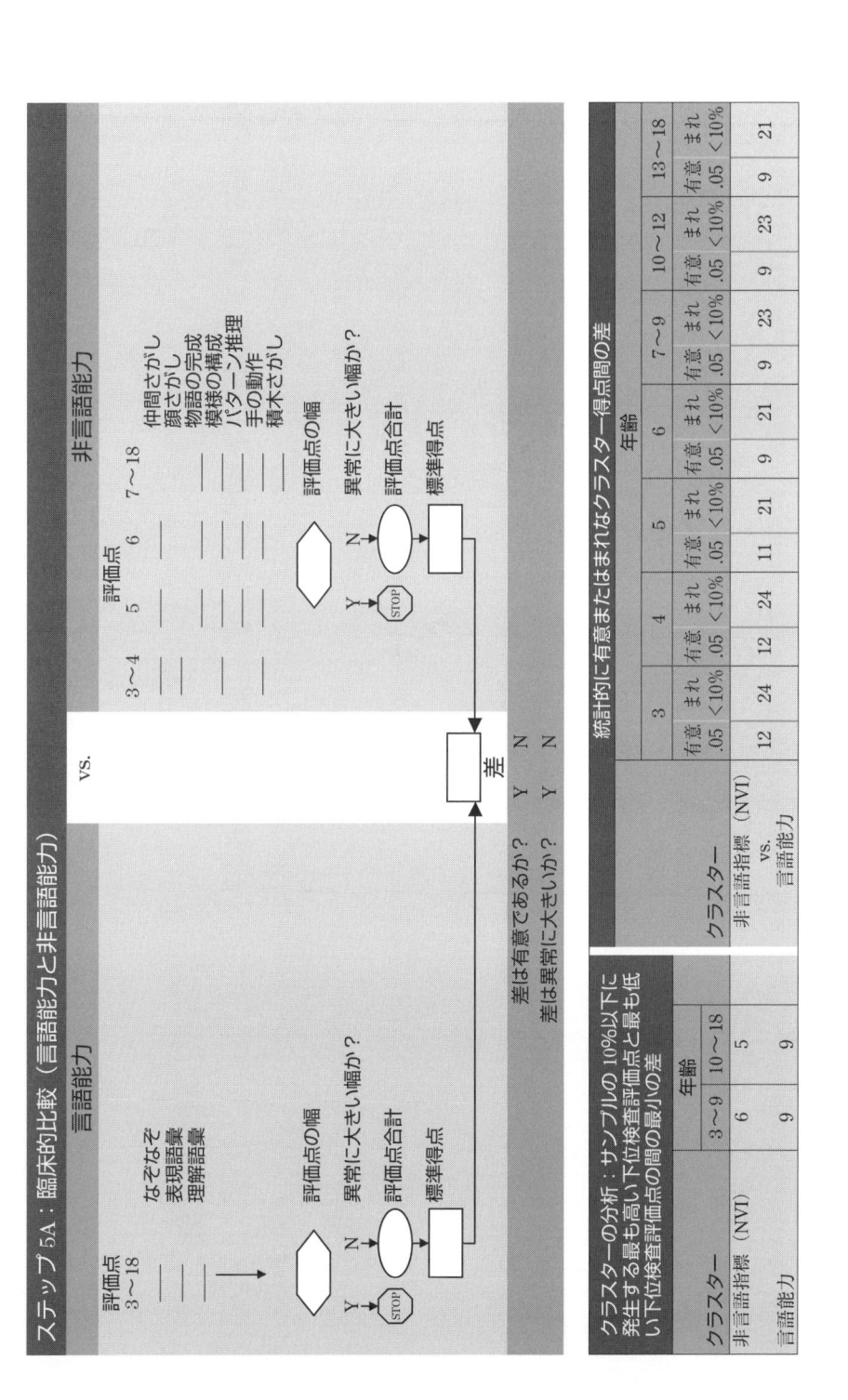

ステップ 5A：臨床的比較（言語能力と非言語能力）

言語能力 vs. **非言語能力**

評価点 3～18

言語能力 3～4：
- なぞなぞ
- 表現語彙
- 理解語彙

非言語能力 3～4　評価点 5　6　7～18：
- 仲間さがし
- 顔さがし
- 物語の完成
- 模様の構成
- パターン推理
- 手の動作
- 積木さがし

評価点の幅 → 異常に大きい幅か？ Y（STOP）／ N → 評価点合計 → 標準得点

差

差は有意であるか？　Y　N
差は異常に大きいか？　Y　N

クラスターの分析：サンプルの 10% 以下に発生する最も高い下位検査評価点と最も低い下位検査評価点の間の最小の差

クラスター	年齢 3～9	年齢 10～18
非言語指標 (NVI)	6	5
言語能力	9	9

統計的に有意またはまれなクラスター得点間の差

クラスター	年齢 3 有意 .05	まれ <10%	4 有意 .05	まれ <10%	5 有意 .05	まれ <10%	6 有意 .05	まれ <10%	7～9 有意 .05	まれ <10%	10～12 有意 .05	まれ <10%	13～18 有意 .05	まれ <10%
非言語指標 (NVI) vs. 言語能力	12	24	12	24	11	21	9	21	9	23	9	23	9	21

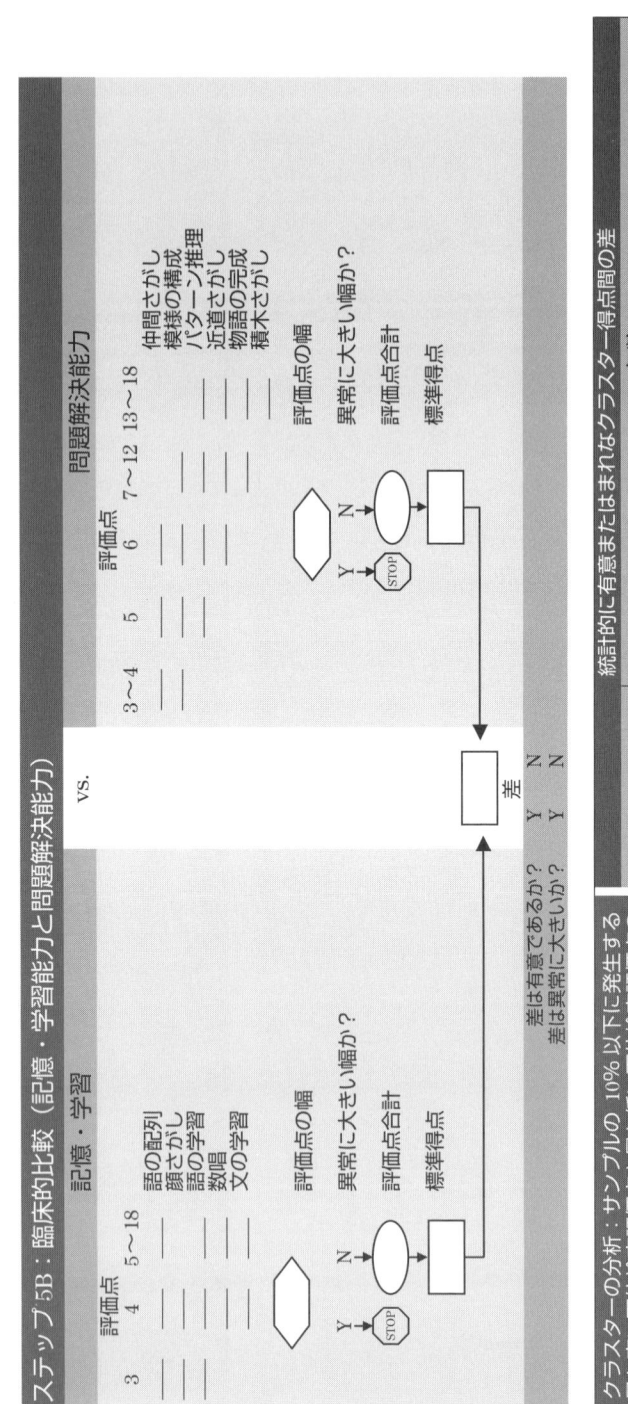

ステップ 5B：臨床的比較（記憶・学習能力と問題解決能力）

記憶・学習

評価点
	3	4	5〜18

- 語の配列
- 顔さがし
- 語の学習
- 数唱
- 文の学習

評価点の幅

異常に大きい幅か？

評価点合計

標準得点

vs.

問題解決能力

評価点
	3〜4	5	6	7〜12	13〜18

- 仲間さがし
- 模様の構成
- パターン推理
- 迷路さがし
- 物語の完成
- 積木さがし

評価点の幅

異常に大きい幅か？

評価点合計

標準得点

差

差は有意であるか？　Y　N
差は異常に大きいか？　Y　N

クラスターの分析：サンプルの 10％ 以下に発生する最も高い下位検査評価点と最も低い下位検査評価点の間の最小の差

クラスター	年齢						
	3	4	5	6	7〜12	13〜18
問題解決能力	7	7	8	9	8	9
記憶と学習	8	10	9	9	9	9

統計的に有意またはまれなクラスター得点間の差

クラスター	年齢														
	3		4		5		6		7〜9		10〜12		13〜18	
	有意 .05	まれ <10%	有意 .05	まれ <10%	有意 .05	まれ <10%	有意 .05	まれ <10%	有意 .05	まれ <10%	有意 .05	まれ <10%	有意 .05	まれ <10%
問題解決能力 vs. 記憶と学習	16	26	14	28	11	22	10	24	11	25	11	23	11	24

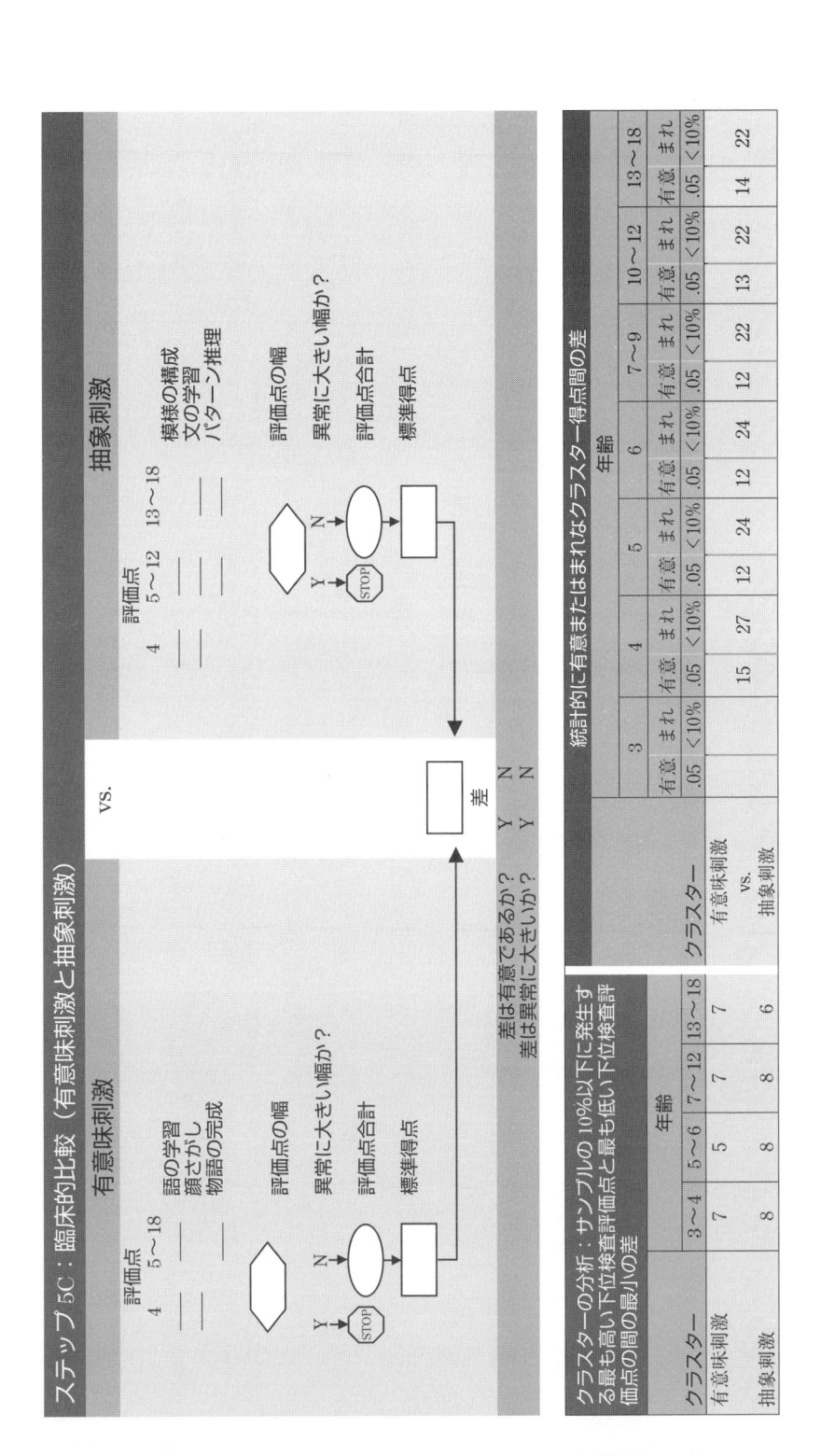

ステップ 5C：臨床的比較（有意味刺激と抽象刺激）

有意味刺激

評価点　4　5～18
- ―　―　語の学習
- ―　―　頭さがし
- ―　―　物語の完成

- 評価点の幅
- 異常に大きい幅か？
- 評価点合計
- 標準得点

抽象刺激

評価点　4　5～12　13～18
- ―　―　―　模様の構成
- ―　―　―　文の学習
- ―　―　―　パターン推理

- 評価点の幅
- 異常に大きい幅か？
- 評価点合計
- 標準得点

vs.

差

差は有意であるか？　Y　N
差は異常に大きいか？　Y　N

クラスターの分析：サンプルの10%以下に発生する最も高い下位検査評価点と最も低い下位検査評価点の間の最小の差

クラスター	年齢			
	3～4	5～6	7～12	13～18
有意味刺激	7	5	7	7
抽象刺激	8	8	8	6

統計的に有意または含まれなクラスター得点間の差

クラスター	年齢												
	3		4		5		6		7～9		10～12		13～18
	有意 .05	まれ <10%	有意 .05	まれ <10%	有意 .05	まれ <10%	有意 .05	まれ <10%	有意 .05	まれ <10%	有意 .05	まれ <10%	有意 .05	まれ <10%
有意味刺激 vs. 抽象刺激			15	27	12	24	12	24	12	22	13	22	14	22

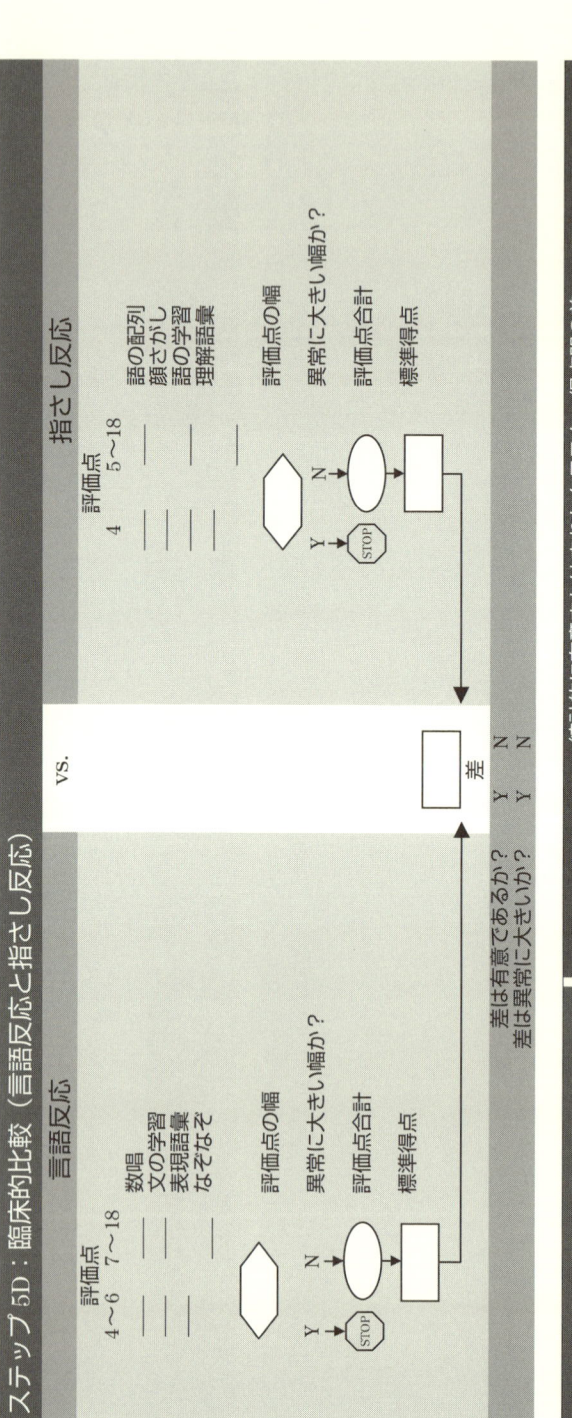

ステップ 5D：臨床的比較（言語反応と指さし反応）

言語反応 vs. 指さし反応

言語反応
評価点
4～6　7～18
― ― 数唱
― ― 文の学習
― ― 表現語彙
― ― なぞなぞ

評価点の幅
異常に大きい幅か？
評価点合計
標準得点

指さし反応
評価点
4　5～18
― ― 語の配列
― ― 顔さがし
― ― 語の学習
― ― 理解語彙

評価点の幅
異常に大きい幅か？
評価点合計
標準得点

差

差は有意であるか？　Y　N
差は異常に大きいか？　Y　N

クラスターの分析：サンプルの 10% 以下に発生する最も高い下位検査評価点と最も低い下位検査評価点の間の最小の差

クラスター	年齢	
	4	5～18
言語反応	8	8
指さし反応	9	8

統計的に有意またはまれなクラスター得点間の差

	年齢														
	3		4		5		6		7～9		10～12		13～18	
	有意	まれ	有意	まれ	有意	まれ	有意	まれ	有意	まれ	有意	まれ	有意	まれ
	.05	<10%	.05	<10%	.05	<10%	.05	<10%	.05	<10%	.05	<10%	.05	<10%
クラスター 言語反応 vs. 指さし反応			12	20	12	20	12	20	12	18	12	18	11	18

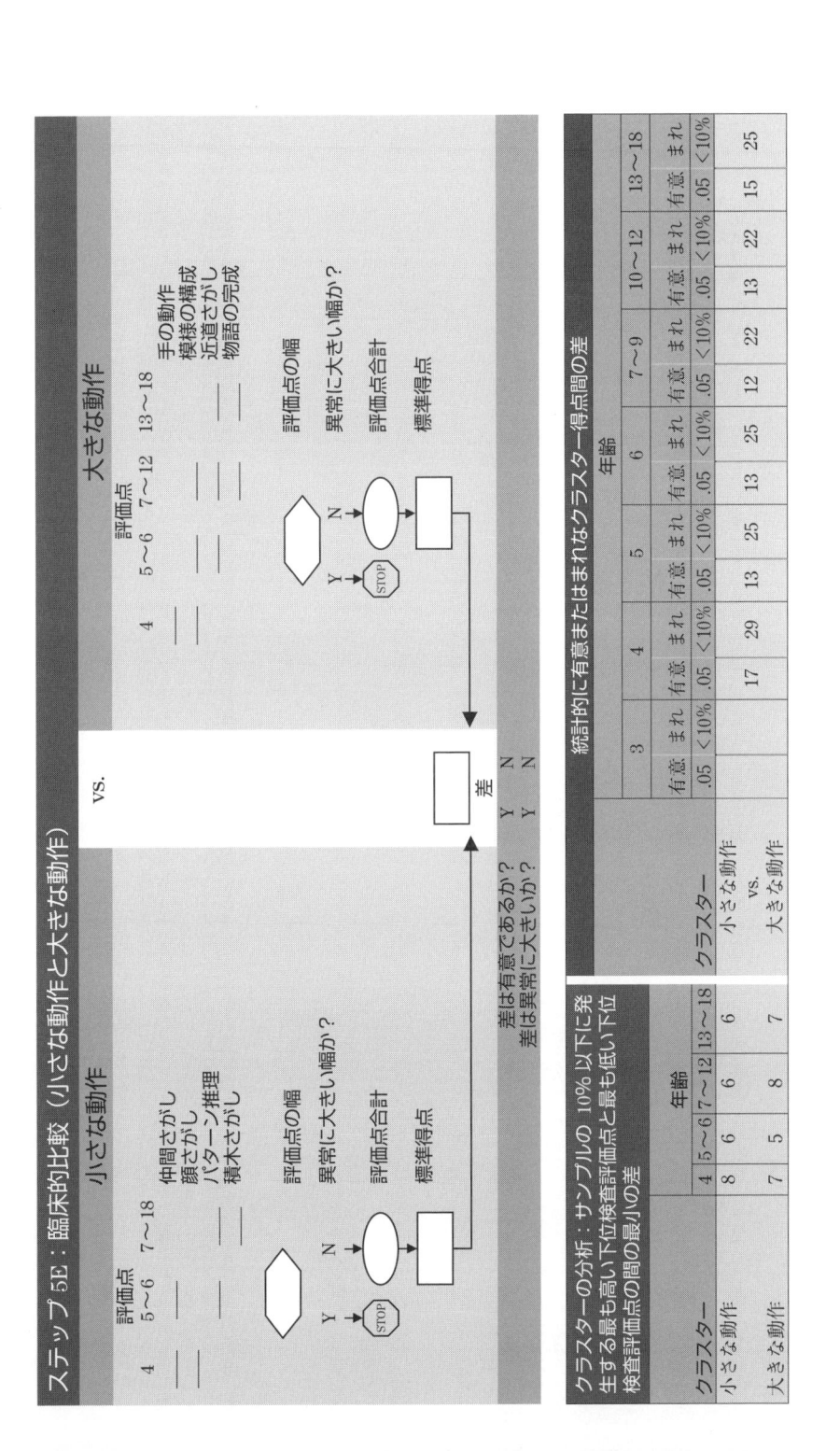

ステップ 5E：臨床的比較（小さな動作と大きな動作）

小さな動作

評価点
4　5〜6　7〜18
__　__　__　仲間さがし
__　__　__　顔さがし
__　__　__　パターン推理
__　__　__　積木さがし

__　__　__　評価点の幅

　　　　　　異常に大きい幅か？
　　　　　　Y→STOP　N→
__　__　__　評価点合計
__　__　__　標準得点

vs.

大きな動作

評価点
4　5〜6　7〜12　13〜18
__　__　__　__　手の動作
__　__　__　__　模様の構成
__　__　__　__　近道さがし
__　__　__　__　物語の完成

__　__　__　__　評価点の幅

　　　　　　　　異常に大きい幅か？
　　　　　　　　Y→STOP　N→
__　__　__　__　評価点合計
__　__　__　__　標準得点

差 □　　差は有意であるか？ Y N
　　　　差は異常に大きいか？ Y N

クラスターの分析：サンプルの 10% 以下に発生する最も高い下位検査評価点と最も低い下位検査評価点の間の最小の差

クラスター	年齢			
	4	5〜6	7〜12	13〜18
小さな動作	8	6	6	6
大きな動作	7	5	8	7

統計的に有意またはまれなクラスター得点間の差

	年齢															
	3		4		5		6		7〜9		10〜12		13〜18	
	有意	まれ	有意	まれ	有意	まれ	有意	まれ	有意	まれ	有意	まれ	有意	まれ
	.05	<10%	.05	<10%	.05	<10%	.05	<10%	.05	<10%	.05	<10%	.05	<10%
クラスター 小さな動作 vs. 大きな動作			17	29	13	25	13	25	12	22	13	22	15	25

ステップ 6A：解釈不能な尺度内のばらつきを説明する仮説を立てる

第一の取り組み：ステップ 5 の計画的臨床的比較を検証し可能な仮説を立てる

ステップ 2 で指標は解釈不能か？(不能なら箱にチェックを入れる)	指標内の下位検査のばらつきについての仮説を提供するクラスター	年齢	クラスターに関連する基本下位検査
継次/Gsm ☐	言語反応 vs. 指さし反応	4〜18	数唱（言語） vs. 語の配列（指さし）
同時/Gv ☐	抽象刺激 vs. 有意味刺激 記憶と学習 vs. 問題解決能力 小さな動作 vs. 大きな動作 小さな動作 vs. 大きな動作 小さな動作 vs. 大きな動作	4 3〜4 4 5 6〜18 13〜18	顔さがし（有意味） vs. 模様の構成（抽象） 顔さがし／記憶と学習 vs. 模様の構成／仲間さがし（問題解決能力） 顔さがし／仲間さがし（小さな動作） vs. 模様の構成（大きな動作） 仲間さがし／パターン推理（小さな動作） vs. 模様の構成（大きな動作） 仲間さがし／パターン推理（小さな動作） vs. 模様の構成／近道さがし（大きな動作） 積木さがし（小さな動作） vs. 近道さがし（指さし）
学習/Glr ☐	言語反応 vs. 指さし反応 抽象 vs. 有意味刺激	4〜18 4〜18	文の学習（言語） vs. 語の学習（指さし） 文の学習（抽象） vs. 語の学習（有意味）
計画/Gf ☐	抽象 vs. 有意味刺激 小さな動作 vs. 大きな動作	7〜18 7〜18	パターン推理（抽象） vs. 物語の完成（有意味） パターン推理（小さな動作） vs. 物語の完成（大きな動作）
知識/Gc ☐	言語反応 vs. 指さし反応	7〜18	なぞなぞ（言語） vs. 理解語彙（指さし）

第二の取り組み：各尺度内で基本下位検査がどのように補助しあっているかを検証する

仮説を立てるために、確認ポイント 2.3〜2.7 を参照せよ。

第三の取り組み：質的指標（QI）、行動観察および背景情報を検証する

必要に応じ補助データ（例えば、追加の下位検査を実施する、付随する情報を得るためにさらに問い合わせをするなど）を収集し、質的指標や行動観察、背景情報をもとにして仮説を裏づける。

ステップ 6B：基本下位検査の平均と一貫性のない補助下位検査を説明する仮説を立てる

第一の取り組み：基本下位検査の平均と明らかに差がある補助下位検査に印を付ける

a. 基本下位検査の平均と著しい差がある補助下位検査に印を付ける。

b. ほとんどの補助検査は計画的比較から除外されているため、略式に計画的臨床比較の検討をせよ。

以下の補助検査は、ステップ5の各クラスターに含められている。
[表現語彙] (Gc) は、言語能力クラスターに含まれる。
[理解語彙] (Gc) は、言語能力と指さし反応力クラスターに含まれる。
[手の動作] (Gsm) は、大きな動作と非言語能力クラスターに含まれる。
[積木さがし] (Gv) は、小さな動作クラスターに含まれる。

補助下位検査	3歳	4歳	5歳	6歳	7-12歳	13-18歳
数唱		☐				
絵の統合		☐				
手の動作			☐	☐	☐	
理解語彙					☐	
顔さがし						
積木さがし						
物語の完成						
表現語彙					☐	
模様の構成						

第二の取り組み：補助下位検査と基本下位検査がそれぞれの尺度内でどのように補助しあっているかを検証する

確認ポイント 2.4、2.5、2.7 を参照して仮説を立てる。

第三の取り組み：質的指標 (QI)、行動観察、背景情報を検討する

必要に応じ補助検査を実施する。追加の下位検査を実施する。付随する情報を得るためにさらに問い合わせするなど)を収集し、質的指標や行動観察、背景情報をもとにして仮説を裏づける。

付録 B

表 B.1 選択ステップ（臨床的比較）における下位検査評価点の合計に対応する標準得点：学習遅延，言語能力，有意味刺激およ び抽象刺激

評価点の合計	学習遅延 5～18歳	言語能力 3～6歳	言語能力 7～9歳	言語能力 10～18歳	有意味刺激 3～4歳	有意味刺激 5～6歳	有意味刺激 7～18歳	抽象刺激 4歳	抽象刺激 5～12歳	抽象刺激 13～18歳	評価点の合計
57		155	160	160					160		57
56		153	160	160					160		56
55		151	160	159					160		55
54		149	160	155					160		54
53		146	159	151					157		53
52		144	154	148					154		52
51		142	150	144					151		51
50		140	146	141					148		50
49		138	143	139					145		49
48		136	140	136					142		48
47		134	137	133					139		47
46		132	134	131					136		46
45		130	131	129					134		45
44		128	129	126					131		44
43		126	126	124					129		43
42		124	124	122					126		42
41		122	122	120					124		41
40		120	120	118	160	154	160	160	122		40
39		118	118	116	160	151	160	160	119		39
38	160	116	115	114	160	148	160	156	117	160	38
37	160	114	113	112					115	160	37
36	160	112	111	110					112	160	36

35	160	110	110	108	158	145	155	153	110	159	35
34	157	109	108	107	153	142	150	149	108	152	34
33	150	107	106	105	148	139	146	146	106	147	33
32	144	105	104	103	144	136	141	142	104	141	32
31	139	103	102	101	140	133	137	138	102	137	31
30	134	101	100	100	135	130	133	135	100	132	30
29	130	99	98	98	131	127	129	131	97	128	29
28	126	97	97	96	128	124	126	128	95	124	28
27	122	95	95	95	124	120	122	124	93	121	27
26	118	93	93	93	120	117	119	121	91	117	26
25	115	91	91	91	117	114	115	117	89	114	25
24	112	89	89	90	113	111	112	114	87	111	24
23	108	87	88	88	110	108	109	110	85	107	23
22	105	86	86	86	107	105	106	107	83	104	22
21	102	84	84	85	104	102	102	104	81	102	21
20	99	82	82	83	100	99	99	100	79	99	20
19	97	80	80	81	97	96	96	97	77	96	19
18	94	78	78	79	94	93	93	94	75	93	18
17	91	76	76	78	91	89	91	91	73	91	17
16	88	74	74	76	88	86	88	88	71	88	16
15	85	72	72	74	85	83	85	85	69	85	15
14	83	70	70	72	82	80	82	82	66	83	14
13	80	68	68	70	80	77	79	79	64	80	13
12	77	66	66	69	77	74	76	76	62	78	12
11	74	64	64	67	74	71	74	73	60	75	11
10	72	62	61	65	71	68	71	70	58	73	10
9	69	60	59	63	68	65	68	67	56	71	9
8	66	58	56	61	66	62	66	65	54	68	8
7	63	56	54	59	63	59	63	62	51	66	7
6	60	53	51	57	60	56	60	59	49	63	6
5	57	51	48	54	57	53	58	57	47	61	5
4	54	49	44	52	55	49	55	54	45	58	4
3	50	47	41	50	52	46	52	52	42	56	3
2	47				49	43	50	49		53	2

付録 C

表 C.1 選択ステップ（臨床的比較）における下位検査評価点の合計に対応する標準得点：問題解決および記憶と学習

評価点の合計	問題解決						記憶と学習			評価点の合計
	3〜4歳	5歳	6歳	7〜9歳	10〜12歳	13〜18歳	3歳	4歳	5〜12歳	
95								160		95
94								160		94
93								160		93
92								160		92
91								160		91
90								159		90
89								158		89
88								157		88
87								156		87
86								155		86
85								153		85
84								152		84
83								151		83
82								150		82
81								148		81
80								147		80
79								146		79
78								144		78
77								143		77
76			158	160	160	160		142	160	76

75			156	160	160	160		140	160	75
74			155	160	160	160		139	160	74
73			154	160	160	160		137	160	73
72			152	160	160	160		136	160	72
71			151	160	160	160		135	160	71
70			149	160	160	160		133	160	70
69			148	160	160	158		132	160	69
68			147	159	157	156		130	157	68
67			145	156	154	154		129	155	67
66			143	154	151	151		127	152	66
65			142	151	148	149		125	150	65
64			140	149	146	147		124	148	64
63			139	146	143	145		122	145	63
62			137	144	141	143		121	143	62
61			135	142	138	141		119	141	61
60	160		134	139	136	139	160	118	138	60
59	159		132	137	134	137	160	116	136	59
58	156		130	135	132	135	160	114	134	58
57	154		129	133	130	133	160	113	132	57
56	152		127	130	128	131	160	111	130	56
55	149		125	128	126	129	160	109	128	55
54	147		124	126	124	127	160	108	126	54
53	144		122	124	122	125	160	106	124	53
52	142		120	122	120	123	160	104	122	52
51	140		118	120	118	121	160	103	120	51
50	137		116	118	116	119	160	101	118	50
49	135		115	116	114	117	159	100	116	49
48			113	114	112	115	154	98	114	48
47			111	112	111	113	150	96	112	47
46			109	110	109	110	146	95	110	46

表 C.1 （つづき）

評価点の合計	問題解決						記憶と学習			評価点の合計
	3～4歳	5歳	6歳	7～9歳	10～12歳	13～18歳	3歳	4歳	5～12歳	
45		133	108	108	107	108	142	93	108	45
44		131	106	106	106	106	138	92	106	44
43		129	104	105	104	104	135	90	105	43
42		126	102	103	102	103	132	89	103	42
41		124	101	101	101	101	128	87	101	41
40		122	99	99	99	99	125	86	99	40
39		120	97	97	97	98	123	84	98	39
38	158	118	96	96	96	96	120	83	96	38
37	154	116	94	94	94	94	117	81	94	37
36	151	113	92	92	92	93	114	80	93	36
35	148	111	91	90	91	91	112	78	91	35
34	145	109	89	89	89	90	109	77	89	34
33	142	107	88	87	88	88	107	76	88	33
32	138	105	86	86	86	87	104	74	86	32
31	135	103	85	84	85	85	102	73	85	31
30	132	101	83	82	83	84	100	72	83	30
29	129	98	82	81	82	82	97	70	81	29
28	126	96	80	79	80	81	95	69	80	28
27	123	94	79	78	79	79	93	68	78	27
26	120	92	77	76	77	78	91	67	77	26

25	117	90	76		75	77	88	65	75	74	25
24	114	87	75	74	74	75	86	64	74	73	24
23	111	85	73	73	72	74	84	63	72	72	23
22	108	83	72	71	71	72	82	62	71	71	22
21	105	80	71	70	69	71	80	61	69	69	21
20	101	78	69	68	68	70	78		68	68	20
19	98	76	68	67	66	69	75	59	66	66	19
18	95	73	67	65	65	67	73	58	65	65	18
17	92	71	66	64	63	66	71	57	63	64	17
16	89	68	65	63	62	65	69	56	62	62	16
15	86	66	63	61	60	64	67	55	61	61	15
14	82	63	62	60	58	62	65	54	59	59	14
13	79	60	61	58	57	61	62	53	58	58	13
12	76	58	60	57	55	60	60	52	57	57	12
11	72	55	59	56	54	59	58	51	55	55	11
10	69	52	58	54	52	58	55	50	54	54	10
9	65	49	57	53	50	56	53	49	53	53	9
8	62	46	56	51	49	55	51	48	52	51	8
7	58	43	55	50	47	54	48	47	51	50	7
6	55	40	54	49	45	53	46	46	50	49	6
5	51	40	53	47	44	52	43	45		47	5
4	47	40	52	46	42	51	41	44		46	4
3	43	40		45			40				3
2	40										2

付録 D

表 D.1 選択スデップ（臨床的比較）における下位検査評価点の合計に対応する標準得点：言語反応，指さし反応，小さな動作および大きな動作

評価点の合計	言語反応		指さし反応		小さな動作		大きな動作				評価点の合計
	4~6歳	7~18歳	3~4歳	5~18歳	3~4歳	5~18歳	4歳	5~6歳	7~12歳	13~18歳	
76			160								76
75			160								75
74			160								74
73			160								73
72			160								72
71			160								71
70			160								70
69			160								69
68			158								68
67			155								67
66			153								66
65			151								65
64			149								64
63			147								63
62			145								62
61			143								61
60			140								60
59			138								59
58			136								58
57	160	160	134	160				160			57
56	160	160	132	160				160			56

55	160	160	130	160					160		55
54	159	160	128	160					160		54
53	156	160	126	160					160		53
52	154	160	124	157					158		52
51	151	160	122	154					154		51
50	149	156	120	151					151		50
49	146	152	118	148					148		49
48	143	148	116	145					145		48
47	141	144	114	142					142		47
46	138	140	112	139					139		46
45	136	137	110	136					136		45
44	133	134	108	134					133		44
43	131	131	106	131					131		43
42	128	128	105	128					128		42
41	126	125	103	126					125		41
40	124	122	101	123	160	160	160	149	123	160	40
39	121	120	99	121	160	156	160	147	120	157	39
38	119	117	97	118	160	153	159	144	118	154	38
37	116	115	95	116	155	149	153	142	115	150	37
36	114	112	94	113	151	145	149	139	113	147	36
35	112	110	92	111	146	142	144	137	111	144	35
34	109	108	90	109	142	138	140	134	108	140	34
33	107	105	88	107	138	135	136	131	106	137	33
32	105	103	87	104	134	131	132	129	104	133	32
31	103	101	85	102	131	128	129	126	101	130	31
30	100	99	83	100	127	125	126	123	99	126	30
29	98	97	82	98	124	122	122	120	97	123	29
28	96	94	80	95	120	118	119	117	95	119	28
27	94	92	78	93					93		27
26	91	90	77	91					91		26

表 D.1 つづき

評価点の合計	言語反応		指さし反応		小さな動作		大きな動作				評価点の合計
	4~6歳	7~18歳	3~4歳	5~18歳	3~4歳	5~18歳	4歳	5~6歳	7~12歳	13~18歳	
25	89	88	75	89	117	115	116	114	88	116	25
24	87	86	74	87	114	112	113	111	86	112	24
23	85	84	72	85	110	109	110	108	84	109	23
22	83	82	70	83	107	106	107	105	82	106	22
21	80	80	69	81	104	103	104	102	80	102	21
20	78	78	67	79	101	100	101	99	78	99	20
19	76	76	66	77	98	97	98	96	76	96	19
18	74	75	64	75	94	94	95	93	74	93	18
17	72	73	63	73	91	91	92	90	72	90	17
16	70	71	61	71	88	89	89	87	70	87	16
15	67	69	60	70	85	86	86	84	68	85	15
14	65	67	58	68	81	83	82	81	66	82	14
13	63	65	57	66	78	80	79	78	64	79	13
12	61	63	56	64	75	77	76	75	62	77	12
11	59	61	54	62	71	75	72	72	60	74	11
10	57	59	53	60	67	72	68	69	58	72	10
9	55	57	51	59	63	69	65	66	56	70	9
8	53	55	50	57	59	66	60	63	54	67	8
7	50	53	49	55	55	64	56	60	52	65	7
6	48	51	47	53	51	61	51	57	50	63	6
5	46	49	46	51	46	58	46	54	48	61	5
4	44	47	45	50	41	55	40	51	46	59	4
3	42	45		48	40	53	40	48	44	57	3
2					40	50	40	45		55	2

付録 E

表 E.1　社会経済的状況に基づくノルム：3 歳から 6 歳の子どもの KABC-II の総合尺度指標（FCI, MPI, NVI）を社会・経済的状況（母親の教育レベル）をもとにしたパーセンタイル順位に変換

パーセンタイル順位	母親の教育区分：総合尺度			
	0～11 年	高校卒業または高校卒業程度認定	1～3 年の専修学校	4 年制大学またはそれ以上
＞99th	124～160	131～160	137～160	145～160
99th	119～123	126～130	131～136	140～144
95th	111～112	118	123～124	132
90th	107	112～113	118～119	126～127
85th	104	109～110	115～116	123～124
80th	101～102	106～107	113	120～121
75th	99	104～105	110～111	118～119
70th	97～98	102～103	108～109	116～117
65th	95～96	100～101	106～107	114～115
60th	93～94	98～99	105	112～113
55th	92	97	103～104	111
50th	90～91	95	101～102	109
45th	89	93	99～100	107
40th	87～88	91～92	98	105～106
35th	85～86	89～90	96～97	103～104
30th	83～84	87～88	94～95	101～102
25th	82	85～86	92～93	99～100
20th	79～80	83～84	90	97～98
15th	77	80～81	87～88	94～95
10th	74	77～78	84～85	91～92
5th	69～70	72	79～80	86
1st	57～62	60～64	67～72	73～78
＜1st	40～56	40～59	40～66	40～72

付記：総合尺度指標：FCI, MPI, または NVI。表の母親の教育レベルに対応する部分を選択する。子どもの FCI, MPI, または NVI といった"総合尺度"に対応する子どもの社会経済的パーセンタイル順位を確認する。もしも子どもの正確な指標が表に示されていない場合は補完する。これらの社会経済的パーセンタイル順位は 3～6 歳のカウフマンら（2004a, 表 8.6）のデータに線形等化法（linear equating technique）を適用して得られた値である。それぞれの母親の教育レベル内の，50 パーセンタイルは，FCI, MPI, および NVI の平均に基づいている。残りのパーセンタイル順位を得るために用いられた標準偏差は，3 つの総合尺度指標の標準偏差を利用した。

付録 F

表 F.1 社会経済的状況に基づくノルム：7歳から18歳の子どものKABC-IIの総合尺度指標（FCI, MPI, NVI）を社会経済的状況（母親の教育レベル）をもとにしたパーセンタイル順位に変換

パーセンタイル順位	母親の教育区分：総合尺度			
	0〜11年	高校卒業または高校卒業程度認定	1〜3年の専修学校	4年生学位またはそれ以上
＞99th	125〜160	137〜160	137〜160	143〜160
99th	119〜124	131〜136	131〜136	137〜142
95th	112	123	124	129
90th	107	117〜118	119	123〜124
85th	104	114	116	120〜121
80th	101〜102	111	113〜114	117〜118
75th	99	108〜109	111	115〜116
70th	97	106〜107	109	113〜114
65th	95	104	107	111〜112
60th	93〜94	102	105〜106	109〜110
55th	92	100〜101	104	108
50th	90	98〜99	102	106
45th	88	96〜97	100	104
40th	86〜87	95	98〜99	102〜103
35th	85	93	97	100〜101
30th	83	90〜91	95	98〜99
25th	81	88〜89	93	96〜97
20th	78〜79	86	90〜91	94〜95
15th	76	83	88	91〜92
10th	73	79〜80	85	88〜89
5th	68	74	80	83
1st	56〜61	60〜66	67〜72	70〜75
＜1st	40〜55	40〜59	40〜66	40〜69

付記：総合尺度指標：FCI, MPI, またはNVI。表の母親の教育レベルに対応する部分を選択する。子どものFCI, MPI, またはNVIといった"総合尺度指標"に対応する子どもの社会・経済的パーセンタイル順位を確認する。もしも子どもの正確な指標が表に示されていない場合は補完する。これらの社会経済的パーセンタイル順位は7〜18歳のカウフマンら（2004a, 表8.6）のデータに線形等化法（linear equating technique）を適用して得られた値である。それぞれの母親の教育レベル内50パーセンタイルは，FCI, MPI, およびNVIの平均に基づいている。残りのパーセンタイル順位を得るために用いられた標準偏差は，3つの総合尺度指標の標準偏差を利用した。

索引

【欧数字】

AAMR　*156*
Achenbach System of Empirically Based Assessment　*101*
ADHD　*103, 113, 161*
ASEBA　*101*
BASC-2（Behavior Assessment System for Children──Second Edition）　*105*
BASC-SOS　*108*
Berkley　*165*
Binet　*3*
block　*7*
Bornstein　*31*
Broad Abilities　*10*
Carroll, John　*10*
CAS　*101*
Cattell, Raymond　*9*
CFA　*27, 55*
CFI　*28*
CHCクロスバッテリーアプローチ　*233*
CHCモデル　*35*
CHC理論　*2, 9*
Child Behavior Checklist　*105*
construct under representation　*232*
Delis-Kaplan Executive Function System　*112*

DN-CAS　*1*
DSM-IV-TR　*101, 113, 153, 156*
　──の実行機能　*113*
FCI　*2, 35*
Flanagan, Dawn　*10*
GATSB　*100*
Gc　*10, 49*
Gf　*10*
g-factor　*10*
Gluting　*99, 100, 108*
Gsm　*48*
Guide to Assessment of Test Session Behavior　*100*
Gv　*48*
High-Priority Concern　*52*
Horn, John　*10*
K-ABC　*1, 99*
KABC-II　*1, 99, 101*
　──の下位検査の概要　*19*
　──の信頼性　*25*
　──の標準化　*23*
KABC-II米国版マニュアル　*5, 158*
KAIT　*28, 102, 115*
Kamphaus　*5, 160*
Kaufman　*5, 115*
Key Asset　*52*
KTEA-II　*12, 196, 197*
Luria-Nebraska　*102*

McGrew, Kevin　　10
MPI　　2, 35
Naglieri　　31, 158
Oakland　　99, 100, 108
Ortiz, Samuel　　10
PIAT-R　　30
Reynolds　　160
RMSEA　　28
Scaled Scores　　18
SOS　　105
Spearman　　10
Sperry　　4
Standard Scores　　18
Student Observation System　　105
Test Observation Form（TOF）　　100
Wechsler　　3
WIAT-II　　30
WISC-III　　28
WISC-IV　　28, 101
WJ III（Woodcock-Jonson III）　　1, 28, 30, 99, 101
WPPSI-III　　28

【和　文】

あ　行

アッケンバック実証的アセスメント法　　101
アメリカ精神医学会　　156
アメリカ精神遅延協会　　156
一般因子　　10
因子分析　　27
ウィリアムズ症候群　　156
ウェクスラー　　3
ウェクスラー式　　5
ウェクスラー式検査　　99
ウッドコック-ジョンソン心理教育バッテリー　　4
ウッドコック-ジョンソン第3版（WJ III）　　1, 28, 30, 99, 101
絵の統合　　19
オークランド　　99, 100, 108
オーティス，サミュエル　　10

か　行

回帰方式　　205
下位検査の概要　　19
カウフマン式学力検査第2版　　12, 196, 197
カウフマン　　5, 115
顔さがし　　19
学習障害　　164
学習能力　　15
確認的因子分析　　27
カンファウス　　5, 160
キャッテル，レイモンド　　9
キャッテル-ホーン-キャロル理論　　2, 9
キャロル，ジョン　　10
キャロルの3段階の能力の層　　11
グラッティング　　99, 100, 108
計画能力　　16
継次尺度　　48
継次処理　　15
継次-同時処理2分法　　4
継次-同時処理理論　　21
結晶性知能　　10
言語障害　　153

検査行動チェックリスト　100
検査時の行動アセスメントガイドライン　100
検査中の行動観察ガイド　100
検査用観察用紙　100
構成概念妥当性　27
合成尺度　198
行動・態度チェックリスト　100
行動観察チェックリスト　227
広範的能力　10
個人間差　35
個人内差　35
子どもの行動チェックリスト　105
語の学習　20
語の学習遅延　20
語の配列　19
個別障害者教育法　12

さ　行

再検査信頼性係数　24
自助資源　52
実行機能　112, 166
質的・プロセス分析　118
質的指標　99
自閉症　156
収束的/弁別的妥当性　29
衝動性　161
神経心理学モデル　2
神経心理学理論　7
信頼性　24, 25
数唱　19
スタンフォード-ビネー観察スケジュール　100
スタンフォード-ビネー知能検査　100
スタンフォード-ビネー知能検査第5版　101
スピアマン　10
スペリー　4
　――の脳の特殊化理論　21
脆弱X症候群　156
精神疾患の診断と統計の手引き　101

た　行

ターナー症候群　156
ダウン症　156
多動性　161
妥当性　27
単純差方式　205
近道さがし　19
知識尺度　49
注意　112
注意欠陥多動性障害児　103, 113, 161
積木さがし　19
ティーチングアイテム　160
手の動作　19
デリス・キャプラン実行機能システム　112
同時尺度　48
同時処理　15
特異性言語発達障害　153

な　行

内的一貫性　24
内的一貫性係数　24
仲間さがし　19
ナグリエリ　31, 158
なぞなぞ　20

認知過程指標　2
脳の特殊化アプローチ　4
脳の特殊化理論　21

は 行

バークレイ　165
破壊的行動　116
パターン推理　19
非言語尺度　16
ビネー　3
ビネー検査第4版　157
ビネー式　5
評価点　18
表現語彙　20
表出性言語発達遅滞　153
標準化　23
標準得点　18
不安　111
フェニルケトン尿症　156
不注意　161
フラナガン，ドーン　10
ブロック　7
文化的問題　117
文の学習　20

文の学習遅延　20
ホーン，ジョン　10
ボーンスタイン　31

ま・や・ら・わ 行

マグロー，ケビン　10
物語の完成　20
模様の構成　19

優先配慮事項　52

理解語彙　20
流動性-結晶性指標　2
流動性知能　10
ルリア　2
　　――の継次-同時処理理論　21
　　――の神経心理学理論　7
ルリア-ダス　4
ルリア-ネブラスカ検査　102
ルリアモデル　35
レイノルズ　160
練習効果　24

ワーキングメモリ　165

エッセンシャルズ
KABC-Ⅱによる心理アセスメントの要点

平成26年8月20日　発　　行
令和7年5月30日　第7刷発行

|監修者|藤田和弘　石隈利紀
青山真二　服部　環
熊谷恵子　小野純平|

発行者　池田和博

発行所　丸善出版株式会社
〒101-0051　東京都千代田区神田神保町二丁目17番
編集：電話 (03)3512-3267／FAX (03)3512-3272
営業：電話 (03)3512-3256／FAX (03)3512-3270
https://www.maruzen-publishing.co.jp

ⓒ Kazuhiro Fujita, Toshinori Ishikuma, Shinji Aoyama,
　Tamaki Hattori, Keiko Kumagai, Junpei Ono, 2014

組版印刷・中央印刷株式会社／製本・株式会社 松岳社
ISBN 978-4-621-08752-7 C 3011　　　　Printed in Japan

本書の無断複写は著作権法上での例外を除き禁じられています。